波形钢腹板预应力混凝土桥

王 健 孟 磊 陈华利 等 编著
王用中 陈宜言 主审

人民交通出版社
北京

内 容 提 要

本书的编著者根据近年来积累的波形钢腹板桥梁设计经验及对我国具有代表性的波形钢腹板桥梁的分析结果，总结了波形钢腹板桥梁在我国的应用与发展情况，详细列举了波形钢腹板桥梁的设计方法、计算原理和一些构造细节。本书还介绍了我国波形钢腹板加工、生产过程及波形钢腹板桥梁的各种施工方案。

本书内容丰富、系统性较强，图表详尽，可供从事桥梁工程设计、施工和科学研究的专业技术人员参考使用。

图书在版编目(CIP)数据

波形钢腹板预应力混凝土桥 / 王健等编著. — 北京：人民交通出版社股份有限公司，2024.7
ISBN 978-7-114-19561-7

Ⅰ.①波… Ⅱ.①王… Ⅲ.①钢板—腹板—预应力混凝土桥 Ⅳ.①U448.35⑨

中国国家版本馆 CIP 数据核字(2024)第 111738 号

Boxing Gangfuban Yuyingli Hunningtu Qiao

书　　名：	波形钢腹板预应力混凝土桥
著 作 者：	王　健　孟　磊　陈华利　等
责任编辑：	张江成　齐黄柏盈
责任校对：	孙国靖　刘　璇　卢　弦
责任印制：	刘高彤
出版发行：	人民交通出版社
地　　址：	(100011)北京市朝阳区安定门外外馆斜街 3 号
网　　址：	http://www.ccpcl.com.cn
销售电话：	(010)59757973
总 经 销：	人民交通出版社发行部
经　　销：	各地新华书店
印　　刷：	北京印匠彩色印刷有限公司
开　　本：	787×1092　1/16
印　　张：	25.75
字　　数：	578 千
版　　次：	2024 年 7 月　第 1 版
印　　次：	2024 年 7 月　第 1 次印刷
书　　号：	ISBN 978-7-114-19561-7
定　　价：	148.00 元

(有印刷、装订质量问题的图书，由本社负责调换)

作者简介

王健 教授级高级工程师,从业以来一直致力于桥梁设计、加固方面的研究工作和新型、大型组合结构桥梁的研究、设计、推广工作。先后主持和参与设计的特大桥共计30余座,其中代表性工程为德商高速公路鄄城黄河公路大桥,浞垣高速公路南村黄河公路大桥,连霍高速公路廖峪沟、英峪沟、仁存沟三座大桥加固,伊朗德黑兰北部高速公路BR-06特大桥,准兴高速公路景家湾大桥、长虫沟大桥,合肥郎溪路工程南淝河特大桥,等等。获省级科学技术进步奖一等奖1项、全国优秀工程勘察设计行业奖一等奖1项等,从解决工程实际出发完成了多项技术攻关,参编住房和城乡建设部行业规范及标准图2项、地方标准3项,参编专著2部。

孟磊 副高级工程师。现任河南海威工程咨询有限公司总工程师,从事桥梁设计与科研工作近20年,先后参与和主持20余座大桥及特大桥的设计与咨询工作,主要工程有德商高速公路鄄城黄河公路大桥、伊朗德黑兰北部高速公路BR-06特大桥、洛阳东环路跨洛河大桥(160m钢桁架拱桥)、浞垣高速公路南村黄河公路大桥、合肥郎溪路工程南淝河特大桥、广西飞龙大桥等。获省级科学技术进步奖一等奖2项、全国优秀工程勘察设计行业奖一等奖3项以及其他工程类奖项多项;获国家专利授权5项;参编波形钢腹板桥梁的设计与施工相关标准、规范4部,参编专著2部。

陈华利 东南大学交通学院桥梁与隧道工程工学硕士毕业。主编《组合结构桥梁用波形钢腹板》(JT/T 784—2010)、《波形钢腹板组合梁桥技术标准》(CJJ/T 272—2017),并参与多个省(自治区、直辖市)地方标准的编制工作。授权发明专利1项、实用新型专利20余项。参与国家自然科学基金项目1项,获广东省公路学会科学技术奖二等奖1项、山西省科学技术进步奖一等奖1项。参与建设国内多座波形钢腹板预应力混凝土桥梁的建设与施工,典型项目为杭绍甬高速公路曹娥江特大桥、运宝高速公路运宝黄河大桥、武松高速公路通顺河大桥等。在钢结构制造与施工专题特别是波形钢腹板制造及波形钢腹板桥梁施工上有较深造诣。

何晓晖 正高级工程师,现任深圳市市政设计研究院有限公司技术中心副主任。长期从事桥梁工程设计、咨询和研究工作,对装配式钢-混凝土组合梁桥、波形钢腹板组合桥梁进行了多项技术研究和工程实践。获全国优秀工程勘察设计行业奖一等奖3项、二等奖3项,获广东省科学技术进步奖二等奖、中国交通运输协会科技进步奖二等奖、中国市政工程协会科学技术进步奖一等奖和广东省土木建筑学会科学技术奖一等奖等。获国家发明专利授权3项。参编交通运输部行业标准3部、住房和城乡建设部行业标准1部、地方标准3部,参编专著1部。

张建勋 正高级工程师,现任郑州市交通规划勘察设计研究院有限公司副总工程师、河南省公路全预制装配式桥梁工程技术研究中心主任,从事桥梁设计与科研工作20余年,主要研究大跨径组合结构及钢结构桥梁,发表论文20余篇;取得国内外专利授权25项。先后参与和主持30余座大桥及特大桥的设计与咨询,参编住房和城乡建设部行业标准1项、河南省地方标准4项等。获河南省科学技术进步奖二等奖1项、厅级科学技术进步奖2项;2018年被评为"郑州市优秀科技工作者"。

王侃 高级工程师,1994年开始在河南省高等级公路建设监理部从事公路监理工作,主要为现场质量监控工。先后参与安阳至新乡高速公路、漯河至周口高速公路、叶集至信阳高速公路、焦作至桐柏高速公路、郑新黄河大桥项目和连霍高速公路改扩建工程兰考至刘江段的监理工作;参与"折线配筋预应力混凝土先张梁施工工艺研究"课题研究,该项目于2008年通过省级主管部门的科技成果鉴定,并获河南省交通科学技术奖三等奖。参编地方标准2部,参编专著1部。

主 审 简 介

王用中 中国工程设计大师,国家有突出贡献专家,享受政府特殊津贴专家,现任河南省交通规划设计研究院股份有限公司首席顾问。从事桥梁建设近 70 年来,先后主持设计黄河特大桥 6 座,参与建设的特大桥及跨海大桥多达 40 余座。是我国大直径钻孔灌注桩、预应力及波形钢腹板等技术的开创者和推广者。先后获得国家级、省部级科学技术进步奖 15 项、优秀工程设计奖多项,获发明专利授权 20 余项,主编或参编标准、规范 9 部,主编或参编专著 5 部,在国内外核心期刊发表论文 90 余篇。近年来致力于基于北斗卫星导航系统的桥梁结构模态健康监控研究,为人工智能在桥梁工程中的应用做了开拓性工作。

陈宜言 全国工程勘察设计大师,现任福州大学特聘全职教授、博士生导师,中国钢结构协会钢-混凝土组合结构分会副理事长,深圳市市政设计研究院有限公司原党委书记、董事长。著名市政工程、桥梁工程专家,对我国波形钢腹板预应力混凝土桥梁的发展作出了开拓性贡献。长期从事钢-混凝土组合结构桥梁创新设计与研究工作,获国家级、省部级科学技术进步奖 27 项、优秀工程设计奖 25 项,交通运输重大科技创新成果入库 2 项,获国内外发明专利授权 56 项。主编或参编国家标准、行业标准 11 部,主编或参编专著 9 部,在国内外核心期刊发表论文 60 余篇。

序 一

为应对普通预应力混凝土箱梁桥腹板开裂、跨中挠度持续增大这两大弊病,波形钢腹板预应力混凝土桥应运而生。波形钢腹板避免了混凝土腹板开裂问题,深受桥梁界的青睐。鉴于波形钢腹板预应力混凝土桥较传统的预应力混凝土桥具有更好的工程性能(包括抗震性能)、突出的经济性和可施工性,波形钢腹板预应力混凝土桥近年来在中国也发展很快、应用很广,成为桥梁界引人注目的一种新型桥梁。

本书阐述了波形钢腹板预应力混凝土桥诞生、发展过程,"概述"中重点介绍了日本的本谷桥、田场泽川桥、矢作川桥、黑部川桥、安威川桥和中国的江西南昌赣江大桥、河南郑州朝阳沟特大桥、山西运宝黄河大桥、河南濮阳白堽黄河公路大桥、广西飞龙大桥、浙江绍兴曹娥江大桥;本书既反映了中国、日本波形钢腹板预应力混凝土桥的建设水平,又清晰地指出其应用的灵活性、多样性,突出地显现了波形钢腹板预应力混凝土桥的技术优势。

通过工程实例阐述波形钢腹板预应力混凝土桥的优点,为本书一大编写特点。继"概述""构造要点与设计"之后,本书以鄄城黄河公路大桥为例,充分论证了波形钢腹板预应力混凝土桥的经济性。基于日本小犬丸川桥、中国港珠澳大桥珠海连接线工程前山河特大桥及东宝河新安大桥的相关研究,深入详细地说明了波形钢腹板预应力混凝土桥良好的力学性能。通过伊朗德黑兰北部高速公路 BR-06 大桥的设计与现场环境激励结构模态检测,阐述了波形钢腹板预应力混凝土桥突出的抗震性能。借助田场泽川桥、安威川桥、桂岛高架桥、岛崎川桥、飞龙大桥、鱼窝头桥等桥的施工实例,较全面地介绍了波形钢腹板预应力混凝土的可施工性。

21世纪桥梁技术发展的一个重要方面为桥梁装配式施工。关于波形钢腹板的制作,本书有专门章节介绍。结合伊朗BR-06桥的结构模态现场检测,本书较翔实地介绍了结构模态分析理论及其在桥梁工程分析、桥梁检测、桥梁健康监测中的应用,具有一定的理论深度,其与现代大数据分析、信息科学、人工智能的结合具有一定的新颖性。

《波形钢腹板预应力混凝土桥》是一本关于桥梁工程的好书,是编著者们的一部呕心之作,特予推荐!望与有志者共飨。

工程设计大师:王用中　陈宜言
2024 年 5 月

序 二

我国的波形钢腹板预应力混凝土组合梁桥自21世纪初引入国内,经过二十多年的研究与应用,已建成数百座,不同的桥梁形式均得到了应用,包括简支梁桥、连续梁(刚构)桥、斜拉桥等结构;其施工方法也呈现多样化,包括支架法施工、少(无)支架施工、顶推施工、悬臂浇筑施工、预制拼装施工、悬臂拼装施工;该类桥梁跨径也从30m逐步发展到近300m;应用场景亦涵盖跨河跨线单体大桥、连续高架桥等,单体工程应用规模和应用总量不断扩大。

波形钢腹板预应力混凝土组合梁桥在国内虽然发展较晚,但是后来居上,目前应用数量已超过国外同类桥梁总和,应用跨径达世界之最。多年的工程建设实践与研究表明:该桥型从根本上解决了预应力混凝土箱形连续梁桥的两大工程病害——梁根部混凝土腹板开裂、跨中持续下挠。波形钢腹板预应力混凝土桥的实际应用效果验证了该桥型经济性好、工程性能及抗震性能好、耐久性好、可施工性好等优点。工程实践表明,波形钢腹板预应力混凝土桥具备多样化的施工工法,施工效率较常规混凝土连续梁桥提高20%以上。

波形钢腹板预应力混凝土桥的发展历史反映了近二十年我国桥梁产业结构变革与升级。作为组合结构桥梁的代表性桥型,其应用于中小桥梁快速化施工和300m以下跨径桥梁建设,具有经济、环保、耐久等明显优势。国内公路及市政建设中桥隧比越来越大,桥梁建设适应地形要求越建越高,同时桥梁建设要兼顾绿色环保,实施可持续发展,波形钢腹板预应力混凝土桥一定将大放异彩。

我们在十多年波形钢腹板制作与安装的工程实践中,在设计、生产、施工各环节积累了一些经验,从早期的摸索,到逐渐积累形成部分科研成果、专利技术、工法规范、论文专著等成果,并参与编制了一系列波形钢腹板预应力混凝土桥设计与施工的地方标准和行业标准。波形钢腹板预应力混凝土桥已从研究实践阶段进入规范应用阶段,虽然近年来关于波形钢腹板预应力混凝土桥的研究类文献也有不少,但是我们希望有更全面、更专业的书籍作为指导,本书的出版为该类型桥梁设计、施工提供了重要参考。

本书编著者参与了国内绝大多数波形钢腹板预应力混凝土桥的研究与建设,梳理了波形钢腹板预应力混凝土桥的诸多设计、建造理论和实践经验,进而编写成《波形钢腹板预应力混凝土桥》一书。该书全面系统地介绍了波形钢腹板预应力混凝土桥的设计、建造技术,具有较强的技术指导性和文献参考性。本书案例与数据均来自实际工程,因而更具科学性和严谨性。通览全书,可以全面了解国内波形钢腹板预应力混凝土桥的设计理论、建设发展及施工知识,还可以为工程建设者提供借鉴,从而为我国波形钢腹板预应力混凝土桥的进一步发展提供助力。

河南新昱鑫桥梁钢构有限责任公司
杨国栋
2024 年 5 月

前　言

自 2006 年山东德商高速公路鄄城黄河公路大桥设计开始，近 20 年来我们一直随王用中大师、陈宜言大师从事波形钢腹板预应力混凝土桥在我国的推广应用工作，前后设计并参与施工了山东鄄城黄河公路大桥、伊朗德黑兰北部高速公路 BR-06 大桥、内蒙古长虫沟和景家湾大桥、安徽合肥南淝河大桥、广东东宝河新安大桥等十余座波形钢腹板预应力混凝土桥；受建设单位或设计单位委托对广东珠海前山河特大桥、河南桃花峪黄河大桥、河南郑州朝阳沟大桥、江西南昌赣江朝阳大桥、广西飞龙大桥等多座波形钢腹板预应力混凝土桥做设计咨询，且在此过程中与桥梁设计单位、相关技术课题研究单位、波形钢腹板加工厂建立了密切的技术合作关系，参与桥梁建设，取得了相关的第一手研究、设计、施工、管理等资料。基于这些工作，我们编写了《波形钢腹板预应力混凝土桥》一书，旨在归纳总结我国波形钢腹板预应力混凝土桥建设经验，并为相关桥梁工程技术人员与在校相关专业学生提供参考。

波形钢腹板组合梁是波形钢腹板与混凝土顶、底板组合而成的一种钢混组合结构，由于其应用跨径一般大于或等于 30m，需配置预应力（体内或体外），所以常称为波形钢腹板预应力混凝土梁，由此类梁作主梁的桥梁称为波形钢腹板预应力混凝土桥。与同规模普通预应力混凝土桥相比，波形钢腹板预应力混凝土桥上部结构减重约 20%，既可减少主梁及下部结构材料用量，节省造价，又可减弱地震效应，从而提高桥梁的抗震能力；钢腹板取代混凝土腹板，避免了腹板裂缝这一普遍病害。又因波形钢腹板的褶皱效应增强了混凝土顶、底板的预应力效应。波形钢腹板预应力混凝土梁与常规的钢混组合梁相比，由于波形钢腹板自身抗剪切屈曲能力提高，不需要另外加肋，从而减少钢结构部分的焊缝，既简化了制造，又提高了结构的抗疲劳性。波形钢腹板的应用既减少了常用混凝土箱梁（T 梁）腹板的工作量，又可于施工中作施工承重，使施工简化、工效提高。

法国在20世纪80年代末首先把钢腹板运用于桥梁结构,并建成了第一座波形钢腹板预应力混凝土组合箱梁桥——Cognac桥。随着这种结构的成功运用,多国相继建造了数座此类型的桥梁。这种新结构引入日本后,由于其良好的受力性能及可施工性,很快便成为日本重要的桥梁结构。目前日本在建和已建成的使用波形钢腹板结构的桥梁已达200余座,最大跨径桥梁是在建的主跨180m的安威川桥。

20世纪90年代,我国开始对波形钢腹板箱梁开展技术研究工作。2007年山东鄄城黄河公路大桥开工建设,标志着我国波形钢腹板预应力混凝土桥进入成规模的工程应用阶段。据不完全统计,至2022年,我国已建和在建的此类桥梁已超过200座,波形钢腹板预应力混凝土桥建设总里程及各类桥型的最大跨径均超过日本。

随着波形钢腹板预应力混凝土桥梁的建设高潮在我国的兴起,一批有关波形钢腹板预应力混凝土桥梁技术的专著陆续出版。但由于此技术传入我国时间较短,已出版的专著大多介绍波形钢腹板设计及各种部件受力研究,采用的工程实例大多是国外工程,不能如实、全面反映我国相关工程的情况。为此,编著者根据多年从事波形钢腹板桥梁技术研究、工程设计、咨询以及参与此类桥梁施工监控、管理及养护的实际经验编成本书。本书内容涵盖波形钢腹板桥梁技术的起源、发展、国内外应用,以及设计计算、构造要点、受力性能研究分析、工厂加工、现场施工等方面的技术要点,并以我国波形钢腹板桥梁建设实例说明了此种结构突出的经济性、优良的力学性能(含抗震性)以及施工便利性,突显了我国波形钢腹板桥梁技术特点与建设成就。本书内容丰富、阐述深入全面,较之我们早期出版的《波形钢腹板预应力混凝土桥设计与施工》更充实、具体。

本书共6章,另含2个附录。第1章为波形钢腹板预应力混凝土桥的起源、发展与应用。法国工程师于1986年建成了世界上第一座波形钢腹板预应力混凝土组合箱梁桥——Cognac桥。20世纪90年代初,日本将波形钢腹板预应力混凝土桥应用于高速公路桥梁建设,使其得到推广应用。20世纪90年代,我国开始了波形钢腹板预应力混凝土桥的研究与应用,2007年山东鄄城黄河公路大桥波形钢腹板预应力混凝土主桥的建设开启了我国乃至世界波形钢腹板预应力混凝土桥应用的新篇章。结合波形钢腹板预应力混凝土桥在日本、中国的发展,本章取日本黑部川桥、安威川桥和中国南昌赣江朝阳大桥、山西运宝黄河大桥、浙江绍兴曹娥江大桥等作为典型工程事例,简述了中国、日本两国波形钢腹板预应力混凝土桥应用概况与技术成就,并借此指出波形钢腹板预应力混凝土桥的应用范围与技术优势。

第 2 章为波形钢腹板预应力混凝土桥的构造要点与设计。本章结合波形钢腹板预应力混凝土桥定义，介绍波形钢腹板预应力混凝土桥的技术特点与受力分析的基本假设。波形钢腹板预应力混凝土桥的构造特点有三个：一是以波形钢板作腹板；二是以剪力连接件连接钢腹板与混凝土顶、底板；三是采用体内、体外混合的预应力体系。波形钢腹板预应力混凝土桥设计基本假定也有三条：一是竖向弯曲时钢腹板不参与受弯，弯矩、轴力仅由混凝土顶、底板承担，其截面弯曲应力竖向分布符合平面假定；二是剪力仅由波形钢腹板承担，其剪应力竖向均匀分布；三是剪力连接件承受混凝土顶、底板传递给钢腹板的剪力。

结合波形钢腹板预应力混凝土桥的力学性能与构造要点，本章详细阐述了波形钢腹板预应力混凝土桥的设计要点，总体而言，波形钢腹板预应力混凝土桥设计类同一般预应力混凝土桥，其设计包含两大问题：内力分析与强度复核、材料选择。作为钢混组合结构，按极限状态设计法和分项系数的设计表达式进行设计，实际计算中截面极限状态抗力按钢混组合断面折算断面的常数计算。对此，因规范已有详细规定，且已出版的《波形钢腹板预应力混凝土桥设计与施工》一书中有较详细算例，故本书未予赘述。本书将重点置于计算模型与计算模型的分析即内力计算，关于强度复核，则侧重于混凝土顶、底板与波形钢腹板间剪力连接件的抗力分析。

第 3 章以鄄城黄河公路大桥主桥为例，讲述波形钢腹板预应力混凝土桥突出的经济性。鄄城黄河公路大桥主桥为 70m + 11×120m + 70m 波形钢腹板预应力混凝土连续梁桥，较一般预应力混凝土连续梁桥造价节省 20% 以上，施工工效提高 30% 以上，经济性突出。鄄城黄河公路大桥工程总体有三个特点：中国高速公路上第一座大规模的波形钢腹板预应力混凝土连续梁桥；主跨 120m 的波形钢腹板预应力混凝土连续梁桥，连续总长达当年世界之最，联长达 1460m；引桥采用了 67 孔 50m 跨折线配筋预应力混凝土先张 T 梁，其结构体系为结构简支桥面连续，为我国公路先张预应力混凝土梁应用之最。作为中国第一座大规模应用波形钢腹板技术的桥梁，其设计与施工均做得较为细致，除设计单位自身设计细致外，还委托中交公路规划设计院做了详细复核、日本长大公司做了详细的设计咨询。为详细了解这一设计，亦为简述波形钢腹板预应力混凝土桥设计、应用技术要点，本章列出了日本长大公司对鄄城黄河公路大桥做的咨询报告。

波形钢腹板预应力混凝土桥最突出的优点为波形钢腹板抗剪性能，故**第 4 章借助小犬丸川桥、前山河特大桥、东宝河新安大桥等桥关于波形钢腹板预应力混凝土桥的**

波形钢腹板抗剪性能研究,阐述波形钢腹板预应力混凝土桥优良的力学性能。探讨了小犬丸川桥混凝土顶、底板与波形钢腹板间剪力分配关系;探讨了前山河特大桥各波型的板高、钢板厚与其剪切屈曲形式、剪切屈曲强度的关系,并根据研究结果探讨了2400型波形钢腹板的几何参数,试验研究了带混凝土内衬的波形钢腹板抗剪性能、带横向加劲肋的波形钢腹板抗剪性能;以东宝河新安大桥跨中钢底板的应用为例,探讨了30mm厚各种类型波型在波形钢腹板按其极限屈曲应力(按弹性状态$\lambda_s \leqslant 0.6$,弹塑性状态$\lambda_s \leqslant 1.0$)时所能达到的波形钢腹板预应力混凝土连续梁极限跨径,并在此基础上进行了主跨360m的波形钢腹板预应力混凝土连续梁的设计。

第5章借助伊朗德黑兰北部高速公路BR-06桥的抗震设计与实桥结构模态检测,阐述了波形钢腹板桥良好的抗震性能。伊朗BR-06桥E1阶段抗震复核按Ⅸ度地震区0.4g地震动峰值加速度控制,E2阶段抗震复核按伊朗当局提出的三条地震波(最大地震加速度0.816g)控制。因抗震设计要求严苛,该桥采用三项技术对策:采用波形钢腹板预应力混凝土上部构造,以降低地震效应;采用摩擦摆支座控制大桥下部构造地震力;采用黏滞阻尼器控制大桥上部构造地震位移。为按工程实际复核上述三项措施的抗震效果,桥梁完工后在实桥上进行了环境激励桥梁结构模态检测,并根据实测所得竣工结构模态,对桥梁抗震性能进行了细致复算,对设计所选用的摩擦摆支座、黏滞阻尼器的设计参数做了正确性论证。桥梁实际结构模态检测成果表明,伊朗BR-06桥的减隔震设计是成功的。伊朗BR-06桥的摩擦摆支座及黏滞阻尼器于桥梁减隔震中的成功应用,为高震区桥梁减隔震设计提供了范例。根据现场结构模态实测,对桥梁抗震性能复核、评估,开创了结构模态试验在桥梁抗震设计中应用的先河。鉴于结构模态反映结构动力性能,故结构模态分析可用于结构优化设计时结构振动控制、结构损伤识别、结构健康监控,为此本书专列附录二说明此问题。

第6章阐述波形钢腹板预应力混凝土桥的可施工性。波形钢腹板预应力混凝土桥的施工主要涉及两方面:波形钢腹板的工厂制作、波形钢腹板桥的施工。波形钢腹板的工厂制作重点项为工厂焊接与表面涂装。波形钢腹板预应力混凝土桥的施工包含三部分:混凝土浇筑、波形钢腹板安装、预应力施工。波形钢腹板预应力混凝土桥的可施工性,体现在施工过程中利用波形钢腹板作施工临时构件,如无支架施工(利用波形钢腹板承重)、顶推施工(利用波形钢腹板作导梁)、轻型挂篮悬臂节段流水施工、大节段悬臂施工(利用波形钢腹板承重)等。本章借鉴日本桂岛高架桥、安威川桥和中国的鱼窝头桥、头道河桥等桥的施工,阐述了上述施工方法,突显了波形钢腹板桥施工的有效性、多样性和便利性。

上述所涉及的工程引出的另外两项技术——折线配筋预应力混凝土先张梁成套技术及结构模态分析与损伤识别，因实用价值高、内容丰富且有参考价值与应用前景，故本书在附录中列出其内容梗概供了解。

在本书的编著过程中，王健、孟磊主持了各章节的撰写、修改工作；第1章、第2章由王健、孟磊负责撰写；第3章由王健、张建勋撰写；第4章由何晓晖、张建勋撰写；第5章由王健、何晓晖撰写；第6章由陈华利、王侃撰写；附录一、附录二由孟磊、秦小杰编写。

本书由王用中和陈宜言两位大师主审。本书的出版得到了王用中大师、陈宜言大师的指导以及东南大学万水、宗周红教授的指导、帮助，在此深表谢意。河南海威工程咨询有限公司马丽娟为本书的编写做了大量工作，在此一并表示感谢。随着波形钢腹板技术在桥梁工程中应用的新研究不断涌现，且由于编著者水平及时间有限，本书不可避免地会出现错误和疏漏，敬请读者批评指正。

编著者
2024 年 5 月

目 录

第1章　波形钢腹板预应力混凝土桥概述 ·· 1
　1.1　波形钢腹板预应力混凝土桥的起源 ·· 1
　1.2　波形钢腹板预应力混凝土桥在日本的发展与应用 ··· 5
　1.3　波形钢腹板预应力混凝土桥在我国的应用 ··· 22
　1.4　本章小结 ·· 39

第2章　波形钢腹板预应力混凝土桥的构造要点与设计 ·· 40
　2.1　波形钢腹板预应力混凝土桥的定义与特性 ··· 40
　2.2　波形钢腹板预应力混凝土桥的概念设计与构造要点 ·· 46
　2.3　波形钢腹板预应力混凝土桥材料选择 ··· 51
　2.4　波形钢腹板预应力混凝土桥的总体设计 ·· 59
　2.5　波形钢腹板预应力混凝土桥整体结构分析 ··· 64
　2.6　波形钢腹板抗剪及剪力连接件设计 ·· 76
　2.7　本章小结 ·· 97

第3章　波形钢腹板预应力混凝土桥突出的经济性
　　　　——山东鄄城黄河公路大桥设计与施工 ·· 99
　3.1　桥梁概况及技术特点 ··· 99
　3.2　主桥的设计 ·· 110
　3.3　主桥设计咨询 ··· 114
　3.4　主桥施工与施工监控 ··· 136
　3.5　鄄城黄河公路大桥引桥设计简介 ··· 142
　3.6　本章小结 ··· 146

第 4 章　波形钢腹板预应力混凝土桥优良的工程性能
——关于波形钢腹板预应力混凝土桥抗剪性能与极限跨径的研究 ……… 148
4.1 小犬丸川桥波形钢腹板预应力混凝土桥剪切受力性能的研究 ……………… 148
4.2 前山河特大桥波形钢腹板剪切受力性能的探讨 ………………………………… 155
4.3 东宝河新安大桥大跨径波形钢腹板预应力混凝土梁桥设计探讨
　　及各型号波形钢腹板极限跨径研究 ……………………………………………… 180
4.4 本章小结 …………………………………………………………………………… 190

第 5 章　波形钢腹板预应力混凝土桥优良的抗震性能分析
——伊朗德黑兰北部高速公路 BR-06 桥抗震性能分析 ……………… 192
5.1 波形钢腹板预应力混凝土桥抗震性能研究 …………………………………… 192
5.2 伊朗 BR-06 桥工程概况及其抗震设计 ………………………………………… 196
5.3 伊朗 BR-06 桥的结构模态检测与有限元模型修正 …………………………… 212
5.4 伊朗 BR-06 实桥抗震性复核分析(实桥抗震性能评估) ……………………… 225
5.5 本章小结 …………………………………………………………………………… 265

第 6 章　波形钢腹板的制造与波形钢腹板预应力混凝土桥的施工 ………… 267
6.1 波形钢腹板的制造及运输 ………………………………………………………… 267
6.2 波形钢腹板预应力混凝土桥的施工要点 ………………………………………… 326
6.3 常规的波形钢腹板预应力混凝土施工 …………………………………………… 339
6.4 利用波形钢腹板承重的几种新型施工方法 ……………………………………… 348
6.5 本章小结 …………………………………………………………………………… 365

附录 ……………………………………………………………………………………… 366
附录 1　折线配筋预应力混凝土先张梁成套技术研究 ……………………………… 366
附录 2　结构模态分析与损伤识别 …………………………………………………… 382

参考文献 ………………………………………………………………………………… 391

第1章 波形钢腹板预应力混凝土桥概述

1.1 波形钢腹板预应力混凝土桥的起源

波形钢腹板这一技术最早在瑞典被应用于建筑业,直到20世纪80年代后期,桥梁工程才将波形钢腹板引入钢-混凝土组合梁中。桥梁工程新技术的研究均是由理论研究作先导,经工程实践后再丰富理论、指导实践。波形钢腹板技术在桥梁工程中的应用也是如此,其理论分析始于1960年,美国的Peterson教授通过大量的分析研究对这种新型结构的抗剪性能提出了看法;随后,德国的Linder和瑞典的Dergtelt等诸多学者也开始了对波形钢腹板梁的研究。20世纪90年代后期,美国的Johnson等人对波形钢腹板梁开始了更深入的研究,先后推导了波形钢腹板的抗剪及抗弯承载力计算公式;随后,美国的Elgaaly等人较深入地研究了波形钢腹板的剪切能力;Smith等人于1992年通过试验研究说明了波形钢腹板的屈曲强度与焊缝的质量关系很大,证明了结构的焊缝是很容易出现应力集中现象的部位。

1993年,Hamilton等人开始对波形钢腹板混凝土梁的剪力特性进行研究,通过试验分析了该结构梁的剪力分配问题,得出梁的剪力几乎完全由腹板来承担的结论,发现钢腹板的破坏是由剪切屈曲造成的。同时他们发现钢腹板发生破坏的主要控制因素与波形钢腹板波形的疏密程度存在很大关系,如果波形较疏,这时发生破坏的主要控制因素是腹板产生的局部屈曲;而当波形钢腹板的波形较密时,腹板的破坏则主要由整体屈曲控制;局部屈曲和整体屈曲同时发生时为组合屈曲。通过对计算结果的对比分析证明,有限元分析的结果与试验结果吻合较好,同时他们发现结构的强度在很大程度上受到结构的初始缺陷和残余应力影响,并且这种影响对结构的整体十分不利。

1993年,Elgaaly和Hamilton等人对波形钢腹板混凝土梁纯扭转状态下的结构力学特性进行了分析研究,并做了抗弯试验。试验结果表明,波形钢腹板梁在纯扭转状态下,其上翼缘板首先发生屈曲,而上翼缘板的屈曲将导致波形钢腹板发生屈曲破坏,随着破坏的进一步发展,整个结构发生破坏,此时波形钢腹板梁的抗弯能力取决于波形钢腹板的剪切屈曲极限应力。对截面应力进行实测发现,波形钢腹板几乎不承担弯矩,而上、下翼缘板几乎承担了全部弯矩,因此在弹性范围内对波形钢腹板混凝土梁的承载力进行计算时，可以忽略波形钢腹板的作用。Elgaaly和Seshadel等对钢筋混凝土波形钢腹板梁在局部荷载作用下的承载力进行分析，发现结构的破坏模式主要有两种：第一种是直接承受荷载的上翼缘板发生扭转并且形成塑性铰，腹板局部弯曲或者发生弯折；第二种是上翼缘板既不发生扭转也不产生塑性铰，但是会朝两侧弯曲，波形钢腹板先屈曲随后出现弯折，据此Elgaaly提出了这两种情况下结构各自的承载力计算方法。

1994年，瑞典的Edlund、Luo等学者研究了波形钢腹板工字梁的极限承载力，通过大量的分析发现，结构的极限承载力在很大程度上受到腹板的应力-应变关系的影响，同时发现如果梁的几何参数发生了变化，其承载力也会随之发生一定的变化，当荷载的作用位置发生变化时，其极限承载力也会产生一定的变化。Luo、Edlund等学者基于以上研究分析，最终提出了计算波形钢腹板混凝土梁承载能力的计算公式。

英国华威大学的Johnson教授在1997年对波形钢腹板的有效剪切模量进行了研究，发现波形钢腹板与普通平钢板相比，其有效剪切模量降低了大约10%，同时基于试验研究结果提出了波形钢腹板有效剪切模量的计算公式。

2001年，马来西亚学者Chan C L等针对腹板不同褶皱方式的工字钢梁承载力进行了有限元分析，分析得出竖向波形钢腹板的承载力最大，此外他们还比较了不同波形形状对结构受力的影响。2004年，Maehidarnrong C等人基于变分原理提出了与经典的铁木辛柯(Timoshenko)梁理论相似的扩展梁理论。紧接着，Huang L等根据波形钢腹板的一些特殊受力特点，提出了在竖向和纵向采用两种刚度不同的二维连接单元模拟波形钢腹板的方法，该方法得到了试验研究和数值分析的验证。

20世纪90年代，日本成为桥梁技术发展较快的国家之一。日本桥梁界对波形钢腹板混凝土梁的研究也作出了很大的贡献，优化分析了波形钢腹板与混凝土上、下翼缘板之间的连接问题，同时也对波形钢腹板本身的连接进行了优化分析，提出了利用钢板的斜向面板与混凝土抗剪销结合作为抗剪连接构件，据此形成了埋入式剪力连接件，并将此连接件应用于实桥中。由波形钢腹板预应力混凝土梁的试验及对其进行弯曲变形研究得出了以下结论：不可忽略剪切变形所产生的挠度对波形钢腹板箱梁的影响，横隔板对波形钢腹板箱梁的抗扭起到了很重要的作用。日本实桥静载试验结果表明，实际测得的波形钢腹板的剪应力值与有限元计算值吻合较好，计算值略微偏大；混凝土翼缘板的纵向应力实测值、计算值和有限元计算结果数值基本一致。

综合以上研究证明：波形钢腹板梁的受力清晰，在弯矩、剪力和扭矩的共同作用下，钢腹板几乎不承受轴向应力，轴向力几乎全部由混凝土翼缘板承担；而剪力和扭矩几乎全部由钢腹板承担，并且波形钢腹板的总体屈曲和局部屈曲相互影响；与普通的平钢腹板相比，波形钢腹板的抗剪承载力有了很大的提高。

与理论研究相对应的则是波形钢腹板及波形钢腹板桥的应用。波形钢板平面弯曲刚度远大于平钢板,故很早就在工程中得到应用。波形钢板的轧制则始于1784年,当时英国出现了第一台轧制波形钢板的专用设备,但由于钢板的供给不足,波形钢板未能得到推广应用。直到1890年之后,随着钢铁工业的发展,钢板的供应有了保障,波形钢板的应用才迅速普及。1896年,首次出现了利用波形钢板卷制的钢管,并被用作涵管。后来,波形钢板被应用到船舶、集装箱及机翼的制造中,之后开始广泛应用于土木建筑之中,并逐渐占领中小钢屋顶市场。

将波形钢板应用于桥梁工程中,是为了解决预应力混凝土桥腹板开裂这一通病。预应力混凝土箱梁桥是最为通用的一种桥梁形式,然而较大跨径的预应力混凝土箱梁的混凝土腹板承受着较大的剪应力,且因顶底板温度差及腹板收缩徐变造成剪应力的加大与应力状况的复杂化,常出现各种各样的裂缝,导致箱梁整体受力性能的下降与跨中挠度的持续增大,严重影响预应力混凝土箱梁桥的使用寿命。表1.1-1反映了典型大跨径预应力混凝土连续箱梁桥跨中下挠情况。

典型大跨径预应力混凝土连续箱梁桥跨中下挠情况简表　　　表1.1-1

桥名	国家	跨径(m)	结构类型	跨中下挠(cm)	下挠值(cm)/主跨径(m)
黄石长江公路大桥	中国	62.5+3×245+62.5	连续刚构	33.5	1/731
虎门大桥辅航道桥	中国	150+270+150	连续刚构	26	1/1038
江津长江公路大桥	中国	140+240+140	连续刚构	31.7	1/757
三门峡黄河公路大桥	中国	105+4×160+105	连续刚构	22	1/727
佛山南海金沙大桥	中国	66+120+66	连续刚构	22	1/545
广州丫髻沙大桥副桥	中国	86+160+86	连续刚构	23	1/696
台湾圆山大桥	中国	75+150+2×142.5+118+43	带铰刚构	63	1/238
Stolma 桥	挪威	100+220+100	连续刚构	20	1/1100
Koror-Bobelthuap 桥	帕劳	72+241+72	带铰刚构	120	1/201
Kingston 桥	英国	63+143.3+62.5	带铰刚构	30	1/478
Parrotts Ferry 桥	美国	99+195+99	带铰刚构	63.5	1/307
Grand-Mère 桥	加拿大	181.4	带铰刚构	30	1/605

为改善和尽量避免预应力混凝土箱梁这一缺点,法国的桥梁工程界做了许多开创性的研究工作,即通过用预制混凝土腹板或钢腹板达到改善箱梁腹板力学性能及减轻上部结构重量的效果。法国工程师首先设计了拉菲特圣欧班高架桥(La Ferte-Saint-Aubin Viaduct),这是一座采用钢腹板代替混凝土腹板的跨径39.6m的简支梁桥,采用纵向体内预应力,直腹板厚12mm,上面焊有水平加劲肋,结构总体布置如图1.1-1所示。钢腹板与混凝土顶、底板之间通过剪力连接件结合在一起,但因钢腹板承担了大部分纵向预应力,致使钢腹板承受较大压剪应力,为防止发生腹板的局部屈曲,钢腹板内侧需焊接纵向加劲肋。此类结构桥梁存在两个缺点:一是因预应力的施加,腹板承受了较大的压应力,为防止腹板屈曲,需于腹板上焊接加劲肋,导致钢腹板构造复杂;二是因腹板参与承受预应力,导致顶底板混凝土预应力效率降低。

钢腹板的这两个缺点,促使工程师们开始研究应用波形钢腹板这一技术。

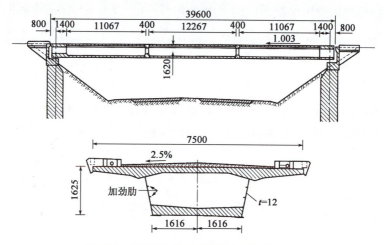

图 1.1-1　拉菲特圣欧班高架桥(尺寸单位:mm)

1975 年,法国 CB(Campenon Bernard)公司提出了在桥梁中用波形钢腹板代替平面钢腹板的设想。20 世纪 80 年代初期,法国道路指导部门在试验计划中确定修建小型的波形钢腹板预应力混凝土组合截面桥梁。CB 公司进行了大量理论分析及模型试验,确认了波形钢腹板组合箱梁的抗剪、抗扭及稳定方面的受力特性后,于 1986 年建成了世界上第一座波形钢腹板预应力混凝土组合箱梁桥——Cognac 桥(图 1.1-2)。此桥于 1985 年 6 月开工建设,1986 年 7 月建成,是一座单箱单室三跨连续梁桥(31m + 43m + 31m)。该桥波形钢腹板的主要尺寸为:钢腹板斜置 35°,板厚 8mm,波高 150mm,钢板折弯点之间的长度为 352.7mm,板高 1771mm。波形钢腹板在工厂进行防锈处理后运到现场,用支架施工法进行架设。为建立波形钢腹板的设计计算方法,CB 公司对 Cognac 桥进行了定期观测。

图 1.1-2　法国 Cognac 桥

在此基础上,法国又先后修建了 Maupre 高架桥、Asterix 桥与 Dole 桥 3 座波形钢腹板预应力混凝土组合箱梁桥。Dole 桥为波形钢腹板预应力混凝土 7 跨连续箱梁桥,于 1994 年建成。此桥采用变截面单室箱梁,悬臂浇筑法施工,为跨径 48m + 5 × 80m + 48m 的 7 跨连续梁桥(图 1.1-3)。此桥墩高 13.23 ~ 26.80m,主梁高 2.50 ~ 5.50m,桥面宽 14.50m,体外、体内索并用,并设置12道横隔梁,用于体外索的转向及加强梁的抗扭刚度。主要材料用量为:主梁结构钢240t,预应力钢筋190t,普通钢筋890t。

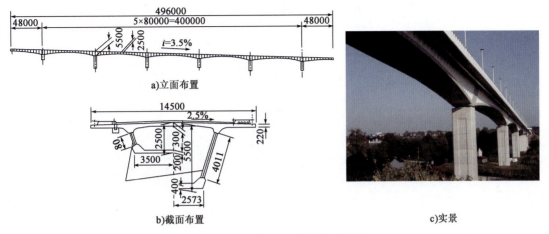

图1.1-3 Dole桥桥型布置及实景图(尺寸单位:mm)

此外,法国CB公司还修建了两座波形钢腹板桥,一座是挪威的Tronko桥,另一座是委内瑞拉的Caracas桥。经过技术经济比较发现,波形钢腹板箱梁的优势只有在跨径大于50m时才会明显体现,跨径超过100m后,其经济性更为明显。1988年,美国土木工程师学会(ASCE)将波形钢腹板预应力混凝土组合箱梁桥作为新型桥梁结构加以介绍后,世界上许多国家围绕这一新技术进行了研究,日本桥梁界将这一技术引至日本的桥梁建设中。

1.2 波形钢腹板预应力混凝土桥在日本的发展与应用

1.2.1 日本早期波形钢腹板桥

20世纪60年代,日本的岛田氏对波形钢板进行了研究,70年代时,日本的钢结构工厂曾采用过几千米长的波形钢板的钢梁作为吊车梁。借鉴法国工程师修建波形钢腹板桥的经验,1993年,日本修建了第一座波形钢腹板预应力混凝土桥——新开桥。该桥为跨径30m、宽14.8m的简支梁桥,其桥型布置如图1.2-1所示。

新开桥构造特征为:体内束、体外束并用;体外束可更换,张拉端设在桥台背墙后面的张拉室内;波形钢腹板采用涂装防锈、支架法施工。

1995年,日本修建了第二座波形钢腹板预应力混凝土桥——银山御幸桥。该桥为27.4m + 3×45.5m + 44.9m的5跨顶推连续梁桥,桥宽8.5m,其桥型布置如图1.2-2所示,波形钢腹板采用耐候钢制作,与混凝土顶底板的连接采用栓钉剪力键(波形及连接键如图1.2-3所示),波形钢腹板之间采用内侧设缀板的高强度螺栓单面摩擦连接。

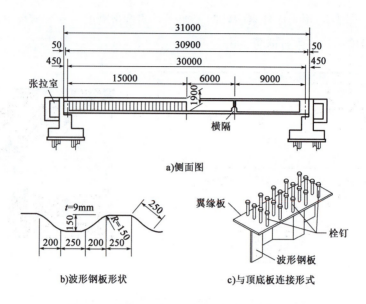

图 1.2-1 新开桥桥型布置及构造图(尺寸单位:mm)

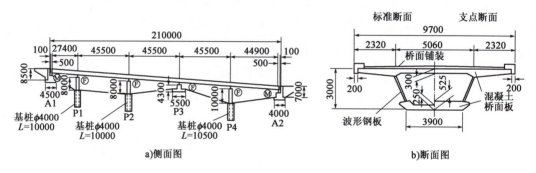

图 1.2-2 银山御幸桥桥型布置图(尺寸单位:mm)

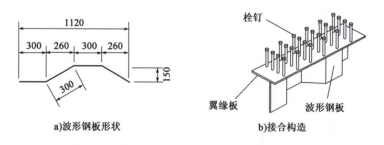

图 1.2-3 银山御幸桥波形及剪力键(尺寸单位:mm)

此桥采用桥台集中顶推方式(TL 工法)进行施工顶推作业,未采用通常的导梁,而是灵活地利用前段主梁的波形钢腹板作导梁。施工中,前三个箱梁节段顶底板混凝土在顶推时不施工,而是采用补强钢翼缘板加强波形钢腹板形成的波形钢腹板工字钢梁作为代用导梁。在第 5 节段顶板上设有塔柱,用斜拉索拉住导梁前端,以减小顶推悬臂弯矩及挠度。银山御幸桥施工节段划分如图 1.2-4 所示。

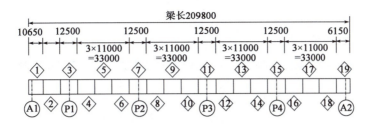

图 1.2-4 银山御幸桥施工节段划分图(尺寸单位:mm)

银山御幸桥主梁由 19 个节段组成,标准节段长 11.0m,考虑到冬季施工,在节段预制场内设有全天候制作设备。波形钢板由工厂制作后运到现场,对应箱梁标准节段长 11m,每节段腹板由两块 5.5m 长波形钢腹板在现场借助螺栓连接成标准节段腹板。制作棚内设有门式起重机用于吊装设备与剪力撑。在制作场,为方便施工、缩短工期,混凝土顶底板的模板是上下分离、纵向连续的,其施工循环图如图 1.2-5 所示。

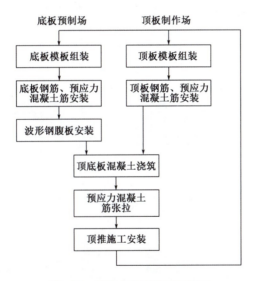

图 1.2-5 混凝土顶底板施工循环图

1998 年建成的本谷桥为日本修建的第一座大跨径悬臂浇筑波形钢腹板预应力混凝土连续刚构桥,跨径布置为 44m+97.2m+56m,桥面宽 11.04m,其桥型布置及连接构造如图 1.2-6 所示,波形钢腹板采用 1200 型标准波形,波形钢腹板与混凝土顶底板连接采用埋入式[将开孔钢板连接键(PBL 键)与波形钢腹板齿键组合为一新型剪力连接键],波形钢腹板间用高强螺栓作单面摩擦连接。

施工采用悬臂浇筑的方案,其节段划分与施工流程分别如图 1.2-7、图 1.2-8 所示。悬臂节段长 3.6～4.8m,为波形钢板波长(1.2m)的整数倍。该桥挂篮为 200t·m 的中型挂篮,按本谷桥施工方案制作,为能使波形钢腹板的竖直提升梁上喂进,挂篮较普通的挂篮要高一些(图 1.2-9)。

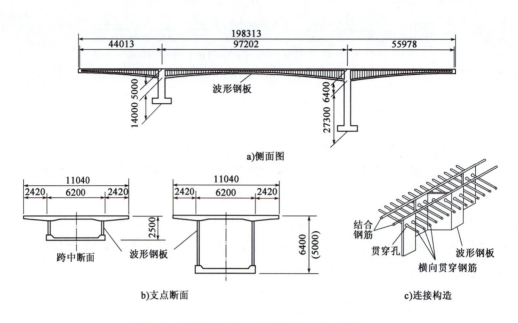

图1.2-6 本谷桥桥型布置及连接构造图(尺寸单位:mm)

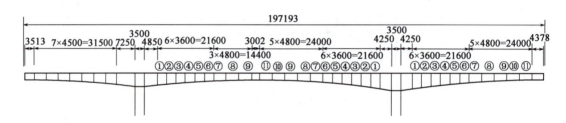

图1.2-7 本谷桥施工节段划分图(尺寸单位:mm)

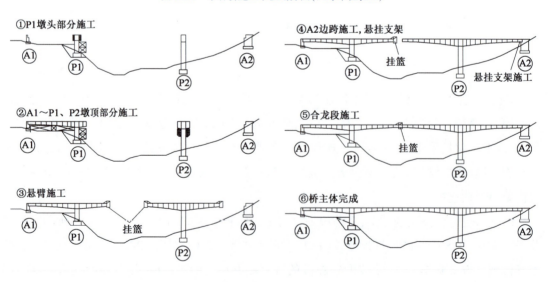

图1.2-8 本谷桥施工流程图

图 1.2-9　本谷桥挂篮全景

本谷桥设计时做了常规预应力混凝土箱梁及波形钢腹板箱梁两种方案相同深度的设计，混凝土箱梁节段长 2.5m、3.1m 和 3.75m。由于波形钢腹板箱梁会使主梁自重减轻，因此施工节段长度也随之加大，且节省了混凝土腹板施工时间，一个节段的施工周期由原来的 8.5d 减到 7d，节段总数由 14 节段减到 11 节段，从而大幅缩减工期。本谷桥两种方案工程数量对比见表 1.2-1。

本谷桥两种方案工程数量对比表　　表 1.2-1

项目	类别	单位	混凝土腹板方案	波形钢腹板方案	增减数量	备注
主材	混凝土	m³	2148.4	1680.7	−467.7	混凝土设计标准强度 40MPa
	模板	m²	6841.3	5558.0	−1283.3	
	钢筋	t	285.94	257.02	−28.927	SD345
预应力材料	体内索	kg	—	47905	+47905	主钢丝 SWPR7BL 12S12.7
	体内索	kg	59046	—	−59046	主钢丝 SWPR7AL 12S12.4
	粗钢筋 φ32DW	kg	36510	—	−36510	主钢丝 φ32SBPR 930/1180 DW
	体外索	kg	—	14727	+14727	主钢丝 SWPR7BL 19S15.2
	桥面板横向预应力钢筋	kg	—	16870	+16870	后期黏结钢筋 SWPR19 1S28.6
	桥面板横向预应力钢筋 DW	kg	20843	—	−20843	横向 φ32SBPR 930/1180 DW
	横梁横向预应力钢筋	kg	—	1663	+1663	横向 φ32SBPR 930/1080
	横梁横向预应力钢筋 DW	kg	1586	—	−1586	横向 φ32SBPR 930/1180 DW
	竖向粗钢筋	kg	4366	—	−4366	垂直 φ32SBPR 930/1180 DW
波形钢板（SM490YB）		t	—	120.3	+120.3	

注：本表中材料相关名称及性能均按日本相关规范采用。

由表 1.2-1 可知，较之传统的混凝土腹板方案，波形钢腹板方案混凝土用量减少 22%、纵向预应力筋用量减少 33%、普通钢筋用量减少 10%，波形钢腹板预应力混凝土箱梁具有较好的经济性。

本谷桥为日本第一座采用节段悬臂浇筑法施工的波形钢腹板预应力混凝土连续刚构桥，科研工作者结合工程实践做了许多波形钢腹板预应力混凝土箱梁受力性能与构造要点的研究，为日本波形钢腹板预应力混凝土桥的广泛应用做了许多技术铺垫，亦为波形钢腹板预应力混凝土桥的进一步发展做了开拓性的工作。

1.2.2　日本波形钢腹板桥应用概况

基于上节介绍的三座桥的建设，日本波形钢腹板预应力混凝土组合结构协会、预应力混凝土协会及道路建设公团开展了一系列对波形钢腹板预应力混凝土桥的基础研究，制定了多套相关规范、标准，有力地促进了波形钢腹板预应力混凝土桥在日本的发展，主要列之如下：《波形钢腹板预应力混凝土桥问题与解答》《波形钢腹板预应力混凝土桥设计施工手册》《波形钢腹板预应力混凝土桥设计施工指南》《钢混组合结构桥设计施工准则》《公路设计要领·道路示方书　波形钢腹板预应力混凝土桥》。

基于大量试验研究的规范性文件，明确了波形钢腹板预应力混凝土桥受力分析的基本假定：

(1) 波形钢腹板预应力混凝土箱梁的受弯与一般预应力混凝土箱梁类似，计算中平截面假定成立。

(2) 波形钢腹板预应力混凝土箱梁弯矩由混凝土顶底板承担，不考虑腹板作用。

(3) 波形钢腹板预应力混凝土箱梁剪力由波形钢腹板承担，不考虑由混凝土顶底板承受。

对波形钢腹板预应力混凝土箱梁桥的构造提出几条强制性规定：

(1) 为保证波形钢腹板预应力混凝土箱梁抗扭刚度，应设支点、跨中、跨间横隔，特别为应对支点处箱梁腹板的复杂受力，应在支点横隔(梁)附近设置一定长度的混凝土内衬。

(2) 鉴于混凝土顶底板面积有限，波形钢腹板预应力混凝土箱梁应设置体外索以承担外荷载。

(3) 为便于波形钢腹板工业化生产，波形钢腹板预应力混凝土桥应采用标准型波形钢腹板，日本规范拟定了1000型、1200型、1600型三种波形钢腹板。

新开桥、银山御幸桥、本谷桥的建设经验验证了波形钢腹板预应力混凝土桥的经济性、良好的抗震性与可施工性。在第二名神高速公路建设中，日本大量采用了波形钢腹板预应力混凝土桥，进而形成了波形钢腹板预应力混凝土桥建设高潮。日本还将波形钢腹板技术应用在部分斜拉桥上，且视为桥梁技术创新的重要部分予以重点发展，因此波形钢腹板预应力混凝土桥在日本得到了快速发展，日本成为波形钢腹板预应力混凝土桥的应用大国。表1.2-2列出了日本已建具有代表性的波形钢腹板桥的跨径纪录，图1.2-10展示了日本波形钢腹板桥梁的发展情况。

日本具有代表性的波形钢腹板桥

表 1.2-2

桥梁名称	施工方法	构造形式	桥长(m)	跨径布置(m)	备注
矢作川斜拉桥	悬臂施工	斜拉桥	820.0	173.4＋2×235.0＋173.4	最大跨斜拉桥
日见梦大桥	悬臂施工	部分斜拉桥	365	91.8＋180＋91.8	最大跨部分斜拉桥
安威川桥	悬臂施工	连续刚构	632.8	50.4＋120＋179＋99.5＋3×50＋33.9	最大跨连续刚构桥
丰田巴川桥	悬臂施工	连续梁	640.0	84.9＋155＋164＋152＋81.9	最大跨连续梁桥
宫家岛高架桥	悬臂施工	连续梁	1432	51.2＋7×53.0＋54.0＋85.0＋53.0＋3×52.0＋58.5＋60.0＋101.5	连续长度1432m

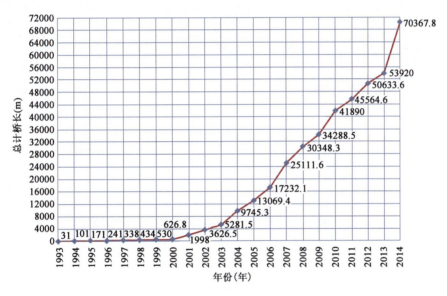

图 1.2-10　1993—2014 年日本波形钢腹板桥梁发展情况统计

1.2.3　日本具有代表性的波形钢腹板桥

1.2.3.1　第二东名高速公路田场沢川桥

该桥位于第二东名高速公路上，桥长 229.5(201)m，为双幅三跨波形钢腹板连续梁桥，上行线桥跨布置为 59.35m＋108.0m＋59.35m，下行线桥跨布置为 53.1m＋92.0m＋53.1m（图 1.2-11），桥面宽 17.43m（46.5cm 护栏＋16.5m 行车道＋46.5cm 护栏，如图 1.2-12 所示），箱梁底宽 6.5m，两侧悬臂长 5.28m，利用斜撑（30cm×30cm）支于箱梁底，波形钢腹板均为 1600 型，跨中部用 SM490YB 钢材，支点处主梁用 SM570 钢材，其与预应力混凝土顶板的连接采用双开孔板剪力连接键，与钢筋混凝土底板的连接采用埋入式剪力连接件。

波形钢腹板预应力混凝土桥

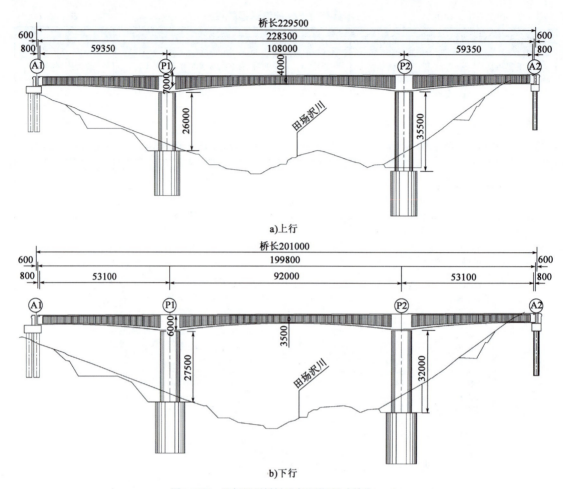

a) 上行

b) 下行

图 1.2-11　田场沢川桥桥型布置图(尺寸单位:mm)

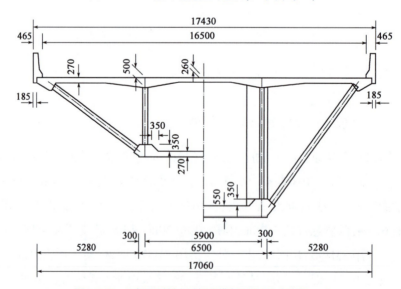

图 1.2-12　田场沢川桥主梁标准横断面图(尺寸单位:mm)

田场泽川桥的悬臂浇筑施工采用了以波形钢腹板作施工承重结构的新颖施工方法,为此作导梁用波形钢腹板上翼缘板采用了缀板与螺栓连接,以保证其连续性用于悬臂施工的受拉(图1.2-13)。比较了如图1.2-14所示波形钢腹板下翼缘三种临时加强方式,以应对悬臂施工过程中的受压。实际采纳了加临时下翼缘板的形式,施工中对悬臂板与斜撑因混凝土收缩产生的拉应力做了专题研究,并采取构造加强措施(图1.2-15、图1.2-16),桥梁悬臂浇筑施工步骤与新型挂篮分别如图1.2-17、图1.2-18所示。

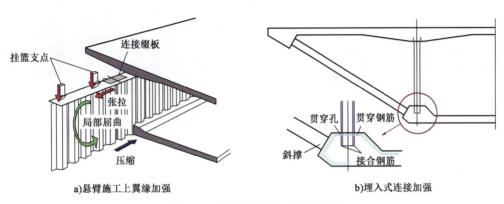

图1.2-13　波形钢腹板上、下翼缘加强

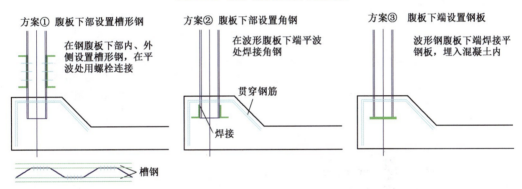

图1.2-14　作导梁时波形钢腹板下翼缘加强方案

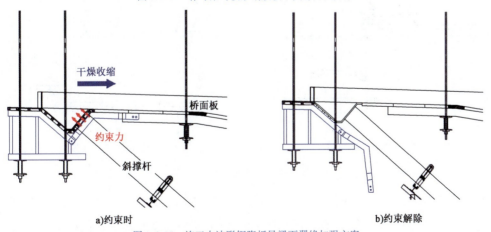

图1.2-15　施工中波形钢腹板导梁下翼缘加强方案

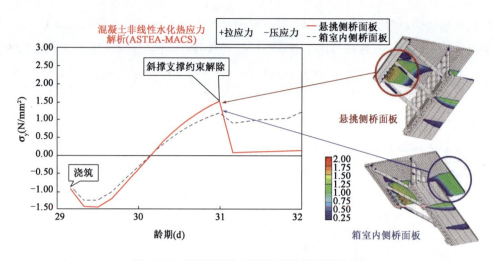

图1.2-16 因顶板混凝土收缩导致的顶板斜撑应力

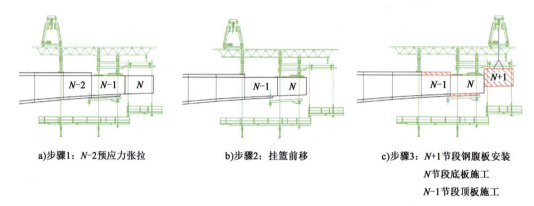

a)步骤1：$N-2$预应力张拉

b)步骤2：挂篮前移

c)步骤3：$N+1$节段钢腹板安装
N节段底板施工
$N-1$节段顶板施工

图1.2-17 悬臂浇筑施工步骤

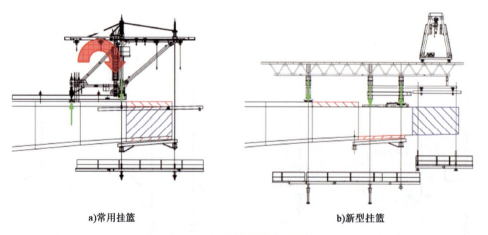

a)常用挂篮

b)新型挂篮

图1.2-18 悬臂浇筑用新型挂篮

田场沢川桥的技术特点为：①采用了带斜撑的箱梁断面，以便于当下施工，亦利于今后桥梁扩建；②沿跨径采用了不同类型的波形钢腹板，以适应剪力变化需要；③施工中利用波形钢腹板承重,简化了挂篮构造。

1.2.3.2 矢作川斜拉桥

矢作川斜拉桥(图1.2-19)于2005年建成,是日本已建成的最大跨径波形钢腹板预应力混凝土斜拉桥,如图1.2-20所示。桥梁跨径为173.4m+2×235m+173.4m,主梁中间无索区为127m钢箱梁,其余主梁为波形钢腹板组合梁,钢箱梁与组合梁有5m的接合段,日本工程统计将其视为波形钢腹板预应力混凝土-钢混组合混合斜拉桥,主梁横断面如图1.2-21所示。

图1.2-19 矢作川斜拉桥

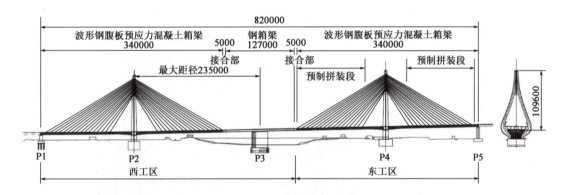

图1.2-20 矢作川斜拉桥桥型图(尺寸单位:mm)

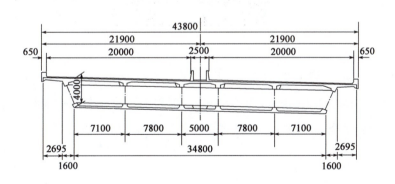

图1.2-21 矢作川斜拉桥主梁横断面图(尺寸单位:mm)

矢作川斜拉桥因桥面宽度较大,采用了单箱五室断面,中间室用于斜拉索锚固。该桥的节段悬臂施工采用了预制箱室与现浇箱室连接的分块悬拼施工方法。

波形钢腹板预应力混凝土桥主梁斜拉索的锚固是一个难题。矢作川斜拉桥为单面索,于中间室设辅助横梁与钢锚梁来锚固斜拉索,如图1.2-22所示。

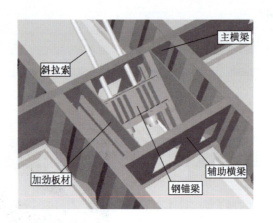

图 1.2-22　矢作川斜拉桥斜拉索锚固图

矢作川斜拉桥的另一特点是主塔造型为"水滴"形,主塔结构为钢壳外包预应力混凝土结构,如图 1.2-23 所示。

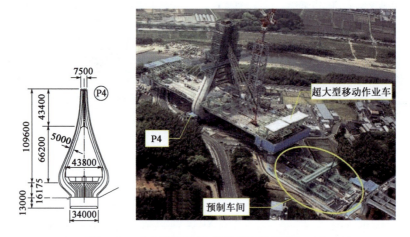

图 1.2-23　矢作川斜拉桥主塔施工图(尺寸单位:mm)

矢作川斜拉桥的技术特点为:①是当时世界最大跨径波形钢腹板预应力混凝土斜拉桥;②单索面斜拉桥箱梁宽 43.8m,设定为单箱五室、预制现浇组合断面,中间箱、两边箱预制安装,次边箱顶底板悬臂浇筑;③水滴形钢筋混凝土塔造型美观。

1.2.3.3　黑部川铁路桥

黑部川铁路桥(图 1.2-24)位于日本富山县黑部市的北陆新干线上,跨河流部分为 6 跨连续波形钢腹板箱梁桥,长 344m,跨径布置为 2×50m+2×72m+2×50m,箱梁高 3.3～4.8m。中间 3 个桥墩支点处墩梁固结,其他桥墩支点处采用滑动橡胶支座支承。该桥是日本首座波形钢腹板铁路桥,由于铁路桥活载比公路桥大,因此对桥梁的疲劳耐久性进行了试验研究,结果表明,在波形钢腹板和箱梁顶、底板的连接部位采用带开孔钢缀板的埋入式连接方式

(图1.2-25)后,可以防止连接部位早期张拉预应力导致的初期裂缝。

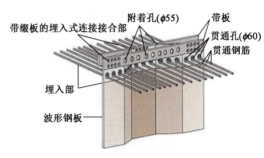

图1.2-24　黑部川铁路桥　　　　　　图1.2-25　带开孔钢缀板埋入式连接

该桥波形钢腹板波高200mm、波长1500mm,冷加工弯曲半径为板厚的7倍。作用在构件截面上的剪力全部由波形钢腹板承担。考虑到波形钢腹板的局部屈曲、整体屈曲以及它们的组合屈曲,设计板厚为12～25mm。波形钢板间的搭接接头采用高强螺栓单面摩擦连接,波形钢腹板和混凝土顶、底板连接采用带开孔钢缀板的埋入式连接。波形钢腹板与开孔钢缀板在平波处采用螺栓连接,缀板可防止波形钢板的斜向板滑移,与波形钢板一起承受水平剪力。缀板的材质、尺寸由各截面上作用的水平剪力决定。

该桥距海岸7km,波形钢腹板采用耐候钢制作,应用中对耐候波形钢腹板做了试验研究,为保证耐久性而进行外涂装。波形钢腹板与混凝土板的连接处由于干湿循环、日光直射引起的高温、雨水和盐分等,环境非常恶劣,且混凝土浇筑后硬化过程中由于温度上升,连接处易产生裂缝,因此在连接处附近设置预应力筋(1S17.8～1S21.8),并在连接处上侧100mm到底板下侧450mm范围涂布尿烷系列防水涂料。

该桥采用固定支架施工,波形钢腹板采用专用吊装设备安装,以控制面外弯曲。黑部川铁路桥的技术特点为:①世界首座波形钢腹板预应力混凝土铁路桥;②针对铁路桥的特点做了许多相关试验研究,以论证波形钢腹板技术应用于铁路工程的可行性;③采用带开孔缀板的埋入式连接,可以提高连接处的耐疲劳性。

1.2.3.4　栗东桥

栗东桥是第二名神高速公路日本滋贺自然保护区左跨近江的大桥,为波形钢腹板预应力混凝土部分斜拉桥,建成时为世界上首座波形钢腹板预应力混凝土部分斜拉桥,单幅桥宽16.5m,设上下行双幅,单幅桥跨设置:上行140.0m+170.0m+115.0m+70.0m,全长495m,下行155.0m+160.0m+75.0m+90.0m+75.0m,全长555m。栗东桥布置图如图1.2-26所示,实桥照片如图1.2-27所示。

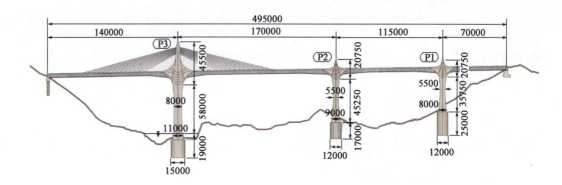

图 1.2-26 栗东桥布置图(上行)(尺寸单位:mm)

图 1.2-27 栗东桥实景

该桥主梁采用单箱三室断面(图 1.2-28),顶宽 16.5m,底宽 11.482~14.112m,梁高 4.5~7.5m,其特点为:

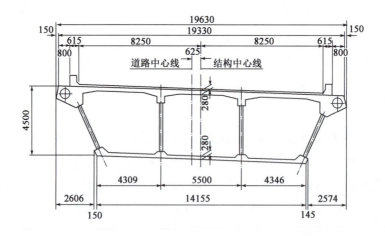

图 1.2-28 主梁断面(尺寸单位:mm)

(1) 主塔造型优美,主桥色彩绚丽,有展翼飞翔的丹顶鹤形桥塔、土黄色混凝土桥面板与底板、红色波形钢腹板。

(2) 单箱三室主梁,斜拉索在主梁上采用钢横梁锚固。

(3) 边跨施工利用波形钢腹板作施工承重部件。

(4) 桥墩为六角形钢筋混凝土高墩。

如多数日本桥梁一样,对该桥除进行设计计算外,还做了模型试验(主要分析斜拉索锚固端应力、单箱多室腹板受力与剪切分担力)、索力的传递主塔和栓钉剪切试验、波形钢腹板抗疲劳性试验,以及风洞试验与实桥振动试验。栗东桥振动试验部分结果如图1.2-29所示。振动试验结果表明,桥梁结构阻尼系数约为0.10,大于风洞试验结果假设值(0.03),桥梁具有动态抗风稳定性,无须采取特殊的防风措施。

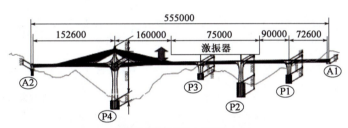

a) 激振器布置位置(尺寸单位:mm)

b) 试验实景

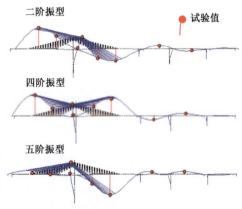

c) 各振型分析结果与实测结果对比

图1.2-29 栗东桥振动试验部分结果

1.2.3.5 安威川桥

新名神高速公路上的安威川桥位于大阪茨木市,是日本已建最大跨径的波形钢腹板预应力混凝土箱梁桥,上、下行双幅设置,上行桥跨布置为50.4m+120.0m+179.0m+99.5m+3×50.0m+33.9m,下行桥跨布置为65.4m+142.0m+170.0m+120.5m+44.4m,主桥均为刚构体系。安威川桥布置图如图1.2-30所示。该桥前期按单幅现按双车道实施,后续二期建设拟拓宽为双幅四车道桥,故设计横断面采用带斜撑的单箱单室断面,先按单箱单室施工,其腹板底板厚度均按拓宽后断面确定,后期拓宽后再补上斜撑与加宽桥面板。安威川桥横断面设计图如图1.2-31所示。

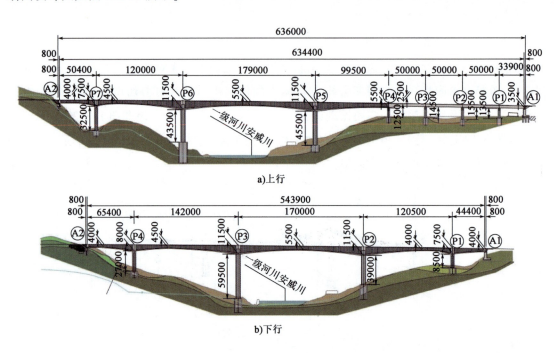

图1.2-30 安威川桥布置图(尺寸单位:mm)

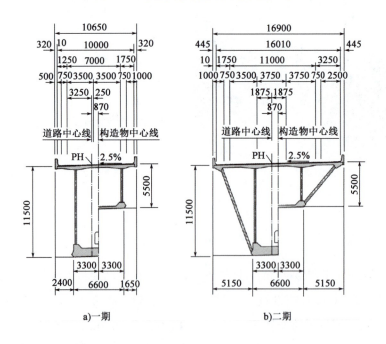

图1.2-31 安威川桥横断面设计图(尺寸单位:mm)

因桥梁跨径增大,支点梁高必须增大,带来波形钢腹板高度增大,波形钢腹板屈曲问题更加突出,故该桥结合波形钢腹板设计,对波形钢腹板的剪切屈曲进行了非线性有限元分析和剪切屈曲试验,其结果如图1.2-32所示。试验结果显示,主桥墩顶附近的波形钢腹板均位于剪切屈曲系数(图1.2-33)为1.0左右的非弹性区域内,确认了波形钢腹板抗剪切屈曲的安全性,可以使用以往的波形钢腹板计算方法。

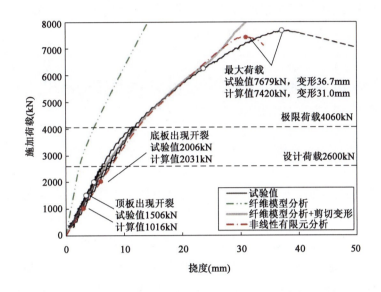

图1.2-32　荷载与挠度关系值

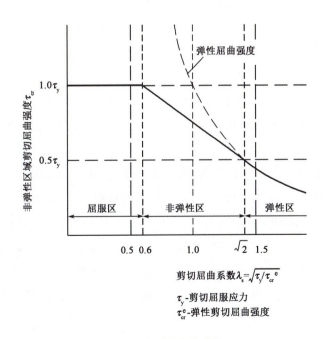

图1.2-33　剪切屈曲系数

大跨径波形钢腹板桥的悬臂浇筑节段长度为悬臂施工进度控制因素,故对下行线桥 P2 墩的悬臂施工采用了 6.4m 超大节段施工,取得了良好的施工效益,为日本首次采用。有关该桥施工详见本书第 6 章内容。

安威川桥的技术特点为:①建成时为世界最大跨径波形钢腹板预应力混凝土箱形连续梁桥;②为考虑运营期桥面加宽,采用了带斜撑的单箱单室断面;③为适应大跨径波形钢腹板预应力混凝土箱形连续梁桥跨径的发展,将波形钢腹板剪切屈曲系数 λ_s 由 0.6 提高到 1.0;④施工节段长达 6.4m,对悬浇挂篮做了创造性改型。

1.3 波形钢腹板预应力混凝土桥在我国的应用

1.3.1 我国对波形钢腹板预应力混凝土桥的研究

波形钢腹板预应力混凝土桥在我国的发展应用亦是为了应对常规预应力混凝土箱梁桥常见病害问题。20 世纪 80—90 年代,中国桥梁建设随高速公路建设进入高速发展期,其间因预应力混凝土箱形连续梁适于中大跨径桥梁建设,以及良好的经济性、施工性,在我国桥梁建设中得到了普遍应用。1988 年广东广州番禺桥(65m + 125m + 180m + 110m 四跨预应力混凝土箱形连续刚构桥)的成功建成,更促使大跨径预应力混凝土箱形连续梁(刚构)朝 200m 乃至 300m 发展,预应力混凝土箱形连续梁(刚构)的建造在我国掀起一个高潮。1995 年建成的湖北黄石长江公路大桥($162.5m + 3 \times 245m + 162.5m$,宽 20m),其建设规模、社会效益突出,成为桥梁工程领域引人注目的项目。但 2~3 年后黄石长江公路大桥出现的跨中挠度持续增大、根部腹板持续开裂等严重病害,也引起工程界的广泛关注。为此,交通部组织专家对我国预应力混凝土箱形梁桥做了全面调查。调查发现:大跨径预应力混凝土箱形连续梁桥跨中挠度持续增大、腹板裂缝可能为这类百米以上跨径预应力混凝土箱形连续梁桥普遍存在的问题。

大跨径预应力混凝土箱形连续梁桥因跨径增大使梁高较大,相对结构自重也较大,由巨大的恒载内力引起的挠度、根部梁腹板自重剪力、负弯矩弯曲应力、支点反力均较大,加上温度、混凝土徐变等作用,易导致形变、应力失控,从而造成跨中挠度过大及腹板裂缝等病害。而波形钢腹板预应力混凝土桥因采用钢腹板而规避了此问题,参照国外,特别是日本波形钢腹板预应力混凝土桥建设经验,中国桥梁界亦开始重视波形钢腹板箱梁这一新技术在中国桥梁中的应用。1990—2010 年间,我国几所大学和科研机构几乎同期开展了波形钢腹板预应力混凝土桥性能研究课题,如表 1.3-1 所示。

第1章 波形钢腹板预应力混凝土桥概述

国内主要研究成果   表1.3-1

时间	研究单位及人员	主要研究内容	主要研究成果
1997年	西南交通大学	分析了法国和日本已建波形钢腹板箱梁桥的结构构造和设计理论后,对一座跨径45m的波形钢腹板双箱单室简支箱梁桥进行了方案设计	分析结果表明,波形钢腹板简支箱梁顶板、底板的应力分布规律与混凝土箱梁类似,波形钢腹板除距离混凝土板较近处外,纵向正应力很小,钢腹板水平子板的竖向正应力和剪应力比斜向子板大,两块向不同方向倾斜的子板剪应力符号相反,有限元分析结果反映了波形钢腹板箱梁最基本的受力特点
2001年	重庆交通科研设计院	对3根模型梁进行了荷载试验	在偏心荷载作用下,钢腹板承担了大部分扭转剪应力
2002年	东南大学:吴文清,叶见曙,万水	围绕波形钢腹板组合箱梁的抗弯受力机理,研究了翼板的剪力滞效应及有效分布宽度、钢腹板纵向应力分布形式等对箱梁整体抗弯性能的影响。对3片跨径为2.6m的小梁进行了试验	建立了波形钢腹板箱梁桥面板有效分布宽度计算的修正公式,分析了剪力滞效应的影响因素
2003年	东南大学:李宏江,叶见曙,万水	以箱梁设计理论为基础,结合波形钢腹板组合箱梁的结构特点,采用乌氏第二理论分析了这种结构在偏心荷载作用下的扭转性能及其计算方法	提出了波形钢腹板箱梁受弯时考虑剪切变形的挠度计算方法,建立了畸变微分方程,给出了钢腹板弯折角变化时横隔板最大间距的经验公式
2003年	长安大学:徐岳,朱万勇	对波形钢腹板组合箱梁桥受剪特性的已有研究成果进行分析;对波形钢腹板组合箱梁桥受剪特性的已有研究成果进行分析	推导出波形钢腹板组合箱梁桥的极限抗弯强度计算公式;得出该类桥梁的抗剪计算可以通过对波形钢腹板的剪应力强度校核来进行;回归出与实测值符合相对较好的波形钢腹板局部屈曲强度经验计算公式;结合波形钢腹板组合箱梁桥的应力分布规律,给出该类桥的弯曲正应力计算公式
2004年	哈尔滨工业大学	以一致缺陷模态法,通过钢板厚度分布函数修正单元厚度,对波形钢腹板剪切屈曲极限荷载和屈曲模态进行非线性有限元分析	有限元结果表明,较小的波形尺寸和板厚度缺陷对波形钢腹板的剪切屈曲荷载影响不大
2005年	长安大学:周绪红,狄谨等	对混凝土腹板箱梁、平板钢腹板组合箱梁、波形钢腹板组合箱梁的受弯、抗剪、抗扭性能及剪力滞效应进行对比	波形钢腹板混凝土组合箱梁腹板具有高横向挠曲刚度、高抗剪强度、高预应力效应、低纵向刚度等受力特点
2006年	重庆交通学院:胡旭辉,顾安邦,徐君兰,钟豪	在不同荷载作用下,对考虑不同腹板倾角的波形钢腹板箱梁进行有限元分析	在对称荷载作用下,腹板倾角的增大会减弱波形钢腹板箱梁的受力性能,减小箱梁的畸变翘曲应力,从而减小箱梁的偏载提高系数,有利于箱梁的抗扭性能,提出腹板建议倾角值为25°

续上表

时间	研究单位及人员	主要研究内容	主要研究成果
2006年	哈尔滨工业大学：杨明,黄侨等	通过模型试验以及有限元数值模拟进行研究	研究了不同形式的剪力连接件和体外预应力转向装置的受力破坏形式和承载能力
2006年	福州大学：陈宝春	提出了波形钢腹板拱桥的构思,并以万州长江大桥为对象,建立有限元模型进行设计分析	分析结果表明,这种新桥型在减轻拱圈自重、方便施工、缩短工期等方面具有相当的优越性,为混凝土拱桥向大跨径发展提供了一个新的思路
2006年	华南理工大学：单成林	采用混合单元建立波形钢腹板体外预应力混凝土组合简支箱梁桥的空间有限元计算模型	分析了体外索参数对波形钢腹板组合箱梁截面力学性能的影响
2007年	浙江大学：谢旭,朱越峰	利用有限元模拟理论计算	提出了波形钢腹板箱梁的空间结构分析方法;提出了波形钢腹板箱梁自由振动计算方法
2008年	浙江大学：谢旭,史鹏程	—	提出了波形钢腹板箱梁的畸变计算理论,根据能量理论建立理论严密、适用于矩形和梯形截面的波形钢腹板箱梁畸变控制方程,用解析的方法建立了畸变计算的单元刚度方程
2008年	湖南大学：李立峰等	利用一片试验梁,研究波形钢腹板受力性及波形钢腹板梁徐变特性	推导了正应力、剪应力及波形钢腹板承担的剪力占整个截面所受剪力比例的计算公式;运用能量原理推导了挠度的计算公式,并通过试验进行验证。在长期室内试验的基础上对试验梁的徐变特性进行观测。提出设置横隔板是减小翘曲正应力的有效工程措施,得出偏心荷载作用下的扭转性能及其计算方法,归纳了影响剪力滞效应的主要几何参数等
2008年	北京交通大学：刘保东,陈海波,任红伟等	制作波形钢腹板混凝土试验箱梁,对试验箱梁的动力特性进行计算和分析	研究发现,在端部区域适当增设横隔板对改善其扭转动力特性的效果最优
2009年	长安大学：张永健,黄平明,狄谨,周绪红	推导了振动频率公式,得到了考虑剪切变形及剪力滞效应的各阶自振频率的解析解,对一试验波形钢腹板组合箱梁进行了动力测试,得到了实际自振频率	剪力滞效应及剪切变形对该类桥梁的振动频率影响较大,会降低结构的振动频率,且降低程度随着计算频率阶次的增加而迅速增加

原交通部科学研究院、河南省交通勘察设计研究院、东南大学、重庆交通大学等单位结合波形钢腹板预应力混凝土课题研究,建设了几座波形钢腹板预应力混凝土试验桥——青海三道河桥(单孔50m简支箱梁)、河南光山泼河桥(4×30m小箱梁)、梁庄路跨线桥、邢州路跨线桥(17m+35m+17m三跨连续梁)、四川大堰河桥(单孔25m跨箱梁)等桥梁,开展了波形钢腹板预应力混凝土桥受力性能、计算理论、设计方法、施工方法的系统研究。2007年开工建设的山东鄄城黄河公路大桥主桥为我国第一座规模较大、位于高速公路上的波形钢腹板预应力混凝土桥,跨径布置为70m+11×120m+70m,桥宽为2×13.5m,其建设规模已达当时世界波形钢腹板预应力混凝土箱形连续梁桥之最,引起关注。以山东鄄城黄河公路大桥波形钢腹板的生产制造为基础,产生了我国第一部与波形钢腹板制造有关的标准——《组合结构桥梁用波形钢腹板》(JT/T 784—2010)。基于山东鄄城黄河公路大桥、广东前山河特大桥、广东东宝河新安大桥以及伊朗BR-06桥的建设经验,在河南省地方标准《公路波形钢腹板预应力混凝土箱梁桥设计规范》(DB41/T 643—2010)及广东省地方标准《波形钢腹板预应力混凝土组合箱梁桥设计与施工规程》(DB44/T 1393—2014)的基础上,由深圳市市政设计研究院有限公司主持编制了《波形钢腹板组合梁桥技术标准》(CJJ/T 272—2017),极大地促进了我国波形钢腹板预应力混凝土桥的建设,中国波形钢腹板预应力混凝土桥进入了一个建设发展高潮期。

目前,波形钢腹板预应力混凝土桥已成为我国桥梁建设的常用桥型。据不完全统计,截至2022年初,其总数已逾200座。表1.3-2示出了我国一些有代表性的波形钢腹板预应力混凝土桥(仅取跨径150m以上)。

中国波形钢腹板预应力混凝土桥统计表　　　　表1.3-2

序号	桥名	跨径布置(m)	结构形式	主梁形式	施工方式	建成时间
1	G309线八盘峡黄河大桥	85+175+265+175+85	部分斜拉	波形钢腹板组合梁与钢桁架组合梁相组合的混合梁	悬臂浇筑	待建
2	山西运宝黄河大桥主桥	110+2×200+110	部分斜拉	单箱五室	悬臂浇筑	2018年
3	河南郑登快速路朝阳沟水库特大桥	58+118+188+108	部分斜拉	单箱四室	悬臂浇筑	2015年
4	浙江曹娥江大桥	50.6+78+188+78+50.6	连续刚构	单箱单室	悬臂浇筑	2023年
5	广西飞龙大桥	100+2×185+100	连续刚构	单箱单室	悬臂浇筑	2023年
6	S306线五河县淮河大桥	105+180+105	部分斜拉	单箱五室	悬臂浇筑	2023年
7	广西红水河特大桥	92+172+92	连续刚构	单箱单室	悬臂浇筑	2023年
8	广州中开高速公路银洲湖特大桥	90+162+100	连续梁	单箱单室	悬臂浇筑	2023年
9	珠海前山河特大桥	90+160+90	连续梁	单箱单室	悬臂浇筑	2016年

续上表

序号	桥名	跨径布置(m)	结构形式	主梁形式	施工方式	建成时间
10	四川九绵高速公路平武培江特大桥	85＋2×160＋85	连续刚构	单箱单室	悬臂浇筑	2022年
11	浙江宁波奉化江大桥	100＋160＋100	连续梁	单箱三室	悬臂浇筑	2018年
12	广东东宝河新安大桥	88＋156＋88	连续梁	单箱单室	悬臂浇筑	2016年
13	河北邢台七里河紫金大桥	88＋156＋88	连续梁	单箱单室	悬臂浇筑	2018年
14	安徽合肥南淝河大桥	95＋153＋95	连续梁	单箱单室	悬臂浇筑	2018年
15	延崇高速公路崇礼大桥	80＋153＋80	连续梁	单箱单室	悬臂浇筑	2018年
16	平赞高速公路南水北调桥	86.5＋152＋86.5	连续梁	单箱单室	悬臂浇筑	2021年
17	芜湖至汕尾公路鄱余特大桥主桥（K7＋195～K7＋512）	83＋152＋83	连续梁	单箱单室	悬臂浇筑	2022年
18	河北曲港南水北调特大桥	88＋151＋88	连续梁	单箱单室	悬臂浇筑	2017年
19	江西南昌赣江朝阳大桥	2×(49＋50＋49)＋79＋5×150＋79＋4×50＋4×48	部分斜拉	单箱2/3/4/5室	悬臂浇筑＋满堂支架	2015年
20	内蒙古包头昭君黄河特大桥	85＋9×150＋85	连续梁	单箱单室	悬臂浇筑	2021年
21	山东小清河大桥	90＋150＋＋90	连续梁	单箱单室	悬臂浇筑	2021年
22	浙江宁波余姚姚江大桥	93＋150＋93	连续梁	单箱单室	悬臂浇筑	2021年

2005—2022年我国波形钢腹板预应力混凝土桥发展状况如图1.3-1所示。

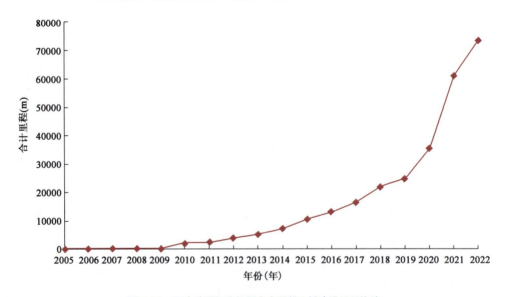

图1.3-1 国内波形钢腹板预应力混凝土桥建设里程统计

与日本波形钢腹板预应力混凝土发展状况相比,我国波形钢腹板预应力混凝土桥的应用与发展具有以下特点：

(1)应用起点较高,更偏于大跨径波形钢腹板预应力混凝土桥的应用。

(2)更关心工业化、装配化的生产与建设。

(3)更关注其应用的经济性。

我国波形钢腹板预应力混凝土桥更注意材料用量控制与施工效益的提高,中日两国波形钢腹板预应力混凝土桥材料用量指标对比见表1.3-3。

波形钢腹板预应力混凝土桥材料用量指标对比　　　　表1.3-3

桥名	桥跨、桥宽(m)	混凝土/归纳计算值(m³/m²)	钢筋/归纳计算值(kg/m²)	钢板/归纳计算值(kg/m²)	钢绞线/归纳计算值(kg/m²)
山东鄄城黄河公路大桥	70+11×120+70 2×13.5	0.84/0.91	137.7/182.3	69.1/93.5	48.5/46.7
深圳平铁桥	80+130+80 2×27	1.07/0.95	151.8/193.2	92.6/99.4	56.5/48.8
桃花峪黄河桥跨大堤桥	75+135+75 2×16.25	0.93/0.96	190.3/198.5	83.07/102.3	56.67/49.9
珠海前山河特大桥	90+160+90 2×15.75	1.083/1.059	176.82/225.47	100.75/116.88	62.0/55.37
伊朗BR-06桥	83+153+83 2×13.1	0.955/1.041	167.99/220.1	122.44/113.96	56.26/54.28

注:1. 表中归纳计算值是指据日本130座波形钢腹板预应力混凝土桥的统计归纳指标。
　　2. 伊朗BR-06桥是中国投资、设计且建造的桥梁,总体计算采用的是中国标准。

1.3.2　我国几座有代表性的波形钢腹板预应力混凝土桥

1.3.2.1　南昌赣江朝阳大桥

南昌赣江朝阳大桥(简称"朝阳大桥")是南昌市九洲大道跨越赣江的一座大型桥梁,跨江主桥全长1596m,通航孔采用了总长908m的塔梁固结单索面斜拉桥形式,非通航孔为单跨48~50m的连续梁桥,跨江主桥均以波形钢腹板预应力混凝土组合结构作为主梁。跨径布置为 $2×(49m+50m+49m)+(79m+5×150m+79m)+(4×50m+4×48m)$,总体布置如图1.3-2所示。

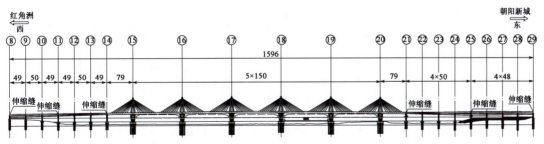

图1.3-2　朝阳大桥总体布置示意图(尺寸单位:m)

朝阳大桥通航孔桥为波形钢腹板预应力混凝土组合梁,主跨150m,为六塔七跨单索面斜拉桥,结构体系为塔梁固结、梁墩分离形式。桥面采用单幅布置,上层桥宽37.00m,下层桥宽43.84m(下缘外侧为7m宽非机动车道及人行道)。通航孔主梁断面为单箱五室断面(图1.3-3),梁高4.70m,由混凝土顶底板(C50)、波形钢腹板体系(Q345C)、钢横梁体系(Q345D、Q345qD)、钢锚箱体系(Q345qD)、人(人行)非(非机动车)挑臂体系(Q345C)和观景平台(Q345C)组成。塔柱(C50)及桥墩(C50)外形统一,主墩承台(C40)高6.50m,封底混凝土(C20)厚2.0m,共布置14根φ2.50m钻孔灌注桩(C30)。拉索采用平行钢绞线体系,经过索鞍分丝管穿越塔柱,在梁上采用夹片锚固。朝阳大桥通航孔桥塔柱构造如图1.3-4所示,通航孔桥采用悬臂施工方法施工。

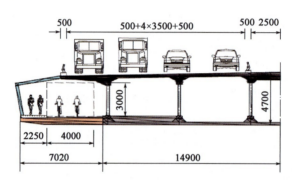

图1.3-3 朝阳大桥通航孔桥主梁1/2断面(尺寸单位:mm)

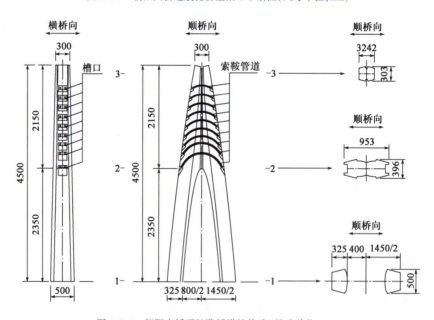

图1.3-4 朝阳大桥通航孔桥塔柱构造(尺寸单位:cm)

朝阳大桥非通航孔桥为波形钢腹板预应力混凝土组合连续梁桥。桥面采用双幅布置,单幅桥宽16.00~28.70m。非通航孔桥西侧主梁标准断面为单箱双室~单箱三室形式,东侧主梁标准断面为单箱双室~单箱四室形式(图1.3-5)。非通航桥梁高3.50m,由混凝土顶底板(C50)、波形钢腹板体系(Q345C)、体外预应力体系(f_{pk}=1860MPa)和混凝土横梁体系(C50)组成。

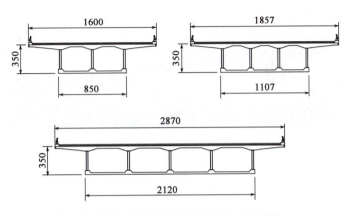

图1.3-5 朝阳大桥非通航孔桥主梁断面(尺寸单位:cm)

朝阳大桥特点为:

(1)该桥为150m跨六塔七跨波形钢腹板预应力混凝土斜拉桥,造型优美。

(2)单索面宽箱多室多腹板,且人行系统设于主梁两侧下缘挑臂,结构创意独特。

(3)建成时为我国最大规模的波形钢腹板预应力混凝土桥。朝阳大桥已成为南昌市的标志性建筑之一,其夜景如图1.3-6所示。

图1.3-6 朝阳大桥夜景图

1.3.2.2 郑州朝阳沟水库特大桥

郑州朝阳沟水库特大桥为郑州至登封快速通道改建工程跨朝阳沟水库大桥。此桥为188m大跨径波形钢腹板预应力混凝土部分斜拉桥,"佛手"造型桥塔为郑州一景。桥梁跨径布置为58m+118m+188m+108m。桥梁实景图如图1.3-7所示,桥型布置图如图1.3-8所示。主桥上部结构采用波形钢腹板预应力混凝土部分斜拉桥,P2、P3墩采用双薄壁实心桥墩与主梁及主塔固结,P1 墩采用实心薄壁墩,基础除 A4 号桥台采用扩大基础外,其余均采用钻孔灌注桩基础;桥梁平面位于半径 3900m 的圆曲线上。

图 1.3-7　郑州朝阳沟水库特大桥实景图

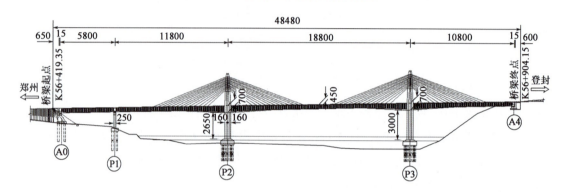

图 1.3-8　郑州朝阳沟水库特大桥桥型布置图(尺寸单位:cm)

该桥主梁为变截面单箱四室斜腹板断面(图 1.3-9),箱梁根部梁高为 7.0m,支架现浇段、跨中及边跨合龙段梁高为 4.5m,为施工方便,梁高从主墩两侧 46.8m 处的 4.5m 按线性变化至墩顶的 7.0m。0 号块箱梁底板厚度为 120cm,顶板宽度为 35.0m,箱梁顶板厚度为 30cm;箱梁腹板采用 1600 型波形钢腹板,钢板厚度为 12~24mm,主梁悬臂长度为 4.15m,翼缘悬臂端厚度为 20cm,根部厚度为 70cm,采用两次线性变化,箱梁横桥向底板保持水平,顶板横坡由腹板高度的变化形成。

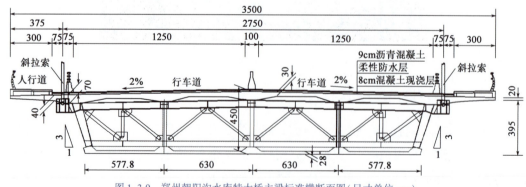

图 1.3-9　郑州朝阳沟水库特大桥主梁标准横断面图(尺寸单位:cm)

桥塔是按"中原佛手"理念设计的钢筋混凝土结构,主塔柱布置在行车道与人行道之间,辅塔布置在人行道外侧,横向按双塔柱设计。因主梁腹板不承受轴力作用,为减小拉索的水平分力,主塔采用高塔型部分斜拉桥,桥塔与主跨之比为1:5.7,比矮塔斜拉桥控制的1/8~1/12略高。桥面以上塔高33m,竖向塔柱采用纵向变化的矩形断面,宽度从主塔根部的6.4m按线性变化至墩顶的3.5m,横向宽1.5m;外侧辅塔采用双肢矩形截面,断面尺寸为1.6m×1.0m,辅塔横断面内按斜向布置在塔顶与竖向塔柱合并,主塔采用C50混凝土,桥塔构造图如图1.3-10所示。

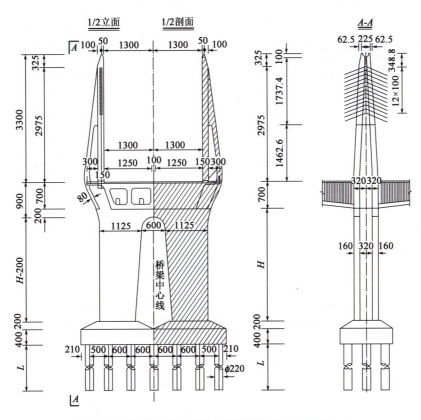

图1.3-10 郑州朝阳沟水库特大桥桥塔构造图(尺寸单位:cm)

采用双索面单排索,布置在行车道与人行道之间,全桥共52对拉索。靠桥塔附近主梁无索区长度为40.0m,拉索在梁上的索距为4.8m,塔上索距为1.0m。

索塔上鞍座两端每根钢绞线固结一个抗滑键,索鞍采用分丝管结构,拉索中每一根钢绞线穿过对应的导向钢管,形成分离式布置,斜拉索锚于顶板,在拉索锚固前端与桁架式钢横隔板相对应位置设置一道钢芯梁(图1.3-11);在钢芯梁顶面、侧面设抗剪栓钉与桥面混凝土连接。

该桥特点为:

(1)建成时为世界最大跨径波形钢腹板预应力混凝土部分斜拉桥。

(2)波形钢腹板预应力混凝土箱梁采用单箱多室断面,且采用了部分钢斜撑作横隔,经试验验证,效果与混凝土横隔相同,但可以减少自重及施工作业量。

（3）主塔的"佛手"造型景观效果突出。

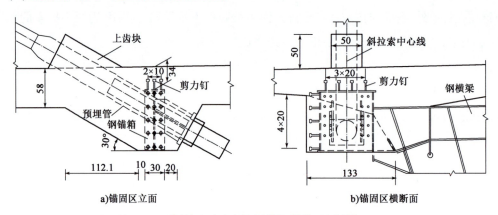

a) 锚固区立面　　　　　　b) 锚固区横断面

图 1.3-11　郑州朝阳沟水库特大桥锚固结构（尺寸单位：cm）

1.3.2.3　山西运宝黄河大桥

山西运宝黄河大桥位于山西西纵高速公路最南端。该桥由引桥、主桥和副桥三部分组成，成桥效果图如图 1.3-12 所示。

图 1.3-12　山西运宝黄河大桥效果图

山西侧滩地引桥为 4×40m 预应力混凝土 T 梁桥，主桥为 110m+200m+200m+110m 波形钢腹板单索面矮塔斜拉桥，副桥跨越黄河南侧黄河滩地，为 48m+9×90m+48m 波形钢腹板刚构-连续组合体系。此桥建成时为我国规模最大的波形钢腹板预应力混凝土桥。其特点为：

（1）波形钢腹板预应力混凝土桥全长达 1933m，建成时为世界最大规模波形钢腹板预应力混凝土桥。

（2）主桥为波形钢腹板、钢筋混凝土混合腹板单箱多室单索面部分斜拉桥，220m 跨部分斜拉桥为当时世界最大跨径波形钢腹板预应力混凝土部分斜拉桥。

（3）副桥为 11 孔 90m 跨波形钢腹板预应力混凝连续梁，施工中利用波形钢腹板承重，从而简化了挂篮。

（4）全桥波形钢腹板均为裸用耐候钢，开创了我国在桥梁工程中大规模裸用耐候钢的先河。

为确定该桥主桥方案，在设计中比较了部分斜拉桥、连续梁、普通预应力混凝土箱梁、波形钢腹板预应力混凝土箱梁等多个设计方案，方案比选结果见表1.3-4。

山西运宝黄河大桥主桥方案比选结果　　　　　　　　　　表1.3-4

桥型方案	第一方案	第二方案	第三方案	第四方案
跨径布置及桥型	110m+2×200m+110m 预应力混凝土双索面矮塔斜拉桥	85m+3×150m+85m 预应力混凝土连续刚构桥	110m+2×200m+110m 预应力混凝土连续刚构桥	110m+2×200m+110m 波形钢腹板预应力混凝土单索面矮塔斜拉桥
上部结构质量(万t)	9.2729	6.5111	8.9778	7.3253
建安费(亿元)	3.46	2.86	3.01	3.03
经济指标(万元/m²)	1.74	1.44	1.52	1.53

经比选，山西运宝黄河大桥主桥选择了第四方案。波形钢腹板矮塔斜拉桥集中了矮塔斜拉桥和波形钢腹板预应力混凝土组合梁桥的优点，解决了预应力梁桥腹板开裂的常见病害，使大跨径预应力混凝土梁桥跨中下挠的常见病害得到改善；波形钢腹板的高度明显降低，保证了波形钢腹板的稳定性。

采用钢混组合腹板的优点为：

（1）使斜拉索纵向水平分力在全断面较为均匀地分布，使得体外预应力效果得以充分发挥。

（2）宽箱梁横向刚度显著加强。

外侧波形钢腹板与底板连接，采用外包式连接构造，通过托底钢板剪力件、栓钉形成可靠的连接构造，是这种连接方式在国内大跨径桥梁上的首次应用，简化了斜拉桥与主梁的锚固方式，方便施工。

钢混组合梁的应用保证了全断面受力的协同性，使公路矮塔斜拉桥的斜拉索在箱梁顶面进行锚固的成熟技术在山西运宝黄河大桥主桥得到成功应用。箱梁竖向通过中间箱室的钢锚箱传递给加劲箱梁，充分发挥了钢材受拉性能，中间两预应力混凝土腹板的应力还有效增加了横向刚度。主桥主梁横断面构造如图1.3-13所示。90m跨波形钢腹板预应力混凝土连续箱梁桥施工中成功应用波形钢腹板承重，简化了挂篮，提高了工效。

图1.3-13　山西运宝黄河大桥主桥主梁横断面

为确保波形钢腹板预应力混凝土桥的耐久性和追求较高的经济效益，山西运宝黄河大桥全桥裸用耐候钢作波形钢腹板，全桥共使用耐候钢4600t，建成时为国内裸用耐候钢数量最大的桥梁工程,为耐候钢在我国公路桥梁中广泛应用树立了典范,其经济、工程效益可观。

1.3.2.4 濮阳白堽黄河公路大桥

河南省濮阳白堽黄河公路大桥引桥在国内首次使用装配式波形钢腹板预应力小箱梁。桥梁北起河南濮阳市白堽,南止于沿黄公路。桥梁全长9641m,跨径布置为17×30m装配式预应力混凝土小箱梁+(75+130+75)m预应力混凝土连续箱梁+58×50m装配式波形钢腹板组合箱梁+(80+6×120+80)m预应力混凝土连续箱梁+55×50m装配式波形钢腹板组合箱梁+2×(50+2×51+50)m装配式波形钢腹板组合箱梁+(75+130+75)m预应力混凝土连续箱梁+17×30m装配式预应力混凝土箱梁,桥宽为26m(双向六车道),桥型效果图如图1.3-14所示。其50m跨波形钢腹板组合箱梁总计达113跨,总长达5650m,占全桥总长的57.6%,波形钢腹板总用量达13200t。预制装配式波形钢腹板预应力混凝土小箱梁为白堽黄河公路大桥的一大特点,亦为预制装配式波形钢腹板预应力混凝土桥的工程应用先例。50m跨装配式波形钢腹板组合箱梁断面如图1.3-15所示。50m跨T梁与装配式波形钢腹板组合箱梁材料用量对比见表1.3-5,装配式波形钢腹板箱梁生产过程如图1.3-16所示。

图1.3-14 白堽黄河公路大桥引桥效果图

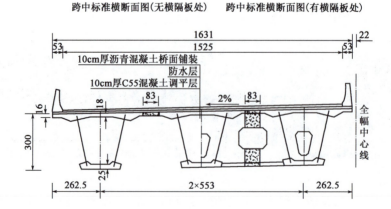

图1.3-15 50m跨装配式波形钢腹板组合箱梁断面图(尺寸单位:cm)

50m 跨 T 梁与装配式波形钢腹板组合箱梁材料用量对比表　　　　表 1.3-5

项目	材料名称	装配式波形钢腹板组合箱梁	混凝土 T 梁
上部	C55 混凝土（m³/m²）	0.51	0.68
	钢绞线（kg/m²）	21	30
	普通钢筋（kg/m²）	131	209
	波形钢板（kg/m²）	88.9	0
	焊接钢板（kg/m²）	0	0
	焊钉（个/m²）	11	0
	单片预制梁质量（t）	380	200
	单幅单跨片数	3	7
下部	C40 混凝土（m³/m²）	0.30	0.34
	钢筋（kg/m²）	43.6	48.4
碳排放（t/m²）		1.7	1.9
建安费（元/m²）		5740（1.0）	6109（1.06）

a）预制

b）运梁

c）安装

d）成桥

图 1.3-16　装配式波形钢腹板箱梁生产过程

装配式波形钢腹板组合梁一直是桥梁工程界关于波形钢腹板预应力混凝土桥工程应用的一项技术追求，并为之做了许多工作。白堽黄河公路大桥是装配式波形钢腹板预应力混凝土小箱梁成功应用的工程范例。

受中国建筑标准设计研究院委托,深圳市市政设计研究院有限公司编制了《装配式桥梁设计与施工——波腹板组合梁》(21MR804)标准图,适用于跨径30m、40m波形钢腹板预应力混凝土小箱梁,适用桥梁宽度为12.75～25m,标准横断面如图1.3-17所示,40m跨波形钢腹板箱梁与预应力混凝土(PC)小箱梁经济指标对比见表1.3-6。

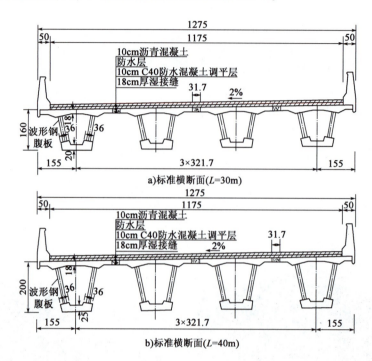

图1.3-17 波形钢腹板组合梁标准横断面(尺寸单位:cm)

40m跨波形钢腹板箱梁(A)与预应力混凝土(PC)小箱梁(B)经济指标对比表 表1.3-6

项目	C55预制混凝土 (m³/m²)	φ15.24钢绞线 (kg/m²)	HRB400钢筋 (kg/m²)	波形钢腹板Q355 (kg/m²)
波形钢腹板标准图	0.397	23.6	106.9	91.4
PC小箱梁	0.639	36.2	128.3	—
综合单价(A/B)	3200/3200	11/12	8.4/8.4	12/12
合计(元/m²) (A/B)	1272/2043	260/435	898/1078	1097/0
总计(元/m²)	3527/3556			

注:各综合单价根据2022年郑州市政平均值估算,含施工及相应临时措施。

1.3.2.5 广西飞龙大桥

广西飞龙大桥位于广西南宁横州市平马镇,跨越郁江,全长940m。其主桥为波形钢腹板预应力混凝土连续刚构桥,跨径布置为100m+2×185m+100m,主跨已超过当年建设的世界最大跨径的179m日本安威川波形钢腹板预应力混凝土连续箱梁桥。该桥采用单箱单室变截面箱梁,桥面宽13m,箱梁底宽6.54m,梁高由梁根部的10.9m按2次抛物线变化到跨中的4m。广西飞龙大桥纵横断面图如图1.3-18所示,施工中的广西飞龙大桥如图1.3-19所示。

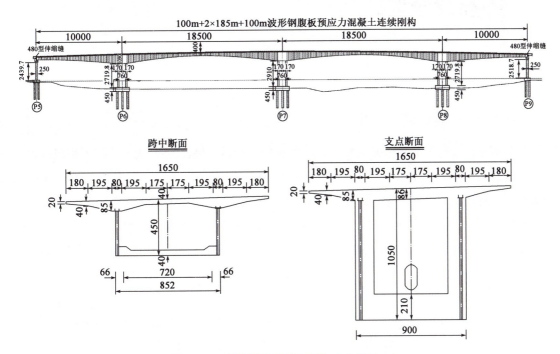

图1.3-18 广西飞龙大桥横断面图(尺寸单位:cm)

图1.3-19 施工中的广西飞龙大桥

该桥具有以下结构特点:①为较合理地解决高度较大波形钢腹板的屈曲稳定性,本桥采取了三种措施,即分别使用1800型波形钢腹板、带水平加劲肋的加劲波形钢腹板、带混凝土内衬的钢混组合腹板(图1.3-20);②为确保波形钢腹板与混凝土底板连接的耐久性,使用外包式剪力连接件(图1.3-21);③全桥裸用Q420qD耐候钢。

图 1.3-20　钢混组合腹板

图 1.3-21　箱梁底板外包式连接

1.3.2.6　浙江曹娥江大桥

浙江曹娥江大桥位于浙江杭绍甬高速公路绍关段,跨越曹娥江,主桥为5跨波形钢腹板预应力混凝土连续刚构桥,桥跨布置为50.6m+78m+188m+78m+50.6m(图1.3-22),2022年前仍为世界最大跨径波形钢腹板梁桥。浙江曹娥江大桥为上、下行双幅桥,单幅箱梁顶宽16.63m,箱梁底宽8.52m,梁高由支点处的10.5m按1.8次抛物线变化到跨中的4.5m,箱梁顶板厚0.4m,底板厚0.4~1.2m,箱梁在每个桥墩处设端横隔梁,中跨跨中设4道横隔,腹板采用1600型波形钢腹板。

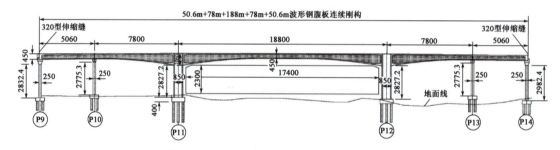
图 1.3-22　浙江曹娥江大桥桥型图(尺寸单位:cm)

该桥主要特点为:

(1)主桥边跨采用辅助墩,以改善边跨主梁受力状态。

(2)主梁钢腹板与底缘连接采用外包式+型钢、栓钉组合的连接方式。

合龙后的浙江曹娥江大桥如图1.3-23所示。

图 1.3-23　合龙后的浙江曹娥江大桥

1.4 本章小结

波形钢腹板桥的建设始于法国,发展于日本,近年来在我国得到了广泛的应用。本章分三节,介绍波形钢腹板预应力混凝土桥总体应用情况:1.1 节介绍波形钢腹板预应力混凝土桥的起源。1.2 节介绍了日本波形钢腹板预应力混凝土桥的应用与发展情况,介绍了结构较新颖且施工有创意的田场沢川桥,保持着世界波形钢腹板预应力混凝土斜拉桥跨径纪录的矢作川斜拉桥,目前世界上仍为唯一运营中的波形钢腹板预应力混凝土铁路桥黑部川桥以及著名的栗东桥,对目前保持着日本跨径纪录的安威川桥也做了较详细介绍。1.3 节则介绍了波形钢腹板预应力混凝土桥在我国的应用情况,重点介绍了在业界广受赞扬的江西南昌赣江朝阳大桥,当年较大跨径的波形钢腹板预应力混凝土斜拉桥以及全部采用耐候钢的山西运宝黄河大桥,河南濮阳白堽黄河公路大桥的突出点则在于装配式波形钢腹板预应力小箱梁的大规模应用;广西飞龙大桥、浙江绍兴曹娥江大桥则为波形钢腹板预应力混凝土连续梁(刚构)向超大跨径(大于 200m)探索前进的尝试,中国波形钢腹板预应力混凝土连续刚构桥最大跨径已达 188m,这是中国纪录也是世界纪录。

总体来说,中国波形钢腹板预应力混凝土桥的应用较日本滞后了十年,但基于中国总体发展状况,目前我国关于波形钢腹板预应力混凝土的研究、建设数量、跨径纪录、制造施工技术均较全面赶上了日本,已处于世界领先水平。

第2章 波形钢腹板预应力混凝土桥的构造要点与设计

2.1 波形钢腹板预应力混凝土桥的定义与特性

2.1.1 波形钢腹板预应力混凝土桥的定义

波形钢腹板预应力混凝土桥就是用波形钢板取代预应力混凝土箱梁中混凝土腹板做成的箱梁桥,波形钢腹板预应力混凝土箱梁构造示意图如图 2.1-1 所示。

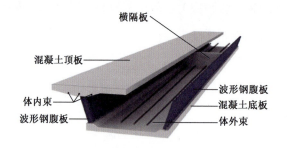

图 2.1-1 波形钢腹板预应力混凝土箱梁构造示意图

其显著特点是:①用厚度 10~30mm 的钢板取代了厚度 30~100cm 的混凝土腹板;②鉴于顶、底板预应力束放置空间有限,应用体外预应力束来代替部分或全部体内预应力束。

有关资料表明:与相同跨径的传统预应力混凝土桥相比,波形钢腹板预应力混凝土桥可减轻约 30% 的自重,因自重减轻,相应下部构造亦可得到优化。因波形钢腹板具有褶皱的特点,波形钢腹板不承受压力,可提高混凝土顶底板预应力效率,加上钢腹板抗剪能力的提高,使得上部构造混凝土、预应力钢材材料用量减少,带来桥梁总体造价降低 10%~20%。因自重减轻而结构刚度变化不大,故可减少地震效应,有利于结构抗震。施工中波形钢腹板与其上下翼缘板构成工字型钢梁可作施工承重用,由此延伸出许多施工方法,体现了波形钢腹板预应力混凝土桥有很好的可施工性。综上所述,此种结构具有以下优点:

(1)用波形钢腹板替代混凝土腹板,预应力混凝土箱梁自重一般可以减轻20%~30%。

(2)波形钢腹板在桥梁纵向的抗压刚度几乎为零,故不承受预应力梁的纵向预应力,纵向预应力仅由混凝土顶底板承担,故而大幅度提高了纵向预应力束预应力的效率。

(3)波形钢腹板对桥梁轴向力的抵抗拉(压)刚度较小,几乎为零,可使上、下混凝土顶底板的轴向变形基本不受腹板约束,故而由混凝土的徐变、干燥收缩等引起的应力、应变效应减小,可解决传统预应力混凝土桥腹板开裂这一通病;预应力钢束的压力全部由上、下混凝土顶底板承受,波形钢腹板因其具有较大的横向刚度,故腹板无须使用纵向水平加劲肋。

(4)波形钢腹板利用钢板弯折成波形几何形状来代替加劲肋,波形增强钢板抗剪切屈曲能力,使波形钢腹板具有更高的抗剪强度。

(5)因箱梁腹板改为波形钢腹板,箱梁腹板制作可以实行工厂化,既可提高工程质量,又可减少现场施工工作量,且波形钢腹板于桥梁施工中可作施工承重,因此架设施工更快捷,施工工效更高。

2.1.2 波形钢腹板预应力混凝土桥的特性

波形钢腹板预应力混凝土桥最突出的特点在于用波形钢板作腹板,而波形钢板有两大特点:纵向刚度较小、抗剪能力较大。在轴向力作用下,波形钢腹板中会产生很大的幅间弯矩,在轴向会产生很大的轴向变形,因而使钢腹板的轴向有效弹性模量大大减小。一般情况下,波形钢腹板的轴向有效弹性模量 E_x 与波高 h、板厚 t 以及波形形状等有关,可用式(2.1-1)表示。

$$E_x = \alpha E_0 \left(\frac{t}{h}\right)^2 \quad (2.1\text{-}1)$$

式中:E_x、E_0——波形钢腹板轴向有效弹性模量、钢的弹性模量;

h——波高;

t——板厚;

α——波形形状系数。

表 2.1-1 为各种波形形状的波形形状系数。

各种波形形状的波形形状系数　　　　表 2.1-1

类型	波形形状	波形形状系数 a
A		$\dfrac{b+c}{3b+a}$

续上表

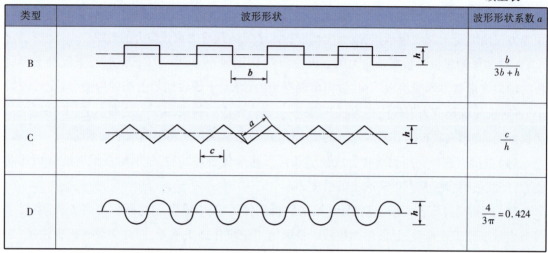

类型	波形形状	波形形状系数 a
B		$\dfrac{b}{3b+h}$
C		$\dfrac{c}{h}$
D		$\dfrac{4}{3\pi}=0.424$

由式（2.1-1）可知，$\dfrac{E_x}{E_0}=\alpha\dfrac{t^2}{h^2}$，而$\dfrac{t^2}{h^2}$是个很小的数。表 2.1-2 为国内外已建几座波形钢腹板预应力混凝土桥的波形钢板参数以及波形钢腹板轴向有效弹性模量与钢的弹性模量的比值，由表 2.1-2 可知，**波形钢腹板轴向有效弹性模量 E_x 为钢板的弹性模量 E_0 的几百分之几，可见波形钢腹板的轴向刚度非常小**，故对波形钢腹板梁桥的力学性能的计算中，一般可不考虑波形钢腹板纵向抗压刚度的影响。

国内外已建几座波形钢腹板预应力混凝土桥轴向有效弹性模量与钢板弹性模量的比值　　表 2.1-2

桥名	平板长度 b(mm)	斜板长度 a(mm)	斜板水平长度 c(mm)	腹板厚度 t_{max}(mm)	波高 h(mm)	a	E_x/E_0
法国 Cognac 桥	353	353	319	8	150	0.4759	0.0014
法国 Dole 桥	430	430	370	12	220	0.4651	0.0014
日本新开桥	250	250	200	9	150	0.4500	0.0016
日本银山御幸桥	300	300	260	12	150	0.4667	0.0030
日本锅田高架桥	430	430	370	22	220	0.4651	0.0047
中国山东鄄城黄河公路大桥	430	430	370	20	220	0.4651	0.0038
中国广西飞龙大桥	480	483.7	420	28	240	0.4678	0.0064

波形钢腹板上述特点亦被波形钢腹板梁的弯曲荷载试验所证实，2005 年建成的日本曾宇川桥是世界上第一座波形钢腹板 T 梁桥，跨径 23.10m，结合这座桥曾做跨径 23.8m 的波形钢腹板预应力混凝土 T 梁的弯曲、剪切及波形钢腹板与混凝土顶底板间的剪切试验。图 2.1-2 为弯曲荷载试验装置，图 2.1-3 为主梁弯曲破坏情景，图 2.1-4 为弯曲时跨中断面纵向应变分布，图 2.1-5 为剪切破坏时最大剪应力断面剪应力分布图。

图2.1-2 弯曲荷载试验装置

图2.1-3 主梁弯曲破坏情景

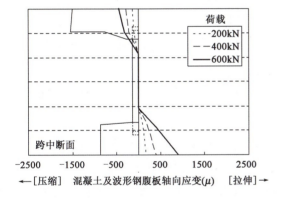

图2.1-4 弯曲时跨中断面纵向应变

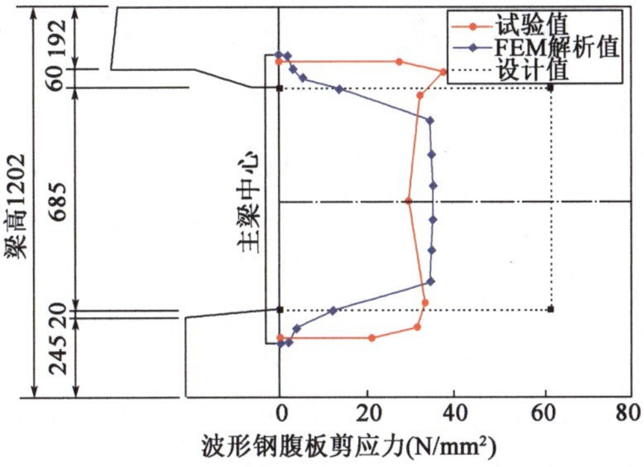

图2.1-5 剪切破坏时最大剪应力断面剪应力分布图

由图2.1-4、图2.1-5可知，波形钢腹板预应力混凝土梁弯曲时，其断面弯曲应力仅由混凝土顶底板承担，其截面应力竖向分布，符合"拟平截面假定"；其断面剪切应力则全由波形钢腹板承担，且腹板应力竖向均匀分布。

日本的谷口望与依田照彦借助分层组合单元有限元分析方法，对波形钢腹板组合梁进行了非线性弯曲分析。根据模型试验与有限元分析的结果可知，波形钢腹板在受弯时纵向正应力很小，可忽略其对箱梁的抗弯能力的贡献，即箱梁受弯时只考虑顶、底板受力而不计波形腹板的作用。在此前提下，波形钢腹板组合箱梁的顶、底板纵向正应变分布符合平面假定，即箱梁顶、底板应变竖向分布服从线性分布规律。因其是总体符合又不是完全符合，故我国万水教授称之为"拟平截面假定"。图2.1-6所示为我国东南大学吴文清教授试验得到截面纵向应变沿梁高分布图，根据已知的波形钢腹板的受力特性，吴文清教授提出并用理论验证了波形钢腹板预应力组合箱梁桥的截面近似满足平截面假定，该平面称为"拟平截面"。

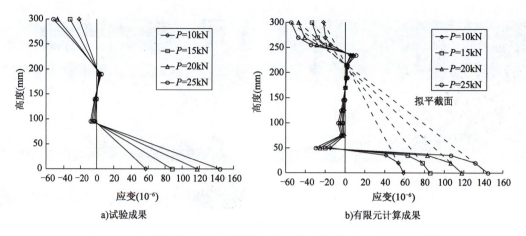

图 2.1-6　集中荷载作用下波形钢腹板组合箱梁跨中截面纵向应变沿梁高分布图

由以上试验研究,可以证实波形钢腹板预应力混凝土桥设计计算的基本假定:

(1)因波形钢腹板褶皱效应,波形钢腹板不承受轴力(拉、压);

(2)钢腹板与上、下混凝土板共同工作,不会发生相对滑移或剪切连接破坏,箱梁整体受力、纵向弯曲受力时断面变形的平截面假定成立;

(3)纵向弯矩由混凝土顶、底板承担,剪切由波形钢腹板承担,且腹板剪应力沿竖向均匀分布。

根据上述假定可以认为,波形钢腹板预应力混凝土桥承受纵向弯曲时弯矩可视为仅由混凝土顶、底板的箱梁承担,其抗弯断面常数计算可仅考虑混凝土顶、底板(图 2.1-7a),而剪力仅由波形钢腹板承担;波形钢腹板预应力混凝土桥的横向受力与扭转受力则可视为与具有较小抗弯刚度和较薄腹板厚度的箱梁类似(图 2.1-7b)。

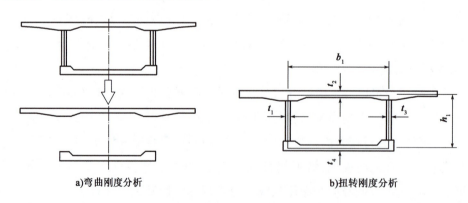

图 2.1-7　弯曲刚度、扭转刚度分析

表 2.1-3 为按图 2.1-8 所示断面计算所得预应力混凝土箱梁与根据前述假定计算所得波形钢腹板预应力混凝土箱梁受力性能比较表,从中可以看出与常规预应力混凝土箱梁相比,波形钢腹板预应力混凝土箱梁抗弯刚度约为一般预应力混凝土箱梁的 90%,扭转刚度约为一般预

应力混凝土箱梁的40%,剪切刚度约为一般预应力混凝土箱梁的10%。

预应力混凝土箱梁与波形钢腹板预应力混凝土箱梁的受力性能比较　　　表2.1-3

	截面特性	单位	①预应力混凝土箱梁	②波形钢腹板预应力混凝土箱梁	②/①
跨中	断面面积 A	m^2	7.12	5.80	0.81
	断面惯性矩 I	m^4	6.19	5.61	0.91
	扭转惯性矩 J_t	m^4	12.31	5.16	0.42
	腹板断面面积 A_w	m^2	2.10	0.027	—
	弯曲刚度 $E_c \cdot I$	$kN \cdot m^2$	1.92×10^8	1.74×10^8	0.91
	扭转刚度 $G_c \cdot J_t$	$kN \cdot m^2$	1.60×10^8	6.71×10^7	0.42
	剪切刚度 $G_c \cdot A_w$	kN	2.73×10^7	2.08×10^6	0.08
根部	断面面积 A	m^2	14.94	7.85	0.53
	断面惯性矩 I	m^4	86.60	68.24	0.79
	扭转惯性矩 J_t	m^4	95.04	27.37	0.29
	腹板断面面积 A_w	m^2	8.19	0.122	—
	弯曲刚度 $E_c \cdot I$	$kN \cdot m^2$	1.92×10^9	2.12×10^9	1.10
	扭转刚度 $G_c \cdot J_t$	$kN \cdot m^2$	1.60×10^9	3.56×10^8	0.22
	剪切刚度 $G_c \cdot A_w$	kN	2.73×10^8	9.39×10^6	0.034

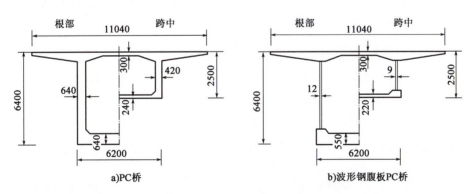

图 2.1-8　常规预应力混凝土箱梁与波形钢腹板预应力混凝土箱梁参数对比截面(尺寸单位:mm)

注:混凝土抗压强度 $f'_{ck} = 40 N/mm^2$,混凝土弹性模量 $E_c = 3.1 \times 10^4 N/mm^2$,混凝土抗剪弹模量 $G_c = 1.3 \times 10^4 N/mm^2$,钢板弹性模量 $E_s = 2.0 \times 10^5 N/mm^2$,钢板抗剪弹模量: $G_s = 7.7 \times 10^4 N/mm^2$。

因波形钢腹板预应力混凝土箱梁抗弯刚度近似预应力混凝土箱梁,故其总体设计与一般预应力混凝土箱梁相近;波形钢腹板预应力混凝土箱形截面扭转刚度及断面剪切刚度均较低,故构造中应特别关注箱梁的端横隔、中横隔的设置,以保证波形钢腹板箱梁的抗扭刚度,且在设计计算挠度时应考虑剪切变形对挠度的影响。

2.2 波形钢腹板预应力混凝土桥的概念设计与构造要点

2.2.1 波形钢腹板预应力混凝土桥梁高的选择

波形钢腹板预应力混凝土梁可用于简支梁桥、连续梁桥、连续刚构桥、斜拉桥、部分斜拉桥，如果需要亦可用于拱桥、悬索桥，应用中应注意其波形钢腹板不参与抗压抗拉，且断面扭转刚度较小，宜采用横隔保证结构总体抗扭刚度。

如本章 2.1 节所述，波形钢腹板预应力混凝土箱梁的截面抗弯刚度仅为混凝土梁的 90%，扭转刚度约为混凝土梁的 50%，应据此从总体考虑波形钢腹板预应力混凝土箱梁断面高度的选择与各种参数的应用。

波形钢腹板预应力混凝土箱梁桥纵向弯曲受力与预应力混凝土箱梁桥纵向弯曲受力类似，虽其重量轻，但刚度亦较低，故波形钢腹板预应力混凝土箱梁桥的总体设计可参照预应力混凝土箱梁桥，其梁高设计亦可参照预应力混凝土箱梁桥。我国预应力混凝土连续梁（刚构）桥根部梁高常取跨径的 1/18.8～1/16.7，跨中梁高常取跨径的 1/58～1/35，此比值相比国外常用值偏低，近年来有加大的趋势。对于波形钢腹板预应力混凝土箱梁桥，即使加大梁高，但自重增加不大对恒载的影响也是很小的，所以相比预应力混凝土箱梁桥，其梁高的选择宜略高于预应力混凝土箱梁桥。

图 2.2-1 表示了波形钢腹板预应力混凝土桥梁高与最大跨径的关系，从图中可以看出，波形钢腹板预应力混凝土桥的梁高与预应力混凝土桥相比，高跨比取值偏于统计值上限。如考虑波形板屈曲问题，一味加大梁高未必合理。据日本相关研究，当预应力混凝土刚构桥的梁高比较低时，由于有效断面比较小，导致地震时的极限弯矩变得更小，地震后需要进行加固的实例较多。因此，在进行波形钢腹板的桥梁设计并采用体外索时，特别有必要对梁高进行仔细研究。

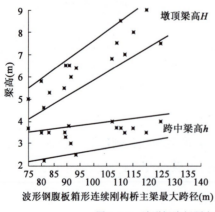
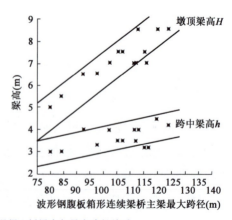

图 2.2-1　波形钢腹板预应力混凝土桥梁高与最大跨径关系

另外，因为波形钢板有与平板不同的三维的形状，故而在有梁高变化时，波形钢板的切割、翼缘与腹板的焊接作业等就变得复杂了，因此从构造角度考虑总是希望加长等梁高区段，以利于设计、施工；但对大跨径的波形钢腹板连续梁（刚构）桥主梁高度自跨中向根部逐渐变高是比较合理的，此时梁底一般设为 1.6~2.0 次抛物线。

如图 2.2-2 所示，在悬臂架设的情况下，当节段长度较长、梁高比较高时，因运输条件所限，会对波形钢板在竖向作分割制造，而需设置波形钢腹板的水平连接使增多施工连接缝，这也不太经济。因此，有必要在考虑节段合理长度后，综合考虑梁高的选取。

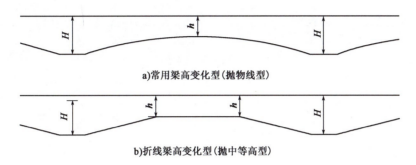

图 2.2-2　常用梁高变化与加长等梁高线形变化示意图

2.2.2　波形钢腹板预应力混凝土桥主梁断面选择

2.2.2.1　箱室形式的选择

直腹板和斜腹板是波形钢腹板箱梁常用的腹板设置形式，为方便施工一般采用直腹板，但为减少桥面板悬臂长度、合理墩台设计、加大箱梁畸变刚度，也常采用斜腹板。若桥面较宽时，对其横断面可有三种选择：单室多箱断面、单箱多室断面和带斜撑的单箱单室断面。

带斜撑的单箱单室断面亦是近年来应用较多的断面形式。其缺点是断面扭转刚度不大，施工较繁复；其优点是结构简单、受力明确、可分步作业、施工工艺较合理。

图 2.2-3 所示为日本几座波形钢腹板预应力混凝土桥典型横断面，这些断面亦常为中国波形钢腹板预应力混凝土桥所常用。

与常规预应力混凝土箱梁相比，波形钢腹板预应力混凝土箱梁的横向刚度比较小，由于腹板面外刚度稍小于混凝土腹板刚度，桥面板的跨中设计弯矩会变大，角隅弯矩则趋小，而角隅弯矩则决定翼缘与腹板的焊接部分的焊缝厚度，所以确定断面形式时，需考虑这些因素影响。

考虑波形钢腹板与混凝土顶、底板连接部的施工性和耐久性等因素，一般宜采用带有翼缘板的波形钢腹板剪力连接件，但是在采用斜腹板的情况下，这一构造会导致斜腹板与翼缘板焊接连接的复杂化；另外与直腹板相比，斜腹板水平方向分力会对板的屈曲产生影响，在采用斜腹板的情况下，应当关注这一影响。

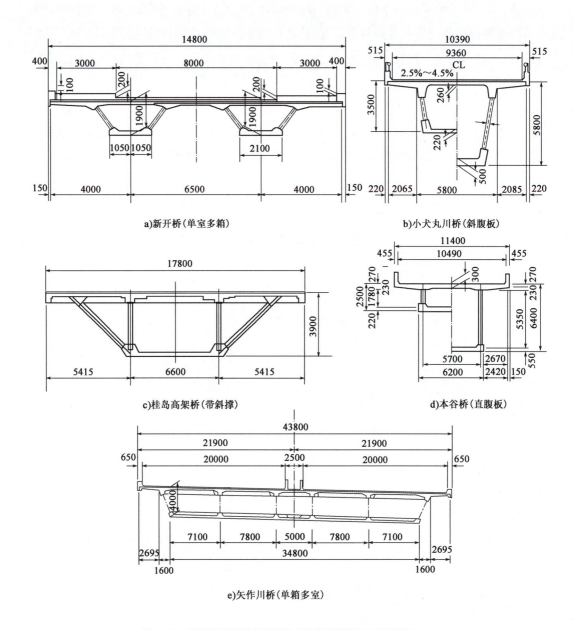

图 2.2-3 波形钢腹板预应力混凝土桥典型横断面(尺寸单位:mm)

单室箱实际应用最大宽度已达 22.3m,对宽桥而言,近年来多室箱梁的应用不少,但在设计中仍应认真细致分析多室箱梁各腹板剪切力的分配与箱梁扭转、畸变应力分析,必要时计算应使用细致、准确的有限单元法(FEM)进行分析。

2.2.2.2 顶板与悬臂板厚度

(1)为使应力传递顺畅,顶板与腹板结合处应设置适当承托,承托一般呈梯形,承托底宽

30~80cm,承托高50~90cm。承托外顶板箱形截面厚度可在25~30cm之间取值,板内有纵、横向体内预应力钢束时选较大值,板内无体内纵向预应力钢束时选较小值。

(2)箱形截面悬臂板端部厚度按满足横向预应力钢束和防撞栏钢筋锚固尺寸要求取值,一般可为18~25cm;悬臂板根部厚度一般与箱内顶板在承托底部处的厚度一致,一般为50~90cm;箱形截面顶板底面横向可按直线或折线变化。

2.2.2.3 底板厚度

(1)底板与腹板衔接处应设置下承托并设置止水措施,底板承托形状如顶板,其相应尺寸可略小。

(2)底板内不布置体内纵向预应力钢束时,底板最小厚度可取22cm。

(3)底板内布置体内纵向预应力钢束时,底板最小厚度可取25cm。

2.2.2.4 箱梁悬臂板长度

腹板中心至悬臂板端部的长度,不宜超过箱梁两侧腹板中心间距的0.45倍。

2.2.3 波形钢腹板预应力混凝土箱梁的主梁横隔、内衬的设置

波形钢腹板预应力混凝土箱梁断面扭转刚度仅为预应力混凝土箱梁断面的40%~50%。为提高箱梁的抗扭刚度,一般于支点及跨间设置横隔(横梁),分析与试验均表明,对梁的抗扭刚度影响最大的是支点横隔。在波形钢腹板箱梁桥的支点附近,因体外索的锚固、转向和应对支承反力而常需设置成混凝土腹板。为使波形钢板与混凝土腹板的应力均匀传递,防止波形钢板的屈曲,常需要在墩顶邻近梁段的波形钢腹板内侧设置现浇混凝土内衬,从而形成钢-混凝土组合腹板。这一构造措施在波形钢腹板预应力混凝土箱梁设计的相关准则中视为强制性要求,应予以遵守。横隔设置可提高箱梁的扭转刚度,故而加大了结构动力刚度,但同时也增加结构自重,在这一方面又降低了结构的动力刚度,故存在一个合理设置横隔间距的问题。对此可借助结构模态分析,对各不同横隔设置方案做详细分析而后做合理选择。计算与试验分析均说明端横隔必须设置,中横隔可按20~25m间距设置(应经模态分析后确定)。工程实践中也有用钢横撑替代混凝土横隔的,其对结构抗扭能力的提高类同混凝土横隔,但不能兼作体外预应力转向块的功能,应用中应进行有限元分析(必要时做试验论证)。

由于波形钢腹板预应力混凝土箱梁桥常设置体外索,为有利于转向块的受力,一般均将转向块与横隔做成一体。中等规模跨径的波形钢腹板预应力混凝土桥中体外索的转向块在一跨之内至少设置两个,故一般桥跨均有两个以上中横隔,已建桥梁中中横隔间距多为10~25m。表2.2-1列出已建同类桥采用的中间横隔布置间距。

中间横隔的布置间距　　　　　　　　　　　　表2.2-1

桥梁名称	最大跨径(m)	横隔间距(m)	平曲线半径(m)
中国山东鄄城黄河公路大桥	120	9.6~22.4	∞
中国合肥南淝河大桥	153	18.4~24	1500
中国广州鱼窝头桥	50	8~8.5	110
日本中野高架桥	85.5	7.8~19.6	250~440
日本白泽桥	50.0	16.3~17.5	250

曲线桥梁采用波形钢腹板技术时,应充分考虑波形钢腹板桥扭转刚度较小这一因素,注意控制平曲线的最小半径,设置加密横隔来提高抗扭刚度,同时应进行空间分析。表2.2-2中列出了部分国内及日本波形钢腹板预应力混凝土曲线梁的应用实例作为参考。

波形钢腹板预应力混凝土曲线梁的应用实例　　　　　表2.2-2

桥梁名称	国家	跨径(m)	结构形式	最小半径(m)
宏内第二桥	日本	40.9+75+85+50+39.4	连续箱梁	500
腾手川桥	日本	69+96.6+69	连续箱梁	1500
长井11号桥	日本	45.9+72+45.9	连续箱梁	140
小犬丸川桥	日本	50.9+4×81+55	连续箱梁	1000
栗谷川桥	日本	44+81+95+58	连续箱梁	700
长谷川桥	日本	58.4+3×92+58.8	连续箱梁	600
锅田高架桥(西工事区)	日本	59+125+59	连续箱梁	1000
日见梦大桥	日本	91.75+180+91.75	部分斜拉	1800
中野高架桥(1)	日本	47.2+71.3+82.4+51.4	连续箱梁	250
中野高架桥(2)	日本	67.5+83.9+60.5+39.8	连续箱梁	440
广州鱼窝头立交B匝道桥	中国	35+50+35	连续箱梁	110
合肥南淝河大桥	中国	90+153+90	连续箱梁	1500
甘肃兰州小砂沟大桥	中国	57+2×100+57	连续刚构	900

在波形钢腹板预应力混凝土梁支点附近为应对支点反力,需设置混凝土腹板、混凝土端横隔;为波形钢腹板与混凝土腹板间的剪应力过渡,应在波形钢腹板内侧设置一段混凝土内衬,带混凝土内衬的腹板最小高度一般控制在5m左右,混凝土内衬最小厚度为20cm,最小长度为1~2节段。带内衬的波形钢腹板剪力设计:假定全由波形钢腹板承担,对混凝土内衬设计,假定按混凝土内衬抗剪刚度与波形钢腹板抗剪刚度比设定其抗剪力。

2.2.4　波形钢腹板波型与悬臂施工节段长度的选择

目前国内外常用的波形钢腹板类型主要有三种,即1600型、1200型和1000型,工程实践中应用最多的波形钢腹板为1600型。而波形钢腹板预应力混凝土桥悬臂施工中的节段长度,一般按所选波形钢板单波长度的整数倍设置,故一般节段长度常为1.6m的倍数,一般为1~3

个波长,也有用到 4 个波长的(常用节段长为 3.2m、4.8m、6.4m)。鉴于施工中可以利用波形钢腹板与其上下翼缘板形成的波形钢腹板工字梁承重,以简化施工中挂篮,提高施工效率,故波形钢腹板预应力混凝土桥悬臂施工有加大节段长度的趋向。

相对于日本,我国波形钢腹板预应力混凝土桥所采用的跨径普遍较大,故在大跨径波形钢腹板预应力混凝土桥趋于采用 1800 型、2400 型波形钢腹板(已有应用记录与试验报告)。波形钢腹板的波幅受到波高与折点弯曲半径的影响,波长与波高则受到桥梁跨径的影响。因此对于跨径较大的梁桥,有必要在充分考虑屈曲强度等的基础上确定波高及波长,从而确定悬浇节段长度。

2.3 波形钢腹板预应力混凝土桥材料选择

2.3.1 钢板

波形钢腹板预应力混凝土桥用钢板应符合现行《公路钢结构桥梁设计规范》(JTG D64)要求,钢板可选用《低合金高强度结构钢》(GB/T 1591—2018)中的 Q355 钢、Q390 钢和 Q420 钢。

自 1966 年我国自行研发生产 16Mn 钢(即 Q345 低合金高强度结构钢)以来,低合金结构钢逐渐成为我国工程结构主要应用钢材,并成为我国钢结构规范推荐用钢材。低合金高强度结构钢作为工程应用钢材,产品已系列化,其质量不断提高。《低合金高强度结构钢》(GB/T 1591—2018)较《低合金高强度结构钢》(GB/T 1591—2008)改动了以下几点:

(1)以上限屈服强度代替以下限屈服强度作钢材标准强度,以利于更好应用钢材,与国际规范接轨(如 Q345 改称 Q355)。现行标准将钢材牌号以上限屈服强度为准,使中国标准与国际通用标准更加吻合,提高了钢材名义强度值,有利于中国钢材制造走向世界,有利于钢结构的经济性。

(2)强化了合金化程度,优化了钢材综合性能,从而细化了晶粒,提高了强度、韧性、抗蚀性和淬硬性。

(3)增加了按轧制工艺分类产品,更利于工程材质优化、要求细化。丰富了轧制工艺,增加了正火、正火轧制钢、机械转制钢条,提高了钢材综合性能。

(4)按不同轧制工艺牌号,优化、细化了相应钢材强度等级和质量等级。

(5)在保证基本性能条件下扩大了钢材产品的厚度范围。早期我国低合金高强度结构钢最大厚度仅 35mm,而现在能达到 200~250mm,这为大型工程与重型结构提供了方便。

(6)分别规定了伸长率和冲击功纵向、横向保证限值,更便于设计选用。

(7)按轧制工艺类别细化规定了焊接性能的量化指标——"碳当量"(CEV)与"焊接裂纹敏感指数"。由于焊接结构的广泛应用,各工程领域都对保证钢材焊接性能提出了要求。早期应用碳素结构钢的经验表明,碳可显著提高钢材的强度,但也明显降低其焊接性能,故焊接钢结构用低碳钢均限于含碳量低于 0.25%。而对于低合金结构钢,其所含部分化学成分亦不同程度降低了碳含量对钢材焊接性能的影响,故国际焊接学会提出了一个将此类元素含量等效折算为碳含量的计算方法,其总量即为碳当量(CEV),该指标也成为当今国际上公认的判定低合金结构钢焊接性能的量化指标。

同时对含碳量较低($C \leq 0.12\%$)的低合金结构钢,还提出了一个更适合其焊接性能判定的指标,即焊接裂纹敏感指数(P_{cm})。CEV 与 P_{cm} 的量化计算公式可分别见式(2.3-1)、式(2.3-2)。

$$CEV = m(C) + m(Mn)/6 + [m(Cr) + m(Mo) + m(V)]/5 + [m(Ni) + m(Cu)]/15 \quad (2.3\text{-}1)$$

$$P_{cm} = m(C) + m(Si)/30 + m(Mn)/20 + m(Cu)/20 + m(Ni)/60 +$$
$$m(Cr)/20 + m(Mo)/15 + m(V)/10 + 5m(B) \quad (2.3\text{-}2)$$

现行标准《低合金高强度结构钢》(GB/T 1591)中按钢类与钢材厚度优化规定了各类钢应保证的 CEV 限值及热机械轧制钢应保证的 P_{cm} 限值。

桥梁工程中亦有采用《桥梁用结构钢》(GB/T 714)中的 Q345q、Q370q、Q420q 等桥梁钢的工程实例。

工程应用中钢材的选择强度为一重要指标,冲击韧性为另一重要指标,对钢材的冲击韧性的要求随工作环境温度不同而不同,其规定如下:

(1)对需要验算疲劳的焊接构件,当桥梁的工作温度 t 处于(-20,0]范围内时,Q235、Q355 钢应满足表 2.3-1 中 C 级要求,Q390、Q420、Q460 钢应满足表 2.3-1 中 D 级要求;当工作温度 t 不高于 -20℃时,Q235、Q355 钢应满足表 2.3-1 中 D 级要求,Q390、Q420、Q460 钢应满足表 2.3-1 中 E 级要求。

钢材冲击韧性标准　　表 2.3-1

钢材牌号		Q355　Q345q			Q390　Q370q			Q420　Q420q		Q460　Q460q	
质量等级		C	D	E	C	D	E	D	E	D	E
试验温度(℃)		0	-20	-40	0	-20	-40	-20	-40	-20	-40
冲击试验吸收能量最小值 $KV_2(J)$	《桥梁用结构钢》(GB/T 714—2015)	120			120			120		120	
	《低合金高强度结构钢》(GB/T 1591—2018)	34\27	(31\20)^N		34\27	(31\20)^N		(40\20)^N	(31\20)^N	(40\20)^N	(31\20)^N

注:"\"前数字为纵向,后数字为横向;"N"表示正火或是正火轧制钢板。

（2）对于验算疲劳的非焊接构件，当桥梁工作温度 t 不高于 $-20℃$ 时，Q235 和 Q355 钢应满足表2.3-1中C级要求，而Q390、Q420、Q460钢应满足表2.3-1中D级要求。

由表2.3-1可知，低合金高强度结构钢与桥梁结构用钢两者力学性能差异，主要体现于低温韧性。同时可知，"桥梁用结构钢"冲击韧性保证值高于低合金钢，亦高于标准要求，这是它的优点，但对高强度桥钢韧性反而不如普通低合金钢（表2.3-1未涉及这些钢号），且桥梁用结构钢价格稍高，故在一般应用温度条件下为经济考虑，宜优先选择低合金高强度结构钢。

为避免或减少钢材锈蚀的不利影响，工程中可选用相应强度等级、《焊接结构用耐候钢》（GB/T 4172—2000）中的 Q355NH、Q460NH，或是《桥梁用结构钢》（GB/T 714）中相关耐大气腐蚀的钢材。近几年，耐候钢在桥梁中应用亦逐渐增多。

耐候钢是在低合金钢中加入铜、铬、镍等合金元素冶炼制成的一种耐大气腐蚀性钢材，在空气作用下，表面自动生成致密的锈层，起到表面保护作用。这种钢材应用于桥梁始于20世纪30年代的美国，而后在日本得到广泛的应用，表2.3-2所示为日本某桥无涂装耐候钢桥与普通钢桥成本比较。

日本某桥无涂装耐候钢桥与普通钢桥成本比较　　表2.3-2

项目	普通钢材（涂装）（日元）	耐候钢材（镀面漆）（日元）	备注
钢材费	101222	116222	+14.8%
螺栓	5940	9954	+67.6%
焊接材料	14153	21143	+49.4%
钢砂	25500	25500	
表面处理（工厂）	62951	45050	-28.4%
表面处理（现场）	32657	6800	-79.2%
搬运费	100000	100000	
管理费	85606	81917	-4.3%
寿命期1次/10年	106506	0	
总计	534534	409568	-23.4%

注：备注栏中"+"表示耐候钢材比普通钢材增加的成本百分比；"-"则相反。

由表2.3-2可知，耐候钢应用于桥梁，建设期经济优势并不明显，若考虑减少的全生命周期养护费用，工程总成本则可减少25%左右，当然不仅是费用减少，还有环保、施工方面的优势。封闭环境、低矮桥下积水或水流过缓不宜采用无涂装耐候钢；日本规范建议，多雨潮湿、高浓盐水盐雾、工业腐蚀地区，与木材接触的结构，不宜采用无涂装耐候钢。为更好地保护环境，选用耐候钢作波形钢腹板时，制造工厂出厂之前应对波形钢腹板做造锈处理。

2.3.2　混凝土

波形钢腹板预应力混凝土桥作为钢混组合结构，所用混凝土应符合现行《公路钢筋混凝土及预应力混凝土桥涵设计规范》(JTG 3362)关于材料的要求。

鉴于波形钢腹板预应力混凝土桥的钢筋混凝土顶底板与波形钢腹板借助剪力连接件连接,而成为共同受力的钢混组合结构,其混凝土强度等级不宜低于C40,常用C50~C60,随着混凝土技术进步与高强钢材的应用,其混凝土选择有偏向高强度混凝土的趋势。

波形钢腹板预应力混凝土箱梁中钢筋配置稍多,特别是开孔钢板剪力销的应用,需要以混凝土的密实性作保证,而为获得密实性则应注意混凝土浇筑中的流动性。作为桥面板也需具有很好的防渗漏性,为达到较好的耐久性和防渗漏性,应选用品质较好的混凝土,并合理、有效地应用减水剂。

工程中应用减水剂品种很多,根据减水剂减水及增强能力可分为普通减水剂(又称为塑化剂,减水率不小于8%,以木质素磺酸盐系为代表)、高效减水剂(又称为超塑化减水剂,减水率不小于14%,包括萘系、密胺系、氨基磺酸盐系)和高性能减水剂(以聚羧酸酯系为代表,减水率不小于25%),本书建议采用聚羧酸系高性能减水剂。

聚羧酸减水剂是一种高性能减水剂,是水泥混凝土中运用的一种水泥分散剂,借助分散水泥作用机理,可有效完善水泥分子结构。聚羧酸减水剂具有超分散型无明显缓凝而减少混凝土坍落度损失功能。在低掺量条件下,实现较高塑化效果,使混凝土强度高而施工流动性好,为当前广泛应用的一种高效减水剂。

混凝土的干燥收缩会给钢混组合结构带来较复杂的断面应力调整和结构次应力,故应尽可能减少混凝土的收缩,以减少此类难以控制的时变应力,因此宜采用无收缩混凝土或补偿收缩混凝土。出于补偿混凝土初期收缩效应的目的,混凝土膨胀剂用量宜控制在20~30kg/m³。

混凝土膨胀剂是指与混凝土拌和料拌和后经水化反应生成钙矾石或氢氧化钙等,使混凝土产生体积膨胀的外加剂,混凝土膨胀剂按水化产物分主要有硫铝酸盐类膨胀剂、钙矾石类膨胀剂、氧化镁类膨胀剂、氧化铁类膨胀剂、复合型膨胀剂。目前现行《混凝土膨胀剂》(GB/T 23439)所规定的膨胀剂属于复合型膨胀剂,主要有硫铝酸钙类膨胀剂、氧化钙类膨胀剂、硫铝酸钙-氧化钙类膨胀剂,这三种膨胀剂均不含钠盐,不会引起混凝土碱集料反应,耐久性良好、膨胀性能稳定、强度持续上升。

膨胀剂的使用会减少混凝土的流动性,为此在使用膨胀剂的同时应配合添加外加剂,以保证混凝土的流动性。

为保证混凝土的强度、耐久性、抗渗性和良好的施工性,按我国混凝土工程惯例需使用除膨胀剂外的其他外加剂,但外加剂的总量不能超过水泥用量的5%,其技术标准必须符合现行《混凝土外加剂》(GB 8076)的规定。

2.3.3 钢筋

波形钢腹板预应力混凝土桥用钢筋应按现行《公路钢筋混凝土及预应力混凝土桥涵设计

规范》(JTG 3362)中相关要求执行。宜选用 HPB300、HRB400、RRB400、HRBF400、HRB500 钢筋,一般多用 HRB400、HRB500 作受力钢筋,即屈服强度在 400MPa 以上钢筋作为主筋。

钢筋延性与钢筋混凝土延性直接相关,而钢筋混凝土的延性破坏又是设计者追求的目标,因此要关心最小配筋量问题,亦要关心钢筋的延伸率。

2.3.4 预应力体系

波形钢腹板预应力混凝土桥一般采用体内、体外预应力混合体系,体内预应力一般用于应对一期恒载,而体外预应力索一般用于应对二期恒载及活载。波形钢腹板预应力混凝土桥所用预应力钢材,体内及体外索采用的钢绞线均需满足现行《预应力混凝土用钢绞线》(GB/T 5224)的相关规定。

2.3.4.1 体内预应力

在我国,体内束的实现方式大都是结构体内预埋管道,待结构混凝土达到设计强度后,穿体内索索体并张拉,而后在管道内灌注灰浆,从而使体内束与结构混凝土体形成预应力混凝土结构。体内索所使用的索体主材应为满足相关规定的预应力混凝土钢材。体内束成孔材料主要用塑料管、塑料波纹管及金属波纹管。当采用塑料波纹管成孔时,应满足现行《预应力混凝土桥梁用塑料波纹管》(JT/T 529)的规定,采用金属波纹管成孔时,应满足现行《预应力混凝土用金属波纹管》(JG/T 225)有关规定,并进行质量检查。

传统的灌浆手段是压力灌水泥浆,这种施工工艺有一定的局限性,主要表现为:灌注浆体常会有气泡,当混合料硬化后,存积的气泡处会变为孔隙,这些孔隙不仅影响混凝土的密实度,而且会成为渗透雨水的聚积地,易腐蚀构件,且在严寒地区,这些水会结成冰,可能会胀裂构件,造成严重后果。另外水泥浆容易离析、析水、干硬后收缩,析水会产生孔隙,导致强度不够、黏结不好,为工程留下隐患。为了改善传统灌浆施工工艺缺点,从而提高结构的耐久性,确保工程质量,在后张法预应力混凝土施工中,越来越多地推广采用真空压浆工艺来代替传统的管道压浆工艺。真空辅助压浆是在孔道的一端采用真空泵对孔道进行真空处理,使之产生 $-0.1 \sim -0.08$MPa 的真空度,然后用灌浆泵将优化后的水泥浆从孔道的另一端灌入,直至充满整条孔道,并加以 ≤0.7MPa 的正压力,以提高预应力孔道灌浆的饱满度和密实度。近年来的工程实践表明,真空辅助压浆虽较传统压浆工艺提高了压浆质量,但仍存在压浆不密实、管道质量难以控制的问题。

无论后张法的真空灌浆还是压力灌浆都存在管道材料老化、灌浆不密实、预应力张拉不到位等影响结构质量的隐患,为了从根本上解决这些隐患,先张工艺越来越多地应用于预制预应力混凝土工程中,而采用预灌浆技术的后张预应力混凝土亦有先张工艺类似优点,故建议采用。预应力管道灌浆所采用的预应力索体及浆液都应满足相关规范要求。

2.3.4.2 体外预应力

在桥梁工程中体外预应力则是指将预应力筋布置在梁体混凝土截面外部,通过端部锚具和转向块传递力筋束和混凝土之间的荷载的一种预应力体系。体外预应力在桥梁工程中应用非常广泛,既可用于新建预应力混凝土梁桥,又可用于既有桥梁的维修和加固。体外预应力应用可避免体外束的压浆不实、不便检测的缺点,而且体外预应力具有可调、可换性,在运营过程中可根据外荷载的需要对索力进行调整或更换,而体外预应力的应用也是波形钢腹板预应力混凝土箱梁的一大技术特点。体外预应力系统主要由索体、锚固器、转向器、减振装置等构成。

(1) 索体

体外预应力索体一般由钢绞线和外护套、防腐材料组成。其中钢绞线可分为普通钢绞线、镀锌钢绞线、环氧钢绞线和无黏结钢绞线;外护套主要起索体的防护和防腐作用,可分为高密度聚乙烯管(HDEP)、哈弗管、热挤高密度聚乙烯(HDPE)套管三种。体外预应力索体的钢绞线与外护套管之间通常充填灌浆材料,灌浆材料主要有水泥浆、油脂及石蜡等。

体外预应力钢束常用光面钢绞线束、镀锌钢绞线束、环氧涂层钢绞线束和无黏结钢绞线束,也用外包高密度聚乙烯(HDPE)的成品钢绞线束或钢丝束等,如图2.3-1所示。钢束选料与其是否需要更换和多次张拉、灌注料及转向器的构造有关。

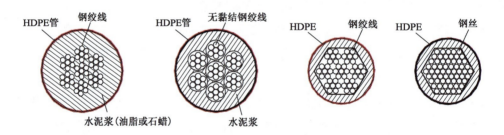

图2.3-1 体外索的组成示意图

波形钢腹板预应力混凝土箱梁中采用体外索索体常用环氧钢绞线。环氧钢绞线是指对预应力混凝土钢绞线进行高质量环氧粉体涂装,从而提高钢绞线的耐久性的防腐蚀钢材。我国市场上常用涂装类型有填充型环氧涂层钢绞线和涂装型环氧涂层钢绞线。填充型环氧涂层钢绞线是外层由熔融结合环氧涂覆、钢丝间的空隙由熔融结合环氧涂层完全填充,从而防止腐蚀介质通过毛细作用力或其他流体静力侵入的七丝预应力钢绞线(图2.3-2a);涂装型环氧涂层钢绞线则是由每根钢丝表面单独形成致密的环氧涂层保护膜的七丝预应力钢线(图2.3-2b)。目前我国针对环氧钢绞线的相关现行标准有《环氧涂层七丝预应力钢绞线》(GB/T 21073)、《单丝涂覆环氧涂层预应力钢绞线》(GB/T 25823)和《填充型环氧涂层钢绞线》(JT/T 737)等。

体外索以满足以上标准要求的环氧涂层钢绞线作为预应力筋,根据不同的防腐形式分为组合索和成品索两种索体(图2.3-3);组合索是由多根七丝环氧涂层钢绞线在工地现场根据需要纺束做成的平行钢绞线束,这种索体适合单根张拉或是整束张拉,但防腐涂装仅有一层;成品束是根据需要在工厂纺束,由多根环氧涂层预应力钢绞线经扭绞并热挤 HDPE 护套形成,这种索体一般整束张拉,需要的张拉空间较大,索体的防护有多层,适用于防腐要求较高的工程中。

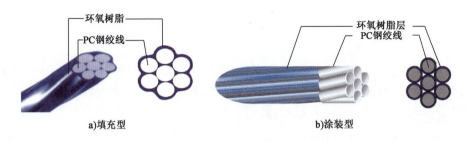

图 2.3-2　环氧涂层钢绞线

图 2.3-3　体外束索体应用实例

（2）锚固系统

体外预应力索位于混凝土结构的外部,仅在锚固及转向块处与结构相连,对于整体结构而言是一个相对独立的构件。体外预应力筋一般锚固在横隔梁、顶板、底板或腹板侧的承板上,因此体外预应力结构对其锚固系统有很大的依赖性,而且由于预应力的传递主要依靠两端的锚具,与体外预应力锚固系统相比,体内预应力的锚固系统的可靠性和安全性要求要高得多。

体外预应力钢束的锚固系统主要由夹片、锚板、锚垫板、预埋管、螺旋筋及保护套等组成。锚具性能指标要满足国际结构混凝土协会(FIB)《后张预应力体系验收建议》《体外预应力材料及体系》的国际标准和我国现行《预应力筋用锚具、夹具和连接器》(GB/T 14370)的要求,保证体外索锚具具有优良的静载锚固和耐疲劳性能。考虑不同工程条件及环境的要求,锚具分为可调式及永久性两种(图2.3-4)。

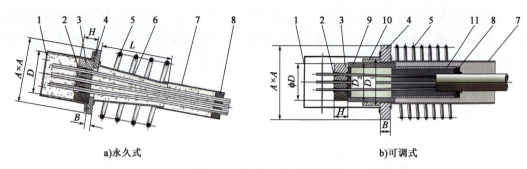

a)永久式 b)可调式

图 2.3-4 体外预应力锚具示意图

1-保护罩;2-工作夹片;3-工作锚板;4-锚垫板;5-螺旋筋;6-外套筒;7-预埋管;8-密封装置;9-锚杯;10-螺母;11-密封筒

永久式锚具为一次性锚具,封锚后不再具有调整索及换索的功能,锚具体内及保护罩内灌注的防腐物质为水泥浆或其他可固化防腐油脂。

可调式锚具是在永久式锚具体的基础上增加内衬套等隔离装置,保护罩的长度较长,张拉后锚具体内及保护罩内需灌注不固化防腐油脂,以满足运营期调索及换索。

(3) 转向器

体外预应力转向器是指设置于结构转向块中且与体外预应力筋或束直接接触的构造与装置。转向器的设计与加工取决于体外预应力的束形布置。钢束的弯曲段由转向器直接支承,并通过转向构造将作用传递到梁体。转向器主要可分两类:第一类转向器为单层管式,即转向器套管加工制作成型后设置于混凝土转向块中或与钢结构等直接连接为一体,一般用于不更换体外预应力束;第二类转向双层套管分离式,即先在结构的转向块内设定位套管,然后再安装内层转向器。此类转向器可采用分丝或不分丝两种构造做法,采用分丝器将每根钢绞线独立置于一根细导管内,带分丝功能的分体式转向器能保证每根钢绞线之间的位置平行、受力均匀,可减少钢绞线与转向器之间的微振磨损,并可以进行单根钢绞线换束。分离式双层套管转向器均可更换。

(4) 减振装置

车辆通行等各种因素会引起结构与索体产生振动,影响体外索的疲劳寿命,并给整个结构带来安全隐患。工程中,必须验算体外索与桥梁的固有频率。根据设计计算,在体外索上每隔一定距离安装减振装置(图 2.3-5),以改变索的固有频率并避免发生共振。

图 2.3-5 体外索减振装置

2.3.5 其他材料

波形钢腹板纵向连接用高强度螺栓、螺母、垫圈的技术条件应符合现行《钢结构用高强度大六角头螺栓》(GB/T 1228)、《钢结构用高强度大六角螺母》(GB/T 1229)、《钢结构用高强度垫圈》(GB/T 1230)、《钢结构用高强度大六角头螺栓、大六角螺母、垫圈技术条件》(GB/T 1231)、《钢结构用扭剪型高强度螺栓连接副》(GB/T 3632)的规定。

普通螺栓应符合现行《六角头螺栓 C级》(GB/T 5780)和《六角头螺栓》(GB/T 5782)的规定。

波形钢腹板与混凝土顶底板连接用圆柱头焊钉连接件的材料应符合现行《电弧螺柱焊用圆柱头焊钉》(GB/T 10433)的规定。

焊接材料应与主体钢材相匹配,并应符合下列规定:

手工焊接采用的焊条应符合现行《非合金钢及细晶粒钢焊条》(GB/T 5117)或《热强钢焊条》(GB/T 5118)的规定。对需要验算疲劳的构件宜采用低氢型碱性焊条。

自动焊和半自动焊采用的焊丝和焊剂应符合现行《熔化焊用钢丝》(GB/T 14957)、《熔化极气体保护电弧焊用非合金钢及细晶粒钢实心焊丝》(GB/T 8110)、《非合金钢及细晶粒钢药芯焊丝》(GB/T 10045)、《热强钢药芯焊丝》(GB/T 17493)、《埋弧焊用非合金钢及细晶粒钢实心焊丝、药芯焊丝和焊丝-焊剂组合分类要求》(GB/T 5293)或《埋弧焊用热强钢实心焊丝、药芯焊丝和焊丝-焊剂组合分类要求》(GB/T 12470)的规定。

2.4 波形钢腹板预应力混凝土桥的总体设计

2.4.1 波形钢腹板预应力混凝土桥的设计总则

波形钢腹板预应力混凝土桥设计按我国桥梁设计总则进行设计。我国桥梁设计规范的设计原则为桥梁的结构设计应保证桥梁结构的安全、耐久性、适用、环保、经济和美观,波形钢腹板预应力混凝土桥应按其性能要求(安全性、使用性、持续性及恢复性)进行设计与相应的核算。

2.4.1.1 安全性

安全性是指在预设到所有作用的前提下,波形钢腹板预应力混凝土桥应具有保障使用者及周边他人生命安全的结构性能。安全性包括与承载力相关的安全性及与使用功能方面的安全性,对这两方面的安全性都应当予以设定。

设定与承载力相关的结构安全性,可以应对预期使用年限内发生的最大作用与重复作用,保持波形钢腹板预应力混凝土桥的承载力。

波形钢腹板预应力混凝土桥使用功能方面的安全性要求,在正常使用条件下不得发生混凝土面板开裂、波形钢腹板剪切屈曲、剪力连接件破损等造成的有碍桥梁正常使用的损害。

2.4.1.2 使用性

使用性是指在正常使用时,波形钢腹板预应力混凝土桥具有可以令使用者及周边他人感到方便、安全、舒适的性能。

2.4.1.3 持续性

波形钢腹板预应力混凝土桥的持续性是该桥对人文、地理及地域环境等自然环境的适应性、对施工环境及景观等社会环境的适应性以及对工程投资、应用效益、工程建设、工程维修等方面经济环境的适应性。

2.4.1.4 恢复性

恢复性是指应对预期使用年限内发生的可变作用、偶然作用以及环境作用,确保波形钢腹板预应力混凝土桥始终处于不经修复仍可以使用的性能,或者经简单修复可恢复使用的性能。

此外,因为偶发作用(一般包括地震、风害、冲撞等作用),所能产生的损伤亦为偶然。对于偶然损伤的发生,波形钢腹板预应力混凝土桥恢复性功能应当能够保证钢混组合桥面板在简单修复后,即可正常工作。

因为目前对结构安全性、使用性乃至经济性都有相应的量化设计验算方法,而对持续性采取与安全性、使用性以及恢复性相类似量化计算验算手段在技术上仍十分困难,本书不做过多论述。为了使设计兼顾持续性与经济性,一般应当充分评价方案、设计、施工、维持管理、拆除等发生的费用。

相关性能具体设计要求见表2.4-1。

要求性能、性能项目、极限状态、设计指标示例及作用 表2.4-1

要求性能	性能项目	极限状态	设计指标示例	相应的作用
安全性	承载力	断面破坏	断面应力、内力	所有作用的最大值
		疲劳损坏	断面应力、内力、变位	反复作用
	功能上的安全性	影响结构正常使用的界限	螺栓脱落、钢底板与混凝土脱开	环境作用

续上表

要求性能	性能项目	极限状态	设计指标示例	相应的作用
使用性	舒适性	车行性、人行性界限	加速度、振动、变位形变	永久作用、可变作用
		保护外观的能力	钢材腐蚀、裂缝宽度	永久作用、可变作用、环境作用
恢复性	修复性	损伤	变形、应变、应力等	可变作用、火灾作用、环境作用

波形钢腹板预应力混凝土桥性能设计有两种方法:计算和试验。

(1)计算

针对极限状态开展的安全性、使用性核对,应当在确认的设计荷载作用下,桥面板的所有构造参数不会令波形钢腹板预应力混凝土桥达到截面损坏、疲劳破损、位移、形变等极限状态。由构造截面特性及材料的强度特性值,经结构分析,求得设计响应值与设计极限值,得到由式(2.4-1)表达的安全系数:

$$\gamma_i \cdot \frac{S_d}{R_d} \leq 1.0 \qquad (2.4\text{-}1)$$

式中:γ_i——结构安全系数;

S_d——作用组合的设计效应值;

R_d——构件承载力设计值,是由构件承载力 R 除以材料系数 γ_b 求得,其中构件承载力 R 是设计强度 f_d 的函数,即 $R_d = R(f_d)/\gamma_b$。

(2)试验

试验核对是指使用模拟实际结构的模型(实体模型或计算模型),基于模型荷载试验的结构或计算模型的计算结果,拟定设计参数完成实际结构的设计。这种设计手段一般用于课题研究或用于新颖结构设计的验证。

2.4.2 设计规范与极限状态设计方法

波形钢腹板预应力混凝土桥作为钢混组合结构的一类,设计应按规范进行,关于钢混组合桥梁的设计,我国现行相关规范有(未计铁路):《公路桥涵设计通用规范》(JTG D60)、《公路钢混组合桥梁设计与施工规范》(JTG/T D64-01)、《波形钢腹板组合梁桥技术标准》(CJJ/T 272)、《钢-混凝土组合桥梁设计规范》(GB 50917)、《公路钢结构桥梁设计规范》(JTG D64)、《公路钢筋混凝土及预应力混凝土桥涵设计规范》(JTG 3362)。

这些规范均遵循以概率论为基础的极限状态设计法,在具体应用方面略有差别。

现行《公路桥涵设计通用规范》(JTG D60)规定:公路桥涵结构按承载能力极限状态和正

常使用极限状态进行设计。

公路桥涵应根据不同种类的作用及其对桥涵的影响,桥涵所处环境条件考虑以下四种状况进行极限状态设计。

持久状况:应进行承载能力极限状态和正常使用极限状态设计。

短暂状况:应进行承载能力极限状态设计,可根据需要进行正常使用极限状态设计。

偶然状况:应进行承载能力极限状态设计。

地震状况:应进行承载能力极限状态设计。

现行《公路钢筋混凝土及预应力混凝土桥涵设计规范》(JTG 3362)与《公路桥涵设计通用规范》(JTG D60)的设计总则保持着更紧密的配合,其中第1.0.3条规定:本规范采用以概率理论为基础,按分项系数表达的极限状态设计方法进行设计。

现行《公路钢混组合桥梁设计与施工规范》(JTG/T D64-01)从编号看应属现行《公路钢结构桥梁设计规范》(JTG D64)的二级规范。这两个规范在总则中分别都规定:"本规范采用以概率理论为基础的极限状态设计方法,按分项系数的设计表达式进行设计。""本规范采用以概率理论为基础,按分项系数表达的极限状态、设计方法进行设计。"注意"状态""表达的状态"两词差别,实际后者在许多方面保留了传统允许应力设计方法的影子。

设计原则中具体规定:

波形钢腹板预应力混凝土桥的持久状况应按承载能力极限状态要求进行承载能力及稳定计算,必要时尚应进行结构的倾覆和界面滑移验算,在进行承载能力极限状态验算时,作用(或荷载)组合应采用基本组合,结构材料性能采用其强度设计值。稳定性验算应符合现行《公路钢结构桥梁设计规范》(JTG D64)的规定。

波形钢腹板预应力混凝土桥的持久状况设计,应按正常使用极限状态的要求对波形钢腹板预应力混凝土桥的抗裂、裂缝宽度和挠度进行验算。在进行正常使用极限状态计算时作用(或荷载)组合应采用频遇组合、准永久组合。其应力、变形、裂缝限值按相关规范、相关规定采用。对体外预应力束应力取值详见本章2.5.2.2节分析模型。

波形钢腹板预应力混凝土桥的短暂状况设计,应对波形钢腹板预应力混凝土桥在施工过程中各阶段的承载能力及稳定性进行验算,必要时尚应进行结构的倾覆验算。

波形钢腹板预应力混凝土桥进行抗疲劳设计时,应符合现行《公路钢结构桥梁设计规范》(JTG D64)的规定。

2.4.3 波形钢腹板预应力混凝土桥的作用与作用组合

2.4.3.1 作用分类、代表值和作用组合

波形钢腹板预应力混凝土桥的作用与作用组合,按现行《公路桥涵设计通用规范》(JTG

D60)采用,详见该规范"4　作用"相关内容。

2.4.3.2　疲劳验算

关于疲劳核算用车辆疲劳荷载的计算模型,《公路钢结构桥梁设计规范》(JTG D64)第5.5.2条做了如下规定:

(1)疲劳荷载计算模型Ⅰ采用等效的车道荷载,集中荷载为$0.7P_k$,均布荷载为$0.3q_k$。P_k和q_k按公路—Ⅰ级车道荷载标准取值;应考虑多车道的影响,横向车道布载系数应按现行《公路桥涵设计通用规范》(JTG D60)的相关规定选用。

(2)疲劳荷载计算模型Ⅱ采用双车模型,两辆模型车轴距与轴重相同,其单车的轴重与轴距布置如图2.4-1所示。加载时,两模型车的中心距不得小于40m。

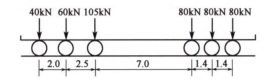

图2.4-1　疲劳荷载计算模型Ⅱ(尺寸单位:m)

(3)疲劳荷载计算模型Ⅲ采用单车模型,模型车轴载及分布规定如图2.4-2所示。

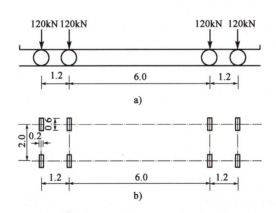

图2.4-2　疲劳荷载计算模型Ⅲ(尺寸单位:m)

(4)当构件和连接不满足疲劳荷载模型Ⅰ验算要求时,应按模型Ⅱ验算。

(5)桥面系构件应采用疲劳荷载计算模型Ⅲ验算。

2.4.3.3　波形钢腹板预应力混凝土桥的温度效应

关于波形钢腹板预应力混凝土桥温度效应实际有两方面:一是整体温度的收缩膨胀;二是桥面板顶底面温度变化。

关于第一项,《公路桥涵设计通用规范》(JTG D60—2015)规定温度变化按当地温度变化取值,钢结构线膨胀系数为0.000012,混凝土结构膨胀系数为0.000010。为减少混凝土桥面板混凝土的收缩带来不利影响,多在混凝土中添加膨胀剂,且在混凝土现场浇筑中根据浇筑混凝土强度,择优选择最佳混凝土面板浇筑分段(分块)以及分段(分块)浇筑步骤,以减少因混凝土收缩变形导致的混凝土面板受力状态变化、导致波形钢腹板预应力混凝土梁受力变化种种不利影响,故而基本上可以不在运营阶段考虑混凝土的收缩问题。至于温度变化导致的波形钢腹板预应力混凝土梁的总体温度时变应力,则应注意合理的计算模式并采取相应构造措施,尽可能减少其不利影响,合理配置相应的支座与伸缩装置。

桥面板顶、底板温差按现行《公路桥涵设计通用规范》(JTG D60)相关规定取值。

2.5 波形钢腹板预应力混凝土桥整体结构分析

作用效应(或作用响应)分析一般用模型及基本假定经弹性(塑性)理论分析求得,为此要求结构分析采用的模型和基本假定应能反映结构实际受力状态,其精度应能满足结构设计要求。钢混组合结构的波形钢腹板预应力混凝土桥作用效应计算,应符合现行《公路钢筋混凝土及预应力混凝土桥涵设计规范》(JTG 3362)要求:

(1)应按弹性方法进行计算,必要时应考虑结构的二次效应。

(2)应考虑施工方法及施工顺序的影响。

(3)应考虑混凝土开裂、混凝土收缩徐变等因素影响。

(4)一般情况下可不考虑钢混凝土结合面之间连接件滑移影响。

2.5.1 整体结构受力基本假定

根据本章第2.1.2小节内容所述基本假定可以认为,波形钢腹板预应力混凝土箱梁桥承受纵向弯曲时其弯矩可视为仅由混凝土顶、底板的箱梁承担,其抗弯断面常数计算可仅考虑混凝土顶、底板(图2.1-7a)。断面弯曲应力的竖向分布符合"拟平面假定"。波形钢腹板预应力混凝土箱梁纵向弯曲剪力由波形钢腹板承担,截面剪应力竖向均匀分布。而波形钢腹板预应力混凝土箱梁桥的横向受力与扭转受力则可视为具有较小抗弯刚度与较薄腹板厚度的箱梁。其扭转剪力与弯曲剪力叠加,由波形钢腹板承担。

基于上述假定,波形钢腹板预应力混凝土箱梁整体可视为一梁式受力构件,从而采用类似预应力混凝土箱梁的结构分析方法,分两大部分:一为纵向作用整体分析,二为横向作用整体分析。

2.5.2 设计荷载作用时的纵向整体分析

设计荷载作用时的纵向整体分析应遵循以下原则:

(1) 设计荷载作用时的整体分析,原则上按线弹性理论进行:因为设计荷载作用时的容许应力或者应力的控制值,是以在设计荷载下构件处于弹性范围内为前提来设定的,因此,设计荷载作用时的整体分析应根据线性理论进行。

(2) 应按结构形式、断面构成、断面形状以及荷载和荷载状态,选用合适的分析理论进行分析;结构分析模型应依据所采用的分析理论做相应的设定:各种分析理论适用范围也不同,为了能够得到最优结果,有必要根据结构形式、断面构成、断面形状以及荷载和荷载状态,选择恰当的分析理论。因为结构分析模型的设定因分析理论而各不相同,为了能够得到最优结果,必须根据所采用的分析理论,做恰当的模型设定。

2.5.2.1 分析理论

分为以下5种情况,进行分析:

(1) 对单箱单室梁桥或单箱多室箱梁桥,道路宽度与跨度之比小于0.5时,可以采用把整个道路宽度的主梁看作一根梁,按梁理论分析。

(2) 对斜梁、曲线梁、多主梁箱梁、道路宽度与跨径比在0.5以上的单箱多室箱梁,应采用格子构造理论。

(3) 主梁或者主梁与下部结构结合总体呈三维性能时,应当使用三维框架分析。

(4) 作为代替如(1)、(2)、(3)所述框架分析的分析法,特别是想直接求得剪切变形的效果,如作用于抗剪连接件水平剪力、桥面板的剪力滞、翘曲应力等时,可以使用等剪力流板模型分析。

(5) 无法置换成框架或等剪力流板的复杂构造,可以使用三维有限单元法(FEM)分析。

如同预应力混凝土箱梁桥一样,波形钢腹板预应力混凝土箱梁桥一般以平面杆系结构分析程序作其基本的分析手段,当必须考虑主梁与下部构造的整体性能时,最好采用垂直面内的平面框架分析程序。

现行比较普遍应用的框架结构分析程序均可进行影响线加载,因而由框架分析可以直接求得梁的上、下缘弯曲应力,设计中使用起来很方便。

与预应力混凝土桥的平面杆系结构分析类同,波形钢腹板预应力混凝土桥的平面分析一般做两种分析:分析纵向垂直面内的荷载作用和分析横向平面内的荷载作用,无论哪一种都是二维分析。

有限元分析法之一——等剪力流板分析的特征如下:

(1) 这种分析法一直以来被用于飞机的分析中,曾被称为剪力场理论。设定波形腹板作为只负担剪力来进行设计的波形钢腹板预应力混凝土桥为适合这一分析法的结构。与FEM分析相比,这种分析法比较简洁直观。

(2) 忽略所有的正应力的作用,只对等剪力的板进行分析,其截面面积和截面惯性矩应计入边缘部件的断面。

(3)因为边缘部件在部件内传递呈线性变化的轴力,轴力分布在构件之间很平滑,即使单元分割比较粗糙,也能够很精确地考虑剪切变形影响。

(4)混凝土桥面板所分担的剪力或抗剪连接件所作用的水平剪力可以直接得到。

(5)可以直接求得桥面板的剪力滞或翘曲应力。

(6)与框架分析同样,可以较容易地进行梁影响线加载分析。

对于带有肋板或压杆的构造,以及带有块状的突起、隔板、横梁等的构造,由于框架模型或等剪力流板模型不易模拟,若有必要进行分析时,则弹性 FEM 就成为较有效的分析方法。此时对上述限定的区域一般是作为局部问题来处理。对于限定区域,必要的边界条件设定将会是比较困难的。当局部的性能对整个体系的影响比较大时,应就整个体系应用弹性的三维 FEM 分析。但对于必须考虑影响线加荷的计算,这一方法则受到限制,因相应规范的容许应力的控制应力无法得到。故设计中一般仅将 FEM 分析作为校验手段或作为局部应力分析、动力分析手段。近年来 FEM 程序功能逐步完善,以 FEM 作为主要分析手段时宜特别关注边界条件处理与计算结果的分析与应用。

2.5.2.2 分析模型

1)结构模型

结构模型的选定,必须根据所采用的分析理论,并根据所选定的模型对各构件进行恰当模型化。

(1)在平面框架分析中,应当把各个构件作为梁构件。

(2)在平面框架分析中,对刚构构造的结合部分或断面剧变部分,宜设置恰当的刚域。

(3)在等剪力流板分析中,分析模型由只负担剪切流的板构件与其外围的边缘构件(梁构)组合而成。

(4)在三维 FEM 分析中,应当采用壳单元、梁单元或实体单元进行组合设定。

波形钢腹板预应力混凝土桥一般可以采用三种分析模型:平面框架、等剪力流板、三维有限元,现分述其设置要点:

(1)平面框架分析模型。

在平面框架分析中,应把主梁构件作为梁构件来计算截面特性。截面惯性矩以及截面面积计算仅考虑顶板混凝土以及底板混凝土,且假定梁整体保持平截面假定(图 2.1-7a)。扭转惯性矩最好根据式(2.5-1)求得(图 2.1-7b)。

$$J_t = \frac{4A_m^2}{\dfrac{h_1}{n_s \cdot t_1 \cdot (1+\alpha)} + \dfrac{b_1}{t_2 \cdot (1-\alpha)} + \dfrac{h_1}{n_s \cdot t_3 \cdot (1+\alpha)} + \dfrac{b_1}{t_4 \cdot (1-\alpha)}} \quad (2.5\text{-}1)$$

$$\alpha = 0.400 \cdot \frac{h_1}{b_1} - 0.060 \quad (2.5\text{-}2)$$

式中：J_t——扭转惯性矩（mm^4）；

A_m——箱形截面面积（mm^2）；

b_1——波形钢板中心宽度（mm）；

h_1——桥面板中心高度（mm）；

n_s——波形钢腹板与混凝土剪切弹性模量比；

t_1、t_3——波形钢板厚度（mm）；

t_2、t_4——混凝土顶、底板厚度（mm）；

α——修正系数。

通常，在波形钢腹板桥纵向弯曲中，总存在剪切变形的影响，但从计算截面内力来看，即使考虑了剪切变形影响，其结果与通常的忽略剪切变形时分析所产生的截面内力差异也比较小，因此在梁构件的截面内力分析中，<u>可以忽略剪切变形的影响</u>。

但在计算波形钢腹板预应力混凝土箱梁的挠度与上拱度时，因为剪切变形的影响比较大，故建议<u>考虑弯曲变形量中的剪切变形量，考虑剪切变形时的剪切刚度</u>，根据式(2.5-3)求得：

$$G_s \cdot A_s = G_s \cdot h_s \cdot t \cdot \gamma \quad (2.5\text{-}3)$$

式中：G_s——钢材的剪切弹性模量（MPa）；

A_s——波形钢腹板的有效剪切截面面积（mm^2）；

h_s——波形钢板高度（mm）；

t——波形钢板的厚度（mm）；

γ——形状系数，$\gamma = L/\sum L_i$；

L——波形钢板的水平长度（mm）；

$\sum L_i$——波形钢板的实际长度（mm）（图2.5-1）。

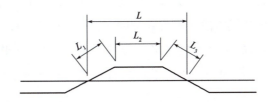

图2.5-1 剪切刚度计算各参数示意图

（2）<u>等剪力流板分析模型</u>。

等剪力流板分析中的板模型化例子如图2.5-2所示，在顶底板构件的重心间插入等剪力流板，等剪力流板忽略所有的正应力，只分担桥面板与腹板间所作用的水平剪力。在板的外围，则为传递着呈线性变化的轴力的边缘构件。

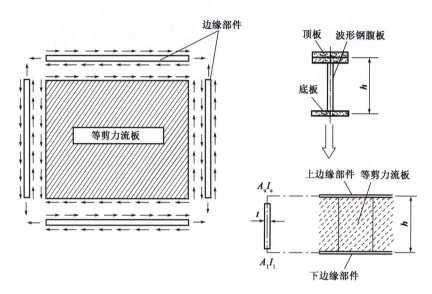

图 2.5-2　等剪力流板和模型化的例子

等剪力流板分析的优点：

①结构分析程序：在通常的三维结构分析程序中添加等剪力流板单元，即可做成考虑等剪力流板的结构分析程序。因为计算等剪力流板为各板重心处平板，在初始设计阶段，构造还未全部确定的情况下，也能够进行简便的结构参数性计算。

②除混凝土桥面板分担的剪力或抗剪连接件作用着的水平剪力、桥面板的剪力滞、翘曲应力能够直接得到之外，隔板和体外索锚固部分也作为刚性的部件作模型化，由此可直接进行应力的验算，即不用 FEM 分析，也可对全部部件的应力进行检查。

③与通常的构造分析程序一样，影响线加载分析也是很容易实现的。实际上，具有宽幅的多室箱梁构造的日本矢作川桥的疲劳验算已应用此方法。

④因对矩形以及梯形板均可作分析，故对变截面梁也可进行分析。波形钢腹板预应力混凝土桥，多采用挂篮的悬臂架设施工方法，实际应用中在中支点部位提高梁高的变截面梁的实例比较多，对于这种构造的架设阶段施工荷载，也可应用等剪力流板，对波形腹板应力做验算。

⑤曲线上的波形钢腹板桥截面扭转变形的影响，与一般的混凝土腹板箱梁桥相比更大，由于等剪力流也适用于波形钢腹板，所以不必另行构造分析模型，即可考虑截面扭转变形影响。

（3）三维有限元（FEM）分析。

在主方向的设计计算时，一般比较少使用弹性三维有限元（FEM）分析。而对整体的扭转性能或单箱多室梁桥中各腹板的剪切分担率的分析，可考虑使用三维有限元（FEM）分析。

对整体分析使用三维有限元（FEM）分析时，根据构件厚度或构造特性，混凝土部分用实体单元、波形钢板部分用壳体单元进行模型化。波形钢腹板预应力混凝土桥的 FEM 分析一般应在研究结构总体考虑重点部位之后,再进行其相应的网格划分、结点处理等,FEM分析中在一般情形下,宜将混凝土部分与波形钢板部分的连接部作为刚性结构考虑。

2)关于预应力引起的截面力

通常把预应力作为内力(作为主梁梁构件的轴力以及偏心力矩)进行分析。对于体外索引起的预应力,可把体外索作为构件加入结构模型中,导入张力后求解。这时,体外索可视为无抗弯刚度的杆件单元,在处理局部问题的FEM分析中,只要将钢束张力作为作用于锚固点以及转向点的外力来进行分析即可。在进行整体分析时,应把体外索作为桁架单元来设定,加入结构构造中。

关于体外索,这里仅谈及作用部分,而关于抗力,对极限承载力应取其极限强度,对设计承载力则应按下述规定办理:

体外预应力筋作为抗拉钢筋进行截面抗力计算,设计中体外预应力筋的极限应力 σ_{pu} 应按式(2.5-4)计算:

$$\sigma_{pu} = \sigma_{pe} + \Delta\sigma_{pu} \tag{2.5-4}$$

式中:σ_{pu}——体外预应力筋的极限应力设计值(MPa),$\sigma_{pu} \leqslant f_{py}$;

σ_{pe}——体外预应力筋的有效预应力(MPa);

$\Delta\sigma_{pu}$——体外预应力筋的极限应力增量(MPa);

f_{py}——预应力筋的屈服强度(MPa)。

当为简支梁时,σ_{pu} 可取为体内预应力筋极限应力的70%;当为连续梁时,极限应力增量可取为100MPa;当为连续刚构时,可参照表2.5-1进行计算,表中 L_2 为两锚具间的距离,d_p 为预应力筋的有效高度。

体外预应力筋极限应力增量的计算式 表2.5-1

钢筋类型	计算截面位置	极限应力增量计算式(MPa)
悬臂筋	边跨 (包括T构部分)	$\dfrac{L_2}{d_p} > 50$ 时,$\Delta\sigma_{pu} = 0$ $\dfrac{L_2}{d_p} \leqslant 50$ 时,$\Delta\sigma_{pu} = 1000 \cdot \dfrac{d_p}{L_2} \leqslant 200$
悬臂筋	中跨	$\dfrac{L_2}{d_p} > 50$ 时,$\Delta\sigma_{pu} = 0$ $\dfrac{L_2}{d_p} \leqslant 50$ 时,$\Delta\sigma_{pu} = 1500 \cdot \dfrac{d_p}{L_2} \leqslant 400$
连续筋	跨中	$\dfrac{L_2}{d_p} > 50$ 时,$\Delta\sigma_{pu} = 0$ $\dfrac{L_2}{d_p} \leqslant 50$ 时,$\Delta\sigma_{pu} = 4000 \cdot \dfrac{d_p}{L_2} \leqslant 400$

3)荷载模型

结构分析荷载模型必须根据所采用的分析理论恰当地设定：

(1)在使用可作影响线加载的分析理论时，必须对程序中的荷载条件做充分确认后输入。

(2)涉及自重荷载模型的设定，必须要注意不会产生荷载的重复或欠缺。

(3)在使用影响线无法加载的分析理论时，必须设定为可以达到分析目的结果的荷载模型。

(4)预应力作为荷载的一种应根据结构分析的模型要求设定，或按计算程序的输入条件，恰当设定。

荷载模型的设定：必须根据所采用的分析理论对各种荷载进行恰当模型化，荷载模型设定要点如下：

(1)在一般比较普遍的程序中，均设定有影响线加项，这是平面框架分析的优势。在等剪力流板理论中，影响线加载也是可行的。在这些程序中的可变荷载可设为沿着所设定的构件轴线作用的线荷载，或表现于构件截面的面荷载，或者某点上的集中荷载的形态，但对其荷载条件进行设计时，必须充分确认能够再现设计意图的荷载状况(组合)后再进行输入。

(2)自重荷载可设定为沿着所在的构件的轴线荷载，或者面荷载或体积荷载，或某一点上集中荷载的形态进行输入，但必须注意在节点和构件连接部处不要发生荷载重复。对于复杂的形状部分，在分析模型中，有必要注意不要遗漏没有作为构件而设定的部分部件的自重。

另外，在分析模型构件设定时，从安全角度考虑到有效宽度而有时会把断面设定得比实际更小。这种情形下，有必要注意不要发生自重荷载的缺失。

(3)通常，三维有限元(FEM)分析程序，由于一般未设置影响线加载功能，在研究整体的扭转性能或单箱多室梁桥中的各腹板的剪切分担率，有必要对重点构件最不利的荷载状态的荷载组合进行充分研究，来设定荷载模型。

(4)预应力可作为作用于主梁梁构件的内力、轴力及偏心力矩而进行输入，把体外索的张力作为外力进行输入。二者均被作为程序中的输入而设置。在作为外力进行输入时，应把钢束张力加到钢绞线锚固点和钢绞线转向点上作为集中荷载进行输入。

2.5.3　极限荷载作用时的整体分析

极限荷载作用时的整体分析应遵循以下两点：

(1)极限荷载作用时的整体分析，可参照以往的工程实例，除按照线性理论可以做出分析判断之外，也可根据非线性理论来进行分析。

(2)应根据构造形式、断面构成、断面形状及荷载状态，采用恰当的分析理论进行分析，且应根据所采用的分析理论对结构分析模型做恰当设定。

对于通常跨高比的梁桥，若基于线性理论的极限荷载作用时的截面力(即根据线性理论得到的截面力），与单纯地用荷载系数加大了的截面力均不低于按假定所求得的承载力，因而没有必要增加设计荷载作用时所确定的预应力混凝土钢材量时，可不按照非线性理论做整体分析。

(1)荷载所导致的体内索的应变变化，应服从构件断面的平面假定。

(2)在极限荷载作用时的有效张拉力引发的体外索的张力增加量：在最大弯矩点附近所配置的短钢束最大为 $200N/mm^2$，复数跨所配置的长钢束最大为 $100N/mm^2$。

一般情况下，均可按线性理论做极限荷载作用时的整体分析，即一般不需要针对设计荷载作用与极限荷载作用的内力分析而采用两种不同模式进行。

对于梁高较小的梁，在线性理论的极限作用下截面内力和该截面在考虑体外索的应力增量下所计算出来的构件的承载力很难做对比，故于极限荷载作用时必须考虑几何非线性的影响，分析时把握极限荷载时的整体性能，确定在荷载极限时不会发生对结构体系的破坏，其分析一般仅需对几个关键的断面作非线性分析即可。

2.5.3.1 分析理论

(1)在可以把主梁(桥轴方向构件)看作一根梁做分析时，可以使用纤维模型。

在极限荷载时的验算中，遇下列情况可把主梁(桥轴方向构件)视为一根梁，可以把构件置换为纤维模型：单一箱梁；多主梁箱梁桥，和单箱多室梁桥桥轴方向构件为双数且各梁性能基本一样，从而能将这些双数构件等效集中为一个构件；多主梁箱梁桥或单箱多室箱梁桥，且有纵、横向方向的受力构件，可用某一种构件等效。

(2)在进行纤维模型分析的情况下，除轴力或体外索张力的作用位置随着梁的变化而变化所产生的影响可以忽略外，不仅要考虑材料非线性，而且几何非线性也要考虑到。

对于轴力的作用很灵敏的细长结构或体外索张力的作用具有支配性的结构，和其他不能确认其性能的几何非线性影响远比材料的非线性影响小得多的构件，应不只考虑材料非线性，还应进行几何非线性的分析。

(3)若必须抛弃断面平截面假定时，则应当使用弹塑性有限位移理论 FEM 分析。

由于波形钢板的较大的剪切变形，顶板和底板均表现为单一弯曲的性能，断面平截面假定无法保证，使用纤维模型有困难，为此可按弹塑性有限位移理论 FEM 分析。

2.5.3.2 分析模型

1)用于极限荷载作用时整体分析的分析模型

(1)使用纤维模型时的模型对象为等截面梁，其他同 2.5.2.1 小节中(1)情况规定。

把主梁(桥轴方向构件)作为一根梁的纤维模型时，与 2.5.2.1 小节中(1)时相同，只验算混凝土部分即可。但是，根据所使用的程序，有时必须把腹板部分也模型化，在这种情形下，进行模型化设定时,可以设定厚度为 1mm 的混凝土腹板。对于单元的划分,必须要考虑弯曲所导致的塑性化进展程度,按保证构件刚度不会发生极端性的变化来进行单元划分。

(2)使用弹塑性有限位移理论 FEM 分析时,可对所关注的截面恰当区间做成局部模型,取出这一局部模型进行单独分析,亦可在纤维模型的整体分析模型中插入这一局部模型进行分析。

对整桥用 FEM 模型化进行弹塑性有限位移分析,即使是在计算机性能显著提高的现在也是很难的。因此,这时宜采用部分模型,并以在部分模型的端部所邻接的构件的截面力作为外力,对此要注意:①假定设计截面力呈线性渐增;②可以利用纤维模型或整体模型求出截面力。两个方法都各有利弊,应恰当选择。对 FEM 模型的边界处理,亦可用纤维模型作为部分模型编入整个体系分析 FEM 模型中进行分析。

(3)**进行非线性分析时的材料本构关系,必须与所采用的分析理论相对应。**

关于材料本构关系,可以使用图 2.5-3 所示的应力-应变关系。但是,若采用弹塑性有限位移理论 FEM 分析,则对混凝土性能宜采用 2 轴或者 3 轴的应力-应变关系,并对裂缝模型、塑性理论等进行充分研究。

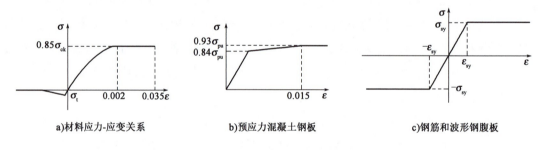

a)材料应力-应变关系　　b)预应力混凝土钢板　　c)钢筋和波形钢腹板

图 2.5-3　材料应力-应变关系

2)用于极限荷载作用时整体分析的荷载模型

(1)对验算断面有最不利影响的可变荷载的荷载位置,应当根据线性理论来确定。

极限荷载时的整体非线性分析是以关键断面为对象,应用对其最不利的荷载来进行。分析这种情形时,可以忽略随着荷载增大的影响线的相对变化,根据线性理论所确定的可变荷载的荷载位置求出最不利内力。

(2)在非线性分析中,根据荷载增量的提供方式,有时会得出使结构物的性能异常的结果,因此必须对解析结果的收敛性加以充分注意,而且要恰当控制荷载增量。

在非线性分析中,荷载越大刚度越下降。但是,如不在材料应力-应变曲线的拐点附近,荷载的增大与刚度的降低会成一种单调的关系,可用渐增法来进行荷载的加载,因为随着荷载的增大刚度降低的程度也随之增加。荷载的划分方案,要注意荷载值越大越有必要划分得更细。

在材料应力-应变曲线的拐点区域,对应构件刚度降低时,若要追踪构造物的最大抗力后的性能,用荷载增分法将无法进行分析,因此,要使用弧长增量法,即位移法。

(3)在弹塑性有限位移理论 FEM 分析的局部模型中,以邻接构件的截面内力作为外力时,必须根据验算的目的给定恰当边界力。

波形钢腹板预应力混凝土桥的设计计算,可用工程中常用的 midas Civil 软件进行,亦可用 ANSYS 进行,一般其间混凝土单元用 solid45 模拟、波形钢腹板用 shell63 模拟,体外预应力束用 beam 模拟。

2.5.4 横向分析

2.5.4.1 分析理论

横向分析,一般采用平面框架分析或三维 FEM 分析等方法。

在桥面板的设计中,为了能够适用微小变形的弯曲理论,应当采用忽略其厚度的薄板理论做结构分析。关于桥面板的支承状态,应留意波形钢腹板的抗弯刚度及其与桥面板的连接方式所产生的影响,进行恰当的模型化处理。

横向分析通常使用平面框架分析。但在车辆荷载引起的截面力的计算中,当桥面板跨距较大时,则宜根据三维 FEM 分析求得截面力。

2.5.4.2 分析模型

(1)由恒载(含预应力)及活载所产生的截面力,使用把箱梁看作由腹板以及顶、底板所构成固结于腹板下方的刚架构造的分析模型来计算。

(2)当按框架计算桥面板内力时,汽车荷载在桥面板上的分布按现行《公路钢筋混凝土及预应力混凝土桥涵设计规范》(JTG 3362)中板的计算相关规定处理。

(3)当桥面板跨距过大时,波形钢腹板预应力混凝土箱梁桥横向分析宜采用三维 FEM 分析。

恒载或预应力所产生的二次力等截面力的计算,与通常预应力混凝土箱梁构造一样,采用把连接部看作刚结节点的框架分析模型(图 2.5-4)。此外,图 2.5-5 表示了桥面板跨距的取法。

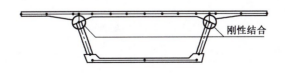

图 2.5-4 框架模型图例

用于框架分析的波形钢板的截面刚度,按图 2.5-6 所示将波形钢腹板一个波长的横向刚度换算成一个波长每单位长度($1/L$)的值,从而得到单位长度框架计算用的波形钢腹板横向刚度值。

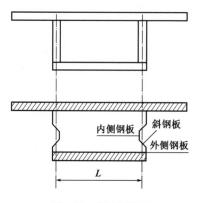

图 2.5-5　桥面板跨距　　　　　　　　图 2.5-6　波形钢腹板刚度计算所用模型

桥面板跨距在 6m 以下时参考现行《公路钢筋混凝土及预应力混凝土桥涵设计规范》(JTG 3362)板的计算相关规定。连续板的跨中弯矩,应当为简支板的截面力弯矩的 70%,这是以混凝土腹板为对象规定出来的。若采用波形钢腹板时,由于腹板的刚度较小,会有使跨中弯矩增加的倾向,故有必要考虑这一影响来计算设计弯矩。迄今为止,对于单室箱梁截面,板的跨中弯矩取为简支板的截面力的 90% 较多,日本本谷桥的研究中曾就波形钢板的腹板相对桥面板的刚度比降低而受到直接影响的跨中弯矩进行了详细研究分析,其研究结果也验证了这一比例的合理性。

2.5.5　刚度验算

波形钢腹板预应力混凝土桥挠度计算时应计入剪切变形与荷载长期效应的挠度影响,其挠度限值及预拱度的设置应符合现行《公路钢筋混凝土及预应力混凝土桥涵设计规范》(JTG 3362)的规定。

波形钢腹板预应力混凝土桥中由于腹板的剪切刚度比混凝土腹板桥要小,故不可以忽略主梁的剪切变形。特别要注意,其与等高梁相比,梁高变化时,剪切变形影响会加大,因此对通常的框架分析中的轴力以及弯曲所导致的弯曲变形必须考虑主梁的剪切所引起的增加量。

波形钢腹板预应力混凝土桥的剪切变形,通常用式(2.5-5)来表示。

$$\delta_s = \frac{\kappa}{G_s A_s} \int Q \cdot \bar{Q} \cdot dx \quad (2.5\text{-}5)$$

式中:δ_s——剪切变形;

　　　κ——剪切修正系数(腹板界面上最大剪应力与平均剪应力的比);

　　　G_s——板的剪切弹性模量;

Q——剪力；

$\bar{Q}$——单位荷载所引起的假定剪力。

剪切修正系数可根据式(2.5-6)算出的腹板剪应力,与主梁截面承受到的全部剪应力之比作为腹板的分担剪力的比例来算出。

$$\tau = \frac{S \cdot Q}{I \cdot t} \quad (2.5\text{-}6)$$

式中：τ——腹板剪应力；

S——应力计算点外侧面积对应的构件的中性轴的面积矩；

I——截面的惯性矩；

t——钢腹板的厚度。

另外,在悬臂架设时,由于在墩顶部顶底板混凝土会约束腹板的剪切变形,主梁的变位将比由式(2.5-5)所求得的值小,对于这种情形,宜采用波形钢腹板组合梁的内力与位移的关系或力的平衡条件相适应的理论来算出挠度。还有,为比较简易地估算悬臂架设中的剪切变形,也可以使用式(2.5-7)、式(2.5-8)计算。

倾角(偏移角、变位角)：

$$\frac{dz}{dx} = \frac{1}{1+F} \cdot \frac{S}{G'_s It} [Q - Q_0 \exp(-\alpha x)] \quad (2.5\text{-}7)$$

垂直位移：

$$z = \frac{1}{1+F} \cdot \frac{S}{G'_s It} \left\{ \int Q \cdot dx + \frac{1}{\alpha} Q_0 [\exp(-\alpha x) - 1] \right\} \quad (2.5\text{-}8)$$

$$\alpha = \sqrt{(1+F) \frac{G'_s t h}{E_c (I_u + I_l)}} \quad (2.5\text{-}9)$$

$$F = \frac{h_u + h_l}{h} \quad (2.5\text{-}10)$$

式中：E_c——桥面板混凝土弹性模量；

I_u、I_l——混凝土顶、底板对组合断面形心的二次矩；

Q——组合梁的剪力($x=0$ 时,$Q=Q_0$)；

G'_s——波形钢腹板的剪切弹性模量；

S——应力计算点外侧面积对应的构件的中性轴的面积矩；

I——组合梁断面的惯性矩；

t——板厚；

h——腹板高；

h_u、h_l——从混凝土顶、底板的截面形心处到与腹板的连接部的高。

2.6 波形钢腹板抗剪及剪力连接件设计

2.6.1 波形钢腹板设计

(1)波形钢腹板的外形尺寸。

工程中波形钢腹板的波纹呈梯形,几何尺寸如图2.6-1所示。

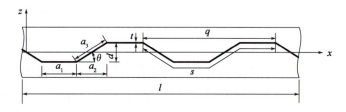

图 2.6-1 波形板的几何尺寸

波形钢板几何尺寸的选择,主要由屈曲强度控制,并应综合考虑加工、运输、安装等因素,节段施工时还应考虑节段长度、腹板厚度的变化及节段间的连接等因素。在波形钢腹板预应力混凝土桥梁的工程实例中采用的波形钢腹板的形状如表2.6-1所示,其施工实例中最常用的是波长1600型波形钢腹板。

工程中常用的波形钢腹板形状   表 2.6-1

类型	几何尺寸(mm)					形状系数	折角(°)
	q	a_1	a_2	a_3	d	η	θ
波长 1000 型	1000	340	160	226	160	0.88	45.07
波长 1200 型	1200	330	270	336	200	0.90	36.53
波长 1500 型	1500	400	350	400	200	0.94	30.00
波长 1600 型	1600	430	370	430	220	0.93	30.77
波长 1800 型	1800	480	420	483.7	240	0.93	29.74
波长 2000 型	2000	512	488	549.2	250	0.94	27.13
波长 2400 型	2400	645	555	645	330	0.93	36.63

注:此处形状系数为 $\dfrac{a_1+a_2}{a_1+a_3}$。

交通运输部于2010年颁布了首部与波形钢腹板相关的行业标准《组合结构桥梁用波形钢腹板》(JT/T 784—2010),该标准中推荐了3种常用的波形钢腹板形状,其几何尺寸见表2.6-2。目前在国内施工实例中采用1600波型较多,随着工程发展的需要,也可采用力学性能经过充分试验验证的安全可靠的其他几何尺寸的波形钢腹板。

第2章 波形钢腹板预应力混凝土桥的构造要点与设计

常用波形钢腹板的几何尺寸   表 2.6-2

编号	类型	几何尺寸(mm)					形状系数	折角(°)
		q	a_1	a_2	a_3	d	η	θ
CSW1	1000 波型	1000	340	160	226	160	0.88	45.07
CSW2	1200 波型	1200	330	270	336	200	0.90	36.53
CSW3	1600 波型	1600	430	370	430	220	0.93	30.77

从上述工程实例可以看出,波形钢腹板的形状系数一般在 0.9 左右,折角一般在 30°~45°。

(2) 波形钢腹板的纵向刚度。

由于波形钢腹板纵向具有褶皱性,相对于平钢腹板或者混凝土腹板,波形钢腹板抵抗轴向作用力的能力偏弱,纵向刚度相应降低,表现为波形钢腹板的纵向有效弹性模量相对于钢板相应的纵向弹性模量大幅减小。

波形钢腹板纵向有效弹性模量 E_{sw} 可由虚功原理推导:

取图 2.6-2a)所示的一段完整波长的钢腹板以及相同纵向长度的等效平板,等效平板与波形钢板纵向变形能力等效。设等效平板的抗轴向力学特性与波形钢板相同,波形钢腹板钢材本身的弹性模量为 E_s,等效平板的弹性模量为 E_{sw},当同时在钢板的两个轴端作用大小为 P 轴力时,设波形钢板的轴向变形 δ_1 和等效平板的轴向变形 δ_2,令 $\delta_1 = \delta_2$,由此可推导得到波形钢腹板轴向弹性模量。

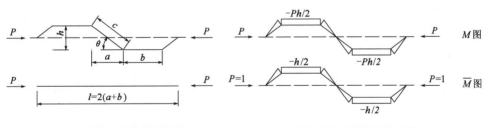

a) 波形钢腹板和等效平板示意图   b) 轴力作用波形钢腹板弯矩图

图 2.6-2 波形钢腹板纵向弹性模量计算示意图

钢腹板的几何尺寸如图 2.6-2a)所示,截面面积为 $A = t \cdot H$,t 为钢板厚度,H 为钢腹板高度。波形钢的轴向刚度沿可用虚功原理计算波形钢腹板的轴向变形 δ_1,图 2.6-2b)为波形钢两端分别作用单位轴力 $P(P=1)$ 时的弯矩图,钢板的截面轴向抗弯惯性矩为 $I = Ht^3/12$,则得波形钢腹板轴向变形:

$$\delta_1 = \int \frac{M\overline{M}}{E_s I} dx = \frac{12}{E_s H t^3}\left[\frac{c \cdot Ph^2}{6} + \frac{b \cdot Ph^2}{2}\right] = \frac{2Ph^2(3b+c)}{E_s H t^3} \quad (2.6\text{-}1a)$$

而等效钢腹板轴向变形为:

$$\delta_2 = PL/E_{sw}A = 2P(a+b)/E_{sw}tH \quad (2.6\text{-}1b)$$

由 $\delta_1 = \delta_2$ 可得,波形钢腹板的等效纵向弹性模量 E_{sw} 为:

$$E_{sw} = \frac{2P(a+b)}{tH} \times \frac{E_s H t^3}{2Ph^3(3b+c)} = \frac{a+b}{3b+c} E_s \left(\frac{t}{h}\right)^2 \qquad (2.6\text{-}2)$$

由式(2.6-2)可知,波形钢腹板的纵向弹性模量与钢板的自身弹性模量 E_s 及钢板厚度 t 成正比,与波高 h 成反比。将 α 替代式中 $(a+b)/(3b+c)$,定义为波形钢腹板形状系数,可得到波形钢腹板纵向弹性模量最终表达式(2.6-3),其中,α 称为波形钢腹板的形状系数,其与钢板的波纹形状有关。

$$E_{sw} = \alpha \left(\frac{t}{h}\right)^2 E_s \qquad (2.6\text{-}3)$$

某大桥跨中合龙节段的波形钢腹板为常用的 1600 波型,几何尺寸为:$a = 370\text{mm}$,$b = 430\text{mm}$,$c = 430\text{mm}$,$h = 220\text{mm}$,$t = 14\text{mm}$。代入式(2.6-2),可得 $E_{sw} \approx 1/531 E_s$,表明波形钢腹板的纵向弹性模量大约只是其钢材自身弹性模量的 1/531,因其纵向抗拉压刚度低,故其对梁的竖向抗弯能力削弱明显。因此,波形钢腹板在波形钢腹板预应力混凝土组合箱梁内,腹板对整体抗弯刚度的贡献可忽略不计。

(3)波形钢腹板的剪切刚度。

波形钢板由于其波形特性,其有效剪切模量较钢材本身也会减小,因而其剪切刚度也随之降低。R. P. Johnson 通过试验及有限元分析证明了波形钢腹板的有效剪切模量比钢材本身的要减小约 10%,同时也提出了波形钢有效剪切模量 G_e 与钢材本身剪切模量 G_s 之间的关系:

$$G_e = \frac{G_s(b+a)}{b + a\sec\theta} \qquad (2.6\text{-}4)$$

式(2.6-4)中 a、b、θ 意义如图 2.6-2a)所示。因波形钢腹板较平钢板抗剪刚度降低不多,考虑到计算的近似性并偏于设计安全,一般实际计算中不考虑波形钢腹板剪切弹性模量降低问题。

2.6.2 波形钢腹板的抗剪强度和屈曲计算

波形钢腹板的预应力混凝土-钢组合桥由波形钢腹板和钢筋混凝土顶底板组成,设计时假定只以钢筋混凝土顶底板承担弯矩和轴力,以波形钢腹板承担剪力。但很多试验均表明,根据波形钢腹板与钢筋混凝土顶底板的构造、梁高、混凝土板厚、钢腹板厚不同,钢腹板实际仅承担全部剪力的 60%~85%,其余 15%~40% 剪力由钢筋混凝土顶底板承担;当到达极限状态时,混凝土顶、底板可能开裂,于极限状态下混凝土顶底板不承受剪力,剪切绝大部分由波形钢腹板承担。故偏安全可按波形钢腹板承担全部剪力进行设计。如果按照不全由波形钢腹板承担而且混凝土顶底板也要分担剪力进行设计的话,则必须采用详细的 FEM 分析并应对分析结果进行充分的研究,以确保计算可靠。

波形钢腹板在剪力作用下既有剪切屈服问题,亦有剪切屈曲问题,故应进行两种验算:强度验算、剪切屈曲验算。

对波形钢腹板的验算,必须能确保所要求的足够安全性。为经济地利用波形钢腹板,设计应控制剪切屈曲不发生在剪切容许应力之下,即剪切屈曲强度一般应大于剪切允许应力,故在设计荷载作用下一般可不进行波形钢腹板屈曲验算。对极限荷载作用,因一般没有剪力屈曲发生在剪切屈服之后这一设计保证,故于极限荷载作用时,应进行波形钢腹板的屈曲验算。

2.6.2.1 波形钢腹板抗剪承载力计算

波形钢腹板的剪应力应同时计入剪力、扭矩及预应力的竖向分力产生的效应。其中剪力应包括预应力的二次效应,扭矩可取汽车荷载最大剪力、最不利偏载情况下的组合设计值。预应力的分项系数:当预应力效应对波形钢腹板受剪承载力不利时应取 1.2,有利时应取 1.0。

(1)波形钢腹板的抗剪强度验算。

波形钢腹板的承载能力极限状态抗剪强度应按下列公式计算:

$$\gamma_0(\tau_{md} + \tau_{td}) \leqslant f_{vd} \tag{2.6-5}$$

$$\tau_{md} = \frac{V_d - V_p}{t_w t_w} \tag{2.6-6}$$

$$\tau_{td} = \frac{T_d}{2 A_m t_m (1 + \alpha)} \tag{2.6-7}$$

式中:γ_0——结构重要性系数;

f_{vd}——波形钢腹板抗剪强度设计值(MPa);

τ_{md}——剪力与预应力的竖向分力产生的剪应力设计值(MPa);

τ_{td}——扭矩产生的剪应力设计值(MPa);

V_d——计算截面单块波形钢腹板的剪力设计值(N);

V_p——计算截面单块波形钢腹板的预应力一次效应的竖向分力标准值(N);

T_d——计算截面的扭矩设计值(N·mm);

A_m——箱形薄壁中心线所围面积(mm²);

t_w——波形钢腹板的厚度(mm);

h_w——波形钢腹板竖直方向的高度(mm),对于高强度螺栓连接应考虑螺栓孔的削弱;

α——修正系数,$\alpha = 0.4 \cdot h_0/b_0 - 0.06$,当 $h_0/b_0 \leqslant 0.2$ 时,$\alpha = 0$;

h_0——顶板、底板中线间的距离(mm);

b_0——波形钢腹板中线间的距离(mm)。

(2)波形钢腹板剪切稳定计算。

波形钢腹板的承载能力极限状态剪切稳定应按下列公式计算:

$$\gamma_0(\tau_{md} + \tau_{td}) \leqslant \tau_{cr} \tag{2.6-8}$$

$$\tau_{cr} = \frac{1}{\left(\dfrac{1}{\tau_{cr,L}^4} + \dfrac{1}{\tau_{cr,G}^4}\right)^{1/4}} \qquad (2.6\text{-}9)$$

式中：τ_{cr}——波形钢腹板组合屈曲临界应力（MPa）；

$\tau_{cr,L}$——波形钢腹板局部屈曲临界应力（MPa）；

$\tau_{cr,G}$——波形钢腹板整体屈曲临界应力（MPa）。

2.6.2.2 波形钢腹板弹性剪切屈曲模式与强度计算

极限荷载作用时剪应力即使在允许应力以内，结构亦并非可用，由于波形钢腹板的形状不同，即使剪应力在允许强度（屈服应力）范围内，板的剪切屈曲也可能发生，所以必须进行剪切屈曲的安全性验算。

当板所受剪切达到某一值时，若增加一微小增量，则板的平衡形位将发生很大的改变，这种现象叫作板的剪切失稳或板的屈曲，相应的荷载称为临界荷载或屈曲荷载。

对于不同几何参数的波形钢腹板，在剪切荷载作用下会发生三种不同的屈曲模式：局部剪切屈曲、整体剪切屈曲和组合剪切屈曲，如图2.6-3所示。

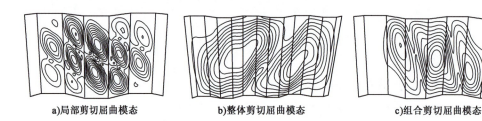

a)局部剪切屈曲模态　　　b)整体剪切屈曲模态　　　c)组合剪切屈曲模态

图2.6-3　波形钢腹板的剪切屈曲模态

（1）局部剪切屈曲。

当波纹稀疏且钢板条的宽厚比较大时，波形钢腹板会发生局部剪切屈曲，局部剪切屈曲表现为一系列钢板条的屈曲。

将波形钢腹板的局部剪切屈曲视为一系列沿长边相互支承、短边支承在翼板上的钢板条的屈曲。根据薄板弹性稳定理论，沿边承受均布剪应力的四边支承板的屈曲强度计算公式见式（2.6-10）：

$$\tau_{cr,L}^{e} = k_L \times \frac{\pi^2 E}{12(1-\mu^2)}\left(\frac{t_w}{\omega}\right)^2 \qquad (2.6\text{-}10)$$

式中：E——材料的弹性模量；

μ——材料的泊松比；

ω——平板宽 b 或斜板宽 c 的最大宽度；

t_w——钢板的厚度；

k_L——剪切屈曲系数,与板的边界条件和宽高比有关,通常可按式(2.6-11)~式(2.6-14)计算。

当四边简支时：

$$k_L = 4.0 + 5.34 \left(\frac{\omega}{h_w}\right)^2 \quad (2.6\text{-}11)$$

当四边固支时：

$$k_L = 8.98 + 5.6 \left(\frac{\omega}{h_w}\right)^2 \quad (2.6\text{-}12)$$

当短边固支、长边简支时：

$$k_L = 5.34 + 2.31\left(\frac{\omega}{h_w}\right) - 3.44\left(\frac{\omega}{h_w}\right)^2 + 8.39\left(\frac{\omega}{h_w}\right)^3 \quad (2.6\text{-}13)$$

在实际工程中,ω/h_w一般都很小,当缺乏试验资料时,可偏安全地取波形钢腹板为四边简支的边界条件,取泊松比为0.3,则式(2.6-10)可简化为：

$$\tau^e_{cr,L} = 4.83 E \left(\frac{t_w}{\omega}\right)^2 \quad (2.6\text{-}14)$$

法国一些研究者认为波形钢腹板的初始面外变形会影响其局部剪切屈曲强度,建议引入强度折减系数k_{rc}进行考虑,法国CB公司通过研究建议取$k_{rc}=0.88$。

欧洲一些相关研究人员研究了波形钢腹板的几何初始缺陷和残余应力对局部屈曲强度的影响,建议采用式(2.6-15)计算波形钢腹板的局部剪切屈曲强度,该公式考虑了材料屈服对屈曲强度的影响,并被《欧洲规范3:钢结构设计》(BS EN1993)采用。

$$\tau_L = 0.9 \left(\tau^e_{cr,L} \tau_y\right)^{\frac{1}{2}} \leq \tau_y \quad (2.6\text{-}15)$$

(2)整体剪切屈曲。

当波纹较密时,波形钢腹板将发生整体剪切屈曲,其表现为整个面板的屈曲,对于波形钢腹板的整体屈曲,一般将其视为在两个垂直方向上具有不同抗弯刚度的正交异性板进行分析。

波形钢腹板单位长度的等效抗弯刚度D_x、D_y和抗扭刚度D_{xy}可按下列公式计算：

$$D_x = \frac{q}{s} \cdot \frac{E t_w^3}{12} \quad (2.6\text{-}16)$$

$$D_y = \frac{E I_y}{q} \quad (2.6\text{-}17)$$

$$D_{xy} = \frac{s}{q} \cdot \frac{E t_w^3}{6(1+\mu)} \quad (2.6\text{-}18)$$

$$I_y = 2a_1 t_w (d/2)^2 + t_w d^3/(6\sin\theta) \quad (2.6\text{-}19)$$

上式中,$q = 2(a_1 + a_2)$,$s = 2(a_1 + a_3)$,各符号含义详见图2.6-1。

Bergmann和Reissner基于弹性稳定理论,将波形钢板等效为正交异性板,推导出波形板的弹性整体剪切屈曲强度计算公式。

$$\tau_{cr,G}^e = 4\lambda \frac{D_x^{1/4} D_y^{3/4}}{h_w^2 t_w} \quad (2.6\text{-}20)$$

式中,D_x、D_y 分别为正交异性板 x 和 y 向的抗弯刚度;屈曲系数 λ 与参数 θ 和 α 有关。

$$\theta = 2\frac{\sqrt{D_x \cdot D_y}}{D_{xy}} \quad (2.6\text{-}21)$$

$$\alpha = \frac{h_w}{l}\left(\frac{D_x}{D_y}\right)^{1/4} \quad (2.6\text{-}22)$$

对于简支边,Bergmann 等给出了系数 λ 随参数 θ 和 α 变化的相关曲线,对于固定边也给出了相关表格。实际上桥梁用波形钢腹板的 $1/\theta$ 和 α 都很小,接近于 0,查阅相应图表可知,在简支边界条件下系数 λ 约为 8,固定边界条件下 λ 约为 15.1;屈曲系数 4λ 在简支边界条件下约为 32,固定边界条件下约为 60.4。

波兰学者 Hlavacek 对剪切荷载作用下加劲平板的力学性能进行了理论研究,推导出其整体剪切屈曲强度的计算公式,该公式亦可推广应用于波形板的整体剪切屈曲强度计算。

$$\tau_{cr,G}^e = 41 \frac{D_x^{1/4} D_y^{3/4}}{h_w^2 t_w} \quad (2.6\text{-}23)$$

Easley 和 McFarland 等人也对剪切荷载作用下波形板的力学性能进行了理论与试验研究。为了研究波形板的整体屈曲行为,他们将单位波长的波形板等效成正交异性平板,基于简支边界条件假定了板的屈曲挠曲形式,推导得出波形板弹性整体剪切屈曲强度公式,并进行了试验验证,但该公式非常复杂。对于轻型波形板,单位波长 x 轴的抗弯刚度远小于 y 轴的抗弯刚度;在试验和实际应用中,波形板的边界条件不可能完全符合简支边界条件的假定。基于以上两点原因,Easley 结合工程实际对 Easley-McFarland 公式进行了修正,修正后的波形板弹性整体剪切屈曲强度实用计算公式如下:

$$\tau_{cr,g}^e = 36\beta \frac{D_x^{1/4} D_y^{3/4}}{h_w^2 t_w} \quad (2.6\text{-}24)$$

式中:β——波形板的边界系数,$1.0 \leq \beta \leq 1.9$。

可以看出,上述公式在形式上基本相同,即可以表达为式(2.6-25)的形式,只是屈曲系数 k_g 的取值不同。其他学者也对屈曲系数 k_g 的取值提出了建议,Galambos 认为当腹板高度方向的两边为简支时,$k_g = 31.6$;为固定时,$k_g = 59.2$。Johnson 建议当腹板高度方向的两边为简支时,$k_g = 36$;为固定时,$k_g = 60.4$;而对于顶、底板均为混凝土的波纹钢腹板组合箱梁桥 k_g 取 60.4 更为合适。

$$\tau_{cr,g}^e = k_g \frac{D_x^{1/4} D_y^{3/4}}{h_w^2 t_w} \quad (2.6\text{-}25)$$

（3）组合剪切屈曲。

在试验中观察到了如图2.6-3c）所示的复杂剪切屈曲模态，这种剪切屈曲模式被定义为组合剪切屈曲，一般被认为是局部剪切屈曲与整体剪切屈曲相互影响、相互作用的结果。

波形钢腹板的组合剪切屈曲，没有像局部剪切屈曲与整体剪切屈曲那样明确的定义，相应的其剪切屈曲强度计算也没有严格的理论推导公式，主要采用有限元分析与经验公式进行组合剪切屈曲的验算。国外相关研究人员已经提出了一系列的计算公式，见表2.6-3，这些公式都是根据试验与有限元分析结果得到的经验公式。

组合剪切屈曲强度计算公式　　　　表2.6-3

研究人员	组合剪切屈曲强度计算公式	说明
Bergfelt, Jongwon Yi	$\dfrac{1}{\tau_{cr,i}} = \dfrac{1}{\tau_{cr,L}^e} + \dfrac{1}{\tau_{cr,G}^e}$	组合剪切屈曲强度与局部剪切屈曲强度和整体剪切屈曲强度有关
Lindner 和 Aschinger, Abbas	$\left(\dfrac{1}{\tau_{cr,i}}\right)^2 = \left(\dfrac{1}{\tau_{cr,L}^e}\right)^2 + \left(\dfrac{1}{\tau_{cr,G}^e}\right)^2$	
Hiroshi, 日本《波形钢腹板PC箱梁设计指南》	$\left(\dfrac{1}{\tau_{cr,i}}\right)^4 = \left(\dfrac{1}{\tau_{cr,L}^e}\right)^4 + \left(\dfrac{1}{\tau_{cr,G}^e}\right)^4$	
El-Metwally	$\left(\dfrac{1}{\tau_{cr,i}}\right)^2 = \left(\dfrac{1}{\tau_{cr,L}^e}\right)^2 + \left(\dfrac{1}{\tau_{cr,G}^e}\right)^2 + \left(\dfrac{1}{\tau_y}\right)^2$	组合剪切屈曲强度与局部剪切屈曲强度和整体剪切屈曲强度有关，并考虑非弹性阶段材料屈服强度的影响
Sayed-Ahmed	$\left(\dfrac{1}{\tau_{cr,i}}\right)^3 = \left(\dfrac{1}{\tau_{cr,L}^e}\right)^3 + \left(\dfrac{1}{\tau_{cr,G}^e}\right)^3 + \left(\dfrac{1}{\tau_y}\right)^3$	

表2.6-3中的公式主要根据式（2.6-26）提出，式中考虑了局部剪切屈曲强度、整体剪切屈曲强度和材料屈服强度的影响。

$$\left(\dfrac{1}{\tau_{cr,i}}\right)^n = \left(\dfrac{1}{\tau_{cr,L}^e}\right)^n + \left(\dfrac{1}{\tau_{cr,G}^e}\right)^n + \left(\dfrac{1}{\tau_y}\right)^n \tag{2.6-26}$$

目前关于组合剪切屈曲的研究还没有较为一致的定论，其相关计算公式列入表2.6-3，一些学者认为，波形钢腹板的剪切屈曲强度主要由组合剪切屈曲控制，可以通过式（2.6-26）的形式综合考虑局部剪切屈曲和整体剪切屈曲的影响，以评定波形钢腹板的屈曲强度。

（4）屈曲强度计算。

考虑到局部剪切屈曲、整体剪切屈曲仅在极限阶段可能控制设计，即$\tau_{cr,L}^e$、$\tau_{cr,G}^e$均应小于屈服应力，故《波形钢腹板组合梁桥技术标准》（CJJ/T 272—2017）规定，波形钢腹板的局部屈曲临界应力、整体屈曲临界应力分别按以下规定计算：

波形钢腹板局部剪切屈曲临界应力按下式计算：

$$\begin{cases} \tau_{cr,L} = f_{vd} & \lambda_s \leq 0.6 \\ \tau_{cr,L} = [1 - 0.614 \times (\lambda_{s,L} - 0.6)] \cdot f_{vd} & 0.6 < \lambda_{s,L} \leq \sqrt{2} \end{cases} \tag{2.6-27}$$

$$\lambda_{s,L} = \sqrt{\frac{f_{vd}}{\tau_{cr,L}^e}} \tag{2.6-28}$$

$$\tau_{cr,L}^e = \frac{k\pi^2 E}{12(1-v^2)}\left(\frac{t_w}{h_w}\right)^2 \tag{2.6-29}$$

$$k = 4 + 5.34\left(\frac{h_w}{e_w}\right)^2 \tag{2.6-30}$$

式中：$\tau_{cr,L}^e$——弹性局部剪切屈曲临界剪应力（MPa）；

$\lambda_{s,L}$——局部剪切屈曲参数，应小于$\sqrt{2}$；

f_{vd}——波形钢腹板抗剪强度设计值（MPa）；

k——波形钢腹板的局部屈曲系数；

E——波形钢腹板的弹性模量（MPa）；

v——波形钢腹板的泊松比；

t_w——波形钢腹板的厚度（mm）；

h_w——波形钢腹板竖直方向的高度（mm）；

e_w——波形钢腹板直幅段长度与斜幅段长度的较大值（mm），应小于h_w。

波形钢腹板整体剪切屈曲临界应力按下式计算：

$$\begin{cases} \tau_{cr,G} = f_{vd} & \lambda_s \leq 0.6 \\ \tau_{cr,G} = [1 - 0.614 \times (\lambda_{s,G} - 0.6)] \cdot f_{vd} & 0.6 < \lambda_{s,G} \leq \sqrt{2} \end{cases} \tag{2.6-31}$$

$$\lambda_{s,G} = \sqrt{\frac{f_{vd}}{\tau_{cr,G}^e}} \tag{2.6-32}$$

$$\tau_{cr,G}^e = \frac{36\beta(EI_y)^{1/4}(EI_x)^{3/4}}{h_w^2 t_w} \tag{2.6-33}$$

$$I_x = \frac{t_w^3(\delta^2+1)}{6\eta} \tag{2.6-34}$$

$$I_y = \frac{t_w^3}{12(1-v^2)} \tag{2.6-35}$$

式中：$\lambda_{s,G}$——整体剪切屈曲参数，应小于$\sqrt{2}$；

$\tau_{cr,G}^e$——弹性整体剪切屈曲临界剪应力（MPa）；

β——波形钢腹板整体嵌固系数，取1.0；

I_x——单位长度波形钢腹板绕顺桥向形心轴的惯性矩（mm^4）；

I_y——单位宽度波形钢腹板的抗弯惯性矩（mm^4）；

δ——波形钢腹板波高板厚比，取$\delta = d_w/t_w$，d_w为波形钢腹板波高；

η——形状系数，平幅与斜幅水平投影长之和与平幅与斜幅长之和的比值。

上述的屈曲强度分析都是假定波形钢腹板处在完全弹性范围内进行的,实际上无论是局部剪切屈曲、整体剪切屈曲,还是组合剪切屈曲,还需考虑非弹性范围内的情况。目前,对于波形钢腹板非弹性范围内剪切屈曲强度的计算,应用最多的是 Elgaaly 公式和日本《波形钢腹板 PC 箱梁设计指南》公式。

Elgaaly 等人经过大量研究,对非弹性剪切屈曲应力的计算提出了以下建议:当弹性剪切屈曲强度 τ_{cr} 超过 80% 的钢材剪切屈服强度 τ_y 时,将发生非弹性屈曲,非弹性屈曲强度按式(2.6-36)进行计算:

$$\tau_{cr} = \sqrt{0.8\tau_{cr}^e \tau_y} \leqslant \tau_y \tag{2.6-36}$$

钢板剪切屈服强度 τ_y 根据 Von Mises 屈服准则得到:

$$\tau_y = \frac{f_y}{\sqrt{3}} \tag{2.6-37}$$

式中:f_y——钢板的屈服应力(MPa)。

基于以上所述且考虑剪切临界应力不应超过钢材的屈服应力,即 $\tau_{cr} \leqslant \tau_y$,日本设计指南以剪切屈服系数 $\lambda_s = \sqrt{\dfrac{\tau_y}{\tau_{cr,i}^e}}$ 作参数,给出了波形钢腹板组合剪切屈曲强度 τ_{cr} 的验算公式,即:

$$\begin{cases} \tau_{cr} = \tau_y & \lambda_s \leqslant 0.6 \\ \tau_{cr} = \tau_y[1 - 0.614(\lambda_s - 0.6)] & 0.6 < \lambda_s \leqslant \sqrt{2} \\ \tau_{cr} = \dfrac{\tau_y}{\lambda_s^2} & \lambda_s > \sqrt{2} \end{cases} \tag{2.6-38}$$

图 2.6-4 显示出了 Elgaaly 公式与日本《波形钢腹板 PC 箱梁设计指南》公式对非弹性剪切屈曲强度的不同考虑,从该图中可以看出,《波形钢腹板 PC 箱梁设计指南》公式弹塑性修正的上起始点小于 Elgaaly 公式,下起始点大于 Elgaaly 公式,认为波形钢腹板的屈曲更早进入非弹性范围,日本《波形钢腹板 PC 箱梁设计指南》公式对非弹性剪切屈曲强度的考虑更保守。

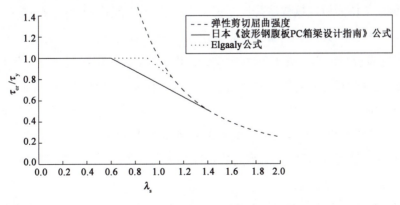

图 2.6-4　非弹性剪切屈曲强度计算曲线

为经济合理计,设计以控制发生在屈服区、非弹性区为原则,此时屈曲应力一般均大于或接近于屈服应力。为使剪应力低于屈服应力时,波形钢腹板不发生屈曲,合理应用材料,如图 2.6-5 所示屈曲进入非弹性区($\lambda_s \leqslant \sqrt{2}$)是可行的,但设计出于安全考虑,一般控制屈曲在屈服区内($\lambda_s \leqslant 0.6$,λ_s 为剪切屈曲系数,$\lambda_s = \sqrt{\tau_y/\tau_{cr,L}^e}$ 或 $\lambda_s = \sqrt{\tau_y/\tau_{cr,G}^e}$)。

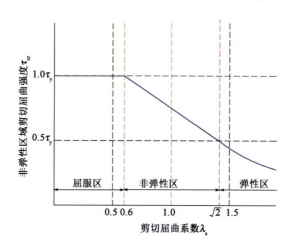

图 2.6-5 考虑了非弹性的剪切屈曲强度线

注:屈服区:$\tau_{cr} = \tau_y$,$\lambda_s \leqslant 0.6$;非弹性区:$\tau_{cr} = [1 - 0.614 \times (\lambda_s - 0.6)] \cdot \tau_y$,$0.6 < \lambda_s \leqslant \sqrt{2}$;弹性区:$\tau_{cr} = (\tau_y/\tau_{cr,L})^{1/2}$ 或 $\tau_{cr} = (\tau_y/\tau_{cr,G})^{1/2}$,$\lambda_s > \sqrt{2}$。

近年来,为了充分发挥钢材进入非弹性区域后的承载能力,日本最新版《波形钢腹板 PC 箱梁设计指南》建议按 $\lambda_s \leqslant 1.0$ 控制设计($\lambda_s \leqslant 0.6$ 实为控制应力不超过 $0.5\tau_y$,$\lambda_s \leqslant 1.0$ 实为控制应力不超过 $0.75\tau_y$,此规定更为合理)。

2.6.3 波形钢腹板与顶、底板连接构造

波形钢腹板与桥面板连接构造是波形钢腹板与混凝土顶、底板间的剪力连接件,该剪力连接件是波形钢腹板预应力混凝土箱梁桥中最重要的构造部位,具有以下特点:

(1)波形钢腹板与钢筋混凝土顶底板的连接主要作用为传递混凝土顶底板与钢腹板间的剪力,以保证组合截面的共同受力,既要能够准确传递作用于其连接部的桥轴方向水平剪力,又能抵抗因轮载所产生的与桥轴成直角方向的桥面板角隅弯矩,以保证箱梁安全。

(2)剪力连接件是由钢与混凝土间的特种剪力连接部件的组合所构成的。为了在使用期间能够充分发挥其性能,必须实施恰当的防腐蚀处理。另外,对应可变荷载所引起的疲劳,还应做成具有充分的抗疲劳性的构造。

(3)波形钢腹板与混凝土顶、底板间的剪力连接件必须选定已通过试验确认其安全性的

构造。

(4)鉴于构造与施工、安装的需要,波形钢腹板与混凝土上桥面板的连接,应优先采用带有翼缘板的连接构造。

为保证混凝土顶底板与波形钢腹板形成的组合截面能够整体受力,假定波形钢腹板与混凝土顶、底桥面板的连接不会发生剪移。为了确保这一性能,目前多采用的是图2.6-6所示的4种连接构造。

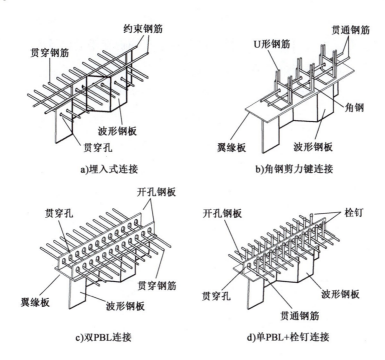

图 2.6-6　波形钢腹板与混凝土板的连接构造

这四种连接构造的特点如下:

(1)埋入式连接。

①波形钢板直接埋入混凝土顶、底板;

②桥轴方向的水平剪力由波形钢板斜幅间混凝土块(亦称抗剪齿键)与焊接于钢板顶端的约束钢筋(亦称连接钢筋)及与桥轴成直角方向的贯穿钢筋和混凝土销承担;

③与桥轴成直角方向的弯矩由埋入波形钢腹板和与桥轴成直角方向的贯穿钢筋与混凝土销承担;

④由于在混凝土中直接埋入钢板,故从耐久性观点考虑,在其界面上要注意进行密封。

(2)角钢剪力键连接。

①在波形钢板上下端焊接翼缘板,再在翼缘板上焊接角钢和在角钢上焊接U形钢筋;

②桥轴方向剪力由角钢、U形钢筋承担;

③与桥轴成直角的弯矩由角钢、U 形钢筋和穿过角钢的桥轴方向的贯通钢筋承担。

(3)双 PBL 连接。

①在波形钢板的顶端焊接翼缘板再在其上焊接两块带孔钢板；

②桥轴方向水平剪力由填充在孔内的混凝土销及穿过孔的贯穿钢筋承担；

③与桥轴成直角方向的弯矩由填充孔的混凝土销与穿孔的贯穿钢筋抵抗。

(4)单 PBL + 栓钉连接。

①波形钢板的顶端焊接翼缘板再在其上焊接一块带孔钢板并在其两侧再焊植栓钉；

②桥轴方向水平剪力由填充孔的混凝土销及穿过孔的贯穿钢筋以及栓钉承担；

③与桥轴成直角方向的弯矩主要由栓钉承担。

考虑这些连接部在桥轴方向的剪切作用和桥轴直角方向的弯曲作用下的力学特性，以及施工操作的可行性、施工性，其与箱梁顶、底板的连接构造可按表 2.6-4 所示进行组合。

箱梁顶、底板的连接构造的组合　　　　　　表 2.6-4

基本连接构造分类	与顶板连接	与底板连接
埋入式连接	埋入式连接	埋入式连接
角钢剪力键连接(1)	角钢剪力键连接	角钢剪力键连接
角钢剪力键连接(2)	角钢剪力键连接	埋入式连接
PBL 键连接(1)	双 PBL 连接	单 PBL + 栓钉连接
PBL 键连接(2)	双 PBL 连接	埋入式连接

注：表中(1)、(2)为日本高速公路设计要领建议的工程招标用连接方式，(1)用于跨径较大桥梁连接，(2)用于盐腐蚀环境不强、跨径较小的桥梁连接。

波形钢腹板预应力混凝土梁若采用图 2.6-6 所示以外的连接构造时，则必须是通过试验或分析，其安全性得到确认时方可采用。

波形钢腹板预应力混凝土箱梁、T 梁实为一种钢混组合结构，而栓钉连接是钢混组合结构中常用的连接方式，鉴于波形钢腹板的褶皱效应与栓钉连接的剪切位移，日本《波形钢腹板预应力混凝土桥设计规范》中回避了这一连接形式，在实际波形钢腹板预应力混凝土桥应用中，国内外也有不少栓钉连接的应用实例。为了经济实用，工程设计可以考虑这种连接形式，但从安全角度考虑，应用时应注意用相关的试验证明其可靠性。

剪力连接件的剪切承载力试验常用推出试验进行，欧洲钢结构协会(ECSS)规范《组合结构》推荐的推出受剪试件尺寸及配筋如图 2.6-7 所示。

根据 ECSS 建议，推出试验尚应遵守以下要求：

(1)钢梁翼面涂油以防止混凝土与钢梁间黏结；

(2)试验时的混凝土强度必须为所设计梁中混凝土强度等级的 70% ±10%；

(3)必须检验连接件材料的屈服点；

(4)加载速度必须均匀，使得达到破坏的时间不少于 15min。

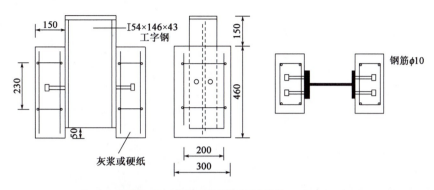

图 2.6-7 推出试验试件(尺寸单位:mm)

关于试验评价,ECSS 建议可以用以下两种方法来确定连接件承载力的标准值:

方法 1:进行同样试件的试验不得少于 3 次,当任一个试验结果的偏差较全部试件所得的平均值不超过 10% 时,承载力标准值取试验的最小值,如果与平均值的偏差超过 10%,应至少再做 3 个同样试验,承载力标准值取这 6 个试验中的最小值。

方法 2:当至少做 10 个试验时,计算其平均承载力取低于平均值 5% 或略低于 5% 的试验荷载值作为承载力标准值。

在我国,组合结构也常用栓钉连接,然而推出试验表明,栓钉连接时会随着剪切位移产生较大变形,因而导致各栓钉受力不均匀(外侧、边侧栓钉受力较大),且于推出试验中剪切位移较大,是为弹性抗剪连接件。在钢混连接件达到极限荷载时,结构将出现较大的纵向变形,随之栓钉亦将产生较大的变形,其受力不均现象更加突出,故而在波形钢腹板预应力混凝土桥中很少单独使用栓钉连接作为顶、底板的连接件。

波形钢腹板梁桥钢混相交处积水可能性大,一般需要止水构造,特别是波形钢腹板与下桥面板的连接部位是雨水或结露等直接作用的部位,易渗水,故应有排水、止水措施并应做恰当的防腐蚀处理。特别是埋入式连接,由于波形钢腹板被直接埋入混凝土底板,作用于该界面的雨水或露水极易从钢腹板与混凝土接触面渗入混凝土中,为了不引起耐久性的下降,实施密封是很重要的。

顶板是大型车辆的交通荷载直接作用的部位,考虑到耐久性和维护修补,其波形钢腹板与混凝土顶板的连接构造,原则上应采用带翼缘板的连接构造,但也有与上述观点不同的另一种说法,因埋入式连接无波形板与翼缘板的焊接问题,故不存在焊接疲劳问题,宜于采用。

波形钢腹板顶、底板的连接构造的组合与经济性,如表 2.6-5 所示。

波形钢腹板顶、底板的连接构造的组合与经济性 表 2.6-5

与顶板连接(带翼缘板)	与底板连接	经济性
角钢剪力键连接	埋入式连接	4
	角钢剪力键连接	6
	单 PBL 连接 + 栓钉连接	5

续上表

与顶板连接(带翼缘板)	与底板连接	经济性
双 PBL 连接	埋入式连接	1
	角钢剪力键连接	3
	单 PBL 连接 + 栓钉连接	2

注:关于经济性,1 表示经济性最突出,从 1 开始顺次递减。

2.6.4 波形钢腹板与混凝土顶、底板的连接计算

对作用于波形钢腹板与混凝土顶、底板的连接部的水平剪力及横桥向弯矩,应验算正常使用极限状态和承载能力极限状态时安全性。安全性验算标准为作用于连接部的剪力应小于抗剪连接件的容许剪力以及极限屈服强度。

2.6.4.1 承载能力极限状态连接件计算

1)纵桥向水平抗剪验算

(1)对于单箱单室或多箱单室截面,波形钢腹板与混凝土顶、底板连接处的单位长度水平剪力可按下式计算:

$$Q_d^e = \frac{(V_d - V_p)S}{2I} \quad (2.6\text{-}39)$$

式中:Q_d^e——抗剪强度计算时,波形钢腹板与混凝土顶、底板连接处的单位长度水平剪力设计值(N/mm);

V_d——一个箱的截面竖向剪力设计值(N);

V_p——预应力一次效应的竖向分力标准值(N);

S——顶板或底板对截面中性轴的面积矩(mm³);

I——截面的惯性矩(mm⁴)。

(2)波形钢腹板与混凝土顶、底板的连接件的抗剪强度应符合下式要求:

$$\gamma_0 Q_d^e \leqslant V_u/s \quad (2.6\text{-}40)$$

式中:V_u——连接件的水平抗剪承载力设计值(N),按式(2.6-41)~式(2.6-45)计算;

s——连接件顺桥向间距(mm),对于埋入式连接件取 0.5 倍波形钢腹板波长,对于开孔钢板连接件取开孔钢板顺桥向孔间距,对于栓钉连接件取栓钉顺桥向间距,对于角钢连接件取角钢顺桥向间距。

(3)栓钉连接件的水平抗剪承载力设计值 V_u 可按下式计算:

$$V_u = 0.43 n A_s \sqrt{E_c f_{cd}} \leqslant 0.7 n A_s f_u \quad (2.6\text{-}41)$$

式中:n——栓钉连接件的排数,$n \leqslant 4$;

A_s——栓钉截面面积(mm^2);

E_c——混凝土弹性模量(MPa);

f_u——栓钉材料的极限强度设计值(MPa)。

(4) 双开孔钢板连接件的水平抗剪承载力设计值 V_u 按下式计算:

$$V_u = n[1.38(d_p^2 - d_s^2)f_{cd} + 1.24d_s^2 f_{sd}] \tag{2.6-42}$$

式中:V_u——混凝土剪力销抗剪承载力设计值(N);

d_p——开孔钢板孔径(mm);

d_s——贯穿钢筋直径(mm);

f_{cd}——混凝土抗压强度设计值(MPa);

f_{sd}——贯穿钢筋抗拉强度设计值(MPa);

n——当开孔钢板间距大于其高度的 1.5 倍时,取 2。

(5) 单开孔钢板+栓钉连接件的水平抗剪承载力设计值 V_u,可取单个开孔钢板连接件与栓钉抗剪承载力设计值之和。单个开孔钢板连接件水平抗剪承载力设计值可按式(2.6-42)取,n 取 1.0。

(6) 当埋入式连接件满足本节所述的构造要求时,其水平抗剪承载力可按下式计算:

$$V_u = 0.6 f_{cd} A_1 + \mu f_{sd} A_s \tag{2.6-43}$$

式中:A_1——波形钢腹板斜幅段的投影面积(mm^2);

μ——系数,取 1.0;

f_{sd}——接合钢筋的抗拉强度设计值(MPa);

A_s——接合钢筋的面积(mm^2)。

(7) 角钢连接件的水平抗剪承载力可按下式计算:

$$V_u = f_{cd} A_c / 1.5 \tag{2.6-44}$$

式中:A_c——角钢承压面积(mm^2),见图 2.6-8。

(8) 角钢连接件中,角钢与钢翼缘板的连接焊缝应进行水平抗剪承载力验算,连接焊缝承受的水平剪力可按下式计算:

$$F_h = sQ_d^e \tag{2.6-45}$$

式中:F_h——角钢与钢翼缘板的连接焊缝承受的水平剪力设计值(N);

s——角钢连接件顺桥向间距(mm)。

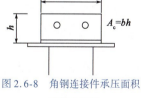

图 2.6-8 角钢连接件承压面积计算示意图

2) 横桥向抗弯(角隅弯矩)计算

(1) 当采用双开孔钢板连接件、单开孔钢板+栓钉连接件、栓钉连接件或角钢连接件时,应进行抗角隅弯矩计算。

(2)双开孔钢板连接件承受的角隅弯矩设计值(图2.6-9)应符合下式要求:

$$M_d \leqslant nbV_u \tag{2.6-46}$$

式中:M_d——角隅弯矩设计值(N·mm);

n——与M_d对应板宽内的单排开孔钢板的孔数量;

b——开孔板的间距(mm);

V_u——单个开孔钢板连接件抗剪承载力设计值,按式(2.6-42)计算,n取1.0。

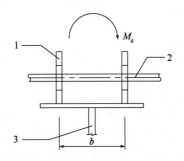

图2.6-9 作用于双开孔钢板连接件的角隅弯矩

1-开孔钢板;2-贯穿钢筋;3-波形钢腹板

(3)单开孔钢板+栓钉连接件、栓钉连接件承受的角隅弯矩(图2.6-10)应符合下列公式要求:

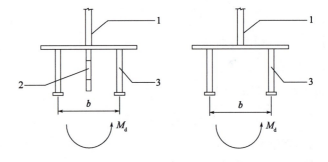

图2.6-10 作用于单开孔钢板+栓钉连接件及栓钉连接件的角隅弯矩

1-波形钢腹板;2-开孔钢板;3-栓钉

$$M_d \leqslant nbT_d \tag{2.6-47}$$

$$T_d = 1.283H^2\sqrt{f_{cd}} \leqslant \frac{\pi}{4}d_s^2 f_u \tag{2.6-48}$$

式中:M_d——角隅弯矩设计值(N·mm);

n——与M_d对应板宽内的单排栓钉数量;

b——栓钉间距(mm);

T_d——栓钉抗拉承载力设计值(N);

H——栓钉长度(mm);

d_s——栓钉直径(mm);

f_u——栓钉材料的极限强度设计值(MPa)。

(4)角钢连接件承受的角隅弯矩(图2.6-11)应符合下列规定:

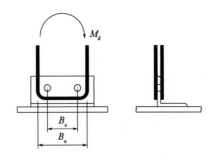

图2.6-11 角钢连接件抗角隅弯矩计算图示

①当U形钢筋不与角钢焊接时,角隅弯矩应符合下式要求:

$$M_d \leqslant \frac{2}{\sqrt{3}} A_s f_{sd} B_s \qquad (2.6\text{-}49)$$

②当U形钢筋与角钢焊接时,角隅弯矩应符合下列公式要求:

$$M_d \leqslant 2 A_u f_{sd}^u B_u \qquad (2.6\text{-}50)$$

$$M_d \leqslant 2 u_u l_u R_u B_u \qquad (2.6\text{-}51)$$

式中:A_s——一个孔内贯穿钢筋的面积(mm²);

f_{sd}——贯穿钢筋抗拉强度设计值(MPa);

B_s——贯穿钢筋间距(mm);

A_u——单根U形钢筋截面面积(mm);

B_u——U形钢筋轴间距(mm);

f_{sd}^u——U形钢筋抗拉强度设计值(MPa);

u_u——U形钢筋截面周长(mm);

l_u——U形钢筋直线锚固段长度(mm);

R_u——U形钢筋与混凝土黏结强度设计值(MPa),应根据试验确定。

2.6.4.2 正常使用极限状态连接件计算

(1)波形钢腹板与顶板、底板连接处单位长度水平剪力Q_k^e应按式(2.6-39)计算,但应采用作用的标准组合。

(2)栓钉连接件的抗滑移应符合下列公式要求:

$$Q_k^e \leqslant \frac{n V_{sa}^c}{s} \qquad (2.6\text{-}52)$$

$$V_{sa}^c = 8.408d^2 \sqrt{f_{cu,k}} \quad (H/d \geqslant 5.5) \tag{2.6-53}$$

$$V_{sa}^c = 1.538dH \sqrt{f_{cu,k}} \quad (H/d < 5.5) \tag{2.6-54}$$

式中：V_{sa}^c——单个栓钉的抗滑移水平剪力限值(N)；

$f_{cu,k}$——边长为150mm混凝土立方体抗压强度标准值(MPa)；

s——栓钉顺桥向间距(mm)；

n——栓钉排数，$n \leqslant 4$；

d——栓钉直径(mm)；

H——栓钉长度(mm)。

(3)双开孔钢板连接件抗滑移应按下列公式计算：

$$Q_k^e \leqslant 2V_{sa}/s \tag{2.6-55}$$

$$V_{sa} = 0.484[0.677f_{cu,k}(d_p^2 - d_s^2) + d_s^2 f_{stk}] - 35367 \tag{2.6-56}$$

式中：V_{sa}——单个开孔钢板连接件混凝土剪力销抗滑移水平剪力限值(N)；

s——连接件开孔钢板顺桥向孔间距(mm)；

f_{stk}——贯穿钢筋极限强度标准值(MPa)。

(4)单开孔钢板+栓钉连接件抗滑移应符合下列公式要求：

$$Q_k^e \leqslant \frac{V_{sa} + nV_{sa}^c}{s} \tag{2.6-57}$$

式中：s——开孔钢板顺桥向孔间距或栓钉顺桥向间距(mm)；

n——栓钉的排数，$n \leqslant 4$。

(5)埋入式连接件波形钢腹板斜幅段处的混凝土应力应符合下式要求：

$$\frac{Q_k^e s - 0.5f_{sk}A_s}{0.25A_1 + 0.05A} \leqslant 0.8f_{cu,k} \tag{2.6-58}$$

式中：s——埋入式连接件纵桥向间距(mm)，取波形钢腹板波长的0.5倍；

A——板腋有效承压面积(mm^2)；

A_1——波形钢腹板斜幅段投影面积(mm^2)，$A_1/A \geqslant 1/5$；

f_{sk}——接合钢筋抗拉强度标准值(MPa)；

A_s——接合钢筋面积(mm^2)。

(6)埋入式连接件混凝土剪力销应按下列要求对混凝土销剪切力限值V_{sa1}、混凝土销挤压力限值V_{sa2}、孔间钢板剪切力限值V_{sa3}及贯穿钢筋拉力限值V_{sa4}进行验算：

混凝土销剪切力限值：

$$Q_k^e s \leqslant V_{sa1} = 1.824\pi \frac{d_p^2}{4} f_{cu,k} \tag{2.6-59}$$

混凝土销挤压力限值：

$$V_{sa1} \leq V_{sa2} = 6d_p t_w f_{cu,k} \quad (2.6\text{-}60)$$

孔间钢板剪切力限值：

$$V_{sa1} \leq V_{sa3} = \frac{5}{3} d_j t_w \frac{f_y}{\sqrt{3}} \quad (2.6\text{-}61)$$

贯穿钢筋拉力限值：

$$V_{sa1} \leq V_{sa4} = 1.25 f_{sk} A_s \quad (2.6\text{-}62)$$

式中：s——销孔纵桥向间距（mm）；

　　　t_w——波形钢腹板厚度（mm）；

　　　d_j——销孔净距（顺桥向投影长度）（mm）；

　　　d_p——销孔孔径（mm）；

　　　f_y——波形钢腹板屈服强度（MPa）；

　　　f_{sk}——贯穿钢筋抗拉强度标准值（MPa）；

　　　A_s——贯穿钢筋面积（mm）。

(7) 双开孔钢板连接件在角隅弯矩作用下，应按下式进行抗滑移计算：

$$M_k \leq nb V_{sa} \quad (2.6\text{-}63)$$

式中：M_k——作用标准组合下连接件承受的角隅弯矩设计值（N·mm）；

　　　n——与 M_k 对应板宽内的单排开孔钢板孔数量；

　　　b——开孔板的间距（mm）；

　　　V_{sa}——单个开孔钢板连接件混凝土剪力销抗滑移水平剪力限值。

2.6.4.3 波形钢腹板与翼缘板焊接验算

针对波形钢腹板与翼缘板焊缝的验算，应当对设计荷载时的顺桥向、横桥向及组合应力进行验算。本来应对极限荷载时也要进行验算，但是钢板与翼缘板以及抗剪连接件与翼缘板的连接部是钢构件，而对钢桥通常不进行极限荷载时的验算。当连接部作用着较大的弯矩时，因各抗剪连接件与混凝土桥面板的结合部的裂缝或钢材的屈服而导致的连接部的弯曲刚度下降，因此据弹性框架分析所得较大的极限弯曲应力发生的可能性是比较低的，如果依照现行《公路钢筋混凝土及预应力混凝土桥涵设计规范》(JTG 3362)中所规定的设计可变荷载弯矩计算公式计算的话，通常会偏于安全，故只需针对设计荷载进行检查。本验算应当对于波形钢板与翼缘板的焊接部（含上桥面板一侧以及下桥面板一侧的连接部）进行检查。

1) 纵桥向的验算

$$\tau_1 = \frac{S}{A} \leq \tau_a \quad (2.6\text{-}64)$$

式中：τ_1——由水平剪力产生的剪应力；

S——设计水平剪力；

A——焊缝断面面积；

τ_a——容许剪应力，当不同材质钢材焊接时采用低材质容许应力。

2）横桥向的验算

对于横向弯矩，如图 2.6-12～图 2.6-14 所示，应对贴角焊的展开界面进行验算。

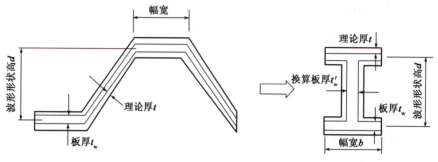

图 2.6-12　波形钢板与翼缘板的贴角焊展开图

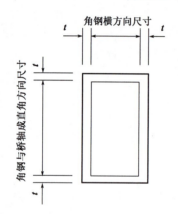

图 2.6-13　角钢剪力键贴角焊缝展开图
t-理论厚度

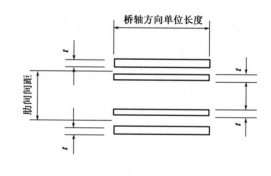

图 2.6-14　Twin-PBL 连接穿孔板与翼缘板贴角焊缝展开图
t-理论厚度

$$\tau_2 = \frac{M}{I} \cdot y \leqslant \tau_a \qquad (2.6\text{-}65)$$

式中：τ_2——由横向弯矩引起的剪应力；

M——设计弯矩；

I——断面惯性矩；

y——断面重心高度。

3）组合应力验算

$$\left(\frac{\tau_1}{\tau_a}\right)^2 + \left(\frac{\tau_2}{\tau_a}\right)^2 < 1.0 \qquad (2.6\text{-}66)$$

$$t_1 > S \geqslant \sqrt{(2 \cdot t_2)} \qquad (2.6\text{-}67)$$

式中：S——焊缝厚度（贴角焊厚度在 6mm 以上）；

t_1——两块相焊取钢板中薄的钢板厚度；

t_2——两块相焊取钢板中厚的钢板厚度。

2.6.4.4 构造细节

必须充分考虑各连接类型的承载构造要求来确定波形钢板的连接部，构造尺寸等。

以下为各连接构件满足承载要求的构造细节。

(1) 埋入式连接：埋入式连接的埋入长度应满足受力需求。

(2) 角钢剪力键连接：把 U 形钢筋焊接在角钢时，由于不便搬运致使现场钢筋安装变得复杂，另外近年所做的角隅弯矩疲劳试验证明了 U 形钢筋的焊缝坡脚部即角钢的边缘处最易出现疲劳裂缝，所以 U 形钢筋不宜焊在角钢上。

(3) 双 PBL 连接：当肋板宽 b 与肋板高 h 的比例是在 1.5 以上的话（肋板宽与肋板高的关系如图 2.6-15 所示），双 PBL 连接件的极限抗剪强度为一个 PBL 时的极限抗剪强度的 2 倍，这一关系已从冲压试验确认，所以肋板宽与肋板高的比值应当为 1.5 以上。

图 2.6-15 肋板宽与肋板高的关系

2.7 本章小结

本章阐述了波形钢腹板预应力混凝土桥的设计与构造要点，其结构有两大特点：用波形钢腹板作主梁用腹板、体外预应力承受外荷载。其设计假定为：①因波形钢腹板的褶皱效应，波形钢腹板不承受纵向力（拉、压）；②钢腹板与上、下混凝土板共同工作，不会发生相对滑移或剪切连接破坏，箱梁整体受力、纵向弯曲受力时断面变形的平截面假定成立；③纵向弯矩由混凝土顶、底板承担，剪切由波形钢腹板承担，且腹板剪应力沿竖向均匀分布。

波形钢腹板预应力混凝土桥构造类同于普通预应力混凝土桥，注意以下几点：①支点处宜采用混凝土腹板并设置强大的钢筋混凝土横梁;②支点附近应设置钢-混凝土组合腹板(即于箱梁根部波形钢腹板内侧设置混凝土内衬),以利于应力过渡;③注意适当设置跨间横隔,以保证主梁的抗扭刚度。

波形钢腹板预应力混凝土桥的设计计算应按现行《公路桥涵设计通用规范》(JTG D60)、《公路钢筋混凝土及预应力混凝土桥涵设计规范》(JTG 3362)、《公路钢混组合桥梁设计与施工规范》(JTG/T D64-01)、《波形钢腹板组合梁桥技术标准》(CJJ/T 272)进行,因本书第3章含有波形钢腹板预应力混凝土桥详细的应力复核、计算内容,故本章重点叙述了波形钢腹板预应力混凝土桥的内力分析(含分析理论、模型选择与分析方法)、波形钢腹板的剪切屈曲验算、波形钢腹板与混凝土顶底连接(剪力连接件)的计算以及体外预应力索的设计和计算要点。

第3章 波形钢腹板预应力混凝土桥突出的经济性
——山东鄄城黄河公路大桥设计与施工

3.1 桥梁概况及技术特点

本桥为波形钢腹板预应力混凝土箱梁技术在我国高速公路桥梁的首次应用,因其突出的经济性与可施工性而引起业界的关注,由此开创了波形钢腹板技术在我国桥梁工程中大规模应用的新局面。

3.1.1 桥梁概况

鄄城黄河公路大桥位于山东省菏泽市鄄城县以北与河南两省交界处,南岸是山东省菏泽市鄄城县,北岸是河南省濮阳市范县,是德(州)上(饶)高速公路跨越黄河的控制性工程。桥位处于黄河下游营良—郭集河段,桥位处河口宽约4.5km。此桥于2007年开始施工,2009年主桥合龙,2010年全部竣工。

工程全长5.6km,其中跨黄河大桥长4819m。主桥上部结构采用波形钢腹板预应力混凝土箱梁,引桥上部结构采用先张法折线配筋预应力混凝土T梁。(自北向南)桥跨布置9×50m(装配式T梁) + 70m + 11×120m + 70m(波形钢腹板预应力混凝土连续箱梁) + 58×50m(装配式T梁)。

主桥结构体系为连续梁,为了解决抗震问题,于主桥中段15号墩设置了固定支座,16号墩设置限位支座(既能满足正常使用情况下的水平位移,又具有抵抗地震效应的能力,本桥主桥抗震设计构造对应措施新颖合理,但并非本章所述主题内容,故未详述),其余墩均设纵向活动支座。

引桥结构为结构简支桥面连续结构体系,桥面连续按4跨或是5跨一联,由于本工程T梁用量较多,从安全性及经济性考虑,预应力混凝土T梁采用了先张法工艺。预应力混凝土先张法施工可避免常用后张法施工中预应力管道压浆出现压浆不实的病害,提高结构的耐久性,而且先张法可省去波纹管、锚具及压浆工序,具有一定的经济效益。鄄城黄河公路大桥施工过程及近十多年的运营情况,证明了工程应用中,折线配筋预应力混凝土先张 T 梁经济性及适用性均优于同跨后张预应力混凝土 T 梁。

3.1.2　主要技术标准

鄄城黄河公路大桥按双向四车道高速公路标准设置,桥梁段道路宽度 28m,双幅分离布置,单幅桥面宽度 13.50m,幅间净距 1m。

设计速度:120km/h。

荷载等级:公路—Ⅰ级。

平纵线形:最大纵坡≤2.5%,桥面横坡 2%(向外),最小平曲线半径 $R=1000$m。

设计洪水频率:大桥 1/300。

通航要求:Ⅳ(3)级航道,通航净高 8m,净宽 35m。

抗震设防:设计基本烈度Ⅶ度,按Ⅷ度设防。

鄄城黄河公路大桥引桥、主桥实景分别见图 3.1-1、图 3.1-2。

图 3.1-1　鄄城黄河公路大桥引桥

图 3.1-2　鄄城黄河公路大桥主桥实景

3.1.3　主要结构设计

3.1.3.1　主桥箱梁构造

鄄城黄河公路大桥采用上、下行分离式桥梁,单幅主桥为单箱单室直腹箱梁,顶宽 13.5m、底宽 6.5m、梁高 3.5～7.0m,根部高跨比为 1/17.14,跨中高跨比为 1/33.3,梁高按 2 次抛物线变化。箱梁顶板厚 0.3m、底板厚 0.25～0.80m,按 2 次抛物线变化。波形钢腹板采用 Q345C 钢材,1600 波型,波高 22cm,平幅面板宽 43cm,水平折叠角度为 30.7°,弯折内径 R 最小值为 15d(d 为波形钢腹板厚度),钢板厚 10～20mm。为了提高箱梁的横向抗变形能力与抗扭刚度,每中跨主梁除支点设有端隔梁外,跨间均设有四道横隔。

3.1.3.2 主桥箱梁节段划分及预应力设计

波形钢腹板预应力混凝土箱形梁桥与通常的预应力混凝土箱形梁桥一样,可以采用节段悬浇施工,所不同之处有三点:①由于波形钢腹板箱梁较混凝土腹板箱梁轻,当按一定节段重量划分梁段时,节段长度可以适当加大,这样跨径一定时可以减少节段数量,有利于加快施工速度;②为便于波形钢腹板的纵向连接,节段长度宜取为波长的整数倍,以使接缝设在波板的平幅上(由于本设计采用的波形钢腹板波长为1.6m,故合龙段及悬浇段均为1.6m的整数倍);③施工时可以利用波形钢板作挂篮的承重结构,故节段划分时应注意与波形钢腹板承载能力相配备。

根据以上原则本桥节段划分情况如下:每个悬浇T构共有11对悬浇节段,每段长4.8m,边跨有10m支架现浇段,每中墩顶及两侧共有11.2m现浇段,边跨及中跨合龙段均为1.6m。

3.1.3.3 预应力布置

本设计纵向预应力分两种:体内束和体外束。预应力钢束均用270级φ15.24钢绞线,体内束设置类同于一般预应力混凝土箱形连续梁,按悬臂浇注分节段设置,用于承受恒载及施工荷载。本桥每个悬浇T构共分为11对节段悬浇,每一节段施工时设2~4根顶板束(15-19型),每个中墩顶共设置32束钢束。边跨顶板设4束合龙束(15-12型),中跨底板和边跨底板分别设14束和8束15-15型预应力钢束。边跨合龙束及中、边跨底板束均于该跨桥合龙后张拉。

体外束的应用是波形钢腹板预应力混凝土箱梁桥的另一特点,一般用于承受活载,于全桥合龙后穿索张拉。本桥中跨设8束、边跨设4束体外束,索体采用15-19型成品索。本设计在全桥合龙后即张拉体外束,再进行二期恒载施工。

横向预应力采用15-3型预应力束,间距80cm。为避免墩上块局部应力裂缝,于每一墩上块设有15-8型竖向预应力束,间距80cm。

3.1.3.4 波形钢腹板与顶底板的连接

波形钢腹板与混凝土顶、底板的连接是关系波形钢腹板预应力混凝土箱梁整体性的关键构造,本设计波形钢腹板与混凝土顶底板的连接采用埋入式连接,即顶、底板与波形钢腹板间的剪力传递借助埋入混凝土中的波形钢腹板斜幅间的混凝土块(齿键),混凝土通过波形板上的穿孔形成的混凝土销,穿过波形板孔洞的贯穿钢筋以及焊接于波形板上、下缘的纵向约束钢筋来实现。

3.1.3.5　波形钢腹板间的纵向连接

本设计按日本成熟经验选用了1600型波形钢板,悬浇节段长度均为波长的3倍,节段内波形钢板的纵向连接在工厂完成,节段间纵向连接只能在悬浇施工中完成,上述波形钢板的两种纵向连接采用了双面搭接贴角焊接。为节段施工中连接方便,本桥采用了螺栓先施作临时固定,然后施焊的连接方法。

3.1.3.6　波形钢腹板与横隔内衬的连接

波形钢腹板与支点横梁的连接采用穿孔板连接方式,其剪力传递借助混凝土销和贯穿钢筋完成,波形钢腹板与跨间横隔连接采用了双PBL键连接方式。

为实现混凝土腹板到波形钢腹板的渐变,于本桥1号、2号段的部分以及梁端部分现浇段腹板内侧设置了波形钢腹板内衬混凝土,内衬混凝土与底、顶板同时浇筑,其与波形钢腹板借助栓钉连接。

3.1.3.7　波形钢腹板涂装

本桥钢腹板涂装按长效型涂装设计,其涂装方案为:波形钢腹板除锈后喷铝,其上涂环氧云铁厚 $40\mu m$,再上涂脂肪族聚氨酯 $50\mu m$,其相应设计寿命为25年。

3.1.3.8　主桥下部结构

主桥主墩采用圆端形箱形墩,顺桥向8.1m、横桥向3.5m、壁厚70cm,且在主河槽内的11~19号墩的迎水面设置有破冰体,以防止冰凌对桥梁结构的破坏。为减少冲刷对主墩的影响,单幅桥承台采用圆端形,厚3.5m,每幅承台下设置6根 $\phi2.2m$ 钻孔灌注桩(主桥桩长75~82m)。

由于黄河特殊水文情况,冲刷是在黄河上建桥一个必须考虑的问题。根据防洪评价报告综合考虑主河槽内冲刷深度设定为25.73m,北河滩及槽滩过渡段冲刷深度设定为23.72m,南河滩冲刷深度设定为12.58m,在下部结构计算分析时充分考虑了冲刷及淤积对结构的影响。

3.1.3.9　引桥概况

鄄城黄河公路大桥引桥采用了折线配筋先张法装配式50m跨T梁,北引桥桥跨设置为 $9\times50m$,南引桥设置为 $58\times50m$,桥长占了总桥的70%,T梁总数804榀,占了本工程混凝土预制安装工作的最大工作量,是本工程重点工作。

第3章 波形钢腹板预应力混凝土桥突出的经济性

综合考虑行车舒适性、结构整体性及运营安全性、可施工性等因素,本桥引桥采用结构简支、桥面连续的结构体系,仅在混凝土铺装层内设置桥面连续加强装置。其分联以既尽量减少桥上伸缩缝数量、改善行车条件,又能使伸缩缝构造简单化、方便施工安装和后期养护为原则,引桥联长控制在 200～250m,以 4 跨或 5 跨为一联。

引桥每幅桥宽 13.5m,单幅设 6 榀 T 梁,梁中心距 2.15m,梁高 2.7m。单榀 T 梁中梁翼宽 160cm,翼板厚 18～30cm,肋板厚 20cm(支点处加宽至 50cm),翼板挑出长 70cm,下缘马蹄宽 55cm(支点处加宽到 70cm),马蹄高 30cm(支点处加高至 90cm),每榀 T 梁设两道端横梁、7 道中横隔,两榀 T 梁之间设置 55cm 宽纵向湿接缝,单榀边梁翼宽 217.5cm,外侧翼挑出总长 127.5m,其余尺寸与中梁相同。

鄄城黄河公路大桥预应力混凝土引桥 50m T 梁采用了折线配筋预应力混凝土先张工艺,T 梁均采用 270 级 ϕ15.24mm 钢绞线作预应力筋,中梁配直线束 32 根、弯起束 18 根,边梁配直线束 34 根、弯起束 18 根。

桥梁施工中,根据折线先张的工艺特点,研制并获得了发明专利,即能快速、简便施工的预制台座及弯起器。

引桥下部结构:引桥下部结构采用常规的桩、柱式墩为无桩间系梁单排柱式桥墩,每幅桥下 2 根 ϕ1.8m 立柱接 ϕ2.0m 基桩(考虑冲刷后引桥最大桩长为 78m),上部为 2.0m 高的钢筋混凝土盖梁。

主桥桥型布置图如图 3.1-3 所示,主、引桥上下部构造主要尺寸如图 3.1-4～图 3.1-10 所示。

综上所述,本桥技术特点为:

(1)主桥结构采用波形钢腹板预应力混凝土连续梁;

(2)主桥联长 70m + 11 × 120m + 70m = 1460m,为当时波形钢腹板预应力混凝土箱形连续梁桥中联长较长连续梁桥;

(3)引桥采用结构简支桥面连续的 50m 跨折线配筋预应力混凝土先张 T 梁。

70m + 11 × 120m + 70m,共 13 孔波形钢腹板预应力混凝土连续梁桥为当时我国此类桥型中最大跨径桥梁,也是我国高速公路桥梁第一次使用此类桥型的桥梁,对我国波形钢腹板预应力混凝土桥的建设起了开拓示范作用。

主梁连续总长达 1460m,创造了国际连续梁桥联长的新纪录,其支座设置及水平力分析方法对长连续桥的设计均具一定的示范性。

50m 跨折线配筋预应力混凝土先张 T 梁是当时在国内推行先张预应力梁桥所立科研课题成果的一次大规模工程应用。

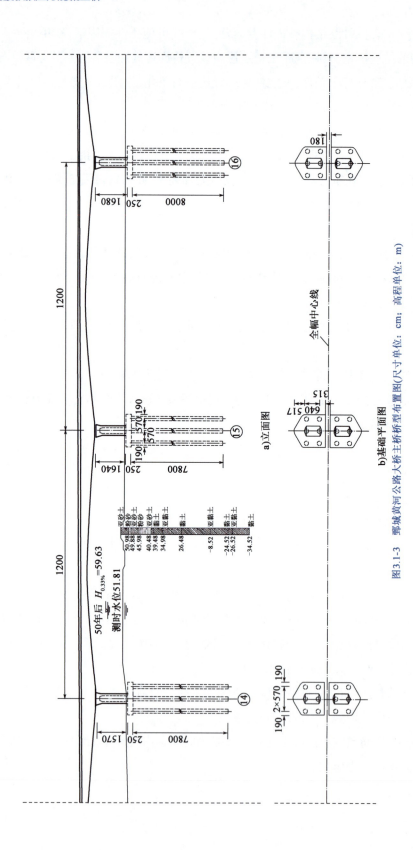

图3.1-3 鄄城黄河公路大桥主桥桥型布置图(尺寸单位: cm; 高程单位: m)

第3章 波形钢腹板预应力混凝土桥突出的经济性

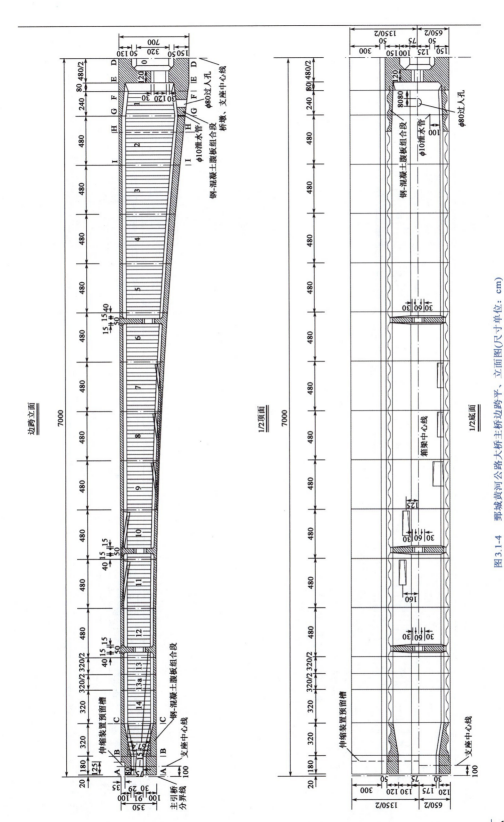

图3.1-4 鄄城黄河公路大桥主桥边跨平、立面图（尺寸单位：cm）

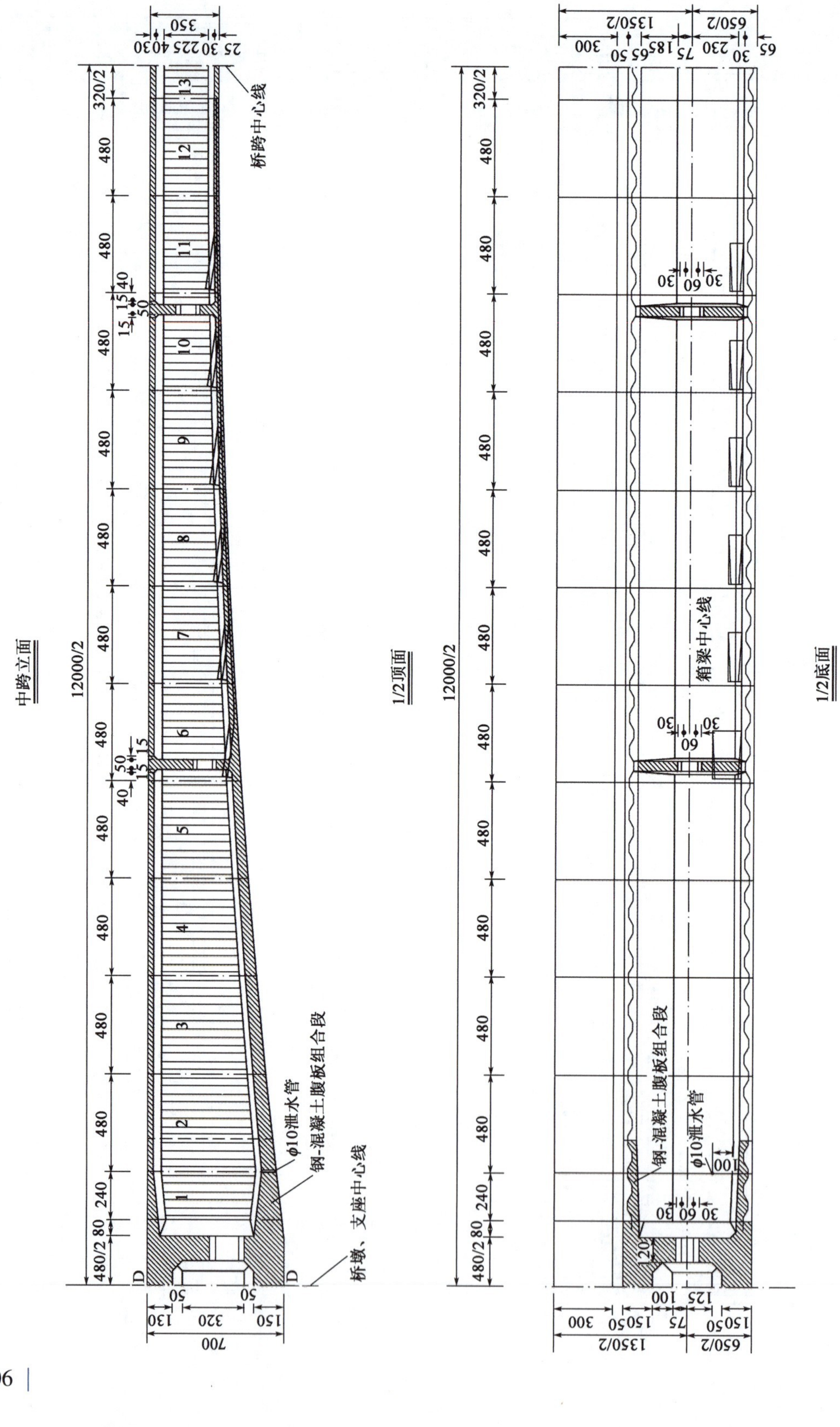

图 3.1-5 鄄城黄河公路大桥主桥中跨平、立面图(尺寸单位：cm)

第3章 波形钢腹板预应力混凝土桥突出的经济性

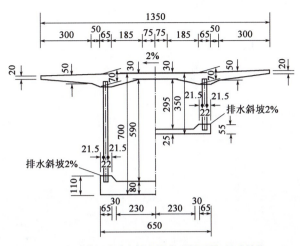

图 3.1-6 鄄城黄河公路大桥主桥典型断面图(尺寸单位:cm)

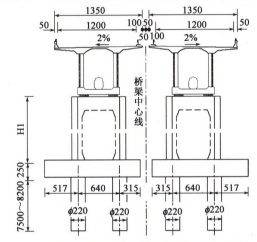

图 3.1-7 鄄城黄河公路大桥主桥桥墩断面图(尺寸单位:cm)

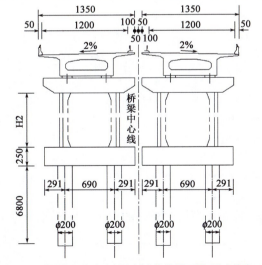

图 3.1-8 鄄城黄河公路大桥主桥连接墩断面图(尺寸单位:cm)

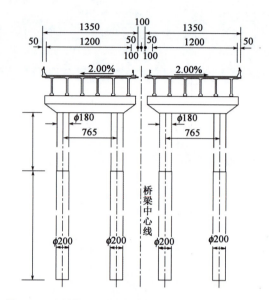

图 3.1-9　鄄城黄河公路大桥引桥桥墩断面图(尺寸单位:cm)

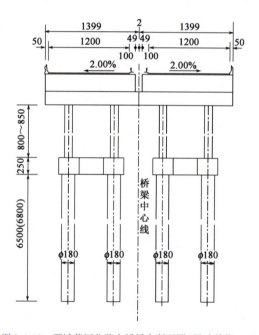

图 3.1-10　鄄城黄河公路大桥桥台断面图(尺寸单位:cm)

3.1.4　鄄城黄河公路大桥的经济性

鄄城黄河公路大桥是一座由民营资本建设的黄河大桥,设计者在设计工作之初,对主桥比选了120m跨波形钢腹板预应力混凝土箱形连续梁与习用的预应力混凝土箱形连续梁两个同跨径结构方案,比较结果见表3.1-1。

第3章 波形钢腹板预应力混凝土桥突出的经济性

鄄城黄河公路大桥主桥设计方案比选　　　　　表 3.1-1

部位	主要材料	单位	波形钢腹板 PC 箱梁	常规 PC 箱梁	节省值	节省比例
上部	C50 混凝土	m³	29945	38120	8175	21%
	波形钢板	t	2722	0	−2722	—
	体内束钢绞线	t	1419	2231	812	14%
	体外束钢绞线	t	491	0	−491	—
	φ32mm 精轧螺纹钢筋	t	0	221	221	100%
	波纹管	m	123568	188184	64616	34%
	锚具	孔	49372	77644	28272	36%
	HRB335 钢筋	t	4342	6476	2134	33%
	R235 钢筋	t	0	192	192	100%
下部	C30 混凝土	m³	19663	19976	313	1.5%
	C25 混凝土	m³	43012	48572	5560	11.4%
	HRB335 钢筋	t	2857	3583	726	18%
	R235 钢筋	t	113	603	490	81%

表 3.1-1 列出了波形钢腹板预应力混凝土桥与同规模同跨径一般预应力混凝土连续梁桥上部构造材料用量对比,仅就上部构造而言,其造价约节省 8%,符合日本波形钢腹板预应力混凝土桥建设经验(日本统计数字为 8%~12%)。鄄城黄河公路大桥建于黄河中下游,由于黄河千百年来形成的特有地质状况,故其基桩多为长大的钻孔灌注摩擦桩。而摩擦桩桩长主要由上部结构自重决定,波形钢腹板预应力混凝土箱梁较同跨径混凝土腹板预应力混凝土箱梁自重小了 30%,因此桩长少了约 25%。综合考虑上、下部材料节省数量,借助施工预算单价,本桥主桥施工单位经详细计算认为,本桥主桥波形钢腹板方案较常规预应力混凝土箱梁方案总造价节省约 22%,取得了十分显著的经济效益。

为佐证这一比较结果,收集了日本本谷桥和我国信阳浉河桥的经济比较资料,日本本谷桥两种方案工程数量对比见表 1.2-1,信阳浉河桥经济指标对比见表 3.1-2。

信阳浉河桥经济指标对比　　　　　表 3.1-2

项次	工程或费用名称	总数量(m)	概算金额(元)		
			4×30m 钢腹板组合箱梁	4×30m 预应力组合箱梁	概算金额比
一	建筑安装工程	513	5171123	5916560	0.874
二	基础	513	1764024	2227517	0.792
三	下部构造	513	395769	473660	0.834
四	上部构造	513	2500157	2583956	0.968
六	调治及其他工程	513	41798	41798	1.000
七	临时工程	513	74190	74190	1.000

续上表

项次	工程或费用名称	总数量(m)	概算金额(元) 4×30m 钢腹板组合箱梁	概算金额(元) 4×30m 预应力组合箱梁	概算金额比
八	施工技术装备费	513	107182	139256	0.770
九	计划利润	513	142910	185674	0.770
十	税金	513	145093	190509	0.762

波形钢腹板预应力混凝土桥的经济性除体现在结构材料的节省外,还体现在施工的简化与快速上。鄄城黄河公路大桥的施工单位在鄄城黄河公路大桥施工的同时还承担了荆岳长江公路大桥(常规的预应力混凝土连续梁桥)施工,对两者的节段式悬臂施工进行具体对比,详见表3.1-3,工效提高了30%。

波形钢腹板 PC 结合梁与常规 PC 梁悬浇实际功效对比　　表3.1-3

工序	波形钢腹板 PC 结合梁一个悬浇节段(鄄城黄河公路大桥)(d)	常规 PC 梁一个悬浇节段(荆岳长江公路大桥)(d)
桁车或挂篮前移	0.5	0.5
波形钢腹板安装	0.25	—
模板就位、高程调整	0.5	1
钢筋安装(含预应力筋)	0.5	2
混凝土浇筑	0.25	0.5
混凝土等强	5	5
梁端张拉	0.5	0.5
压浆		0.5
其他因素	0.5	0.5
合计	8	10.5

按上述方案材料用量对比、施工工效对比,鄄城黄河公路大桥主桥采用波形钢腹板预应力混凝土连续梁,取得了很突出的经济效益,向工程界展示了波形钢腹板预应力混凝土桥良好的经济性,为我国波形钢腹板预应力混凝土桥的推广应用起到很好的示范作用。

3.2　主桥的设计

鄄城黄河公路大桥的施工图设计完成于2006年,当时我国波形钢腹板预应力混凝土桥的建设尚未全面展开,鄄城黄河公路大桥为我国首例大规模且是首次应用于高速公路桥梁的波形钢腹板预应力混凝土桥,故只能按照中国相关规范并参考日本波形钢腹板预应力混凝土桥规范及日本类似梁桥设计实例进行。鄄城黄河公路大桥主桥的计算分析主要分三部分:纵、横向整体分析,波形钢腹板强度及屈曲分析,波形钢腹板与顶、底板的连接分析。

3.2.1 主桥结构计算假定与计算成果

3.2.1.1 计算模型与假定

鄄城黄河公路大桥主桥的跨径布置为70m+11×120m+70m共计13跨连续梁,考虑到多跨连续梁结构特点,主桥纵向弯曲分析模型按70m+3×120m+70m共计5跨模拟(图3.2-1),横向按框架模型进行分析。箱梁纵、横向计算均采用 midas Civil 软件进行,此分析程序在单元截面库中提供了波形钢腹板组合箱梁截面类型,以供用户选用。

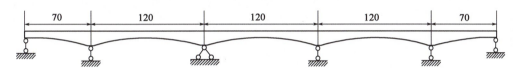

图3.2-1 鄄城黄河公路大桥计算模型(尺寸单位:m)

根据该类桥梁的特点,计算时做了如下假定:

(1)钢腹板与上下混凝土顶底板固结共同工作,不会发生相对滑移,平面假定成立。

(2)纵向弯矩由波形钢腹板箱梁顶底板承受,剪力由波形钢腹板承受,弯矩和剪力不发生相互作用。

(3)采用体内、外混合预应力体系,即以体内束承受自重,以体外束承载外荷载。

波形钢腹板连续梁桥的设计类同于同种跨径的预应力混凝土连续梁桥,其中波形钢腹板与混凝土的连接分析,以及波形钢腹板强度和屈曲分析为该类桥的特有计算部分。

3.2.1.2 结构分析成果

(1)波形钢腹板箱梁纵向分析。

波形钢腹板箱梁抗弯极限承载力均小于截面抗力,满足规范要求。

箱梁持久状况正常使用极限状态,除边跨上缘个别断面产生了0.765MPa的拉应力,未满足短期荷载效应全预应力规范要求外,其余部分均为压应力,满足要求。

箱梁持久状况和短暂状况均最大正截面压应力为−16.1MPa<规范要求的$0.5f_{ck}$(=16.2MPa),满足规范要求;计算受拉区预应力钢筋最大应力为1200MPa<$0.65f_{pk}$(=1209MPa),满足规范要求。

施工各阶段混凝土顶底板均为压应力且均小于$0.7f_{ck}$(=22.7MPa),满足规范要求。

根据解析计算,在短期荷载效应组合下结构跨中产生最大位移为63mm,按规范考虑挠度长期增长系数1.425后为90mm(<120m/600=0.2m=200mm),满足规范要求。根据日本长大工程咨询公司(简称"日本长大公司")计算成果,最大悬臂状态梁端变形同时考虑弯曲刚度和剪切刚度时的挠度是仅考虑弯曲刚度时的1.2倍,梁的自重和施工也有同样的倾向,故架设时的预拱度计算有必要考虑剪切刚度。

(2)波形钢腹板的剪切、稳定分析。

计算采用日本《道路桥示方书·同解说》所示波形钢腹板抗剪、抗屈曲公式计算。

各截面钢腹板设计平均剪应力均<120MPa的设计剪应力允许值,满足设计要求。

各截面钢腹板极限平均剪应力均<199MPa的极限剪应力允许值,满足设计要求。

经分析计算知本桥整体屈曲、局部屈曲的剪切屈曲参数 λ_s <0.6,均位于屈服区内,符合设计追求目标。

钢腹板极限平均剪应力最大值为152.5MPa,小于组合屈曲强度(167.3MPa),满足设计要求。

(3)梁横向框架计算。

横向框架分析结果显示,顶底板抗弯、抗剪极限承载均满足规范要求;持久极限状况中长期荷载效应组合作用下,各截面均为压应力,满足规范要求。

短期荷载效应组合作用下,在顶板跨中产生对最大拉应力1.01MPa,小于混凝土抗拉强度设计值1.85MPa,满足要求。

(4)波形钢腹板与混凝土连接部分计算。

采用日本《道路桥示方书·同解说》所示混凝土与钢腹板连接计算方法计算,进行了波形钢腹板斜幅间混凝土键验算、混凝土剪力销验算、孔与孔间钢板剪切破坏验算、波形钢板埋入段承压应力引起的抗力验算、因波形钢腹板板幅受压而引起的抗力验算,所有这些验算应力均在材料允许值范围之内。

3.2.2 主桥结构分析复核

桥梁建设初期,考虑到波形钢腹板预应力混凝土桥在我国桥梁建设属首次大规模应用,出于安全考虑,由交通部指定中交公路规划设计院有限公司对设计进行结构复核和技术咨询,其结果归纳如下:

该公司对桥梁施工图设计进行了全面的审核、复算,对主桥结构分析复核做了细致的工作,采用 midas Civil 13跨连续箱梁空间梁单元模型进行了总体分析,并以 ANSYS 程序建立3跨连续箱梁实体模型加以补充与复核,对桥面板支点体外预应力转向块、锚固区等局部受力复杂部分进行了局部应力分析。其复核结论为:

(1)桥梁纵向总体受力、波纹钢腹板强度及稳定性、剪力连接键等基本满足要求。

(2)各跨跨中下缘压应力储备较小,在未设置体外预应力备用束的情况下,可适当增加跨中下缘的底板束、增大体外预应力的张拉力或提高体外预应力束的型号。

(3)波纹钢腹板嵌入主墩处钢筋混凝土榫抗剪能力在不考虑内衬混凝土的情况下略有不足。

(4)桥梁局部受力部位应力分析基本满足要求。

(5)体外预应力端部锚固块受力较大,配筋尚有欠缺,宜适当加强。

(6)预应力锚固齿板受力大,底板的纵向配筋欠缺,应予以补充。

(7)第6号梁段的齿板共锚固了3根预应力束(包括1根预留备用束),齿板、底板和转向块受力均较大,应加强相应的钢筋配置。

鉴于波形钢腹板的屈曲稳定为波形钢腹板预应力混凝土桥设计中的一难点,牵涉计算理论亦比较复杂,中交公路规划设计院有限公司于此次设计复核中亦将此列为重点,进行了多种计算,具体如下。

对波形钢腹板的局部屈曲采用了三种公式计算:修正的 Timoshenk 公式、Skan 公式、日本规范公式,计算结果如图 3.2-2 所示。

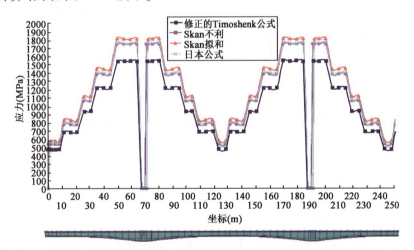

图 3.2-2 波形钢腹板的局部屈曲临界应力

得出按 Timoshenk 公式计算得到局部屈曲临界应力最小值为 460MPa,其值已大于钢板屈服强度,钢板按强度控制设计。

对波形钢腹板的整体屈曲采用修正的 Easley 公式、日本规范公式进行计算,计算结果如图 3.2-3 所示。

计算整体屈曲最小临界应力为 700MPa,大于屈服应力,钢板按强度控制设计。

对波形钢腹板的组合屈曲,采用了法国、瑞典、日本三个国家的计算方法计算,计算成果如图 3.2-4 所示。

尽管三个国家算法有较大差异,但总体看计算屈曲临界应力都比较大,设计偏于安全。

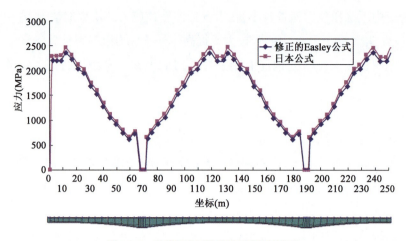

图 3.2-3　波纹钢腹板的整体屈曲临界应力

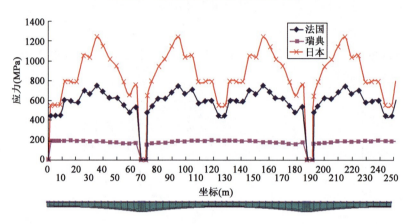

图 3.2-4　波纹钢腹板的合成屈曲强度

3.3　主桥设计咨询

鄄城黄河公路大桥设计于2006年,当时国内波形钢腹板桥的应用仅限于实验桥梁及人行桥,可借鉴的经验不多,而且针对此类桥梁的相关规范几乎是空白。为了保证桥梁的安全性,桥梁建设方委托经验丰富的日本长大公司对本桥进行技术咨询。为全面吸纳日本波形钢腹板预应力混凝土桥的建设经验,设计单位提出了15个咨询问题,具体如下。

(1)1460m长预应力混凝土连续梁桥的温度力、地震力分析与支座设计。

(2)体外束张拉设在二期恒载之前还是之后,牵涉体外束是承受二期恒载加活载,还是仅承受活载,亦牵涉波形钢腹板剪切受力与厚度选择,应包含最优方案的选择。

(3)顶板合龙束与合龙工艺有关,若采用波形钢腹板承载,则合龙段混凝土即作为施工设施使用,顶板束还可优化。

(4) 施工过程中节段的施工精度控制与施工工艺若能采用日本的方法,施工设施可轻型化,施工速度可加快,预应力设计还可优化。

(5) 波形钢腹板与波形钢腹板的纵向连接现设计为栓接,这对施工精度要求很高,拟改为施工栓接后工地焊接。

(6) 波形钢腹板与顶底板埋入式接头的构造细节与施工注意事项。

(7) 组合腹板构造细节与施工要点。

(8) 现设计在墩顶、距合龙段前及1/4跨附近三处设有横隔,按分析可满足扭转刚度要求,但畸变影响尚待深化研究,关于横隔形式拟更改为剪力撑式。

(9) 合龙工艺现设计为传统方式,据资料来看,日本对此做了较大的简化。

(10) 关于体系转化,现设计仍比较传统,临时支座耗料费时,日本方面有无简化方式?

(11) 本设计计算基本按日本《波形钢腹板预应力混凝土桥设计手册》进行,对120m跨连续梁,该手册适用性如何?

(12) 现设计荷载组合均按中国现有规范采用,对波形钢腹板的剪切、剪切屈曲基本按日本规范进行,两国规范的安全性、可靠度如何评价?

(13) 我国尚缺波形钢腹板加工制造、运输、安装规程。

(14) 本设计中的波形钢腹板厚度选型、尺寸划分如何进行?如何进行加工可靠性、运输和安装可靠性评价?

(15) 对本桥波形钢腹板涂装方案的评价。

2007年,日本长大公司根据鄄城黄河公路大桥设计方提供的施工图审查稿及设计方针,对此类波形钢腹板预应力混凝土桥所涉及的15个问题,给出了一份较详细的咨询报告,本书为节省篇幅仅摘录咨询报告的部分内容。

日本长大公司咨询报告摘录

本小节内容摘录自日本长大公司提交的《鄄城黄河公路大桥施工图设计技术咨询报告》(中文版)。由于报告由日方翻译,部分内容行文习惯与常用中文行文有差异。为便于读者理解,摘录时在不改变原文表达内容的基础上对文字部分做了局部修改,摘抄插图维持原文不变。

一、概要

本次咨询业务的审查对象是鄄城黄河公路大桥中13跨的波形钢腹板预应力混凝土连续箱梁的施工图设计,主要审查内容为15项咨询要点、施工图设计图纸以及结构安全性。此外,还针对设计中提出的有关波形钢腹板的加工制造、安装和养护管理等内容提出建议。

所审查的图纸是由设计单位提供的《鄄城黄河公路大桥两阶段施工图设计（2007年5月）》，咨询中将对桥梁细部构造进行审查，对结构的合理性和施工可行性进行分析研究。

二、设计咨询中使用的设计标准

鄄城黄河公路大桥施工图设计咨询使用的设计标准和规范包括。

中国标准：

(1)《公路桥涵设计通用规范》(JTG D60—2004)。

(2)《公路钢筋混凝土及预应力混凝土桥涵设计规范》(JTG D62—2004)。

日本规范：

(1)《道路桥示方书·同解说 Ⅱ钢桥篇》,2002年3月,日本道路协会。

(2)《道路桥示方书·同解说 Ⅲ混凝土桥篇》,2002年3月,日本道路协会。

(3)《设计要领第二集 桥梁建设篇》,2006年4月,日本高速道路株式会社。

三、针对15项咨询内容的答复和建议

此部分主要是根据鄄城黄河公路大桥的施工图设计内容，针对设计单位提出的以下15项咨询内容进行分析研究，并给出意见和建议。

1. 预应力混凝土连续梁在温度变化和地震荷载作用下的支座设计方法

鄄城黄河公路大桥施工图设计中支座设置为15号墩固定支座、16号墩限位支座，其他墩号均为纵向活动支座，支点在整体温差下产生的位移不大，支座的允许位移量能够满足其受力需要。此外，如果仅靠支座不能完全吸收由收缩徐变产生的位移时，在现场设置支座时必须将支座上下轴的位置错开，预留一定的可变形量，使收缩徐变完成后，支座轴心可以保持一致。

对地震荷载而言，由于仅在15号墩一处设置固定支座，所以水平力将集中在这一点。因此，有必要在支座设计时对地震荷载进行验算。除此之外，对于桥墩也必须根据一点固定的支承条件对地震荷载进行验算。

2. 体外索对于截面弯矩的荷载分担以及张拉过程中对波形钢腹板产生的影响

在日本，体内索和体外索的比率采用以下方法确定：

(1)悬臂施工时所需的预应力索（布置在顶板范围内）为体内索。

(2)合龙后布置的预应力索原则上为体外索。

但是，在以下情况，体内索也可以在合龙后与体外索同时安装。

(1)在顶板预应力索安装后，各主要断面（支座部位、跨中部位）所需的预应力索根数各不相同，若全部通过体外索处理，则有可能使个别部位的体外索过多。

（2）在跨中部位，如果由成桥状态的荷载所确定的体外索很难确保极限荷载时的受力需求，则此处可预留体内索空间，待与体外索同期安装。

体外索一般在合龙后安装，一旦张拉完成，桥梁主梁施工也就基本完成了。

为使在悬臂施工以及合龙施工时，体外索不承担截面剪力，此时截面剪力全部由波形钢腹板承担，体外索在主梁施工合龙后安装。桥面铺装及其他二期恒载一般在体外索安装后进行施工。

对于施工时的截面剪力，为了使最大悬臂状态时和合龙后具有相同的剪力分布和大小，如果在桥面施工以前安装体外索，波形钢腹板的厚度无论悬臂施工，还是合龙，都不会产生差异（图1）。

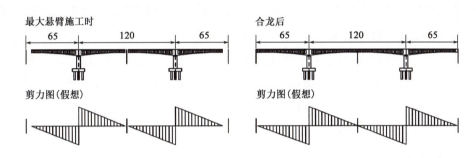

图1　悬臂施工合龙前后主梁剪力对比(尺寸单位：m)

注意：波形钢腹板厚度一般由设计荷载和极限荷载决定，很少由施工荷载控制。

目前的设计方案是在各跨合龙后进行桥面施工，这种施工顺序将会使预拱度的精度控制（调整）难度加大。由于合龙后（桥体完成后）不可能通过铺装进行调整，因此桥面将会产生波浪状态。

基于以上原因，建议在主梁合龙之后进行桥面施工。

3．波形钢腹板兼作施工支架的方法

在波形钢腹板桥梁的单悬臂施工中，通常采用图2所示的移动作业车进行施工。

在这种施工方案中，移动作业车前移后要进行波形钢腹板的安装、桥面板立模、配筋和预应力束的安装等一系列的作业，作业区域只能局限在一个地方。因此，每道工序完成后才能开始进行下道工序，使得工期较长。另外，配筋、立模等施工需要一定工期，因此容易产生窝工现象。

为了解决这些问题，如图3所示，通过采用波形钢腹板和简易作业车进行安装，使作业区域扩大到波形钢腹板的安装（第 $n+1$ 吊装节段）、桥面底板的施工（第 n 节段）、桥面顶板的施工（第 $n-1$ 节段）3个地方。通过同时施工作业，缩短工期。

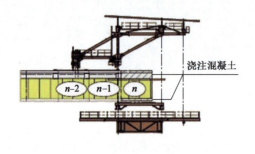 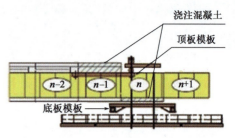

图2 常用移动作业车　　　　　图3 新型移动作业车

但是,按照这种方法进行施工时,波形钢腹板必须单独安装,还要承受顶、底板施工时的荷载,从确保刚度的角度来看,需要在波形钢腹板上加装上下翼缘板,因此波形钢腹板与混凝土顶、底板连接不能采用埋入式连接。

另外,设置有翼缘板时,可能产生节段间接头部位焊缝的抗疲劳性问题,对于带翼缘板的连接方式,必须进行施工试验及疲劳试验,所以在选择此种连接构造时要慎重。用简易作业车施工时,翼缘板上的剪力键有可能会相互干扰,这种情况下可以采用将剪力键滞后安装的方案。

4. 日本的施工方法

在日本的波形钢腹板桥施工中,对于连续梁桥,主要采用以下4种施工方法:①悬臂施工方法;②固定支架施工方法;③顶推施工方法;④悬臂施工和固定支架施工并用。

选择施工方法时,必须根据桥梁的实际情况选择较经济的方法。对于中大跨径桥梁,采用最多的是悬臂施工法。

由于波形钢腹板的结构特征,波形钢腹板不承担弯曲应力(褶皱效应),对剪切变形的影响较大。在计算波形钢腹板的预拱度时,应该考虑波形钢腹板的剪切变形。

另外,计算波形钢腹板截面应力时,根据剪力流理论建立计算模型,通过进行结构分析,在考虑波形钢腹板剪切变形的基础上,直接求出截面剪力和变形。

5. 波形钢腹板的连接方法

波形钢腹板节段间的连接主要采用以下3种方法。

(1)连续角焊缝焊接:容易调整波形钢腹板安装时产生的误差,是实际工程中使用最多的连接方法。

(2)高强螺栓单面摩擦连接:用于采用支架施工方案、多室箱梁中的内腹板等。

(3)对接焊缝连接:用于在现场拼装时将2个节段连接后进行安装的情况。

此外,在采用连续角焊缝连接方法并在波形钢腹板上设置翼缘板时,波形钢腹板与翼缘板、波形钢腹板之间的焊接部分会产生疲劳耐久性问题,因此,必须通过焊接施工试验、疲劳试验及疲劳验算等方法,经过验证,最终确认符合耐疲劳性要求的连接方案。

鄄城黄河公路大桥设计方案中将波形钢腹板埋入混凝土中,焊接端部不会出现疲劳问题,所以不需要采用过焊孔等方法进行端部处理。

6. 埋入式波形钢腹板连接的具体内容以及施工注意事项

在鄄城黄河公路大桥设计方案中,波形钢腹板和混凝土顶、底板的连接结构,采用图4所示的埋入式连接方式。

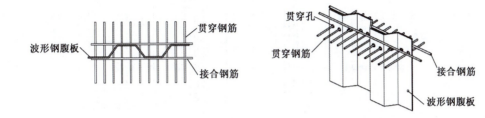

图4 埋入式连接示意图

这种连接形式的结构特征是将波形钢腹板直接埋入混凝土顶、底板内,由于剪力键构造成为波形钢腹板本身的一部分,因此与设置翼缘板并在翼缘板上设置剪力键的结构相比,在经济上有很大优势。

其构造特征有以下两点:

(1)对于顺桥向的水平剪力,可由波形钢腹板波谷内的混凝土、波形钢腹板顶端焊接的约束钢筋(又称接合钢筋)以及横桥贯通波形钢腹板的贯通钢筋(又称贯穿钢筋)来承担。

(2)对于横桥向的角隅弯矩(摆头弯矩),可由埋入部分的贯通钢筋等来承担。

施工时需特别注意以下几点:

(1)由于钢板直接埋入混凝土内,从耐久性的角度来看,必须在其界面上采取密封措施。

(2)为进行桥面板施工,必须按照腹板波形形状加工制造模板。

(3)模板需要按照波形钢板的形状进行加工,但是为了便于转用,以利于调节钢板厚度以及弯曲半径误差、制作误差等,模板和波形钢板之间需要预留40mm的空隙。

(4)安装模板时,需要使用橡胶填充波形钢板与模板之间的空隙,以防止混凝土漏浆。

在鄄城黄河公路大桥的施工图设计图纸中,波形钢腹板埋入深度如图5所示,波形板埋入顶、底板的长度似乎过大,须核算。

波形钢腹板的埋入长度应根据抵抗水平剪力的剪力键、角隅弯矩的拉拔力和受压应力以及受压板单元的弯矩确定。

由于没有进行详细的结构验算,所以不能作出明确的答复,但根据现有工程案例,本桥波形钢腹板埋入长度稍大。

(编者注:鄄城黄河公路大桥的施工图已按此意见修改施工图构造,埋入深度改为25cm。)

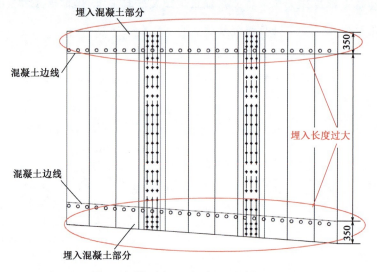

图5　波形钢腹板埋入深度(尺寸单位:cm)

此外,如图6所示,由于主梁顶板的加腋形状角度比较大,使得贯通钢筋的施工性较差,建议尽可能将加腋的坡度减小一些;也可以使剪力键中起抗拉作用的贯通钢筋维持水平方向,以利于贯通钢筋受力,还可以减少混凝土的用量,从而提高经济性。此外,对于箱梁的底板,为了防止水的渗入造成腐蚀,应在波形钢腹板和混凝土底板连接面进行密封处理,并在混凝土上设排水坡度。

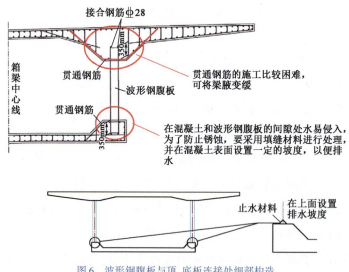

图6　波形钢腹板与顶、底板连接处细部构造

7. 波形钢腹板和钢筋混凝土(RC)腹板连接构造

鄄城黄河公路大桥波形钢腹板和RC腹板连接构造如图7所示。

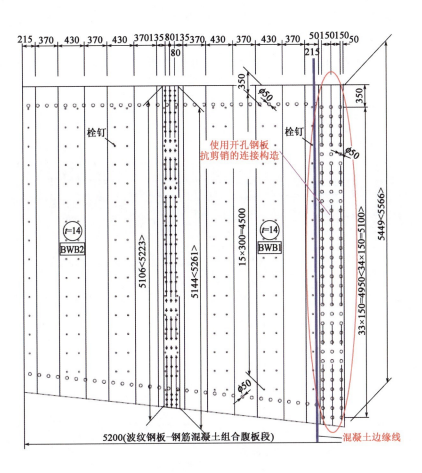

图 7　波形钢腹板与钢筋混凝土腹板连接构造（尺寸单位：cm）

对于波形钢腹板和 RC 腹板连接结构,要考虑波形钢腹板端部的平面连接形状(图 8)。

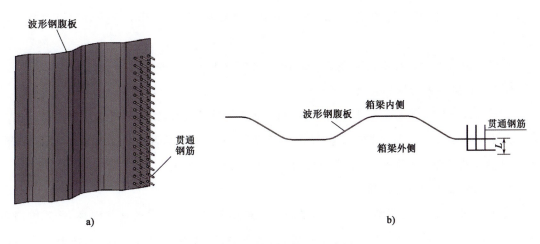

图 8　波形钢腹板端连接平面示意图

为了满足波形钢腹板的弯曲加工半径和钢筋保护层等要求而确定的波形钢腹板和 RC 腹板两侧的距离(图 8 中的 L),可能使 RC 断面很大。

在这种情况下,可将波形钢腹板从斜波中间折弯并埋入混凝土内,从而使断面更合理(图 9、图 10)。

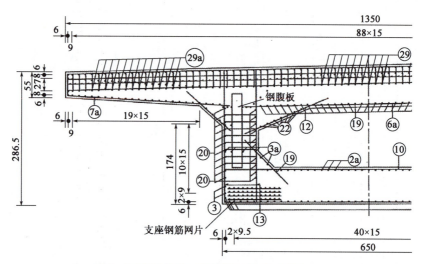

图 9　波形钢腹板伸入端横梁断面图(尺寸单位:cm)

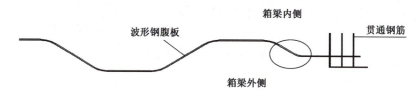

图 10　波形钢腹板与端横梁连接平面示意图

以下是日本实际应用的波形钢腹板和 RC 腹板连接的部分实例,主要有 3 种结构形式:①开孔钢板剪力键(PBL 剪力键)连接;②角钢剪力键连接;③单列 PBL 剪力键和剪力钉并用的连接。

对于本桥采用的开孔钢板剪力键的连接,主要有以下几点需要注意。

①与 RC 腹板内的钢筋连接;

②对于波形钢腹板与混凝土之间的接触面,从耐久性角度来看,最好进行止水密封处理。

无论哪种结构形式,在日本都已有实际的施工案例,在此,我们推荐使用剪切承载力高、不需要焊接、不会发生疲劳破坏的开孔钢板剪力键构造。也就是说,目前设计方案中的构造为最佳选择。

8. 关于桁架式横隔的设置

对于此问题,我们的解释是,目前的横隔配置虽然可以确保箱梁的抗扭刚度,并可抑制由扭转引起的箱梁截面变形,但由于桥梁规模大,这种由扭曲(翘曲扭曲)而产生的截面变形也会很大,所以可以考虑增加桁架式横隔。根据日本同样规模的桥梁以及扭曲问题比较突出的桥梁实例,大多数根据曲线半径分类进行详细分析。但像鄄城黄河公路大桥这样几乎近于直线线形的桥梁,通常横隔的间距约20m。因此,建议该桥横隔间距也保持在20m。

另外,在日本的规范中,对于扭矩很大、对截面变形影响很大的情况,规定必须采用有限元分析等方法对箱梁的扭转进行验算。考虑到该桥如果采用桁架形式横隔,会因与腹板的连接而增加一些小的构件,以至于使施工变得很烦琐。为了确保刚度,满足养护管理以及可施工性等要求,即便会略增加桥体重量,还是建议使用混凝土横隔结构。

9. 日本采用的合龙施工方案

鄄城黄河公路大桥的合龙施工方案如图11所示。

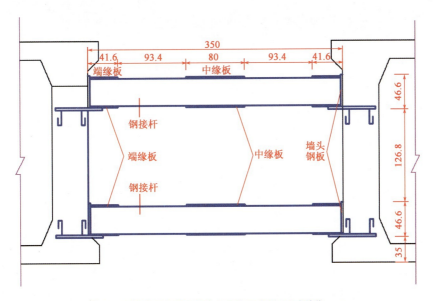

图11 鄄城黄河公路大桥合龙方案示意图(尺寸单位:cm)

在日本现有的实例中,通常采用吊装支架进行合龙段的施工,如图12所示。

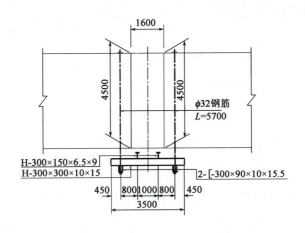

图 12

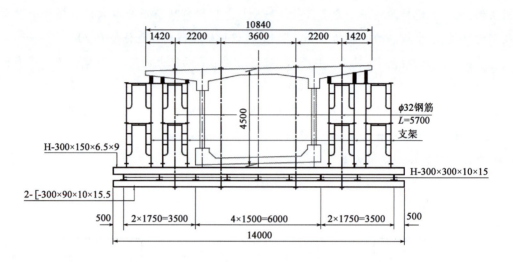

图12　日本常用吊装支架合龙方案(尺寸单位:mm)

10. 日本采用的临时固结方法

鄄城黄河公路大桥墩梁临时固结如图13所示。

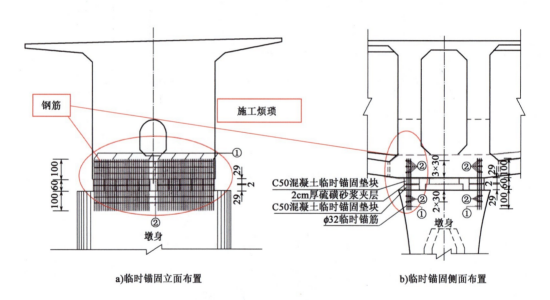

a)临时锚固立面布置　　　　b)临时锚固侧面布置

图13　鄄城黄河公路大桥墩梁临时固结(尺寸单位:cm)

在日本,常采用如图14、图15所示的竖向预应力钢筋进行张拉,以抵抗施工时的荷载(断面力),使其不再产生拉应力,这是一种较简易的方法。

11. 鄄城黄河公路大桥(跨径为120m的连续梁桥)中国标准、日本规范的可适用性问题

在日本,已有一些波形钢腹板桥梁跨径超过120m,因此,鄄城黄河公路大桥跨径为120m应该是可行的,采用日本的设计规范对应的计算方法是可以保证安全的。

第3章 波形钢腹板预应力混凝土桥突出的经济性

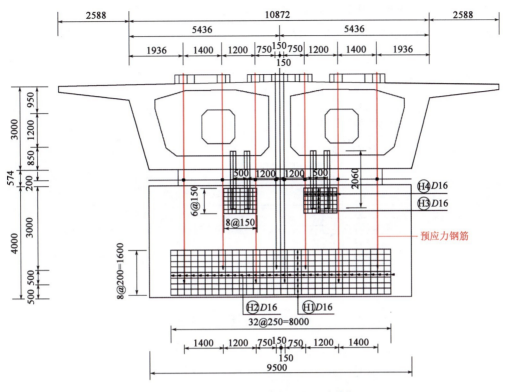

图 14 日本墩梁临时固结方案横断面图(尺寸单位:mm)

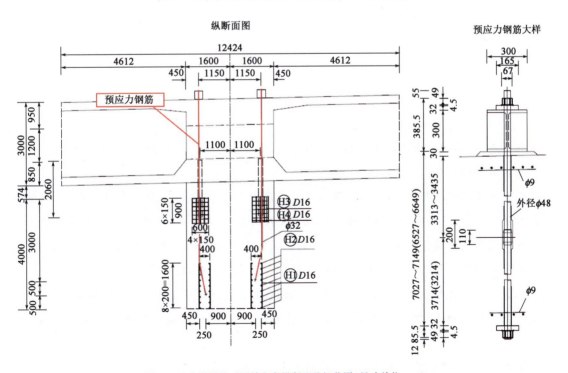

图 15 日本墩梁临时固结方案纵断面及细节图(尺寸单位:mm)

12. 日本规范与中国标准的安全性、可靠性评价

日本的波形钢腹板设计流程如图 16 所示。

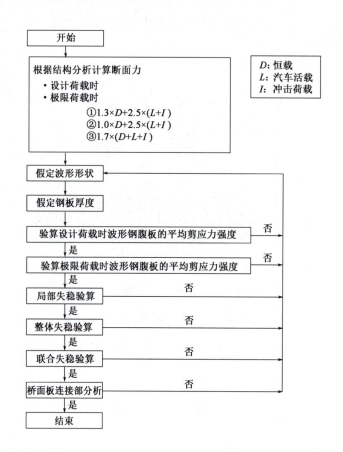

图 16　波形钢腹板设计流程图

在日本，波形钢腹板是按照图 16 的设计流程进行设计的，设计方法的安全性也已在实际工程中得到验证。

对于郓城黄河公路大桥的设计，荷载标准采用中国标准，设计方法参考日本规范，根据上述设计流程，只是结构分析计算断面力过程中输入的荷载（D,L,I）有所不同，在验算结构的安全性时所使用的极限荷载条件下的系数及失稳屈服强度公式都采用了日本规范的计算方法，与日本波形钢腹板的设计方法相同，所以这种设计方法是安全的。

但是在设计过程中，如果荷载系数及失稳承载力公式采用中国标准规定值的话，则不一定适用于上述已经确认的安全性设计方法。作为参考，在此给出钢材和设计荷载方面的中国标准与日本规范的比较。

钢材比较、荷载种类及组合的比较分别见表 1、表 2。

第3章 波形钢腹板预应力混凝土桥突出的经济性

钢材比较 表1

项目		中国标准 Q345C		日本规范 SM490Y		日本规范 SM490A(t≤25)	
钢材成分							
化学成分(%)	C	≤0.20		≤0.20		≤0.20	
	Mn	1.00~1.60		≤1.60		≤1.60	
	Si	≤0.55		≤0.55		≤0.55	
	P	≤0.035		≤0.035		≤0.035	
	S	≤0.035		≤0.035		≤0.035	
	V	0.02~0.15		—		—	
	Nb	0.015~0.060		—		—	
	Ti	0.02~0.20		—		—	
	Al	≥0.015		—		—	
	Cr	—		—		—	
	Ni	—		—		—	
机械性质							
屈服强度(N/mm^2)		345	≤16	365	≤16	325	≤16
		325	16>,≤35	355	16>,≤40	315	16>,≤40
		295	35>,≤50	335	40>,≤75	295	40>,≤75
		275	50>,≤100	325	75>,≤100	295	75>,≤100
张拉强度(N/mm^2)		470~630		490~610		490~610	
延伸(%)		≥22		≥15	≤16	≥17	≤16
				≥19	16>,≤50	≥21	16>,≤50
				≥21	40>		
夏比冲击吸收能量值(J)		≥34	试验温度(0℃)	≥27(SM490YB)	试验温度(0℃)	≥17	试验温度(0℃)
180°弯曲试验		d=2a	≤16	—		—	
		d=3a	16>,≤100				
容许应力(N/mm^2)							
容许轴向应力		200		210	≤40	185	≤40
				195	40>,≤75	175	40>,≤75
				190	75>,≤100	175	75>,≤100
容许弯曲应力		210		210	≤40	185	≤40
				195	40>,≤75	175	40>,≤75
				190	75>,≤100	175	75>,≤100
容许剪应力		120		120	≤40	105	≤40
				115	40>,≤75	100	40>,≤75
				110	75>,≤100	100	75>,≤100

荷载种类及组合的比较 表2

中国标准		日本规范	
荷载种类			
永久荷载	结构重力(D)	主荷载(P)	恒载(D)
	预加力(PS)		活载(L)
	土的重力及土的侧压力(E)		冲击(I)
	混凝土干燥收缩及徐变(CS)		预应力(PS)
	基础变位影响(SD)		徐变(CR)
	浮力(U)		干燥收缩(SH)
基本可变荷载	汽车荷载(L)	从荷载(S)	土压(E)
	汽车的冲击力(I)		水压(HP)
	汽车离心力(F)		浮力(U)
	汽车引起的土的侧压力(LE)		风荷载(W)
	人群荷载(M)		温度变化(T)
	挂车等的荷载(TS)		地震(EQ)
	挂车等引起的土的侧压力(TE)		雪荷载(SW)
其他可变荷载	风荷载(W)	特殊荷载(主)(PP)	基础变位(GD)
	汽车制动力(BK)		支点移动(SD)
	流水压力(WP)		流水压力(WP)
	冰压力(IP)		离心荷载(CF)
	温度变化的影响(T)		制动荷载(BK)
	支座摩阻力(SF)		施工时荷载(ER)
偶然荷重	地震力(EQ)	特殊荷载(从)(PA)	撞击荷载(CO)
	船舶或漂流物的撞击作用(St)		其他
荷载组合			
组合Ⅰ:永久荷载+基本可变荷载:(1.00)		(1)P+PP:(1.00)——组合Ⅰ	
组合Ⅱ:永久荷载+基本可变荷载+其他可变荷载:(1.25)		(2)P+PP+T:(1.15)——组合Ⅱ	
组合Ⅲ:D+PS+E+TS+TE:(1.25)		(3)P+PP+W:(1.25)——组合Ⅱ	
组合Ⅳ:永久荷载+基本可变荷载+船舶·漂流物的撞击力:(1.25)		(4)P+PP+T+W:(1.35)——组合Ⅱ	
组合Ⅴ:施工荷载:(1.30~1.40)		(5)P+PP+BK:(1.25)——组合Ⅱ	
组合Ⅵ:D+PS+E+EQ		(6)P+PP+CO:(1.70 or 1.50)——组合Ⅳ	
		(7)P(D,PS,CR,SH,E,HP,U)+EQ:(1.50)——组合Ⅵ	
		(8)W:(1.20)	
		(9)BK:(1.20)——组合Ⅴ	
		(10)ER:(1.25)	

注:( )内的数值为容许应力法的加乘系数。

针对鄄城黄河公路大桥,将中国标准和日本规范中的汽车荷载进行了比较。

中国:线荷载,考虑车道数(设计时)和跨径长度($L \geqslant 150\mathrm{m}$)的折减系数。

日本:均匀分布荷载,仅考虑跨径长度($L \geqslant 150\mathrm{m}$)的折减系数。

鄄城黄河公路大桥的基本数据为主跨径120m,有效宽度12m。

荷载效应比较结果见表3,对于集中荷载,日本规范比中国标准高出约4%,分布荷载高出约10%以上。此外,横桥向的布载宽度(荷载范围)有很大不同。

荷载效应比较结果　　　　　表3

项目		中国	日本
P	剪力	1010.88kN	1050kN
	弯矩	842.2kN·m	875kN·m
q		24.57kN/m	27.125kN/m
I(冲击系数)		0.05	0.105～0.069

13. 波形钢腹板的加工制造、运输、安装的相关规定

1)加工制造

(1)构件的加工制造

以下是日本的厂家在工厂进行加工制造流程:下料、切割—弯折加工—焊接组装—质检—修复—涂装—运输。

构件的加工制造精度按日本的《道路桥示方书·同解说》中相关规定执行,除此之外,加工制造时还要按照日本道路公团的相关规范要求进行管理。

(2)弯曲加工方法

钢板的弯曲加工方法一般有两种,一种是采用金属模具加工成型,另一种是用冲压机依次进行弯曲加工。

①采用金属模具加工成型:使用金属模具进行的弯曲加工,弯曲效率很高,但加工制造精度较差,而且金属模具的加工制造费用很高,所以如果需要加工的形状较多时,模具的成本就比较高,经济性较差。

②使用冲压机弯曲加工(制动弯曲):其特征是将钢板依次向外侧压弯,然后翻转过来再重复压弯。采用这种方法进行加工制造,弯曲效率较差,但加工制造精度比较高,设备费用比较低。

对于弯曲半径,有时会受到加工制造方法、弯曲夹具等设备的制约。日本对内侧的弯曲半径有如下规定:冷弯加工成型时,为板厚的15倍以上,但根据夏氏冲击试样吸收的能量和钢材的含氮量,通常弯曲半径达到板厚的7倍以上或5倍以上即可。

日本《道路桥示方书·同解说》摘选:主要构件如果采取冷轧弯曲进行加工时,其内侧半径希望能够达到板厚的15倍以上。

2) 运输

在日本,根据《道路法》《道路交通法》《道路运输车辆法》的规定,运输车辆装载货物的尺寸、重量都受到一定的限制。

鄄城黄河公路大桥中间支点附近的波钢腹板高度超过 5m,由于超出上述的运输限制,所以必须沿顺桥向分割,设置对接焊缝。通常根据使用的安装机械(起重机)的尺寸,将节段在顺桥向切割,然后在现场进行对焊,分割位置设定在波形的平波部分(图 17)。

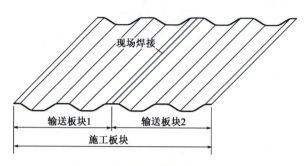

图 17　波形钢腹板纵向连接示意图

3) 安装

波形钢腹板的安装精度将对桥梁成桥状态的线形有很大的影响,所以要想使设计所要求的预拱度反映在安装中,就必须充分考虑如何保持波形钢腹板的形状。另外,为了防止波形钢腹板产生面外方向的变形,在安装时要在波形钢腹板两侧设置加劲撑等,以保持形状。吊装与卸载时,需安装专用的起吊构件,但在波形钢腹板尺寸不大的情况下,可以用夹具等直接夹在波形钢腹板及其连接件吊装或卸载。

14. 波形钢腹板板厚及波形的选定

(1) 板厚的选定

波形钢腹板的最小板厚在日本规定为 9mm 以上。这是由于虽然在《道路桥示方书》中规定最小板厚为 8mm,但由于板厚较小时会因在重叠接头等处进行角焊缝焊接连接时,节段端部的面外变形过大,造成接头部位腹板之间的密合度降低,所以规定钢板厚度为 9mm 以上。另一方面,虽然在《道路桥示方书》中规定最大厚度可达 100mm,但由于弯曲加工机械能力的制约、弯曲半径的规定(钢板厚度过大,会导致平波波长变短)以及弯曲加工部位冷弯引起的长期使用后韧性下降等问题,所以当采用钢腹板厚度超过 30mm 钢板时,需要慎重考虑。

波形钢腹板的板厚必须满足以下各项规定(板厚取值宜选 1mm 的整数倍):①设计荷载时的平均剪应力强度;②极限荷载时的平均剪应力强度;③对剪切失稳(局部、整体、组合)分析研究结果;④对桥面板连接部进行分析研究的结果。但是,当板厚的种类较多,出现多个低于钢铁厂最小轧制尺寸的构件时,应依据加工要求对板厚进行整理分类,以简化板厚种类。

①设计荷载下平均剪应力的验算。

设计荷载作用时,要对传递到波形钢腹板上的剪应力进行验算。若有扭矩时,需要考虑由此产生扭曲剪应力。

②极限荷载下平均剪应力的验算。

极限荷载作用时,对传递到波形钢腹板的剪应力进行验算,并对失稳进行安全性验算。但是,有扭矩时,需要综合考虑由此引起的扭曲剪应力。

③剪切失稳进行的安全性验算。

设计中对于波形钢腹板剪力的分析,需要验算该厚度钢板容许剪力是否能够满足在极限荷载作用时的剪力,但根据波形钢腹板的不同形状,即使容许剪力能满足极限荷载作用,但仍存在剪切失稳的可能性,所以要对失稳进行安全性验算。

关于波形钢腹板的剪切失稳的安全性验算,虽然采用大变形理论的有限元计算进行安全性验算已成为标准做法,但在实际应用中,从根据杆件理论进行的断面力计算结果来看,使用满足局部、整体及组合失稳的验算结果确定的波形形状及板厚时,在用有限元计算方法进行安全性验算时,通常都不需要改变波形形状及板厚,也能充分保证其安全性。由此可以看出,在波形钢腹板失稳安全性验算中,以根据杆件理论计算的断面力为基础进行验算,也可以确保失稳的安全性。此时原则上要考虑非弹性区域,对局部失稳、整体失稳及组合失稳进行验算,但对于剪力,可以不考虑桥面板的剪力分担。因此,现在的中国标准是在设计中假定剪力全部由波形钢腹板来分担。此外,虽然失稳验算容许进入非弹性区域(剪切失稳参数 $\lambda_s < \sqrt{2}$),但最好以 $\lambda_s \leq 1.0$ 为目标进行设计。

(2)波形钢腹板形状的选定

在日本实际应用的波形钢腹板主要有3种形式,如图18所示。

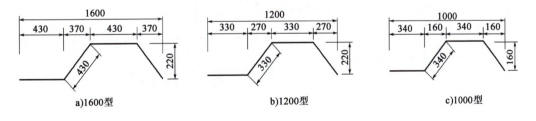

图18 波形钢腹板波形尺寸(尺寸单位:cm)

其中,应用最多的形式是1600型。考虑到运输等因素,虽然1200型和1000型可以缩短波长,但是它们与1600型相比,剪切失稳强度较小,一般应用于中、小跨径桥梁中,日本应用1200型和1000型代表桥梁有:本谷桥(3跨预应力连续刚构桥,最大跨径97.2m)采用1200型;锅田高架桥(3跨预应力连续刚构桥,最大跨径97.2m)采用1000型。由于鄄城黄河公路大桥的最大跨径较大,从而要求具有较大的剪切承载力,因此推荐使用目前施工图设计中采用的1600型。

但是,关于波形钢腹板的弯曲半径,应注意以下3个问题。

①在日本,有些生产厂家将弯曲半径分为3类,或者根据板厚分类。因此,关于弯曲半径的规定,建议在加工制造阶段根据工厂的设备能力加以具体明确。

②根据日本规范的规定,最小弯曲半径应当为板厚的15倍以上,但在有夏比冲击试验结果的条件下,达到7倍以上或5倍以上也是允许的,但通常取7倍以上的弯曲半径。

③在鄄城黄河公路大桥的施工图纸中,有些波形钢腹板的板厚达16mm,而弯曲半径$R=210mm$ 这一数据应该是对应板厚14mm而言的($14mm \times 15 = 210mm$),因此对于板厚16mm 的钢板就违反了15倍板厚的规定。

(3)波形钢腹板的节段长度

在采用悬臂施工方法进行施工时,根据选用的波形钢腹板波长、使用的安装机械尺寸和运输限制等因素(图19)综合考虑节段长度。

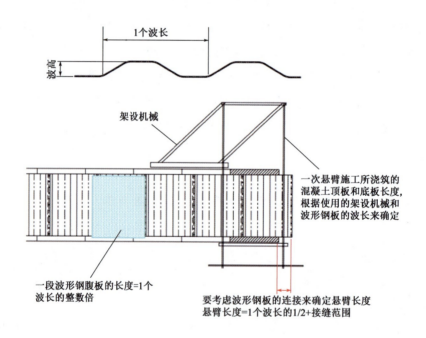

图19 影响安装节段长度因素

当1个节段之内的波形钢腹板长度超过运输限制时,在日本一般采用在节段内将波形钢腹板分割成可以运输的尺寸(竖向),然后在现场采用对焊(全熔透对接焊)的方法将波形钢腹板连接为1个节段,然后进行安装。

图20 所示为鄄城黄河公路大桥节段长度。

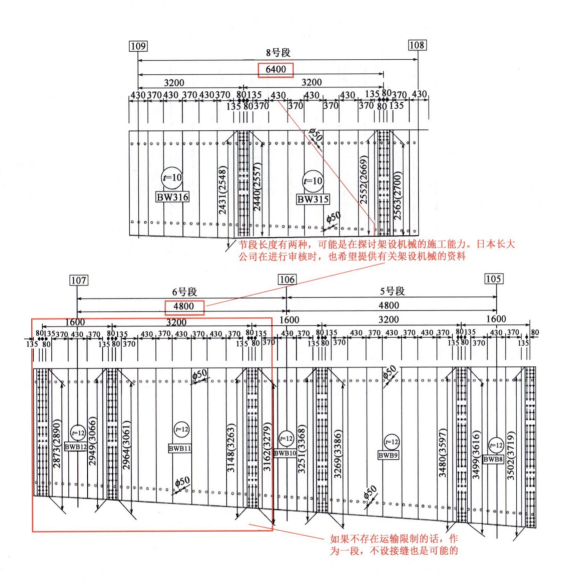

图20 鄄城黄河公路大桥节段长度(尺寸单位:cm)

为确保各阶段的施工质量,在制造、加工、运输、安装过程中,应该根据各工种设定适当的容许误差范围值,将所有误差控制在容许范围值内。

15. 波形钢腹板的涂装方案

在日本,与常规的梁桥一样,要根据桥址处地域特性(气象、大气污染程度等)、设计涂装年限、涂装成本等因素来确定涂装的技术指标。根据鄄城黄河公路大桥图纸,涂装范围如图21所示。

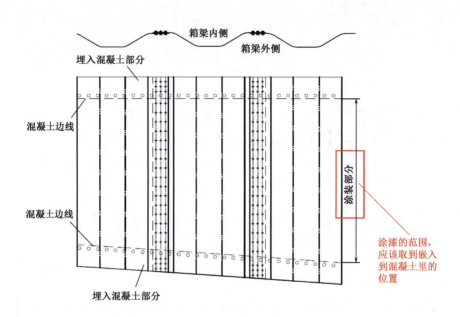

图 21　鄄城黄河公路大桥涂装范围

关于波形钢腹板的涂装范围还有待进一步确认,但考虑到桥面板混凝土的施工精度,最好留有一定富余量,以涂装进入混凝土内 20mm 左右为宜(具体数据还在调查中,见图22)。

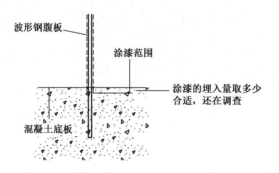

图 22　波形钢腹板示意图

四、咨询结论

对鄄城黄河公路大桥施工图的咨询结论归纳如下。

(1)制作篇

①顶板的加腋形状

从贯通钢筋的施工性和 PBL 剪力键的抗剪力的传递方面考虑,建议减小加腋的坡度。

②预应力索锚固块的细部构造

有关预应力索锚块部的细部构造,从施工性的角度考虑,建议修改。

③体外预应力索的端部锚固构造

有关端部支点的体外索锚固位置,从确保刚度的角度出发,建议修改。

④桥跨中间的横隔

有关桥跨中间的横隔,应综合考虑体外索转向时力的传递及转向角度,建议修改。

⑤锚固块的钢筋含量

有关体内预应力索锚固块的钢筋含量,建议进行确认。

⑥有关体外索转向块

建议确认体外索转向块的长度。

⑦桥面板横向预应力束的形状

有关桥面板横向预应力束,建议修改成力学上更有效的配置形状。

⑧主梁根部构造

为支点反力能够顺畅传递,建议加大主梁根部支座处腹板的厚度。

⑨波形钢板的连接方法

建议采用日本最广泛采用的现场连接方法。

⑩波形钢板的埋入部

对有关波形钢板的埋入长度提出异议,还需做进一步探讨。

⑪波形钢板的节段长度

有关悬臂施工的节段长度,根据日本的实际应用情况提出了建议。

⑫波形钢板的尺寸

有关波形钢板的形状尺寸,给出了日本的实例和弯曲半径选取规定。

⑬钢筋弯钩形状

根据日本规范,对带弯钩钢筋的锚固长度提出了建议。

⑭桥面板端部的截水沟

根据日本的实例,对截水沟混凝土构件的厚度提出了建议。

(2)安装篇

①墩、梁临时固结

有关墩、梁临时固结方法,建议采用日本广泛使用的方法。

②桥面系的施工工期

从成桥线形控制的角度考虑,建议桥梁主体合龙后再进行桥面系的施工。

③跨中的合龙方法

有关跨中的合龙方法,建议采用日本通常采用的悬吊支架法进行合龙施工。

(3) 养护管理方面

① 波形钢板的涂装标准

有关波形钢板的涂装，介绍了日本实际采用的标准。

② 体外索的预留孔

考虑将来的养护或加固，建议设置体外索的预留孔。

对以上19个项目提出了改进建议，这些都可以在施工图修改阶段进行完善，现在的设计图纸总体上没有太大的问题。

（编者注：根据日本长大公司详细的咨询报告及与咨询方交流结果，并结合当时钢混组合结构的一些细节要求，设计方对鄄城黄河公路大桥有关细节设计进行了修改，使之更好地满足受力需求及当时此类桥梁的施工能力。）

日本长大公司的咨询报告对15个问题的回复和对主桥结构的设计计算与复核，均反映了日本波形钢腹板预应力混凝土桥发展现状与存在问题，很有参考价值。

经过日本长大公司、中交公路规划设计院有限公司设计复核与咨询后，设计方根据两家设计咨询单位的意见与建议对鄄城黄河公路大桥主桥的施工图进行调整和优化，形成供施工用的施工图，这些图纸、设计计算书为我国大跨径波形钢腹板桥梁的设计起到开拓性的示范作用。

3.4 主桥施工与施工监控

3.4.1 主桥施工技术

波形钢腹板预应力混凝土连续梁桥施工与我们熟悉的一般预应力混凝土连续梁桥的施工基本类同，最大差别就在于波形钢腹板的制作与安装。

鄄城黄河公路大桥用波形钢腹板厂方在大桥工地现场制造，波形钢腹板大规模工厂制作在当时尚属国内首次，加工厂为之做了开拓性工作，并在此基础上编制了中国首部与波形钢腹板相关的行业标准《组合结构桥梁用波形钢腹板》(JT/T 784—2010)。

鄄城黄河公路大桥主桥施工由具有丰硕业绩的优秀施工技术队伍——中交第二公路工程局有限公司承担，为了保证此桥的施工质量，他们做了很翔实的施工组织设计；关于波形钢腹板的安装，施工单位做了很细致的计算和工序安排，对波形钢腹板预应力混凝土桥的施工为中国桥梁建设做了开拓性工作。

鄄城黄河公路大桥主桥主跨120m，采用常规了挂篮节段悬浇法施工，每个T构共划分为11个悬浇施工节段(11×4.8m)(图3.4-1)，墩顶现浇段长11.2m；合龙段长3.2m；边跨现浇段长8.4m。除墩顶等高梁段外,其他箱梁腹板均采用波形钢腹板。

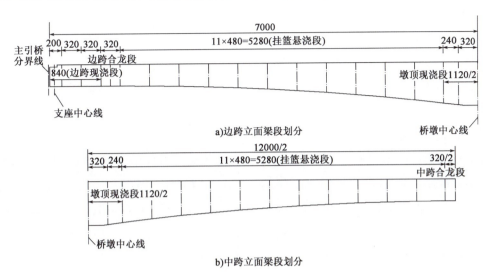

图3.4-1 节段划分图(尺寸单位:cm)

根据设计要求和现场施工条件,鄄城黄河公路大桥总体施工方案为:墩顶段采用支架现浇法施工,悬浇段采用挂篮现浇。根据水中和滩地不同的钢腹板运输方式,悬臂浇筑的挂篮为两种:一种为适于岸上工程用通用菱形挂篮,波形钢腹板由平板车直接运至节段正下方吊装点,由菱形挂篮吊装就位(图3.4-2);另一种为适用于水中工程的高腿三角形挂篮(图3.4-3)。波形钢腹板由平板车经栈桥运至桥墩处,借助水中墩旁塔式起重机吊到桥面,再由桥面上运输小车运至挂篮处,由挂篮桁车上的专用波形钢腹板安装系统安装定位钢腹板。

图3.4-2 通用菱形挂篮

图3.4-3 高腿三角形挂篮

其施工难点在于:

(1)具备波形钢腹板安装定位功能的悬臂施工挂篮(桁车)功能复杂,刚度要求高,结构设计难度大,特别是水中施工用高腿挂篮,在满足常规挂篮功能的基础上,还必须满足波形钢腹板喂入、纵移、横移及调整定位等功能;同时为满足钢腹板安装的功能要求,悬臂施工桁车的2榀主桁高度较大,且因其无法在横桥向形成强大的横向联系,需特别关注其稳定性设计。

(2)前后节段钢腹板间的连接采用双面搭接焊,工艺要求高,高空焊接施工及其质量控制难度大,为确保工程质量,对波形钢腹板节段连接焊缝均采用超声波探伤检测。

(3)波形钢腹板与混凝土之间的连接构造工程质量技术要求高、施工难度大,主要体现在钢腹板与0号段混凝土的结合部施工及标准节段钢腹板与混凝土顶、底板的连接部施工。

对此,鄄城黄河公路大桥波形钢腹板预应力混凝土施工中妥善地解决了以下三个技术问题:

1)钢腹板安装定位

首节钢腹板定位:0号段上的首节波形钢腹板作为后续节段钢腹板的安装基准,其安装、定位的精度控制直接决定整个钢腹板施工的质量水平,对此应特别关注。钢腹板定位分平面定位和高程定位两大部分,单个0号段上的4块钢腹板,需进行顶、底部共16个点的平面定位和顶端8个点的高程定位。因首节钢腹板结构尺寸和自重均较大,且此时未安装挂篮,仅通过原有的模板和钢筋等无法将其精确和牢固定位,为此设计了1套钢腹板定位支架系统,对钢腹板上下左右前后6个方位进行定位导向,同时根据0号块的结构尺寸和模板设置情况,将0号段混凝土调整为二次浇筑,以利于定位系统的安置。平面定位:外侧借助钢腹板外侧贴合于侧模上特制的波形挡板定位;内侧以内模为基准定位撑定位;两侧波形钢腹板间设有内设螺杆的定尺厚壁钢管,该钢管安装于钢腹板前端临时连接螺栓孔之间,波形钢腹板借助上、下两道定尺钢管内撑外拉固定。高程定位:借助顶板模板上设定位架,分别在每块钢腹板的前后端正上方挂倒链葫芦,手动精确调整;板底部前后端用小型钢通过垫块支撑于底模上进行定位加固。

其他节段钢腹板定位:0号段施工完毕后,拼装悬臂桁车(挂篮),其后的节段钢腹板利用桁车定位。钢腹板顶、底缘的接合钢筋焊接后,板的纵向波形限定效果较好,运输及吊装等过程的变形均较小,故其定位采取三种措施:①根部,利用埋入混凝土内的前一块钢腹板前端的预留孔,用螺栓临时固定后一块钢板;②于后一节段混凝土底板模板前端的堵头板上的钢腹板设计位置开槽,再借助混凝土侧模配合对钢腹板进行限位;③箱梁两侧侧钢腹板间,利用腹板前端的预留孔,借用螺栓连接厚壁钢管内穿螺杆,再借助内撑外拉方式定位钢腹板。上述定位过程中应注意因板厚变化引起的钢腹板净距变化,借助螺栓下垫钢板调节。

2)钢腹板节段挂篮(桁车)悬臂施工技术

该桥波形钢腹板悬臂节段采用桁车(挂篮)悬浇施工,根据施工条件、工艺要求、功能需求和各种施工工况的荷载组合情况设计制造了菱形挂篮和高腿三角形挂篮(桁车)(图3.4-2、图3.4-3)两种类型的悬臂施工挂篮(桁车)。根据钢腹板不同的安装特点和需要,两种类型的桁车均设置了专用的运输轨道。桥梁的吊装设备和定位系统,具有施工操作空间大、功能齐备、自身变形小、操作简单等优点,其中高腿三角形挂篮(桁车)具备水陆通用性。

陆地菱形悬臂施工挂篮(桁车)的起吊系统设置在桁车前端、钢腹板安装位置正上方,在地面通行有保障的情况下,钢腹板由运输车水平运至节段正下方,由吊装系统中的5t电动葫芦通过吊具垂直起吊,待钢腹板到达节段前方后,电动葫芦纵向前移至设计位置下放,定位安装。

水中高腿三角形挂篮(桁车)悬臂施工的起吊系统设置在悬臂施工挂篮(桁车)后端,通过增加弧形的滑梁,使波形钢腹板从后端喂入。桥面运输钢腹板时,每墩配备1台主动运输平车(在平车上加工钢腹板置放槽)。

3)钢-混凝土结合部位混凝土施工技术

钢-混凝土结合部位混凝土中剪力连接件、钢材、钢筋密集,混凝土齿键、混凝土销、剪力件之间混凝土为关键受力部件,对其密实性要求高。为保证其密实性,混凝土施工中采取了如下措施:

(1)优化混凝土配合比设计,按高强度等级混凝土的要求严格控制粗集料的级配、含泥量、压碎值,细集料的含泥量、细度模数等各项指标,特别注意粗集料的最大粒径不超过20mm,以保证钢腹板贯穿孔中混凝土销的质量。

(2)钢腹板与顶板结合位置的模板密封要严密,防止振捣时水泥浆外漏,既要避免钢腹板的污染,又要保证结合部位的混凝土质量。

(3)底板浇筑时首先在承托位置内侧布料,振捣密实后,应人工向承托外侧补料(严禁内侧直接赶料),以下保证混凝土质量的均匀性,而顶板承托及纵向预应力张拉端位置也应仿此布料振捣密实。

(4)为防止雨水、露水等通过钢-混凝土结合处渗入锈蚀钢腹板及钢筋,应采用以下方法综合处理:①底板与钢腹板结合部的内、外侧,在收面时设置向外的泄水的排水横坡;②尽早安装结合部止水带(由不干止水胶和敷面土工布构成的单面止水胶带)止水。

3.4.2 主桥的施工监控

根据我国桥梁建设经验,桥梁建设应进行施工监控。本桥施工中由交通部公路科学研究所做了科学的施工监控。施工监控重要一环为监控计算。监控单位根据施工过程,以悬臂施工中挂篮立模高程为目标建模计算,以底模高程为控制对象做实际施工的控制,故施工监控首要工作是施工监控计算。

鉴于鄄城黄河公路大桥主桥为我国波形钢腹板预应力混凝土连续梁首次大规模工程应用,为此交通部公路科学研究所的监控计算工作做得比较细致,交通部公路科学研究所在对鄄城黄河公路大桥施工过程分析中,分别建立了5个有限元模型对桥梁施工结构变形进行对比计算。重点比较悬臂施工最大悬臂状态下分别由12号块混凝土浇筑、12号块纵向钢束张拉以及挂篮拆除引起的悬臂施工各节段位移增量。经与实测对比,选择较准确的监控计算作为实际监控依据。各计算方法的计算结果和实测值见表 3.4-1 ~ 表 3.4-3,表中计算结果以位移增量向上为正,位移减量向下为负。

表 3.4-1　12 号节段混凝土浇筑引起各节段位移增量(单位:mm)

节段号/计算方法	G-1	G-2	M-1	M-2	CBCW	实测值
1	−0.1	−0.2	−0.1	−0.2	−0.2	0
2	−0.7	−0.6	−0.5	−0.8	−0.7	−1
3	−1.8	−1.8	−1.3	−2.0	−1.6	−2
4	−3.5	−3.4	−2.5	−3.7	−3.0	−3
5	−5.7	−5.8	−3.1	−5.9	−5.0	−6
6	−8.5	−8.5	−6.3	−8.7	−7.6	−8
7	−12.4	−12.4	−9.0	−12.2	−10.9	−10
8	−17.3	−17.1	−12.3	−16.3	−13.9	−11
9	−22.5	−22.6	−16.0	−21.2	−19.6	−15
10	−27.9	−28.0	−20.3	−26.5	−23.7	−23
11	−33.8	−36.0	−23.8	−32.2	−30.8	−28

表 3.4-2　12 号节段纵向钢束张拉引起各节段位移增量(单位:mm)

节段号/计算方法	G-1	G-2	M-1	M-2	CBCW	实测值
1	0	0	0	0.1	0.1	0
2	0.2	0.1	0.2	0.3	0.3	0
3	0.5	0.5	0.4	0.8	0.6	0
4	0.9	0.8	0.8	1.3	1.0	1
5	1.4	1.3	1.4	2.1	1.7	2
6	2.1	2.0	2.1	2.9	2.5	2
7	3.0	2.7	2.9	3.0	3.5	3
8	3.1	3.7	3.1	5.3	3.8	4
9	5.3	3.8	5.5	6.7	6.3	6
10	6.8	6.1	7.1	8.4	8.0	8
11	8.5	7.7	8.9	10.4	10.0	9
12	10.5	9.7	11.0	12.7	12.0	12

第3章 波形钢腹板预应力混凝土桥突出的经济性

挂篮拆除引起各节段位移增量(单位:mm)　　　　表 3.4-3

节段号/计算方法	G-1	G-2	M-1	M-2	CBCW	实测值
1	0.1	0.1	0	0.1	0.1	0
2	0.4	0.5	0.4	0.6	0.5	1
3	1.2	1.1	0.9	1.4	1.1	2
4	2.2	2.1	1.7	2.6	2.1	3
5	3.6	3.7	2.9	3.2	3.5	5
6	5.2	5.2	3.4	6.2	5.3	6
7	7.5	7.5	6.3	8.6	7.5	8
8	10.4	10.3	8.5	11.5	10.1	10
9	13.4	13.5	11.1	13.8	13.2	15
10	16.3	16.4	13.0	18.5	16.4	17
11	19.7	20.3	17.1	22.4	20.0	20
12	22.6	23.0	20.1	25.5	23.1	23

表 3.4-1~表 3.4-3 中:

G-1——用 GQJS 软件计算,采用一节点法;

G-2——用 GQJS 软件计算,采用两节点法;

M-1——用 midas Civil 软件计算,采用 Euler 梁理论,不考虑剪切变形;

M-2——用 midas Civil 软件计算,采用 Timoshenko 梁理论,考虑剪切变形;

CBCW——用波形钢腹板组合梁桥参数化建模与计算模块,用 ANSYS 软件计算。

对比表 3.4-1~表 3.4-3 中计算值和实测值数据,可得出如下结论:

(1)对于 12 号块混凝土浇筑、12 号块纵向钢束张拉以及挂篮拆除这三个计算工况,CBCW 模块计算结果最接近实测值。

(2)midas Civil 软件考虑剪切变形的计算结果和实测值相比偏大,midas Civil 不考虑剪切变形的计算结果和实测值相比偏小。

(3)在 12 号块混凝土浇筑计算工况,GQJS 一节点法和两节点法计算结果均比实测值偏大;在 12 号块纵向钢束张拉阶段,GQJS 一节点法和两节点法计算结果均比实测值偏小;在挂篮拆除阶段,GQJS 一节点法和两节点法计算结果和实测值比较接近。

综上所述,对于不考虑收缩徐变影响的阶段位移增量计算,CBCW 模块计算精度最高,和实测值吻合良好;而 midas Civil 则只能给出一个阶段位移增量上限值和下限值,位移实测值介于两者之间;对于 GQJS 软件,采用一节点法或两节点法对计算结果影响不大,并且和实测值有一定误差,可以用于校核 CBCW 模块和 midas Civil 软件计算结果。在施工控制过程中,需结合三套软件各自功能上的优势,以 ANSYS 软件空间有限元计算结果为主,同时参考 midas

Civil软件和GQJS软件混凝土收缩徐变、预应力损失等计算结果,作为计算模型参数调整、线形控制的依据。

该桥的线形控制分两个方面:一是宏观的高程和轴线控制,二是微观的节段钢腹板变形控制。因施工误差的存在,同时在该桥型线形控制方面目前国内无专业的计算机程序进行模拟计算,需要根据实测的高程数据对下一节段进行修正与调整,故而每块钢腹板安装后,高程一般与预控位置有所偏差,为此施工中有意识地将钢腹板节段连接用螺栓孔放大到30mm,根据高程需调整的幅度,使用24mm或更小直径螺栓临时连接,微控调整波形钢腹板前端标高程。

钢腹板的节段内变形控制主要应注意连接部的焊接变形和混凝土浇筑过程中钢腹板垂直度的变化等。根据桁车设计计算成果,结合厂内桁车(挂篮)加载试验和现场实测数据,得到桁车前端弹性变形和非弹性变形叠加后的最大变形量约为30mm,施工中即以此数值控制挂篮,设置高程混凝土初凝前,桁车及模板变形随即形成,因而钢腹板施工中无须预抬桁车变形量。施工实践表明,设计设定的钢腹板在顶、底板混凝土内的埋入深度是能够保证的。

实际施工监控控制结果如图3.4-4、图3.4-5所示,由图可知,实际施工精度可达到设计要求,亦佐证了理论计算与实际工程的吻合性。桥梁施工监控实为某种意义上的桥梁结构1:1模型荷载试验,其直接目的是确保施工质量,间接用于结构计算复核。本工程主桥施工监控在这方面做得较为成功。

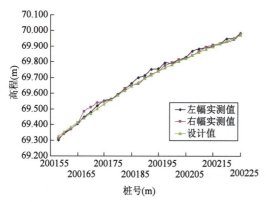
图3.4-4　10号墩小桩号侧梁顶面高程监控

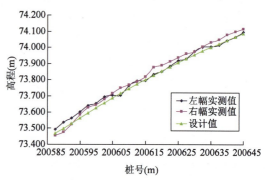
图3.4-5　3号墩大桩号侧梁顶面高程监控

3.5　鄄城黄河公路大桥引桥设计简介

3.5.1　结构设计要点

鄄城黄河公路大桥南北引桥均为50m折线配筋先张法预应力混凝土T梁,北岸为9孔,南岸为58孔,桥台处与大堤平交,上部结构为结构简支桥面连续的结构体系。折线配筋先张

第3章 波形钢腹板预应力混凝土桥突出的经济性

梁施工技术是一施工简便、经济效益且耐久性较好的桥梁施工技术,适用于公路中、小跨桥梁及市政高架桥。此技术我们曾立专题进行了数年的研究与相应的试点工程,本书附录一附有《折线配筋预应力混凝土先张梁成套技术研究》简介,以供读者参考。

在鄄城黄河公路大桥设计时,对常用的50m跨公路桥梁常用箱梁、先简支后连续T梁、结构简支桥面连续的T梁等三种结构形式进行了比较(表3.5-1),根据比较结果,鄄城黄河公路大桥引桥最后选择了结构简支桥面连续的结构形式。

50m 桥梁三种常用结构形式对比　　　　　　　　表3.5-1

比选项目	桥型		
	连续箱梁	先简支后连续T梁	结构简支桥面连续
造价	最高	次高	最底
施工难易程度	最难	次难	最易
施工速度	最慢	次慢	最快
施工设备投入	最贵	较便宜	较便宜
技术难度	最高	次高	最低
结构整体性	最好	次好	略差
施工技术对整体性的影响	最好	次好	略差
行车舒适性	可满足要求,理论论证较好	可满足要求,但缺少论证	可满足要求
现在运营年限	10余年	3~5年	20余年

本桥引桥全桥分两幅,每幅桥宽13.5m,设6榀T梁(图3.5-1),梁间距2.15m。预制中梁顶宽160cm,梁高270cm,翼板厚18~30cm,肋板厚20cm(支点处加宽至50cm),翼板挑出长70cm,下缘马蹄宽55cm(支点处加宽到70cm),马蹄高30cm(支点处加高至90cm),每榀T梁设两道端横梁、7道中横梁,两榀梁横向靠55cm宽桥面板现浇湿接缝连接,单榀T梁边梁翼宽217.5cm,外侧翼挑出总长127.5m,其余尺寸与中梁相同。先张T梁典型横断面布置如图3.5-1所示。

引桥50m T梁采用了折线配筋预应力混凝土先张工艺,T梁均采用270级 ϕ15.24mm 钢绞线作预应力筋,中梁配直线束32根、弯起束18根,边梁配直线束34根、弯起束18根。50m 先张T梁预应力布置图如图3.5-2所示。

对于先张T梁施工最重要的施工设施是张拉台座,桥梁三标段由中铁二局集团有限公司施工,其施工台座如图3.5-3所示。T形梁的预应力施工按用小千斤顶单根张拉、大千斤顶补充张拉放张预留量的张拉工艺和用大千斤顶整体分次放张的放张工艺进行,取得了很好的实际效果。

波形钢腹板预应力混凝土桥

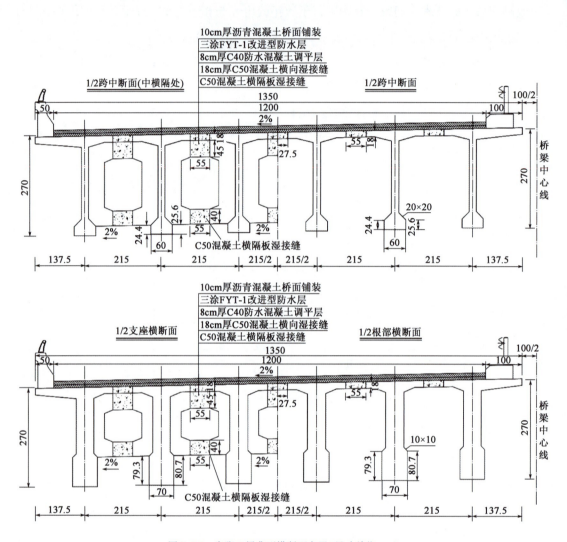

图 3.5-1 先张T梁典型横断面布置(尺寸单位:cm)

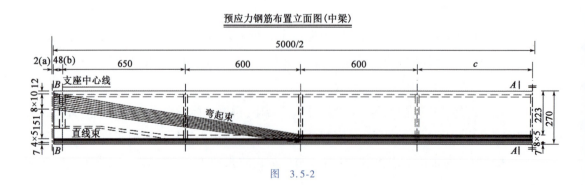

图 3.5-2

第3章 波形钢腹板预应力混凝土桥突出的经济性

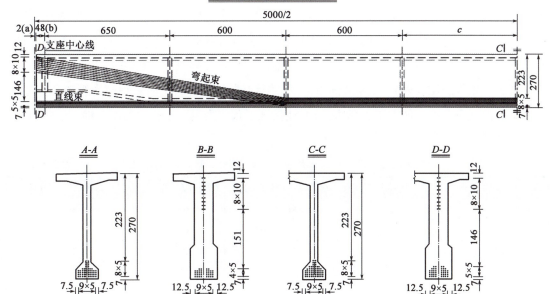

图 3.5-2 50m 先张 T 梁预应力布置图(尺寸单位:cm)

图 3.5-3 折线先张 T 梁的张拉台座实景

为检验折线配筋先张 T 梁的质量和承载能力,在鄄城黄河公路大桥施工现场做了单梁的 1.2 倍设计载荷试验,还在成桥后做了单跨桥梁的荷载试验。由荷载试验结构可知,折线配筋预应力混凝土先张梁具有很好的设计承载力,施工质量能满使用要求,而且鄄城黄河公路大桥 10 多年运营情况也验证这一特点。

3.5.2 折线先张 T 梁的经济效益

折线配筋先张梁不仅具有良好的受力性及可施工性,而且经济性领先于同类跨径其他结构桥梁,主要体现在三方面:施工的简洁、梁体材料的节约、改善了后张预应力梁的耐久性。先张梁较后张梁节省5%~7%的预应力管道、锚具费用,但却要增加张拉台座的摊销费用,故当先张梁达到一定数量使张拉台座费用得到摊销,就会有可观的经济效益。对于一条高速公路,若能集中预制构件,这种效益应该很容易达到(表3.5-2为鄄城黄河公路大桥50m预应力T梁后张法与先张法比较表)。折线配筋预应力混凝土先张梁解决了后张预应力管道压浆不实与预应力控制不准确的两大常见病害,较好地保证了预应力混凝土桥梁的耐久性,此效益是巨大的、无法估量的。

鄄城黄河公路大桥50m预应力T梁后张法与先张法比较表　　表3.5-2

方案	单位/规格	新方案(先张法)	原方案(后张法)	新方案/原方案
C50 混凝土	m³	55540.7	65342.4	0.902
钢绞线	t	2643.144	2877.307	0.919
钢筋	t	8785.687	10949.495	0.802
钢材	t	519.708	519.708	1.000
波纹管(m)	φ90	0	79322	0.000
	φ90	0	158645	0.000
	φ90	0	107511	0.000
锚具(套)	15-12	0	3312	0.000
	15-7	0	3072	0.000
	15-6	0	5600	0.000
	BM15-5	0	4352	0.000

节约费用粗估:

(65342.4 − 555410.7)m³ × 0.3万元/m³ + (2877.3 − 2643.1)t × 1.2万元/t + 735万元(锚具、波纹管、压浆等) = 3955万元(共808片梁)

3.6　本章小结

波形钢腹板预应力混凝土桥的广为应用与迅速发展得益于其具有的显著的经济性、良好的受力性能及可施工性。鄄城黄河公路大桥为我国高速公路上第一座大跨径波形钢腹板预应力混凝土桥,其应用对我国波形钢腹板预应力混凝土桥的应用起了开拓性示范作用。开拓性示范作用要点之一在于其突显的经济性。鄄城黄河公路大桥主桥70m + 11 × 120m + 70m波形钢腹板预应力混凝土连续梁较一般预应力混凝土连续梁造价节省20%以上,施工工效提高30%以上,经济性突出。其作为我国高速公路上第一座波形钢腹板预应力混凝土桥,设计、施工具有示范作用。因此,本章详述了鄄城黄河公路大桥主桥波形钢腹板预应力混凝土连续梁的构造、设计、施工,以供读者参考。因日本长大公司对桥梁设计所做咨询复核报告详述了日本此类桥的构造及设计要点,具有范本价值,故本章将其摘录。其计算复核很详细,由于计算篇幅较大,本章仅列出了复核结论。关于鄄城黄河公路大桥主桥的设计计算、设计复核,本章于 3.2 节已做详细交代,且陈宜言大师所编《波形钢腹板预应力混凝土桥设计与施工》一书中附有较详细的计算实例,故本书在摘录时略去了详细的计算过程。

鄄城黄河公路大桥另一大特点为折线配筋预应力混凝土先张 T 梁的应用,对我国中小跨桥梁而言,这确实具有很重要的参考价值,虽然与本书主题却不太一致,故将我们花了近五年时间所做"折线配筋预应力混凝土先张梁成套技术研究"作为本书附录一列出,以供读者参考。

第4章 波形钢腹板预应力混凝土桥优良的工程性能
——关于波形钢腹板预应力混凝土桥抗剪性能与极限跨径的研究

波形钢腹板预应力混凝土箱梁桥设计计算三条假定：
(1) 波形钢腹板不具轴向刚度，不参与弯曲轴向受力；
(2) 梁的弯曲正应力仅由混凝土顶底板承担，弯曲正应力在横断面上的分布符合平截面假定；
(3) 波形钢腹板于梁的弯曲中仅承担剪力，且剪应力沿竖向均匀分布。

由这三条假定，设计中认为腹板不承受轴向力，故混凝土顶底板有效预应力可提高，预应力作用更易发挥；波形钢腹板仅承担弯曲剪力，相较混凝土腹板受力简单，且钢板抗剪强度较高，故可避免出现腹板开裂问题。以上这些特点使波形钢腹板预应力混凝箱梁具有两大优点：钢腹板轴向刚度低但抗剪性能较好，无开裂问题。顶底板抗剪性能较弱，但轴向强度高，箱梁截面惯性半径可增至极限，预应力效率较高。

由此可知，波形钢腹板预应力混凝土桥优良的工程性能即来源于波形钢腹板的抗剪性能。

故而，本章以小犬丸川桥、前山河特大桥、东宝河新安大桥三座桥关于波形钢腹板抗剪性能课题研究，来论述波形钢腹板预应力混凝土桥的波形钢腹板剪切受力性能。

4.1 小犬丸川桥波形钢腹板预应力混凝土桥剪切受力性能的研究

关于波形钢腹板预应力混凝土桥设计的上述三项假定是近似的，实际在波形钢腹板预应力混凝土箱梁受弯中，混凝土顶底板亦将承受部分剪力，波形钢腹板只承受大部分剪力，其分配比例视混凝土顶底板面积(含加腋)与波形钢板剪切刚度比和箱梁受力阶段而定。为此，日本以山阳公路小犬丸川桥跨中标准断面为基准，做了实桥的模型剪切荷载试验与1/2比例缩尺梁模型剪切荷载试验。

4.1.1 小犬丸川桥实桥试验

实桥试验梁跨径12.4m,构造如图4.1-1所示。试验梁所用材料技术指标如表4.1-1所示。

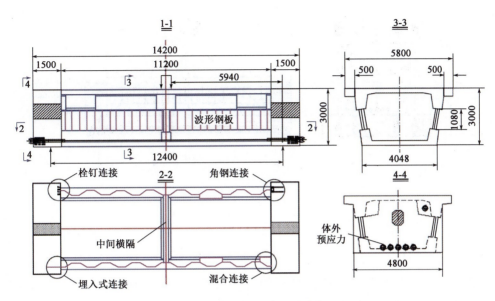

图4.1-1 实桥试验梁构造图(尺寸单位:mm)

试验梁所用材料技术指标　　　　表4.1-1

项目	技术指标
混凝土	设计基准强度:50N/mm^2 试验时的实压缩度:58N/mm^2
预应力钢材	主方向外钢缆 SWPR7B　19S15.2
波形钢板	SM490Y,板厚9mm 基准屈服点应力:365N/mm^2 实际屈服点应力:490N/mm^2 剪断屈服点应力:283N/mm^2
钢筋	SD345

注:本表中材料相关名称及性能均按日本相关规范采用。

4.1.1.1 试验目的

(1)探讨现行波形钢腹板预应力混凝土桥设计方法的可靠性;
(2)研究波形钢腹板桥剪切破坏状况;
(3)探讨混凝土顶、底板与波形钢腹板的剪切分担率。

试验在户外进行,波形钢腹板剪切屈曲荷载最大为22100kN,如图4.1-2所示,设置了地锚反力的加载装置,实际试件跨中每个千斤顶加载能力可达到15000kN,千斤顶上为水平横梁、横梁上锚固有预应力钢缆,预应力钢缆锚固于支墩下混凝土反力梁。试件支点下为重力块,借助拉索与加载千斤顶上反力梁连接,凭借千斤顶反力梁、反力梁拉重力块对试验梁加载。对于加载装置受力,经有限元分析确认其安全性能满足要求。

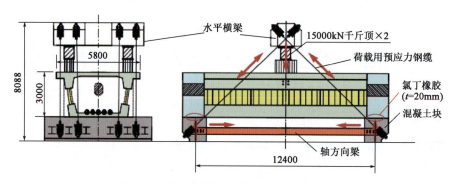

图4.1-2 模型试验加载示意图(尺寸单位:mm)

4.1.1.2 试验结果

图4.1-3示出试验梁跨中变形与荷载关系曲线,由图可知,荷载达12500kN前跨中位移会随着荷载增加而线性增加,直至此荷载时跨中下缘弯曲裂缝出现,而后变化加快。随着跨中下缘弯曲裂缝的发展,不仅底板裂缝继续展开,而且因剪切位移加大,箱梁顶板也产生剪切裂缝(图4.1-4),随后波形钢板屈曲,模型试体已近破坏,为保证试验安全,荷载加载至22500kN时停止加载。

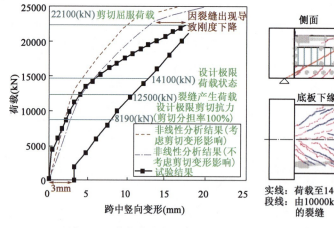

图4.1-3 荷载-位移关系图

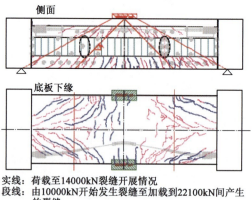

图4.1-4 裂缝发生状况

根据加载实测,波形钢腹板与混凝土顶底板按其各自的剪切刚度分担剪切力,随着荷载的加大,混凝土开裂越来越严重,相应混凝土部件抗剪刚度减小,剪力逐渐由混凝土转移到波形钢板。

4.1.2 小犬丸川桥1/2缩尺梁试验

4.1.2.1 试验目的

通过前述实桥模型试验发现,随着混凝土部件的开裂,波形钢板的剪切分担率增大,然因受试验设置条件所限,对波形钢板屈服后的抗剪行为还缺少观察,为此又做了1/2缩尺梁试验,以探讨波形钢板屈服后的受剪行为,试验梁尺寸构造与加载试验状况如图4.1-5、图4.1-6所示,试验材料技术指标见表4.1-2。

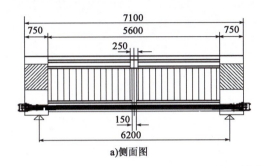
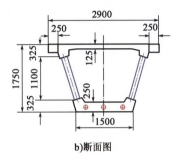

a)侧面图　　　　　　　　　　　　　b)断面图

图4.1-5　1/2缩尺试验梁构造(尺寸单位:mm)

图4.1-6　模型试验状况

1/2缩尺试验梁材料技术指标　　　　　　　　表4.1-2

项目	技术指标
混凝土	设计基准强度:40N/mm² 试验时的实压缩强度:58.6N/mm²
PC钢材	主方向内钢缆 SWPR7B,12S15.2
波形钢板	SM400A,板厚6mm 基准屈服点应力:245N/mm² 实际屈服点应力:305N/mm² 剪断屈服点应力:176N/mm²
钢筋	SD345　屈服强度:386N/mm²

注:本表中材料相关名称及性能均按日本相关规范采用。

试验仍以山阳公路小犬丸川桥的跨中段为基准,只是做了以下变动:

(1)模型缩尺比例为1/2;

(2)顶板悬臂长度250mm(与实际500mm相当);

(3)为增大波形钢板的剪切分担率,尽可能缩小混凝土部件;

(4)加大腹板斜度,试件腹板倾斜17°;

(5)为把握极限荷载时的剪切破坏行为,设定钢板弯曲破坏抗力为剪切破坏抗力的2倍,以此加强试件抗弯抗力。

试件跨径6.20m,剪距比取 $a/d=1.77$,本次试验加载方式如前面的实桥试验所述,实景如图4.1-6所示。

4.1.2.2 试验结果

1)试验梁破坏概述

如图4.1-7所示,加载至3000kN时跨中下缘观察到弯曲裂缝,这个结果与试验前对试件所做空间有限元分析(计算模型中混凝土部件取块体模型,波形钢板取壳体模型)计算结果基本一致(计算结果为加载至3046kN时,试件下缘拉应力达到$4.6\text{N}/\text{mm}^2$),而后荷载再增加,跨中竖向变位亦增加。若按设计假定视波形钢板承担100%剪力,计算出波形钢板屈服荷载为3732kN,此时已观察到混凝土裂缝继续展开,但仍未见到波形钢板外观的改变。此时按全断面有效算出波形钢板剪切分担率为71%,由波形钢板屈服应力算得波形钢板试验梁屈服荷载为6500kN,实际加载达到该值时,试件1/4断面梁高度一半处的三维应变化显示此时波形钢板剪应力达到屈服值。

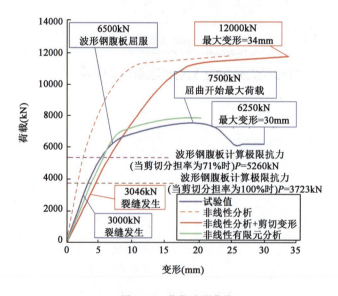

图4.1-7 荷载-变形曲线

第4章 波形钢腹板预应力混凝土桥优良的工程性能

随着荷载的逐渐加大,波形钢板屈曲逐渐发生,竖向位移增大,当荷载达到7500kN时,波形钢板屈曲显现(图4.1-8),而后荷载下降到6250kN,最终竖向位移为30mm时荷载稳定。

由本次试验可见,波形钢板屈曲与以往所做波形钢板剪切屈曲试验结果并无大的差异,基本上都是缓慢进行,钢板的屈曲破坏并非脆性破坏。

2)剪切分担率分析

通过实桥试验可知,随着荷载的加大,混凝土部件弯曲裂缝、剪切裂缝会增多,混凝土部件剪切刚度逐渐降低,而波形钢板剪切分担率会逐渐加大,过大的剪力分担会导致波形钢板部件的屈服,波形钢板剪切分担率又会维持到一定水平;再增加竖向荷载,因波形钢板屈曲后钢板剪切刚度急速下降,由波形钢板承担的剪切屈曲荷载之外再增加剪力后又转移到混凝土部件。故而超出波形钢板剪切屈曲之外的剪力只能由混凝土部件承受。

图4.1-9显示了随荷载增加,波形钢板剪切分担率变化情况,以下是变化顺序:

(1)混凝土部件完整时,波形钢板剪切分担率保持一定,构成定值区间;

(2)而后,随着荷载增加、混凝土开裂,波形钢板剪切分担率进入渐增区间;

(3)随着荷载继续增加,波形钢板开始屈服,波形钢板剪切分担率相对下降进入渐减区间;

(4)随着荷载持续增加,最终导致波形钢板屈曲,其刚度逐渐消失,剪力分担率进入急速减小区间。

图4.1-8 剪切屈曲状况

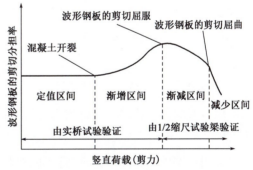

图4.1-9 剪力分担率变化图

随着混凝土的开裂,波形钢板剪切分担率上升,因混凝土刚度不可能完全丧失,故波形钢板剪切分担率也不可能达100%,对于四边由混凝土支承的波形钢板,虽然易发生屈曲,但是仍会有一定刚度,故而即使进入急速减小区间,也不可能发生急速破坏。

波形钢板的剪应力可用式(4.1-1)计算:

$$\tau = \frac{S \cdot \beta \cdot \gamma_S}{h_s \cdot t} \leqslant \tau_{cr} \tag{4.1-1a}$$

$$\beta = \frac{Q' \cdot h_s}{I'} \tag{4.1-1b}$$

式中：τ——波形钢板剪应力；

S——极限荷载时断面剪力；

β——剪切分担率；

γ_s——考虑剪切分担率的安全系数；

h_s——波形钢板的高度；

t——波形钢板的厚度；

τ_{cr}——波形钢板的剪切屈服强度和剪切屈曲强度中较大值；

Q'——极限荷载时断面一次矩；

I'——极限荷载时断面二次矩。

这里的断面一次矩 Q' 和二次矩 I' 均按纤维模型非线性分析求得。

3) 试验结论

通过上述剪切性能试验，可得出以下结论：

(1) 波形钢板剪切分担率随混凝土顶底板损伤裂缝开展而逐渐加大。

(2) 波形钢板剪切分担率逐渐增加到波形钢板屈服为止，而后波形钢板剪切分担率随荷载增加量极小，基本维持在波形钢板屈服应力量级上，相对荷载而言，波形钢板剪切分担率增量急速减小，但不会为0。

(3) 波形钢板剪切分担率的变化与桥梁裂缝开展关系密切。

(4) 混凝土开裂后，波形钢板剪切分担率可用纤维模型、非线性模型分析计算，但需考虑裂缝展开的断面刚度，按混凝土部件与波形钢板抗剪刚度计算波形钢板的剪切分担率。本书关于分担率变化的相关结果可用于桥梁设计。

(5) 四边由混凝土部件约束的波形钢板的屈曲与无约束波形钢板的屈曲不一样，屈曲是慢慢发生的。

(6) 可以用纤维单元非线性分析与弹性有限元分析相结合的方法，分析波形钢腹板桥及波形钢板屈服后的性能。有限变位非线性有限元分析可用于四周被混凝土部件约束的波形钢板屈服性能分析。

由本节试验可知，在正常运营情况下，波形钢腹板预应力混凝土箱梁的顶底板及腹板按抗剪刚度比例分别承担主梁剪力。而随着混凝土顶底板开裂，波形钢腹板所承担的剪力比例会增大到钢腹板屈曲，其承担的剪力比例达到最大，而后随荷载增大试验梁又将剪切力分担给开裂后的混凝土顶底板，直至破坏。所以按波形钢腹板承担全部剪切力，并按其剪切屈曲强度控制波形钢腹板的剪切力，理论上是正确且安全的。

4.2 前山河特大桥波形钢腹板剪切受力性能的探讨

4.2.1 前山河特大桥工程概况

前山河特大桥属于港珠澳大桥珠海连接线的重点工程,位于珠海市香洲区,为大跨径、宽幅波形钢腹板预应力混凝土连续梁桥。主桥跨径布置为90m+160m+90m,2016年时,为国内已建和在建同类型桥梁中跨径最大者。其实景如图4.2-1所示。

图 4.2-1 前山河特大桥实景图

珠海市位于我国东南沿海地震带中段,地震基本烈度为Ⅶ度,设计地震加速度值为0.10g,设计地震分组为第一组,复核地震基本烈度为Ⅶ度。

前山河特大桥主梁中墩支点梁高9.5m,高跨比1/16.84,边墩支点及跨中梁高4m,高跨比1/40。梁高按1.8次抛物线变化。主梁对称悬臂施工,每个中墩共17对悬浇节段(自墩顶向跨中节段划分为6×3.2m+11×4.8m),中墩顶现浇段(0号段)长12.8m,边跨支架现浇段长8.4m,边、中跨合龙段长均为3.2m。除支点横梁外,边、中跨间分别设置了3道、4道横隔。

主梁采用单箱单室截面,箱梁顶板宽15.75m,悬臂端长3.375m,底板宽9m,梁顶设2%横坡。顶板厚度按折线设置,箱室中心线位置厚28cm,经2.25m变为40cm后,再经1.5m变至箱室顶板根部的85cm。底板厚度由跨中32cm厚至根部120cm厚,按1.8次抛物线变化。主桥主梁标准横断面如图4.2-2所示。

主梁的波形钢腹板采用1600型,材料为Q345C钢,采用模压法成型。波形钢腹板厚度由跨中至根部分别为12mm、16mm、22mm、25mm,逐段加厚。波形钢腹板间的连接采用双面搭接贴角焊接,施工时采用螺栓临时固定。

波形钢腹板与顶板间采用双PBL键连接,与底板连接采用角钢连接件。

波形钢腹板与横隔梁的连接(顺桥向)采用穿孔板连接,与横隔板连接(横桥向)采用双开孔板连接。

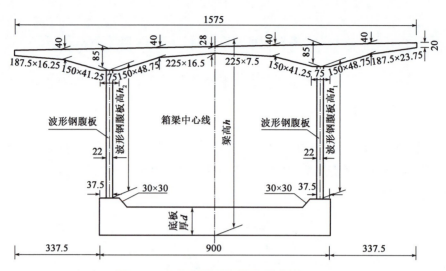

图 4.2-2 主桥主梁标准横断面(尺寸单位:cm)

主梁预应力体系采用体内预应力与体外预应力混合体系。

(1)体内预应力

纵向采用 $\phi^s15.2$ 型预应力钢绞线、群锚体系,顶板悬浇钢束为 $22\phi^s15.2$ 型、中跨底板束及边跨顶板束为 $19\phi^s15.2$ 型、边跨底板束为 $12\phi^s15.2$ 型;顶板横向预应力采用 $3\phi^s15.2$ 型钢绞线束,扁锚体系,钢绞线抗拉强度标准值 $f_{pk}=1860\mathrm{MPa}$。

(2)体外预应力

采用 $22\phi^s15.2$ 型低松弛环氧涂层钢绞线成品索,抗拉强度标准值 $f_{pk}=1860\mathrm{MPa}$,边跨布置 10 束,中跨布置 12 束。

主梁施工采用挂篮悬浇,每个 T 构共设计 1 个墩顶现浇段(12.8m)和 17 对悬浇节段,合龙段长 3.2m,合龙的顺序是先边跨后中跨,合龙后张拉体外束,然后施工桥梁二期恒载。前山河特大桥施工实景如图 4.2-3 所示。

图 4.2-3 前山河特大桥施工实景

鉴于前山河特大桥为我国早期(属于波形钢腹板技术在我国发展历程的前期)建设的波形钢腹板预应力混凝土大跨径连续梁桥,而波形钢腹板预应力混凝土桥的关键技术问题为波形钢腹板剪切性能,应广东省交通运输厅要求,结合前山河特大桥的建设,研究了波形钢腹板的剪切性能。配合桥梁的设计、施工,桥梁建设方、设计方、施工方与东南大学万水教授合作对波形钢腹板抗剪性能进行了较详细的研究,此研究既是对该桥建设专题研究,又为制定我国波形钢腹板预应力混凝土桥设计、施工规范提供了技术储备。研究课题包括:采用 ANSYS 软件分析研讨波形、板高、板厚等参数对不同高度、不同厚度的常用 1000 型、1200 型、1600 型波形钢腹板剪切屈曲性能影响;在此研究基础上进行了 2400 型波形钢腹板的波形参数、钢混组合波形钢腹板、加劲波形钢腹板的抗剪性能研究。研究结果为开拓波形钢腹板预应力混凝土桥技术在更大跨径桥梁中的应用做了铺垫。

4.2.2 波形钢腹板构造参数对剪切受力性能的影响

本研究通过有限元软件 ANSYS 建立波形钢腹板模型,分析了常用型号波形钢腹板高度和厚度变化对波形钢腹板剪切受力性能的影响。因波形钢腹板预应力混凝土桥一旦发生弯曲变形,钢腹板即因剪切受力而具有了剪切屈曲的特性。其有限元计算模型中一般采用考虑剪切变形的 4 节点 SHELL181 壳单元对波形钢腹板进行离散化,计算网格的密度以保证分析能得到稳定的结果为选取原则。波形钢腹板有限元模型如图 4.2-4 所示。

因主要分析波形钢腹板的屈曲性能,分析中未考虑混凝土顶、底板和上下翼板剪切作用,故采用四边简支的边界条件,约束情况见表 4.2-1。为了分析波形钢腹板发生剪切屈曲破坏模式,在 BC 边(图 4.2-4)施加均布剪切荷载,此时可以认为波形钢腹板处于纯剪受力状态。

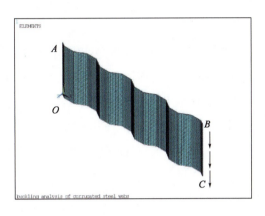

图 4.2-4 波形钢腹板有限元模型

波形钢腹板有限元模型的边界条件 表 4.2-1

支承边	平均自由度			转动自由度		
	U_x	U_y	U_z	R_x	R_y	R_z
OA	R	R	R	F	F	F
AB	R	F	R	F	F	F
BC	R	F	R	F	F	F
CO	R	F	R	F	F	F

注:R 表示约束自由度;F 表示释放自由度。

本研究对表 4.2-2 所述三种不同型号波形钢腹板分别考虑 6mm、8mm、10mm、12mm、14mm、16mm、18mm、20mm、22mm、24mm、26mm、28mm 共 12 种板厚,1m、2m、3m、4m、5m、6m、7m 共 7 种腹板高,共计 84 种波形钢腹板类型,用 ANSYS 程序分别做了剪切、剪切屈曲分析,以探讨波形钢腹板剪切屈曲强度随结构参数变化状况,寻求波形钢腹板构造参数对其受剪性能的影响。

常用波形钢腹板的几何尺寸 表 4.2-2

编号	类型	几何尺寸(mm)					转角半径
		q	a_1	a_2	a_3	d	r
CSW1	1000 型	1000	340	160	226	160	$15t$
CSW2	1200 型	1200	330	270	336	200	$15t$
CSW3	1600 型	1600	430	370	430	220	$15t$

注：表中几何尺寸参数如图 4.2-5 所示。

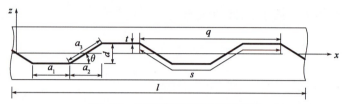

图 4.2-5 波形钢腹板构造参数示意图

为考察波形钢腹板高度对其屈曲性能的影响，对不同型号的 6～28mm 厚的波形钢腹板随其高度变化而产生的剪切屈曲做了多个模型分析，将不同波形钢腹板厚度的剪切屈曲强度随腹板高度的变化示于图 4.2-6～图 4.2-8。从图中可以发现，对于同一腹板厚度 t_w 的波形钢腹板，其剪切屈曲强度随着腹板高度的增大而减小；腹板厚度较大时，波形钢腹板的剪切屈曲强度随腹板高度的变化幅度较大；腹板厚度较小时，不同高度的波形钢腹板的剪切屈曲强度基本保持不变。

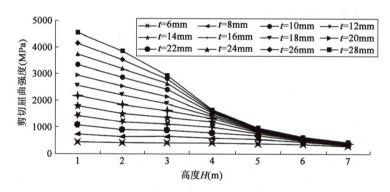

图 4.2-6 1000 型变腹板高度-剪切屈曲强度折线图

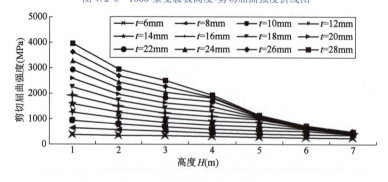

图 4.2-7 1200 型变腹板高度-剪切屈曲强度折线图

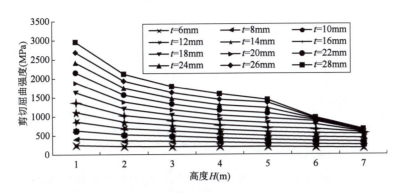

图 4.2-8　1600 型变腹板高度-剪切屈曲强度折线图

各型不同高度的波形钢腹板剪切屈曲强度随腹板厚度的变化如图 4.2-9～图 4.2-11 所示。从图中可以发现，对于同一腹板高度 h_w 的波形钢腹板，其剪切屈曲强度随着腹板厚度的增大显著增大。此外，当腹板厚度较大时，减小腹板高度可以显著提高波形钢腹板的剪切屈曲强度；当腹板厚度较小时，腹板高度的变化对波形钢腹板的剪切屈曲强度几乎没有影响。

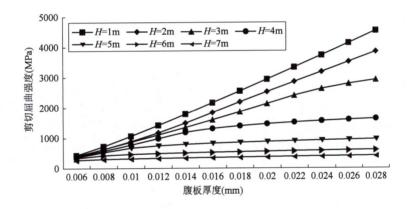

图 4.2-9　1000 型变腹板厚度-剪切屈曲强度折线图

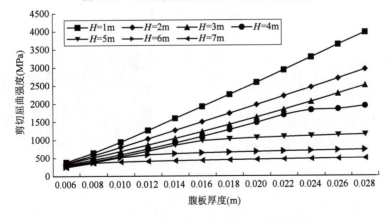

图 4.2-10　1200 型变腹板厚度-剪切屈曲强度折线图

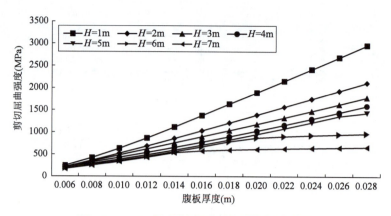

图 4.2-11 1600 型变腹板厚度-剪切屈曲强度折线图

为探讨波形钢腹板几何参数对波形钢板屈曲模态(即局部屈曲、整体屈曲、组合屈曲等)的影响,对 12 个系列、共 84 种波形钢腹板有限元模型进行特征值屈曲分析,研究箱梁腹板高度、厚度对三种型号波形钢腹板剪切屈曲模态的影响。其中,腹板高度 h_w 的变化范围为 1~7m,厚度 t_w 的变化范围为 6~28mm,做出各个参数对应的模态图(共做了 84 个模态,这里仅略举数例,如图 4.2-12 所示)。

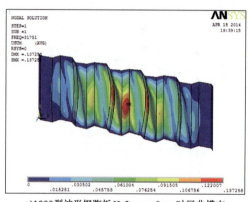

a)1000型波形钢腹板 H=2m、t=8mm时屈曲模态

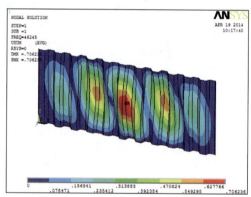

b)1000型波形钢腹板 H=5m、t=24mm时屈曲模态

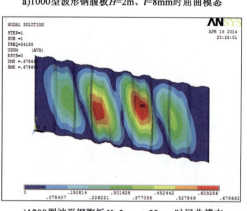

c)1200型波形钢腹板 H=5m、t=22mm时屈曲模态

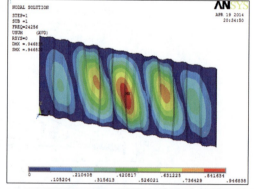

d)1200型波形钢腹板 H=7m、t=26mm时屈曲模态

图 4.2-12

第4章 波形钢腹板预应力混凝土桥优良的工程性能

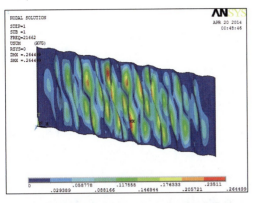

e) 1600型波形钢腹板 $H=7m$、$t=12mm$ 时屈曲模态

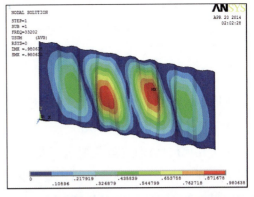

f) 1600型波形钢腹板 $H=7m$、$t=28mm$ 时屈曲模态

图 4.2-12 三种型号波形钢腹板的屈曲模态分析

由这三种型号84个尺寸组合的屈曲模态分析得知,板厚从6mm变化到28mm、腹板高度从1m变化到7m时的波形钢腹板屈曲模态分析和如剪切屈曲强度随结构参数变化图所示,可以初步确定不同型号波形钢腹板的屈曲模态的几何参数界限。三种型号波形钢腹板屈曲模态对应腹板厚度界限,见表4.2-3~表4.2-5。

1000型波形屈曲模态对应腹板厚度界限(单位:mm)　　表4.2-3

屈曲类型	$H=1m$	$H=2m$	$H=3m$	$H=4m$	$H=5m$	$H=6m$	$H=7m$
局部屈曲	6~8	6					
组合屈曲	10~28	8~28	6~22	6~12	6~8	6	
整体屈曲			24~28	14~28	10~28	8~28	6~28

1200型波形屈曲模态对应腹板厚度界限(单位:mm)　　表4.2-4

屈曲类型	$H=1m$	$H=2m$	$H=3m$	$H=4m$	$H=5m$	$H=6m$	$H=7m$
局部屈曲	6~22	6	6				
组合屈曲	24~28	8~28	8~28	6~22	6~14	6~10	6
整体屈曲				24~28	16~28	12~28	8~28

1600型波形屈曲模态对应腹板厚度界限(单位:mm)　　表4.2-5

屈曲类型	$H=1m$	$H=2m$	$H=3m$	$H=4m$	$H=5m$	$H=6m$	$H=7m$
局部屈曲	6~16	6~8	6				
组合屈曲	18~28	10~28	8~28	8~28	6~26	6~18	6~14
整体屈曲					28	20~28	16~28

经84种模型有限元分析,归纳三种型号的波形钢腹板的屈曲模态随波形钢腹板高度、厚度变化的情况如下:

(1)在高度较小时,如果厚度较小,则发生局部屈曲;如果厚度较大,则发生组合屈曲;

(2)在高度较大时,如果厚度较小,则发生组合屈曲;如果厚度较大,则发生整体屈曲;

(3)在腹板高度偏大、厚度偏小时,发生组合屈曲;

(4)腹板厚度较大时发生整体屈曲,而不会发生局部屈曲。

4.2.3 关于2400型波形钢腹板的波形设计

波形钢腹板的波形形式主要有梯形、曲线形和折线形等,其中梯形是实际工程中最常用的波形形式。根据前面对1000型、1200型、1600型波形钢腹板抗剪性能的分析可知:波形钢腹板几何尺寸的选择,主要由屈曲强度控制,并应综合考虑加工、运输、安装等因素,波形钢腹板预应力混凝土组合结构桥梁的施工实例中采用的波形钢腹板的形状主要有7种,见表4.2-6。其施工实例中最常用的是1600型波形钢腹板。各型波形钢腹板尺寸见表4.2-6,参数见图4.2-4。

我国施工实例中的波形钢腹板构造参数 表4.2-6

类型	几何尺寸(mm)					形状系数 η	折角 $\theta(°)$
	q	a_1	a_2	a_3	d		
1000型	1000	340	160	226	160	0.88	45.07
1200型	1200	330	270	336	200	0.90	36.53
1500型	1500	400	350	400	200	0.94	30.00
1600型	1600	430	370	430	220	0.93	30.77
1800型	1800	480	420	483.7	240	0.93	29.74
2000型	2000	512	488	549.2	250	0.94	27.13
2400型	2400	645	555	645	330	0.93	36.63

交通运输部于2010年颁布了我国首部与波形钢腹板相关的行业标准《组合结构桥梁用波形钢腹板》(JT/T 784—2010),该标准中推荐了1000型、1200型、1600型3种常用的波形钢腹板,其几何尺寸见表4.2-6。其中最大尺寸为1600型波形钢腹板,用于200m跨径及以上大桥,其板厚将达30mm以上,加工有一定困难。为适应大跨径波形钢腹板预应力混凝土桥的需要,要考虑更大型号的波形钢腹板,故本书研究了2400型波形钢腹板,经试算其结构参数,初拟尺寸见表4.2-7。

2400型波形钢腹板结构参数 表4.2-7

类型	几何尺寸(mm)					形状系数 η	折角 $\theta(°)$
	q	a_1	a_2	a_3	d		
2400型	2400	643	557	643	322	0.93	30.00
微调	2400	645	555	645	330	0.93	36.63

仿照上面对1000型、1200型、1600型波形钢腹板的分析,对2400型波形钢腹板板厚变化于16~40mm、板高变化于1~9m所有不同几何参数的波形钢腹板进行了屈曲模态分析,分析结果如图4.2-13所示。

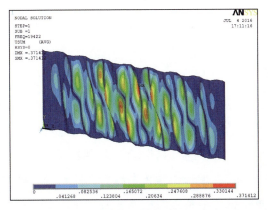
a) H=9m、t=16mm

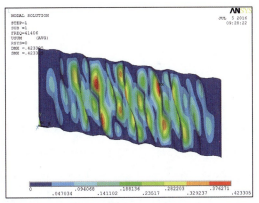
b) H=9m、t=28mm

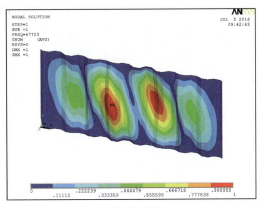
c) H=9m、t=40mm

图 4.2-13　2400 型波形钢腹板屈曲模态分析

通过研究 2400 型波形钢腹板屈曲模态随其厚度、高度的变化，可以初步确定 2400 型波形钢腹板不同屈曲模态几何参数界限，见表 4.2-8。

表 4.2-8　2400 型波形钢腹板屈曲模态对应腹板厚度界限（单位：mm）

屈曲类型	H=1m	H=2m	H=3m	H=4m	H=5m	H=6m	H=7m	H=8m	H=9m
局部屈曲	16~40	16~22	16						
组合屈曲		24~40	18~40	16~40	16~40	16~40	16~40	16~34	16~26
整体屈曲								36~40	28~40

根据对 1000 型、1200 型、1600 型波形钢腹板的研究，可知 2400 型波形钢腹板也有与 1000 型、1200 型、1600 型波形钢腹板同样的规律：在高度较小时，如果厚度较小，则发生局部屈曲，如果厚度较大，则发生组合屈曲；在高度较大时，如果厚度较小，则发生组合屈曲，如果厚度较大，则发生整体屈曲。根据上面的分析及与 1000 型、1200 型、1600 型波形钢腹板的研究对比可知，本节所拟 2400 型波形钢腹板具有与 1600 型等常用波形钢腹板类似力学性能。鉴于所拟 2400 型波形钢腹板波高高达 330mm，可以承载较大的屈曲剪力，通过试设计表明，2400 型波形钢腹板可以用于跨径 360m 左右的波形钢腹板预应力混凝土连续梁。

4.2.4 关于钢混组合腹板的研究

4.2.4.1 钢混组合腹板剪切承载试验研究

为承受巨大的支点反力、均匀地传递支点剪力,波形钢腹板预应力混凝土连续梁支点部位应设混凝土支点横隔和波形钢腹板混凝土内衬。而带混凝土内衬的波形钢腹板实质为钢混组合腹板。

为研究波形钢板-混凝土组合腹板抗剪的受力性能,课题组制作了 A、B 两组波形钢板-混凝土组合梁。组合梁 A 的详细构造如图 4.2-14 所示,在波形钢腹板波峰处,混凝土的厚度为 200mm;在波形钢腹板波谷处,混凝土的厚度为 400mm。波形钢腹板厚度为 10mm,上、下翼缘钢板厚度为 18mm。组合梁长 4.78m,梁高为 970mm。栓钉的布置位置如图 4.2-14 所示,在波形钢腹板的波峰和波谷位置设置 6 排栓钉,栓钉均焊接在波形钢腹板上,栓钉直径为 16mm,长度为 120mm,栓钉直径为 28mm,栓钉没有与钢筋绑扎在一起。

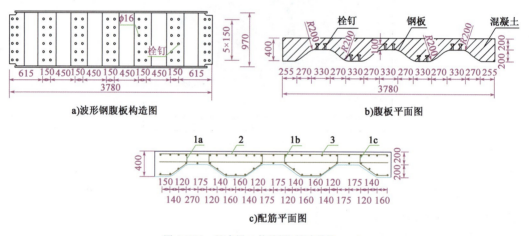

图 4.2-14 组合梁 A 构造图(尺寸单位:mm)

组合梁 B 的详细构造如图 4.2-15 所示,梁长为 4.78m,梁高为 970mm。在波形钢腹板波峰处,混凝土的厚度为 400mm;在波形钢腹板波谷处,混凝土的厚度为 600mm。波形钢腹板厚度为 10mm,上、下翼缘钢板厚为 18mm。组合梁 B 的波形钢腹板构造、栓钉构造均与组合梁 A 的相应构造相同。

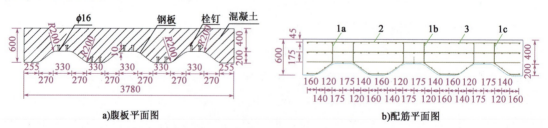

图 4.2-15 组合梁 B 的构造图(尺寸单位:mm)

本次试验在 2000t 的压力机上进行,组合梁的加载装置如图 4.2-16 所示。

图 4.2-16　组合梁的加载装置

本试验中组合梁的总体构造如图 4.2-17 所示。

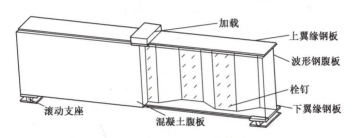

图 4.2-17　试验梁的总体构造

试验用组合梁上、下翼缘板处设有位移计,波形钢板与混凝土板相应位置处均设有应力计、应变花,以实测试验过程中波形钢板与混凝土板实际发生的剪应力。

试验结果整理中特别关注了波形钢板与混凝土板间的剪力关系:取相应竖向剪切截面钢板表面的剪应力、混凝土内部的剪应力平均值,分别乘以相应的截面面积,通过计算得到混凝土与钢板的剪力分担比例。

组合梁 A 支点及跨中附近截面,按照剪应力计算得到钢板与混凝土分担的剪力比例,如图 4.2-18、图 4.2-19 所示。

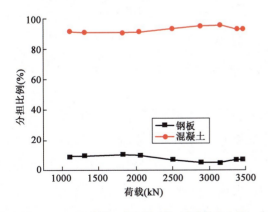

图 4.2-18　组合梁 A 支座附近截面剪力分担比例

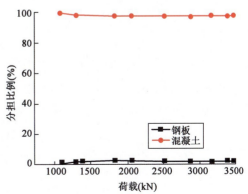

图 4.2-19　组合梁 A 跨中部截面剪力分担比例

从图 4.2-18 和图 4.2-19 可以看出,整个组合梁的抗剪承载力中,混凝土分担的剪力值占整个组合梁剪力值的绝大多数,且整个梁截面的剪力分担比为定值。

组合梁 B 支点附近截面和跨中附近截面的剪力分担比例如图 4.2-20、图 4.2-21 所示,与组合梁 A 类似,对于整个组合梁的抗剪承载力,混凝土分担的剪力值占整个组合梁剪力值的绝大多数,整个梁的剪力分担比例为一定值。

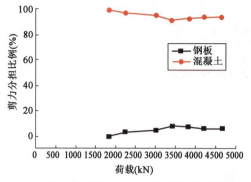

图 4.2-20 组合梁 B 支座附近截面剪力分担比例　　图 4.2-21 组合梁 B 跨中截面剪力分担比例

结合荷载试验数据,采用有限元数值模拟开展了组合梁有限元分析研究。

组合梁 A 和组合梁 B 有限元计算的结果与试验结果的对比如图 4.2-22、图 4.2-23 所示。从图 4.2-22、图 4.2-23 可以看出,有限元计算的曲线与试验曲线基本符合。

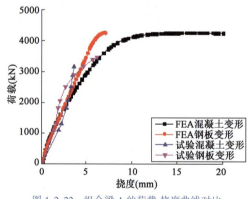
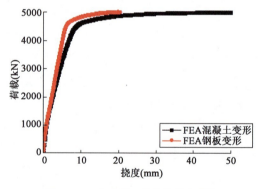

图 4.2-22 组合梁 A 的荷载-挠度曲线对比　　图 4.2-23 组合梁 B 的荷载-挠度曲线

该试验主要关注波形钢腹板与混凝土板间的剪力分担问题,前面所述为试验实测结果,对同一问题又进行了详细的有限元理论分析。

在有限元模型中,取如图 4.2-24 所示截面,计算混凝土与钢板的剪力分担比例。

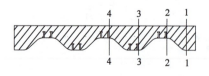

图 4.2-24 组合梁剪力分配计算的截面

在有限元模型中,对同一个截面钢板与混凝土内所有节点竖向剪力进行积分,分别得到同一截面钢板、混凝土的竖向剪力。由计算得到的同一截面钢板与混凝土的竖向剪力,分别计算出钢板与混凝土所分担的剪力。分析结

果如下:

取组合梁 A 和组合梁 B 所受到的荷载为横坐标,以钢板与混凝土分担的剪力比例为纵坐标,得到钢板与混凝土的剪力分配图,如图 4.2-25、图 4.2-26 所示。

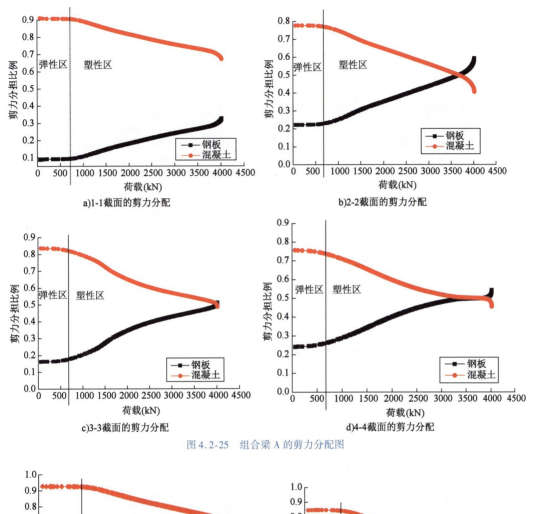

图 4.2-25　组合梁 A 的剪力分配图

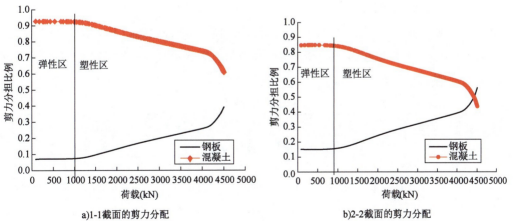

图 4.2-26

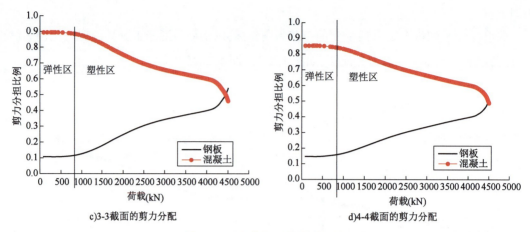

c)3-3截面的剪力分配　　　　　d)4-4截面的剪力分配

图4.2-26　组合梁B的剪力分配图

由图4.2-25、图4.2-26可知,在组合梁刚开始受力的阶段,钢板与混凝土为弹性受力阶段,钢板与混凝土分担的剪力比例近似保持不变;在混凝土受力进入塑性阶段后,钢板分担的剪力比例增大,混凝土分担的剪力比例减小。

《公路波形钢腹板预应力混凝土箱梁桥设计规范》(DB41/T 643—2010)给出了内衬混凝土承担剪力分配的计算式:

$$V_{cd} = \frac{G_c \cdot A_c}{G_c \cdot A_c + G \cdot A_s} \cdot V_d \tag{4.2-1}$$

式中:V_{cd}——内衬混凝土承担的剪力设计值;

G_c——内衬混凝土的剪切模量;

A_c——内衬混凝土的平均断面面积;

G——波形钢腹板的有效剪切模量;

A_s——波形钢腹板的有效断面面积;

V_d——竖向剪力设计值。

为了对比弹性阶段,由式(4.2-1)计算与有限元计算的组合梁混凝土与钢板分担的剪力比值列在表4.2-9中,从表4.2-9可以看出,按照规范与有限元模型,在弹性阶段内混凝土与钢板分担的剪力比值基本一致。

混凝土剪力分担比例　　　　　　　　　　　　　　表4.2-9

截面	组合梁A			组合梁B		
	有限元	计算式	有限元/计算式	有限元	计算式	有限元/计算式
1-1	0.906	0.876	1.034	0.925	0.914	1.012
2-2	0.770	0.783	0.983	0.841	0.877	0.959
3-3	0.824	0.876	0.941	0.876	0.914	0.958
4-4	0.741	0.783	0.946	0.836	0.877	0.953

影响波形钢腹板内衬混凝土组合梁极限抗剪强度的因素有钢板厚度、混凝土厚度、混凝土强度、高跨比、宽跨比、栓钉直径以及是否设置构造钢筋,对此进行了专门研究,结论为:

将模型试验与有限元分析所得混凝土与钢板分担的剪力比值记为 R_{FEA},按式(4.2-1)计算得到混凝土与钢板分担的剪力比值记为 R_{ANY},计算 R_{FEA}/R_{ANY} 作为混凝土与钢板分担剪力比值的相对值。不同钢板厚度所得 R_{FEA}/R_{ANY} 如图4.2-27、图4.2-28所示,从图中可以看出:在弹性阶段有限元计算的剪力分配值与式(4.2-1)计算的剪力分配值基本一致。

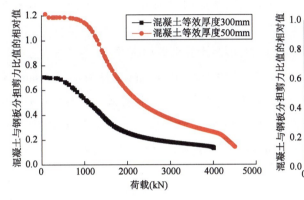

图 4.2-27　1-1 截面剪力分担比例对比　　　　图 4.2-28　2-2 截面剪力分担比例对比

同样不同混凝土板厚所得 R_{FEA}/R_{ANY} 分担剪力,如图4.2-29、图4.2-30所示,从图中可以看出:在弹性阶段有限元计算的剪力分配与式(4.2-1)计算的剪力分配基本一致。

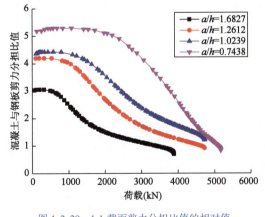

图 4.2-29　1-1 截面剪力分担比值的相对值　　　图 4.2-30　2-2 截面剪力分担比值的相对值

综上所述,波形钢板内衬混凝土组合构件面内剪切荷载作用力学行为大致分为3个阶段:

(1)弹性阶段:组合构件的刚度为混凝土与钢板的刚度之和,可假定钢与混凝土完全黏结。

(2)开裂阶段:混凝土开裂至钢板屈曲或屈服;钢板仍保持弹性,混凝土板类似斜向桁架仅承受压应力,且与钢板所受拉应力方向同向。

(3)屈曲后破坏阶段:钢板屈曲斜拉破坏,混凝土斜压破坏,最终组合板件倒塌。

4.2.4.2 按组合剪切刚度计算钢混组合腹板剪切承载力

结构破坏过程是复杂的,然而这个复杂过程可用结构刚度变化来描述,而组合构件的剪切刚度取决于波形钢板与混凝土各自的剪切刚度以及两者之间连接程度。波形钢板内衬混凝土组合板件剪力作用如图 4.2-31 所示。

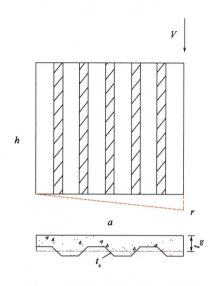

图 4.2-31 波形钢板内衬混凝土组合板件剪力作用

1)内衬混凝土弹性剪切刚度

Davies(1979)、Easterling(1994)、Hossain 和 Wright(1998)将波形混凝土板等效为具有相同平面尺寸及平均等效厚度 t_{eq} 的各向同性混凝土平板,开裂前,假定混凝土为线弹性材料,开裂前剪切刚度 k_e 为:

$$k_e = \frac{E_c h t_{eq}}{2a(1+\mu_c)} \quad (4.2\text{-}2)$$

式中:a、h——混凝土板的宽度与高度;

E_c、μ_c——混凝土的弹性模量与泊松比。

2)波形钢板弹性剪切刚度

波形钢板剪切刚度为单位剪切荷载下的剪切位移(γ/V)。整个波形钢板的剪切刚度 c_s 为以下组成部分之和(Wright,1998):

$$c_s = c_1 + c_2 + c_3 \quad (4.2\text{-}3)$$

式中:c_1——波形钢板剪切变形;

c_2——波形钢板弯曲或畸变变形;

c_3——波形钢板与混凝土连接及固定位置的局部变形。

若忽略 c_3、c_2,则波形钢板剪切刚度 k_s 为:

$$k_s = \frac{E_s h t_s}{2a\eta(1+\mu_s)} \quad (4.2\text{-}4)$$

式中:E_s、μ_s——钢板的弹性模量与泊松比;

η——波形形状展开长度与投影长度的比值;

a、h、t_s——钢板的宽度、高度与厚度。

3)钢混组合腹板剪切力的内部分担

波形钢板与混凝土剪力分担比例为:

$$\frac{V_s}{V_c} = \frac{(1+\mu_c)}{(1+\mu_s)\eta E_c t_{eq}} \quad (4.2\text{-}5)$$

可推导得出波形钢板与混凝土板轴力分担比例为：

$$\frac{N_s}{N_c} = \frac{\eta E_s t_s}{E_c t_{eq}} \tag{4.2-6}$$

波形钢板与混凝土板弯矩分担比例为：

$$\frac{M_s}{M_c} = \frac{\eta E_s t_s}{E_c t_{eq}} \tag{4.2-7}$$

(1) 式(4.2-5)~式(4.2-7)的有限元计算验证。

参照组合梁 A、B 的构造，假设波形钢腹板内衬混凝土组合梁模型中混凝土与波形钢腹板之间完全连接，波形钢腹板内衬混凝土组合梁模型参数见表4.2-10。

波形钢腹板内衬混凝土组合梁模型参数　　　　表4.2-10

模型名称	梁长 L (mm)	梁高 h (mm)	波形水平板宽 a (mm)	波形斜板水平投影 b (mm)	波高 d (mm)	钢板厚度 t (mm)	混凝土板平均厚度 t_{caver} (mm)
1000-1	2000	1000	340	160	160	8	280
1000-2	2000	1000	340	160	160	12	280
1200-1	2400	1200	330	270	200	16	500
1200-2	2400	1200	330	270	200	16	400
1600-1	3200	1600	430	370	220	10	510
1600-2	3200	1600	430	370	220	26	510

采用有限元软件 ABAQUS 建立有限元模型，得出表4.2-11 所示内容。

波形钢腹板内衬混凝土组合梁模型等效刚度比较　　　　表4.2-11

模型名称	轴向刚度			剪切刚度			弯曲刚度		
	计算模型 (kN/mm)	FEA (kN/mm)	FEA/计算模型	计算模型 (kN/mm)	FEA (kN/mm)	计算模型/FEA	计算模型 (kN/mm)	FEA (kN/mm)	FEA/计算模型
1000-1	1.01×10^{10}	1.20×10^{10}	1.20	2.24×10^9	2.38×10^9	1.06	1.00×10^9	7.02×10^8	0.70
1000-2	1.05×10^{10}	1.32×10^{10}	1.26	2.36×10^9	1.85×10^9	0.78	1.1×10^9	7.75×10^8	0.70
1200-1	2.43×10^{10}	2.57×10^{10}	1.06	3.57×10^9	4.11×10^9	1.15	3.09×10^9	2.33×10^9	0.76
1200-2	1.87×10^{10}	2.13×10^{10}	1.14	2.76×10^9	3.43×10^9	1.24	2.55×10^9	1.88×10^9	0.74
1600-1	3.10×10^{10}	3.21×10^{10}	1.03	4.01×10^9	3.37×10^9	0.84	6.84×10^9	4.99×10^9	0.73
1600-2	3.38×10^{10}	2.87×10^{10}	0.85	3.77×10^9	4.57×10^9	1.21	8.17×10^9	6.13×10^9	0.75

轴向刚度计算模型同有限元分析结果比值的均值为1.09，标准差为0.14；剪切刚度计算模型同有限元分析结果比值的均值为1.05，标准差为0.19；弯曲刚度计算模型同有限元分析结果比值的均值为0.73，标准差为0.02。弯曲刚度计算模型同有限元分析结果相差较大，主要是由于有限元模型的弯曲正应变计算曲率时，中性轴不在梁高的中心位置。

(2) 式(4.2-5)~式(4.2-7)的试验验证。

取组合梁 A、组合梁 B 试验弹性阶段的应力，以及试验加载值对剪力作用等效刚度进行验证,组合梁 A 试验对比结果如图 4.2-32、图 4.2-33、表 4.2-12、表 4.2-13 所示。

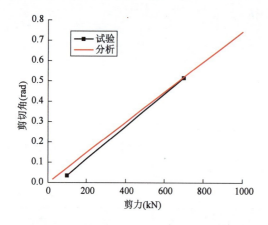

图 4.2-32　组合梁 A 试验支座附近截面剪力与剪切角关系对比图

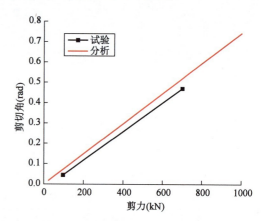

图 4.2-33　组合梁 A 试验跨中附近截面剪力与剪切角关系对比图

注:图例中"分析"为 ABAQUS 计算模型数值,以下同理。

组合梁 A 试验支座附近截面剪切等效刚度比较　　　　表 4.2-12

荷载	试验(kN/mm)	分析(kN/mm)	试验/分析
97kN	2.64×10^9	2.55×10^9	1.03
700kN	2.57×10^9	2.55×10^9	1.01

组合梁 A 试验跨中附近截面剪切等效刚度比较　　　　表 4.2-13

荷载	试验(kN/mm)	分析(kN/mm)	试验/分析
97kN	2.06×10^9	2.55×10^9	0.81
700kN	2.81×10^9	2.55×10^9	1.11

同理,组合梁 B 对比结果如图 4.2-34、图 4.2-35 以及表 4.2-14、表 4.2-15 所示。

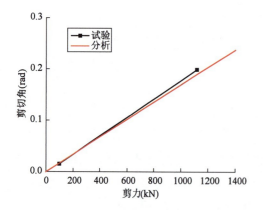

图 4.2-34　组合梁 B 试验支座附近截面剪力与剪切角关系对比图

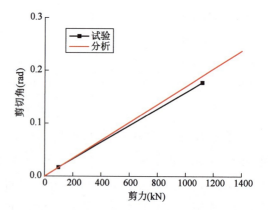

图 4.2-35　组合梁 B 试验支座附近截面剪力与剪切角关系对比图

组合梁 B 试验支座附近截面剪切等效刚度比较 表 4.2-14

荷载	试验（kN/mm）	分析（kN/mm）	试验/分析
97kN	5.98×10^9	5.57×10^9	1.07
700kN	5.32×10^9	5.57×10^9	0.95

组合梁 B 试验跨中附近截面剪切等效刚度比较 表 4.2-15

荷载	试验（kN/mm）	分析（kN/mm）	试验/分析
97kN	5.43×10^9	5.57×10^9	0.98
700kN	5.96×10^9	5.57×10^9	1.07

4）钢混组合腹板剪切强度计算

Nakamura 等研究了直钢腹板与内衬的抗剪作用机理，认为最终破坏时组合梁形成了两个区域，分别为受拉和受压区域，且两个区域呈现交叉状态，抗剪作用机理见图 4.2-36。对于波形钢腹板内衬混凝土组合梁，可认为受拉区由波形钢腹板承担，受压区由内衬混凝土承担。

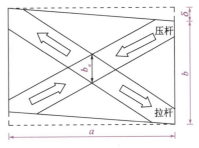

图 4.2-36 抗剪作用机理

a-矩形板宽度；b-矩形板高度；δ-矩形板变形为平行四边形后角端竖向变形；b_e-有效厚度

根据组合梁 A 和组合梁 B 的斜截面受剪承载力的分析，以及波形钢腹板内衬混凝土组合梁结构构造，波形钢腹板内衬混凝土组合梁的极限抗剪承载力分为 4 个部分：①混凝土抗剪承载力；②波形钢腹板抗剪承载力；③栓钉抗剪承载力；④箍筋的抗剪承载力。

波形钢腹板内衬混凝土组合梁的极限抗剪承载力 V 计算式如下：

$$V = \frac{k_1}{\lambda + k_2}\left(f_c b_b h_{b0} + \frac{2nR^2 l}{L_{wav}}\tau_{wy}\right) + \frac{k_3}{\lambda + k_4}\tau_{wy}h_w t_w + k_5 f_{yv}\frac{A_{sv}}{s}h_{b0} \quad (4.2-8)$$

在梁高不变的条件下，计算得到组合梁的极限抗剪承载力 V，通过回归分析得到 k_1、k_2、k_3、k_4、k_5 的值。

根据非线性最小二乘法进行回归分析，得到波形钢腹板内衬混凝土组合梁极限抗剪承载力公式：

$$V = \frac{0.772}{\lambda + 3.154}\left(f_c b_b h_{b0} + \frac{2nR^2 l}{L_{wav}}\tau_{wy}\right) + \frac{2.504}{\lambda + 3.154}\tau_{wy} h_w t_w + 0.712 f_{yv}\frac{A_{sv}}{s}h_{b0} \quad (4.2\text{-}9)$$

式中： λ——计算截面的剪跨比，可取 $\lambda = a/h_{b0}$，其中，a 为集中荷载作用点至节点边缘的距离，当 $\lambda < 1.5$ 时，取 $\lambda = 1.5$，当 $\lambda > 3$ 时，取 $\lambda = 3$；

$\quad\quad\quad b_b$——框架梁截面宽度；

$\quad\quad\quad f_c$——混凝土轴心抗压强度设计值；

$\quad\quad\quad s$——沿构件长度方向箍筋的间距；

$\quad\quad\quad f_{yv}$——箍筋的抗拉强度设计值；

$\quad\quad\quad A_{sv}$——同一截面箍筋各肢面积之和；

$\quad\quad\quad L_{wav}$——波形钢腹板一个波长的长度；

$\quad\quad\quad n$——栓钉个数；

$\quad\quad\quad R、l$——栓钉直径、长度；

$\quad\quad\quad h_{b0}$——钢筋混凝土部分截面的有效高度，即受拉钢筋面积形心到截面受压边缘的距离；

$\tau_{wy}、t_w、h_w$——波形钢腹板的剪切屈服强度、厚度与高度。

式(4.2.8)适用的基本条件为 $\lambda < 3$，且高跨比 $h/l < 0.2566$（l 为组合梁长的1/2）。

式(4.2-8)、式(4.2-9)为钢混组合梁截面剪切承载力计算式,可用于波形钢腹板预应力混凝土梁支点部带混凝土内衬的波形钢腹板所形成的钢混组合腹板弹性剪切承载力计算,然而此承载力并非极限状态下钢混组合腹板的剪切承载力,实际应用价值待商榷。

实际设计中对波形钢腹板仍按承担全部支点剪力设计,对混凝土内衬仍按式(4.2-1)计算混凝土内衬所分担的支点剪力,设计计算混凝土截面面积与钢筋配筋。此计算方法偏于保守。从经济性角度考虑,因混凝土内衬的存在,即便在极限状态开裂,波形钢腹板屈曲亦不可能发生,故对波形钢腹板可仅进行剪切强度验算,不考虑剪切屈曲验算,而仍按式(4.2-1)计算混凝土内衬所分担剪力,用作配筋验算。

4.2.5 关于加劲波形钢腹板的探讨

对常用型号的波形钢腹板剪切受力与其构造参数关系的研究如上节所述,工程实践说明1600型波形钢腹板能应用于200m跨左右波形钢腹板预应力混凝连续梁,若建造更大跨径连续梁桥,则需设计具更大抗剪能力的波形钢腹板,为此在研究2400型波形钢腹板和钢混组合波形钢腹板的抗剪承载力之后,又开展了对加劲波形钢腹板抗剪承载力的研究。下面介绍对加劲波形钢腹板抗剪承载力的研究。

为研究加劲对波形钢腹板抗剪性能的影响,用Q345低合金钢按缩尺比例为1:2做了5个1600型波形尺寸的缩尺模型试验梁:1根I形截面波形钢腹板梁(GCW),2根带纵向直板加劲肋的I形截面波形钢腹板梁(SGCW),2根带纵向波形加劲的I形截面波形钢腹板梁

(CSGCW)。在试件支点和加载点分别设置一道竖向加劲肋,厚度 $t_s = 20\text{mm}$。在 SGCW1 试验梁腹板 1/2 高度处设置一道纵向加劲肋,在 SGCW2 试验梁腹板 1/3 和 2/3 高度处设置两道纵向加劲肋;在 CSGCW1 试验梁腹板 1/2 高度处设置一道纵向波形加劲肋,在 CSGCW2 试验梁腹板 1/3 和 2/3 高度处设置两道纵向波形加劲肋。试验梁整体尺寸及波形钢腹板尺寸如图 4.2-37 ~ 图 4.2-42 所示。

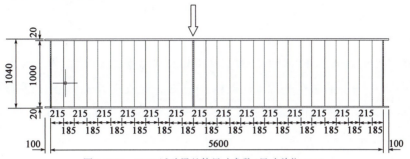

图 4.2-37　GCW 试验梁整体尺寸参数(尺寸单位:mm)

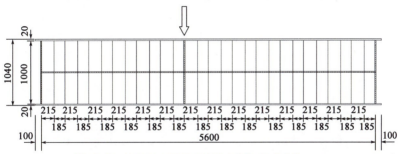

图 4.2-38　SGCW1 试验梁整体尺寸参数(尺寸单位:mm)

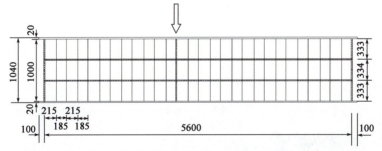

图 4.2-39　SGCW2 试验梁整体尺寸参数(尺寸单位:mm)

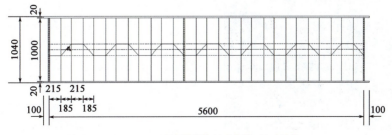

图 4.2-40　CSGCW1 试验梁整体尺寸参数(尺寸单位:mm)

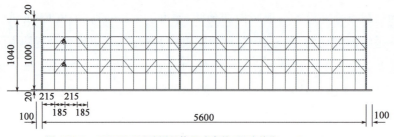
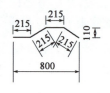

图4.2-41　CSGCW2试验梁整体尺寸参数(尺寸单位:mm)　　　图4.2-42　波形钢腹板尺寸(尺寸单位:mm)

试件加载方案如图4.2-43所示,距离梁端一定位置安装滚动支座,在支点和加载点区域设置竖向加劲肋,防止试件发生局部承压破坏,在上翼缘距支座L_1处单点加载,以控制破坏首先发生在短剪跨区。试验采用伺服加载系统进行分阶段逐级加载,第1阶段通过力控制加载至腹板出现面外变形,第2阶段通过位移控制加载至腹板屈曲。

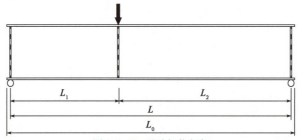

图4.2-43　试验加载方案

加载过程中,通过钢梁表面布置应变片,腹板上采用应变花,其他位置采用单向应变片,测试关键部位腹板、翼缘的应变分布。在梁底部和侧面安装位移计,监测加载过程梁面内以及梁面外的挠曲过程。

(1)I形截面波形钢腹板梁(GCW)。

GCW剪切性能试验见图4.2-44。

如图4.2-45所示,加载到140kN时,梁腹板发生与梁轴成45°方向的屈曲现象,此后随着荷载的增大,这种屈曲现象越来越明显;加载到160kN时,钢梁的弹塑性变形发展很快,最终丧失承载力。

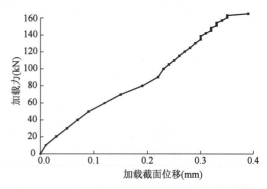

图4.2-44　GCW剪切性能试验　　　图4.2-45　GCW加载截面位移与加载力的关系曲线

(2)带一道直板纵向加劲肋的I形截面波形钢腹板梁(SGCW1)。

SGCW1剪切性能试验见图4.2-46。

如图4.2-47所示,加载到150kN时,梁端部腹板发生与梁轴成45°方向的屈曲现象,此后随着荷载的增大,这种屈曲现象越来越明显,加载到180kN时,钢梁进入塑性阶段,继续加载时钢梁的塑性变形发展很快,最终丧失承载力。

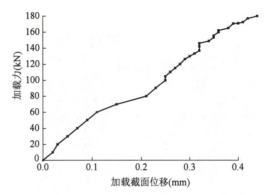

图4.2-46　SGCW1剪切性能试验　　　图4.2-47　SGCW1加载截面位移与加载力的关系曲线

(3)带两道直板纵向加劲肋的I形截面波形钢腹板梁(SGCW2)。

SGCW2剪切性能试验见图4.2-48。

如图4.2-49所示,加载到185kN时,梁短跨腹板发生与梁轴成45°方向的屈曲现象,此后随着荷载的增大,这种屈曲现象越来越明显,此外,屈曲贯穿整个短跨段腹板;加载到196kN时,钢梁进入塑性阶段,继续加载时钢梁的塑性变形发展很快,最终丧失承载力。

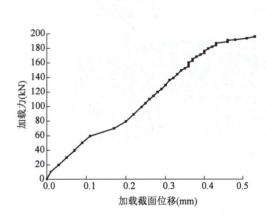

图4.2-48　SGCW2剪切性能试验　　　图4.2-49　SGCW2加载截面位移与加载力的关系曲线

(4)带一道纵向波形加劲肋的I形截面波形钢腹板梁(CSGCW1)。

CSGCW1剪切性能试验见图4.2-50。

如图4.2-51所示,加载到185kN时,梁短跨腹板发生与梁轴成45°方向的屈曲现象,此后随着荷载的增大,这种屈曲现象越来越明显,此外,屈曲被波形加劲肋隔断,形成两段平行的屈曲形态;加载到195kN时,钢梁进入塑性阶段,继续加载时钢梁的塑性变形发展很快,最终丧失承载力。

图4.2-50 CSGCW1剪切性能试验　　　　图4.2-51 CSGW1加载截面位移与加载力的关系曲线

(5)带两道纵向波形加劲肋的I形截面波形钢腹板梁(CSGCW2)。

CSGCW2剪切性能试验见图4.2-52。

如图4.2-53所示,加载到190kN时,梁短跨腹板发生与梁轴成45°方向的屈曲现象;加载到205kN时,钢梁进入塑性阶段;继续加载,钢梁的塑性变形发展很快,最终丧失承载力。

 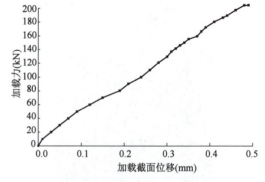

图4.2-52 CSGCW2剪切性能试验　　　　图4.2-53 CSGW2加载截面位移与加载力的关系曲线

(6)带加劲肋的波形钢腹板的稳定性分析。

从理论上说,在所有的板的屈曲情形中,剪力的临界值与板的弯曲刚度成正比。因此,对于给定边界条件及给定比值 a/b 的矩形板,临界应力的大小与 $(a/b)^2$ 成正比,增加板的厚度可增加板的稳定性,但是对于所用材料的重量来说,这样的设计是不经济的。于是考虑带加劲肋的波形钢腹板。

对于剪应力作用下的简支矩形板的加劲,首先讨论一承受均布剪应力并在板正中加一肋条的加劲简支矩形板(图 4.2-54),如果加劲肋足够强大,则钢板将如两块 $(b/2) \times a$ 的钢板发生受力屈曲;如果加劲肋偏弱,钢板将与肋同时屈曲,但梁的屈曲临界应力会比不加劲的工字梁大。

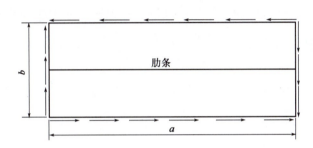

图 4.2-54　加劲简支矩形板受剪模型

为使板能达到按 1/2 板高的板发生屈曲时弯曲刚度 EI 相应的极限值,可由板与肋条的弯曲应变能研究得到(推演过程略)。设板的弯曲刚度与板的抗压刚度 D_a 之比为 γ,可推演出如表 4.2-16 所列出的几个 γ 值。

一根肋条时 γ 的极限值　　　　　　　　　　表 4.2-16

a/b	1	1.25	1.5	2
$\gamma = EI/D_a$	15	6.3	2.9	0.83

如果使用两根加劲肋(肋条)将板三等分,用类似的方法,可确定板屈曲时肋条保持为直线而板按 1/3 高度发生屈曲的 γ 极限值,见表 4.2-17。

两根肋条时 γ 的极限值　　　　　　　　　　表 4.2-17

a/b	1.2	1.5	2	2.5	3
$\gamma = EI/D_a$	22.6	10.7	4.53	1.37	0.64

通过试验并进行与试验相关的弹塑性理论分析和有限元分析,说明本试验所用加劲肋刚度较小,未起到强劲加劲作用,未能使腹板呈现分块屈曲,仅使腹板屈曲应力有所提高。虽然加劲未能对板起到强劲分隔作用,但不同加劲形式的波形钢腹板梁,其屈曲破坏仍有所不同:无横向加劲的 GCW 趋于整体屈曲,且破坏荷载较小;一道直板加劲的 SGCW1 也趋于整体屈曲,但是加劲有隔断作用,而两道加劲的 SGCW2 屈曲亦无隔断作用;一道波形加劲的 CSGCW1 也趋于整体屈曲,加劲有隔断作用,而两道加劲的 CSGCW2 则发生了局部屈曲,起到了隔断作用。

由上述试验可知,波形钢腹板通过设置横向加劲肋可以有效提高其屈曲破坏承载力,GCW 破坏时为 165kN,SGCW1 破坏时为 180kN,SGCW2 破坏时为 196kN,CSGCW1 破坏时为 195kN,CSGCW2 破坏时为 205kN,相较 GCW,CSGCW2 约提高了 20% 的屈曲荷载。

这里仅说明了纵向加劲可以提高波形钢腹板剪切屈曲承载力,然而关于加劲肋形式、尺寸及布置等许多问题均未深入探讨,故本节研究内容尚未涉及加劲肋自身刚度问题,若能加大加劲肋刚度,使其能对波形钢腹板高度方向起隔断作用,则可大幅度提高加劲肋刚度,效果会更好,当然也会涉及用钢量、造型问题。试验研究仍证实纵向加劲肋可提高波形钢腹板屈曲承载力,具体构造措施与计算方法尚待进一步研究。

4.3 东宝河新安大桥大跨径波形钢腹板预应力混凝土梁桥设计探讨及各型号波形钢腹板极限跨径研究

4.3.1 东宝河新安大桥关于跨中钢底板段设置长度的探讨

继山东鄄城黄河公路大桥(70m + 11 × 120m + 70m)波形钢腹板预应力混凝土连续梁桥建成之后,工程界普遍认为中大跨桥梁采用波形钢腹板预应力混凝箱梁取代常用的预应力混凝土箱梁,可以避免普通预应力混凝土箱梁普遍出现的根部混凝土腹板开裂问题,因此自鄄城黄河公路大桥建成后,我国波形钢腹板预应力混凝土桥开始迎来飞跃式发展。波形钢腹板预应力混凝土桥的显著特点:一是波形钢腹板抗裂性更好;二是波形钢腹板混凝土箱梁比混凝土箱梁更轻,故上、下部构造节省材料,经济性较好,且因连续梁根部弯矩、剪力降低,可使连续梁跨径更大。基于这一考虑,为探讨更大跨径波形钢腹板预应力混凝土连续梁桥的建设可能性,参照重庆石板坡大桥复线桥建设经验,在东宝河新安大桥波形钢腹板预应力混凝土连续梁设计中,设计者有意识地于主跨跨中设一段钢底板,其目的在于减小主跨梁重,减小主跨梁墩上节段剪力。尽管东宝河新安大桥主跨仅 156m,但工程实践表明,这一技术措施对增大波形钢腹板预应力混凝土梁(刚构)桥的跨径确实为有益的探索。

东宝河新安大桥主桥上跨东宝河,位于直线段与圆曲线段,主跨跨径布置为 88m + 156m + 88m,上部结构采用波形钢腹板预应力混凝土连续箱梁桥,桥面宽 2 × 16.25m,箱梁顶面设有 1.5% 横坡,箱梁底板横向保持水平,箱梁腹板左右高度不等,形成横坡。

单幅主桥箱梁采用单箱单室截面,主梁顶、底板采用 C60 混凝土,钢腹板采用 Q345qC 钢材。箱梁根部梁高 8.3m(为主跨跨径的 1/18.8),按 1.6 次抛物线变化到跨中梁高为 3.5m

(为主跨跨径的 1/44.6)。箱梁底宽 8.0m,每幅箱梁顶宽 16.25m,箱梁外侧悬臂长 4.125m,悬臂端部厚 20cm,根部厚 65cm。箱梁顶板厚 35cm,墩顶局部加厚至 65cm,底板厚 30~90.8cm,主墩处局部加厚至 160cm。本桥边跨设置 3 道中横隔,中跨设置 6 道中横隔,间距约为 20m。除支点墩顶节段采用了混凝土腹板及钢-混凝土组合腹板外,其他节段腹板均为 1600 型波形钢腹板,钢板厚 10~28mm。

为探索更大跨径波形钢腹板预应力混凝土连续梁桥的设计,于本桥主跨跨中设置了 49.6m 的钢底板组合梁段,底板采用 30mm 厚度的钢板,钢底板梁段与两侧波形钢腹板悬浇节段混凝土底板的连接采用 4.8m 钢-混凝土组合底板过渡段,以使底板应力平缓过渡。

本设计纵向顶板束采用 19-ϕ^s15.2mm 和 25-ϕ^s15.2mm 钢绞线成束,单箱每节段配 2 束或 4 束,通过墩顶共 50 束;底板束采用体外束,纵向体外预应力钢束用母材为 19-ϕ^s15.2mm 和 22-ϕ^s15.2mm 钢绞线做成的环氧涂层无黏结成品索,边跨布置 12 束、中跨布置 12 束体外索,均锚于端横梁和墩顶横梁处,锚具采用可调可换式体外束专用夹片式锚具。体外束于全桥合龙后张拉,待二期恒载施工后再次调整张拉力。边跨合龙束采用 21-ϕ^s15.2mm 钢绞线成束,每个边跨各 4 束。顶板横向预应力钢筋采用 4-ϕ^s15.2mm 规格钢绞线束,束间距为 80cm。

波形钢腹板与混凝土顶板的连接采用双开孔板连接键连接方式,与底板的连接则采用开孔板与栓钉组合连接键连接方式;波形钢腹板与横隔采用开孔钢板连接键连接;波形钢腹板的各节段之间采用搭接连接贴角焊接形式,为焊接施工方便,于连接处设计了普通螺栓临时连接。在墩上节段与标准波形钢腹板节段之间的波形钢腹板内侧设有混凝土内衬,形成钢混组合腹板,内衬混凝土与波形钢腹板采用栓钉连接。

主桥主墩采用独柱式空心圆柱墩,柱径为 6m,桥墩顶部横桥向局部扩大为 8.7m;承台厚度 4m,承台平面尺寸为 14m×9m,桥墩基础采用群桩基础,一个承台下设桩径 2.50m,钻孔灌注桩 6 根,桩间距为 5m,按嵌岩桩设计。分联墩采用双柱式桥墩,采用 L 形盖梁,桥墩为直径 2.0m 圆柱墩,基础为承台桩基础,桩径 1.50m,一个承台下设 4 根,按嵌岩桩设计。支座采用 SSQZ(KZ)系列球型钢支座。

本桥主跨跨中将混凝土底板改为钢底板的优点为:减轻了跨中段结构重量,从动力刚度看,加大了结构动力刚度;缺点是减小了跨中段断面抗弯刚度,从静力刚度看减小了结构刚度。即从动力刚度看,其重量的减小与刚度的增大作用是矛盾的。因此,以维持主跨的动力刚度为目标,应用结构模态分析技术对其进行了动力优化研究,以选择一个最佳跨中段钢底板长度。为此做了下述 5 种不同长度跨中钢底板的结构方案的结构模态分析,比较其动力刚度,从而选择主跨跨中钢底板段最佳长度。

基于东宝河新安大桥桥型规模(88m+156m+88m 连续梁),设计中比选了 5 种结构形式,通过 ANSYS 实体有限元模型和模态分析,对其动力特性进行了对比,以探讨跨中设钢底板方案的利弊。5 种结构形式分别为：

①全波形钢腹板组合梁；

②跨中钢底板长 49.6m 的波形钢腹板混合梁；

③跨中钢底板长 74.6m 的波形钢腹板混合梁；

④跨中钢底板长 100m 的波形钢腹板混合梁；

⑤全预应力混凝土腹板的箱梁。

其动力计算成果见表 4.3-1。

前 20 阶模态对比表格 表 4.3-1

模态	振型	频率(Hz)					频率比			
		①	②	③	④	⑤	②/①	③/①	④/①	⑤/①
1/1/1/1/1	1 阶对称竖弯	0.659	0.662	0.670	0.677	0.664	1.005	1.017	1.027	1.008
2/3/3/3/2	1 阶对称平弯	1.304	1.332	1.303	1.368	1.343	1.021	0.999	1.050	1.030
3/2/2/2/3	1 阶反对称竖弯	1.348	1.321	1.351	1.290	1.351	0.980	1.002	0.958	1.002
4/4/4/4/4	2 阶对称竖弯	1.845	1.852	1.845	1.808	1.890	1.004	1.000	0.980	1.024
5/5/5/5/7	2 阶反对称竖弯	2.500	2.462	2.479	2.506	2.352	0.985	0.992	1.002	0.941
6/6/6/6/8	1 阶反对称平弯	2.618	2.621	2.622	2.618	2.489	1.001	1.002	1.000	0.951
7/8/8/8/5	左跨 1 阶平弯	2.924	2.926	2.855	2.924	2.632	1.001	0.976	0.999	0.900
8/7/7/7/9	中跨局部竖弯	2.976	2.913	2.926	2.762	4.153	0.979	0.983	0.929	1.059
9/9/9/9	中跨 1 阶反对称平弯	4.413	4.414	4.438	4.497	—	1.000	1.007	1.025	—
10/10/10/10/10	3 阶对称竖弯	4.891	4.824	4.787	4.846	4.147	0.983	0.973	0.990	1.066
11/11/11/11/12	中跨 1 阶扭转	4.219	4.307	4.262	4.149	4.633	1.021	1.010	0.984	1.098
12/12/12/12/13	3 阶反对称竖弯	4.926	4.905	4.896	4.831	5.043	0.996	0.994	0.982	1.024
13/13/13/13/15	4 阶对称竖弯	5.291	5.267	5.263	5.291	5.182	0.995	0.995	0.999	0.979
14/14/14/14/16	2 阶对称平弯	5.348	5.360	5.349	5.348	5.219	1.002	1.000	1.000	0.976
15/15/15/15	右跨 1 阶扭转	6.135	6.132	6.131	6.135	—	1.000	0.999	0.999	—
16/16/17/17	左跨 1 阶扭转	6.250	6.229	6.184	6.211	—	0.997	0.989	0.996	—

续上表

模态	振型	频率(Hz)					频率比			
		①	②	③	④	⑤	②/①	③/①	④/①	⑤/①
17/17/16/16/19	4阶反对称竖弯	6.329	6.270	6.229	6.173	6.241	0.991	0.984	0.976	0.986
18/18/18/18	中跨1阶反对称平弯+边跨1阶反对称扭转	6.494	6.485	6.505	6.536	—	0.999	1.002	1.003	—
19/19/19/19	中跨1阶反对称扭转	6.849	6.699	6.782	6.849	—	0.978	0.990	0.999	—
20/20/20/20	中跨1阶反对称扭转+边跨1阶对称扭转	7.353	7.373	7.356	7.353	—	1.003	1.000	1.001	—

表4.3-1中数据表明：

(1)5个模型的前20阶模态基本保持一致,说明混凝土腹板替换成波形钢腹板,以及波形钢腹板组合梁桥中的跨中混凝土底板替换成钢底板,对结构动力模态的影响不大。

(2)5个模型的第一阶振型均为对称竖弯,并且结构的前10阶振型仍以弯曲变形为主,而扭转振型在11阶以后才出现,说明按构造要求设置横隔板、混凝土内衬,并将波形钢腹板组合梁桥跨中混凝土底板替换成钢底板并设置钢横撑后,结构的抗扭性能依旧很好。

(3)结构的竖弯基频随着混合梁钢底板长度的增大而逐步增大,说明混合梁中跨钢底板刚度降低对自振频率的影响小于自重减轻的影响,故跨中设一段钢底板对结构总体利大于弊。

(4)100m混合梁平弯基频最大,之后依次为混凝土腹板箱梁、49.6m混合梁、74.6m混合梁及纯波形钢腹板组合梁。

(5)扭转基频则是混凝土腹板箱梁最大,之后依次为49.6m混合梁、74.6m混合梁、纯波形钢腹板组合梁及100m混合梁。

混合梁钢底板长度不同对结构的动力特性影响也是不一样的,综合考虑结构的竖弯、平弯、扭转及结构自重,认为跨中设49.6m波形钢腹板混合梁段(即钢底板波形钢腹板预应力混凝土梁段)对力学性能改善效果最佳。

基于上述分析,选择了东宝河新安大桥主跨跨中如图4.3-1所示一段钢底板段,其效果见表4.3-2。

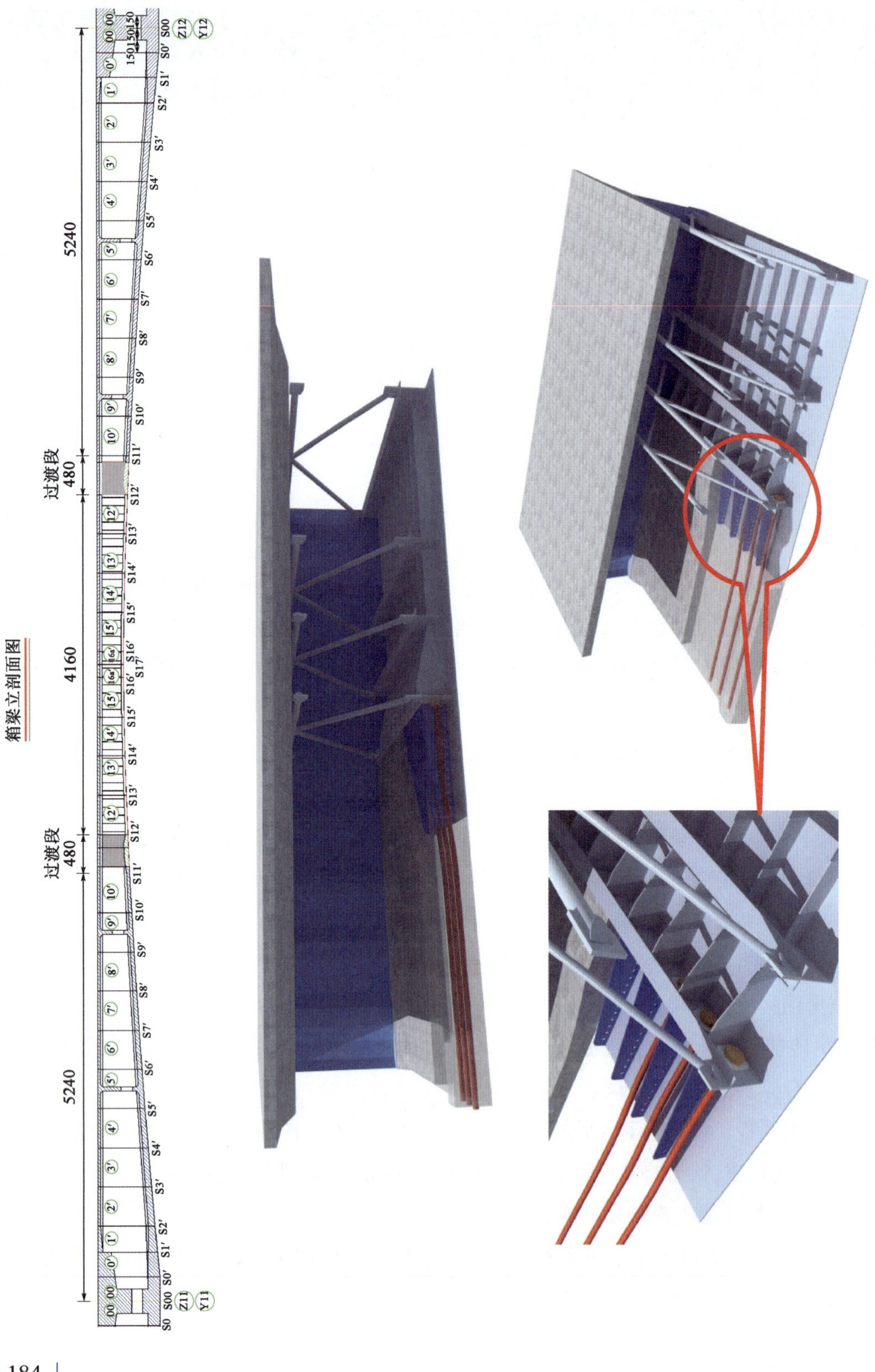

波形钢腹板预应力混凝土桥

图 4.3-1 跨中钢底板段及三维示意图（尺寸单位：cm）

设计荷载效应计算主要成果对比(三维有限元模型)　　表4.3-2

对比指标		无钢底板方案	有钢底板方案	优化效果
成桥10年	跨中挠度(mm)	120.4	101.1	减小16%
	挠跨比	1/1295	1/1543	减小16%
正常使用组合1 (恒载+支座沉降+ 汽车人行荷载)	跨中挠度(mm)	117.0	88.7	减小24%
	挠跨比	1/1333	1/1804	减小24%
	支座处混凝土拉应力(MPa)	2.06	1.88	减小9%
正常使用组合2 (恒载+支座沉降+ 汽车人行荷载+整体温降)	跨中挠度(mm)	194.0	147.0	减小24%
	挠跨比	1/804	1/1088	减小24%
	支座处混凝土拉应力(MPa)	4.04	2.90	减小5%

4.3.2　关于波形钢腹板预应力混凝土桥极限跨径的研究

东宝河新安大桥于主跨跨中采用了一段钢底板,达到了减小墩顶弯矩、跨中挠度的目的,证实减轻主跨跨中段重量确实为加大波形钢腹板预应力混凝土桥跨径的有效措施之一。

为探讨大跨径波形钢腹板预应力混凝土桥的建设,受东宝河新安大桥建设的启发,本书专题研究了波形钢腹板预应力混凝土桥的极限跨径问题,问题分两方面:①不同型号波形钢腹板所能适应的波形钢腹板预应力混凝土连续梁桥最大跨径;②以波形钢腹板预应力混凝土连续梁桥应用为前提,参考重庆石板坡长江大桥预应力混凝土连续梁桥建设经验,以虎门大桥辅航道桥、重庆石板坡长江大桥连续梁(刚构)桥墩顶弯矩作连续梁桥墩顶弯矩控制值,对在跨中设钢箱梁的钢梁-波形钢腹板预应力混凝土混合箱梁连续梁桥可能达到的最大跨径进行探讨。

关于问题①,如本章4.2.2小节所述,某一型钢材波形钢腹板所能达到的构造高度随其波形参数与厚度依其屈曲强度而变化,对于Q345钢材,其常用最大板材厚度为40mm,而在实际应用中考虑到加工难度,一般最大为30mm。故按Q345钢材,根据《波形钢腹板组合梁桥技术标准》(CJJ/T 272—2017)中波形钢腹板整体临界剪应力计算公式,采用30mm板厚,考虑两个不同的屈曲区,控制波形钢腹板的屈曲发生在屈服区(屈曲系数<0.6)或非弹性区(屈曲系数取1.0),按不同的屈曲区间允许屈曲强度,推算得出不同波形钢腹板型号对应的钢腹板最大高度及其对应的桥梁最大跨径,见表4.3-3。

大尺寸波形钢腹板适应的桥梁跨径估算表　　表4.3-3

波形钢腹板型号	1600	1800	2000	2400	2800	备注
腹板直板段宽度 a(mm)	430	480	540	650	760	
腹板厚度 t(mm)	30	30	30	30	30	
腹板波高 d(mm)	220	240	280	350	410	

续上表

波形钢腹板型号	1600	1800	2000	2400	2800	备注
腹板最大高度 h_{max}(mm)	6.88	7.34	8.23	9.71	10.92	屈曲系数 λ_s 取 0.6
最大跨径 L_{max}(m)	178	187	204	232	255	
腹板最大高度 h_{max}(mm)	11.47	12.23	13.71	16.18	18.21	屈曲系数 λ_s 取 1.0
桥梁最大跨径 L_{max}(m)	265	280	308	355	393	

关于问题②,大跨径连续梁桥中墩处箱梁负弯矩和剪力均较大,尤其是采用挂篮悬浇施工时,中墩处箱梁根部受力更为不利,因此建设主跨超过250m以上的连续梁(刚构)桥较为困难。

目前跨径最大的混凝土连续刚构桥为重庆石板坡长江大桥复线桥,主跨330m。该桥的设计者邓文中院士参考当年已建成的虎门辅航道桥(跨径270m 的预应力混凝土连续刚构桥),考虑其设计控制值为墩顶负弯矩,若设计中的330m跨预应力混凝土箱形连续梁墩顶最大负弯矩能如虎门辅航道桥,则其设计方案可成立。为此,邓院士设想于330m主跨跨中设置一段钢箱梁,降低主梁的弯矩和剪力。基于采取这样的措施,借鉴虎门辅航道270m跨预应力混凝土连续刚构桥建设经验,有可能使330m跨钢箱-预应力混凝土混合梁大跨径桥梁在技术和造价上都切实可行。如上所述,邓院士的设计思路是假设上部结构为等截面梁,将主跨三等分,各长110m,跨中部分的自重集度为P_2,两端部分的自重集度为P_1(图4.3-2)。主梁固端负弯矩(近似墩顶)为$-4706P_1-4369P_2$,而钢梁的重量大约相当于混凝土梁重量的30%,即$P_2=0.3P_1$,则墩顶弯矩为$6107P_1$。而当时国内已建的大跨径混凝土连续刚构桥——虎门大桥辅航道桥,主跨270m,墩顶负弯矩约为$6075P_1$,如此主跨330m的石板坡长江大桥墩顶弯矩与主跨270m的虎门辅航道桥的墩顶弯矩大致相当,故采用混合梁方案的石板坡大桥是可行的。经过仔细分析,根据造价和施工条件,确定跨中钢梁长度为103m,加上两端的钢混结合段,整个跨中钢梁长度为108m,质量1400t。

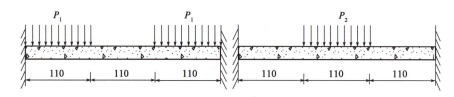

图4.3-2 组合上部结构设计理念(尺寸单位:m)

箱梁结构自重是限制梁桥跨径的一个重要因素,特别是跨中箱梁重量,重庆石板坡长江大桥复线桥即通过降低跨中箱梁重量,来实现跨径的突破。

采用波形钢腹板预应力混凝土箱梁,从总体上减轻桥梁自重,亦可实现突破跨径纪录的期望,亦如前述,假定混凝土箱梁每延米的自重集度为P_1,则波形钢腹板预应力混凝土箱梁自重为$0.85 P_1$,通过试算,主跨270m常规波形钢腹板预应力混凝土连续梁桥墩顶负弯矩约为$-5042P_1$,当跨径达到300m时,墩顶负弯矩约为$-6225P_1$,与虎门辅航道桥的墩顶弯矩相比,增加约2%,大致相当。因此按照现有的构造方案,波形钢腹板预应力混凝土连续梁可以做到300m跨径。

若采取重庆石板坡长江大桥、东宝河新安大桥减轻跨中部分主梁自重的成功设计理念,主桥采用波形钢腹板预应力混凝土箱梁,可进一步加大桥梁跨径,将中跨约$L/3$范围混凝土底板换成钢底板,即跨中采用钢底板-波形钢腹板箱梁,那么跨中波形钢腹板箱梁重量约减轻20%。如果波形钢腹板连续梁跨径达330m时,跨中110m采用钢底板-波形钢腹板箱梁,其余采用波形钢腹板箱梁,那么墩顶负弯矩约为$-6877P_1$,与重庆石板坡长江大桥复线桥墩顶弯矩$-6107P_1$相比,增加约12.6%,大致接近。与重庆石板坡长江大桥复线桥设计方案相比,此方案避免了箱梁根部腹板开裂的可能性;顶板和腹板为连续断面,避免使用钢混接头,只在底板设置钢混结合部,大大提高了结构的可靠度;顶板全为混凝土截面,避免了钢梁铺装的耐久性问题,提高了行车舒适性。此方案与重庆石板坡长江大桥相比,具有明显的优势。

但是,跨中采用钢底板-波形钢腹板箱梁,由于顶板为混凝土结构,箱梁重量与钢箱梁相比还是较大,前者的重量约为后者重量的2.1倍。故如果将跨中一定范围采用钢箱梁,那么波形钢腹板预应力混凝土组合箱梁桥将突破330m跨径。

据此,试设计了主跨360m的波形钢腹板预应力混凝土连续刚构桥方案。

(1)总体布置。

上部结构采用三跨波形钢腹板预应力混凝土混合梁连续刚构,跨径布置为150m+360m+150m。主跨跨中设置120m等截面钢箱梁,其他为波形钢腹板预应力混凝土箱梁结构,两主墩采用普通钢筋混凝土双薄壁矩形空心结构,图4.3-3为试设计桥梁立面布置图。

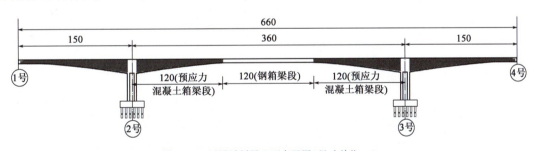

图4.3-3 试设计桥梁立面布置图(尺寸单位:m)

(2)上部结构。

箱梁采用单箱单室变高度截面形式,墩顶梁高为18m(高跨比为1/20),与钢梁连接处的梁高为4.8m(高跨比为1/75),其间梁高按1.6次抛物线变化。箱梁顶板宽16.4m,顶板最小厚度为0.32m,悬臂长为4.95m,悬臂根部厚度为0.8m,悬臂端部厚度为0.2m。底板宽9.1m,跨中底板厚度为0.32m,主墩处底板厚度为1.7m,变化规律同梁高。波形钢腹板预应力混凝土箱梁桥与常规混凝土腹板预应力混凝土桥相比,抗扭刚度较弱,因此需要在主梁中每隔一定距离设置横隔,以加强主梁的抗扭刚度。试设计桥梁边跨设置3道混凝土横隔(不计端横隔及墩部横隔),中跨设置6道混凝土横隔(不计墩部横隔及钢梁横撑),横隔厚0.5m,间距为20m、40m。图4.3-4所示为试设计桥梁混凝土箱梁墩顶及跨中断面。

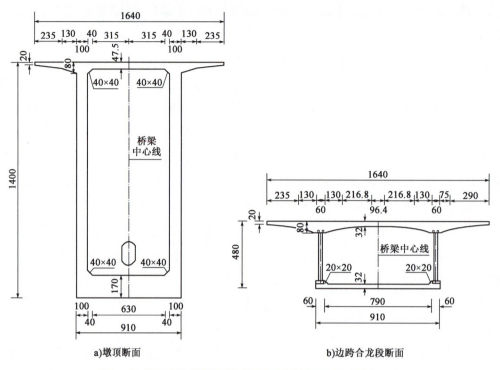

图4.3-4 试设计桥梁混凝土箱梁墩顶及跨中断面图(尺寸单位:cm)

跨中120m钢箱梁段采用4.8m高的单箱双室等高度截面形式,箱梁顶板宽16.4m,底板宽9.1m,顶板悬臂(至腹板中心)长3.67m,悬臂根部厚度为0.95m,悬臂端部厚度为0.25m。顶板厚18mm,底板厚30mm,腹板厚30mm。顶板设置U肋及板肋加劲,U肋板厚8mm,板肋厚20mm;底板设置板肋加劲,板肋厚20mm。图4.3-5所示为试设计桥梁钢箱梁墩顶及跨中断面。

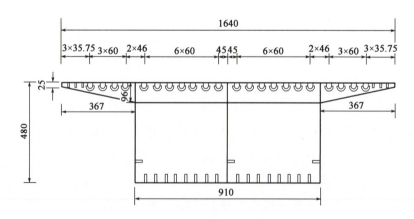

图4.3-5 试设计桥梁混凝土箱梁跨中断面图(尺寸单位:cm)

(3)波形钢腹板。

目前国内外常用的波形钢腹板形状主要有三种,即1600型、1200型和1000型。波形钢板的波长及波高与桥梁的跨径长度密切相关,一般跨径大时宜选用波长较长的形状,故试设计桥梁波形钢腹板采用1600型。波形钢腹板板厚的选择应根据腹板承受剪力的大小及剪切屈曲强度确定,同时应综合考虑加工、设备、费用等影响因素,试设计桥梁波形钢腹板厚度为12~40mm。与波形钢腹板连接的上、下翼缘钢板厚22mm、宽450mm。

(4)预应力布置。

①体内纵向预应力:采用$\phi^s15.24$高强低松弛钢绞线。顶板束T1~T4采用$27\phi^s15.24$钢绞线成束,T5~T12采用$21\phi^s15.24$钢绞线成束,T13~T31采用$25\phi^s15.24$钢绞线成束,单箱每节段配4束,通过墩顶共124束;边跨顶板合龙束T32~T33采用$17\phi^s15.24$成束,每个边跨各8束;边跨底板合龙束B1~B7采用$17\phi^s15.24$钢绞线成束,每个边跨各14束。体内纵向预应力均采用塑料波纹管成孔。图4.3-6所示为试设计桥梁墩顶断面预应力布置图。

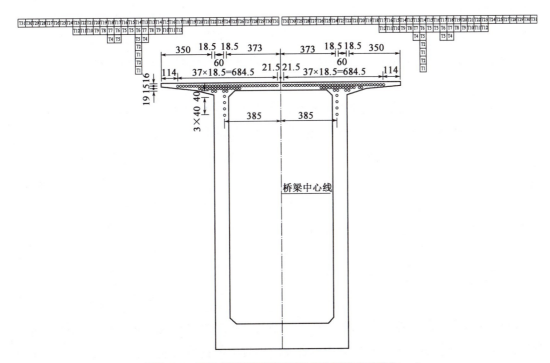

图4.3-6 试设计桥梁墩顶断面预应力布置图(尺寸单位:cm)

②横向预应力:顶板横向预应力钢筋采用$3\phi^s15.24$规格钢绞线,标准同纵向预应力束,纵向布置间距0.5m,单端交错整体张拉,采用塑料波纹管成孔。

③竖向预应力:墩顶0号块腹板设竖向预应力束,竖向预应力筋采用$4\phi^s15.24$规格钢绞线。

④体外预应力：主跨范围布置体外预应力 TW1，采用 27ϕ^s15.24 高强低松弛钢绞线，共布置 14 束。

对上述方案设计，经设计计算基本满足规范要求，本设计方案成立。即采用 1600 型波形钢腹板预应力混凝土连续梁，若其中跨跨中采用约 1/3 跨长的钢箱梁，可望将跨径加大到 360m。由方案设计分析、方案设计计算可得本课题研究结论，具体如下：

(1) 目前国内已建的最大跨径混凝土连续梁桥跨径为 270m，采用墩顶弯矩值大致相当的构思，试设计的主跨 360m 波形钢腹板预应力混凝土组合箱梁桥，跨径布置为 150m + 360m + 150m，桥面宽度 16.4m，单箱单室结构，中跨跨中设置了 120m 长的钢箱梁，中跨支点处梁高 18m，按抛物线过渡到跨中钢梁，钢梁段等梁高为 4.8m。通过整体计算，上述梁高、钢梁长度、预应力配置等基本合理，具有可实施性。

(2) 采用 1600 型钢腹板，通过对极限状态抗剪强度和屈曲强度进行计算，结果表明：腹板稳定问题成为梁桥跨径增大的控制因素，本试设计中 0 号块腹板高度为 15.27m，若采用内衬混凝土组合腹板方案，需要考虑内衬混凝土的剪力承担贡献，同时采取将钢腹板屈曲控制在非弹性区，适当降低钢腹板的屈曲强度，可以满足承载能力要求，采用单箱多室箱梁或加劲波形钢腹板（详见本章 4.2.5 小节），同样可通过降低钢腹板应力水平亦可以满足钢腹板屈曲强度，但这样做可能不经济。因此，需要开发适合大跨径梁桥的波形钢腹板型号。

(3) 通过连接件试计算，采用常规开孔板或角钢连接件均可满足抗剪承载力要求，即在合理梁高时，连接件不是限制组合波形钢腹板梁桥跨径增大的控制因素。

(4) 通过对特大跨径波形钢腹板预应力混凝土桥的研究可知，控制波形钢腹板箱梁连续刚构（梁）桥跨径继续增大的主要因素是大高度波形钢腹板的屈曲，而提高波形钢腹板屈曲性能的主要措施有采用大型号波形钢腹板、采用加混凝土内衬的钢混波形钢腹板、采用加劲波形钢腹板和采用单箱多室断面增加钢腹板的道数或双层波形钢腹板。

4.4 本章小结

波形钢腹板预应力混凝土桥的最大特点是用波形钢腹板取代混凝土腹板。因此，波形钢腹板预应力混凝土桥良好的力学性能均源自波形钢腹板的抗剪性能，故本章主要通过对日本小犬丸川桥、我国前山河特大桥及东宝河新安大桥的研究，阐述波形钢腹板预应力混凝土桥的抗剪性能的三个问题：

(1) 混凝土顶、底板与波形钢腹板间剪力分配关系；
(2) 各型波形钢腹板波型、厚度、高度等参数与其相应剪切屈服形态、强度的关系；
(3) 提高波形钢腹板抗剪能力的构造措施和钢混组合腹板、加劲波形钢腹板、2400 型大型号波形钢腹板的受力性能及抗剪承载力。

以上述研究为基础,阐述了各型号波形钢腹板所能达到的最大连续梁(刚构)跨径。根据重庆石板坡长江大桥大跨径混合梁桥的工程经验,结合对波形钢腹板抗剪承载力的研究,本章最后采用 1600 型 30mm 厚波形钢腹板试设计了 360m 跨径波形钢腹板预应力混凝土混合结构连续梁,以展现对更大跨径波形钢腹板预应力混凝土连续(刚构)梁的技术追求。

第5章 波形钢腹板预应力混凝土桥优良的抗震性能分析
——伊朗德黑兰北部高速公路BR-06桥抗震性能分析

波形钢腹板预应力混凝土桥上部构造较同规模预应力混凝土桥轻20%左右,随着上部结构自重的减小,其地震效应亦相应减少,故其地震效应亦较小于20%左右,这是人们对波形钢腹板预应力混凝土桥具有较好的抗震性能的直观理解。本章通过对伊朗德黑兰北部高速公路BR-06桥(简称"伊朗BR-06桥")①,对应Ⅸ度地震烈度的减隔震设计、减隔震验算与实测,更具体地阐述波形钢腹板预应力混凝土桥优良的抗震性能。

5.1 波形钢腹板预应力混凝土桥抗震性能研究

本节关于波形钢腹板预应力混凝土桥抗震性能的阐述,基于对波形钢腹板预应力混凝土桥抗震性能的研究,结合伊朗BR-06桥的减隔震设计与现场环境激励结构模态检测进行。

5.1.1 波形钢腹板预应力混凝土桥动力性能研究

对波形钢腹板预应力混凝土桥动力性能的研究是波形钢腹板预应力混凝土桥抗震性能研究的基础,近十年来,随着波形钢腹板组合梁桥跨径的不断增大及其动力问题的突显,国内外学者对其动力特性开展了大量研究工作。研究工作借助振动台试验、实桥检测或结构数值模型,根据结构动力学的结构模态分析技术进行。

总结国内外学者开展的波形钢腹板预应力混凝土桥动力特性试验研究与理论分析,可以归纳其研究成果与不足之处为:①模态测试的试验对象都为等截面的波形钢腹板简支梁或是连续梁,其中大部分振动试验基于缩尺的试验梁,采用人工激振方式进行测试,少部分试验直接在实桥上开展;②由于试验条件限制,大多数振动试验仅测得了前1阶或前2阶的振动频率,以竖向模态为主,少数考虑了扭转模态,基本未涉及高阶模态;③将结构模态理论有限元分

---

① 伊朗BR-06桥于2011年开工建设,2016年10月合龙。

析结果与试验实测结果相比,计算频率与实测频率误差大多在5%~15%。但这只是试验或实测结果与数值模型理论分析结果的直接简单对比,未经过模型修正和验证。更精准的比较应根据实测(试验)结果对数值模型做相应修正后,针对修正模型进行,从而提高分析精度。

有限元数值模型分析较模型试验是一种节省的研究方法,然而受计算模型精准性影响,特别是约束条件制约,其理论分析的可靠性待试验或实测结果佐证。

总结基于有限元模型开展的数值模拟研究,可以得出以下几点结论:

(1)与传统预应力混凝土梁桥动力特性相比,波形钢腹板箱梁弯曲刚度和扭转刚度比混凝土腹板箱梁低,尤其扭转刚度。

(2)在一定范围内随着钢腹板的厚度、波形水平宽度、弯折角度增大,波形高度加大,波形钢腹板预应力混凝土桥竖向、横向及扭转频率会增大,但幅度有限。

(3)端横隔板能够有效地提高波形钢腹板箱梁桥的横向抗弯刚度和抗扭刚度,中横隔板对其动力特性影响较小。

(4)剪力滞效应及剪切变形对波形钢腹板组合箱梁的振动频率一定影响,频率在考虑剪力滞及剪切变形影响后有所降低。

(5)体内及体外预应力对结构动力特性的影响基本可以忽略。

随着计算技术的发展,有限元数值模型分析可以做得更精准,这里的关键在于模型、模型参数的选择,因此应关注利用模态实测结果,修正有限元计算模型参数,使计算模型与实际结构更加吻合。

5.1.2 波形钢腹板预应力混凝土桥抗震设计

在上述关于波形钢腹板预应力混凝土桥动力性能研究基础上,国内外学者开始关注并着手开展波形钢腹板组合桥的抗震性能研究,根据这些研究,可以得出以下几点结论:

(1)与传统预应力混凝土梁桥的地震响应相比,在纵向及竖向地震动输入下,波形钢腹板组合桥的响应更小,抗震性能更优。

(2)波形钢腹板组合梁横向弯曲刚度较小,在横向地震动输入下变形较大,波形钢腹板对于顶底板的约束作用不足,易出现局部振型模态。

(3)在结构弹性阶段,反应谱分析结果与时程分析结果相近,当材料或结构进入非线性,需要采用时程分析,才能准确把握结构地震响应,也可采用其他更精准的分析方法,但需考虑高阶模态的影响。

(4)波形钢腹板连续梁桥主梁高跨比对其在地震作用下的位移、内力有比较大影响,主梁梁底线形变化和横隔板间距对主梁的影响较小。

总结波形钢腹板组合桥的抗震性能研究现状,可以发现:除了刘玉擎等人开展的试验梁拟静力试验,其他的研究都是在建立有限元模型的基础上进行数值模拟。研究内容主要集中在地震响应计算及与传统混凝土桥梁的地震响应对比、几何参数分析、不同分析方法的结果对比等几个方面。抗震计算针对的都是中小地震的情况,设计基本地震动加速度峰值较小,基本都在 0.2g 以内,绝大多数的数值模拟基于杆系模型,且较少考虑各种非线性因素。

对于高烈度地震区的大跨径连续梁桥,按传统延性方法进行抗震设计很难满足设计要求,并且造价高、修复难。工程实践表明,用减隔震技术并进行减隔震设计是解决大跨径连续梁桥抗震问题的有效途径。连续梁桥的减隔振措施一般为在桥梁上下部结构之间设置减隔震支座或耗能装置,以期在预期地震作用时经特殊设计的减隔震装置来延长结构的周期耗散和减小地震能量,从而减小结构的地震响应。减隔震技术是通过采用减隔震装置来尽可能地将结构或部件与可能引起破坏的地震地面运动或支座运动分离,减小传递到上部结构的地震作用和能量,通过地震作用下支座、阻尼器的变形来达到隔震的目的。

减隔震支座一般通过橡胶的变形耗能、钢构件的屈服耗能或者滑动摩擦耗能来达到减震的目的。国内外常用的减隔震支座有分层橡胶支座、铅芯橡胶支座、滑动摩擦型减隔震支座、高阻尼橡胶支座等。其中,双曲面球型减隔震支座(图 5.1-1)是滑动摩擦型减隔震支座的一种,是在普通球型支座的基础上,用大半径球面取代平面,并设置抗剪限位装置而形成的一种新型支座。

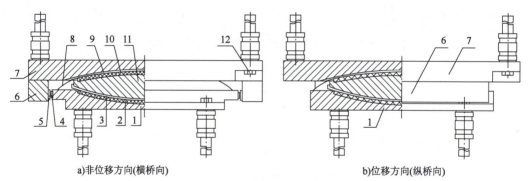

图 5.1-1　单向活动双曲面球型减隔震支座

1-下座板;2-非金属下滑板;3-不锈钢下滑板;4-非金属导向滑板;5-不锈钢导向滑板;6-限位板;7-上座板;8-密封防尘装置;9-不锈钢上滑板;10-非金属上滑板;11-中座板;12-锚栓

如图 5.1-1 所示,双曲面球型减隔震支座有两个摩擦面,上摩擦面曲率半径较大,摩擦系数较小,下摩擦面曲率半径较小,摩擦系数较大。双曲面球型减隔震支座在正常运营中因限位栓限制,上摩擦面不动,下摩擦面用于应对温度、制动力等较小力与慢速形变的作用,双曲摩擦摆支座犹如一般球形支座。如遇大地震,地震力急速作用导致限位装置剪断,因上摩擦面的摩擦力较小,上部构造梁体沿支座底面滑移,然因支座的滑动导致梁端的位移却很大,为应对在地震作用下梁的较大水平位移,一般于梁端装有黏滞阻尼器(图 5.1-2)。黏滞流体阻尼器的阻尼材料(或阻尼介质)一般为硅油、液压油或其他黏性流体材料,如果流体是纯黏性的(如牛顿流体),则在低频下,阻尼器的阻尼力与活塞运动速度的某个次方成正比;在正常外荷载作

第5章 波形钢腹板预应力混凝土桥优良的抗震性能分析

用于阻尼器活塞运动速度较慢,阻尼器阻尼力很小,阻尼器不影响桥梁正常运营;在地震力急速作用下,阻尼器活塞运动速度大,阻尼器阻尼力很大,从而达到阻尼耗能、减震的目的。

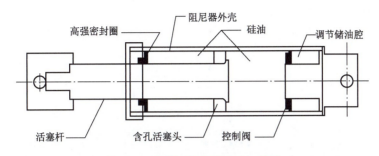

图 5.1-2　黏滞流体阻尼器构造示意图

结合大跨径连续梁桥的减隔震研究和工程经验,阻尼器能够有效增大桥梁阻尼比,在地震过程中消耗振动能量,从而减小梁端的位移、墩底的地震剪力,大幅提高桥梁的抗震能力。黏滞流体阻尼器对速度反应比较敏感,能够吸收并减弱振动和冲击的能量,具有稳定的动力性能和很强的耗能能力,特别在高烈度地震区具有良好的减震效果。

为同时控制桥梁结构在地震作用下的内力响应和位移响应,近年来部分学者将隔震支座与黏滞流体阻尼器组合使用,应用在大跨径连续梁桥中,达到了理想的减隔震效果。故于伊朗 BR-06 桥的抗震设计中借鉴这一思路,采用了摩擦摆式减隔震支座与黏滞流体阻尼器相组合的减隔震措施,两种减隔震装置组合使用能达到很好的减震抗震效果。

5.1.3　伊朗 BR-06 桥抗震分析与实桥结构模态检测

于伊朗 BR-06 桥减隔震设计同时,我们进行"结构横态分析在桥梁健康监控中的应用"这一课题研究,故利用发展中的结构模态分析技术,在伊朗 BR-06 桥的抗震研究中做了以下工作:

(1)为避免计算模型误差,考虑高阶模态的影响,依据现代结构模态分析理论做了伊朗 BR-06 桥实桥环境振动试验,取得实桥结构模态,据之进行模态参数识别,获得桥梁实际基本动力特性。

(2)对伊朗 BR-06 桥的初始有限元数值模型做了精准有限元分析,基于环境振动试验(检测)结构模态实测结果,采用三阶响应面方法对初始有限元数值模型进行了有限元模型修正,得到伊朗 BR-06 桥的基准有限元数值模型。

(3)基于非线性时程分析方法和基准有限元模型,考虑摩擦摆隔震支座和黏滞流体阻尼器作用,分别进行了 E1 与 E2 地震作用下的地震响应分析,进行了详细的减隔震设计计算分析。此分析为对原设计减隔震计算的复核,分析表明伊朗 BR-06 桥抗震设计满足规范要求,实际工程符合设计要求。

(4)基于实桥结构模态实测,以及修正后的有限元模型,对基准有限元模型进行了地震荷载作用与减隔震系统参数影响分析,确定了摩擦摆隔震支座及阻尼器参数合理取值范围。经此复核计算,伊朗BR-06桥的抗震计算分析与现场结构模态检测表明本设计摩擦摆支座、黏滞流体阻尼器参数选取合理、合适。

伊朗BR-06桥实桥结构模态测试与抗震性能分析技术路线如图5.1-3所示。

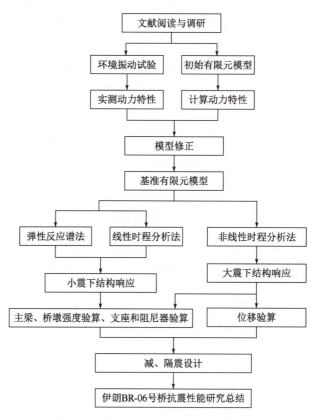

图5.1-3　伊朗BR-06桥实桥结构模态测试与抗震性能分析技术路线

伊朗BR-06桥的环境激励、结构模态检测与有限元计算模型修正,实为我们从事的另一课题"基于北斗的桥梁结构模态健康监控"的一个工程实例,涉及结构模态分析、参数识别、损伤识别等许多更深层次的问题,已超出本书范围,因关于结构模态分析与损伤识别是一项专门学科,本书附录二列出其梗概供了解,如需详细研究可查阅相关书籍。

5.2　伊朗BR-06桥工程概况及其抗震设计

5.2.1　桥址处自然状况与设计要点

桥址处位于Ⅸ度地震区,根据《伊朗公路、铁路桥梁抗震设计标准》,勘探区拟建场地的场地类别为Ⅱ类场地。桥址位于构造盆地的盆缘附近,距东侧$E4^{SC}$的倾斜岩层和堆积体仅50m

左右,但桥址处受构造影响不大,该处地质构造单一,岩层产状稳定且平缓,桥址处地层为 $E4^{SC}$ 的凝灰质砂岩。根据《伊朗公路、铁路桥梁抗震设计标准》,勘探区地震反应谱特征周期为 0.4s。

为应对上述桥址处自然状况,本桥设计中将桥基础置于覆盖层下部的新鲜基岩上。桥墩与桥梁结构间采取了可靠的抗震构造措施与减隔震措施,并进行细致的抗震分析,以确保安全。

5.2.2 桥梁概况

依据设计标准要求,结合桥址处地形地貌与抗震设计要求,为适应伊朗 BR-06 桥高烈度抗震的需要,在本工程上部构造选择了三跨波形钢腹板预应力混凝土箱形连续梁,跨径布置为 83m+153m+83m,分左右两幅进行设计。每幅桥宽 13.1m,跨中处断面梁高为 3.5m,主墩处梁高为 8.8m,支点到跨中梁高按 1.8 次抛物线变化。伊朗 BR-06 桥桥型布置见图 5.2-1,跨中及中支点断面见图 5.2-2。全桥腹板均采用波形钢腹板,波形为 1600 型。波形钢腹板与混凝土顶板采用双 PBL 连接,与混凝土底板连接采用单 BPL 加栓钉方式。除端横隔外边跨设置 3 道横隔,中跨设置 6 道横隔。上部结构采用悬臂浇筑法施工。

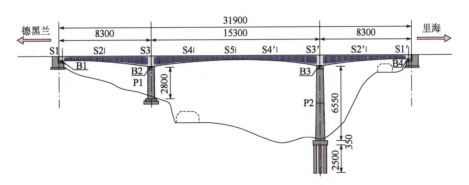

图 5.2-1 伊朗 BR-06 桥桥型布置图(尺寸单位:mm)

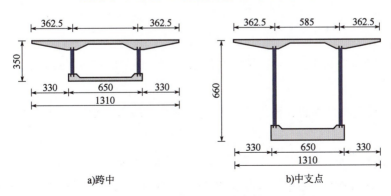

图 5.2-2 主梁断面图(尺寸单位:cm)

下部结构墩身采用箱形薄壁墩,主墩墩身采用空心薄壁墩,主墩构造如图5.2-3、图5.2-4所示。P1号主墩扩大基础,置于基岩上,为确保基础与基岩连接的可靠性,扩大基础下设有深入基岩的锚杆;P2号主墩采用了深入基岩的挖孔桩基础,以保证基础构造的整体性。桥台位于岩坡上,采用重力式U形桥台,扩大基础。

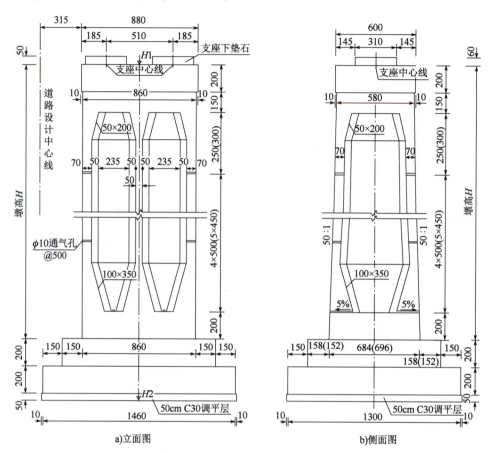

图5.2-3　P1号主墩构造图(尺寸单位:cm)

5.2.3　抗震设计

为满足伊朗BR-06桥抗震要求,我们在伊朗BR-06桥采取了三项有效的抗震(减隔震)结构措施:

(1)采用大跨径波形钢腹板预应力混凝土连续箱梁作为主桥的上部构造,以期减少地震效应。

(2)于P1、P2号墩采用摩擦摆支座,以减小上部连续箱梁地震力。

(3)于4号桥台采用了黏滞阻尼器,以控制波形钢腹板预应力混凝土连续箱梁纵向位移,加大桥梁阻尼,减小地震响应。

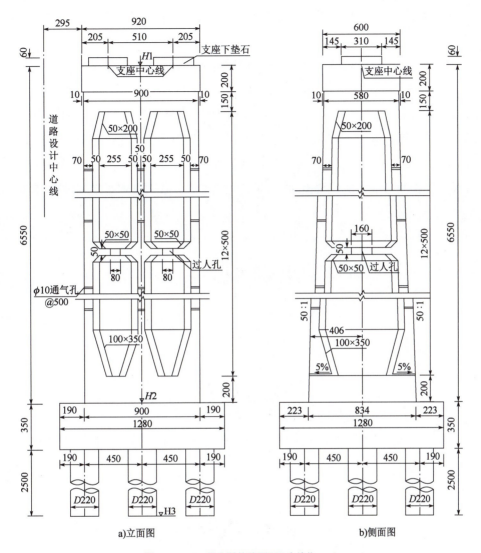

a) 立面图   b) 侧面图

图 5.2-4　P2 号主墩构造图(尺寸单位:cm)

5.2.3.1　抗震设计要求

抗震分析计算方法有单振型反应谱法、多振型反应谱法、功率谱法、时程分析法。本桥主跨 153m,墩高 29.5~65m,按照《公路桥梁抗震设计细则》(JTG/T B02-01—2008)[①],本桥属 A 类桥梁,应按 E1、E2 两阶段设计。不同的地震波对结构的作用,除了峰值加速度是一个很重要的因素以外,地震波的频谱成分也十分重要。因此,在计算分析中除反应谱分析外,对每一条地震波采用了非线性时程分析法进行结构的纵、横向抗震性能分析。

结构的动力反应与结构的自振周期和地震时程输入的频谱成分关系密切,加速度时程的

---

① 《公路桥梁抗震设计规范》(JTG/T 2231-01—2020)颁布实施后,《公路桥梁抗震设计细则》(JTG/T B02-01—2008)废止。

选择直接关系到抗震设计的合理性和可靠性。《公路桥梁抗震设计细则》(JTG/T B02-01—2008)第5.3节规定,未做地震安全性评价的桥址,可根据本细则设计加速度反应谱,合成与其兼容的设计加速度时程;也可选用与设定地震震级、距离大体相近的实际地震动加速度记录,通过时域方法调整,使其反应谱与本细则设计加速度反应谱兼容。为考虑地震动的随机性,设计加速度时程不得少于3组,且相关系数的绝对值小于0.1。设计中以水平加速度峰值为$0.4g$的设计反应谱为目标,拟合了3条人工合成地震波作为E1地震作用输入。设计水平向人工合成地震波时程曲线见图5.2-5,设计计算中考虑了水平、竖向两方向的地震波组合作用,其竖向地震波与水平地震波相同,唯其竖向地震波波幅值按水平地震波的波峰值的2/3取用。

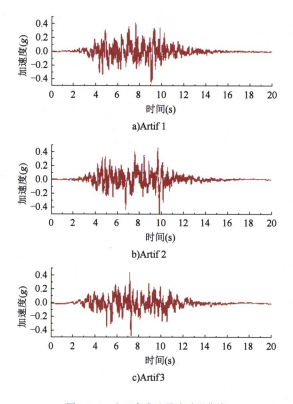

图5.2-5 人工合成地震波时程曲线

伊朗地震局提供了3次实测强震记录,其地震加速度动峰值横波为$0.48 \sim 0.796g$,纵波为$0.505 \sim 0.816g$,时程曲线见图5.2-6。故于本桥E2地震反应分析中将伊朗地震局提供的地震波与另外两条拟合的强震地震波作为输入,进行结构的延性设计验算。设计中取这些地震波时程分析的计算结果的最大值作为最终结果。

按《公路桥梁抗震设计细则》(JTG/T B02-01—2008)拟定本桥地震分析19种工况,见表5.2-1。

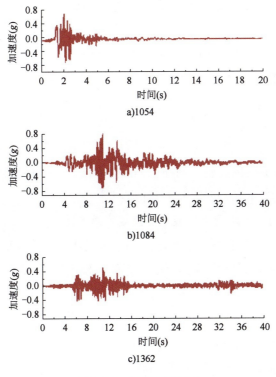

图 5.2-6 强震记录地震波

荷载组合 表 5.2-1

工况	地震动方向	地震动时程	荷载组合	目标
C1	纵向	Artif1	1D+1L	探究不同方向地震动输入下结构的响应特征;与工况 C4、C7 对比,探究多向地震耦合作用的影响
C2	横向	Artif1	1D+1T	
C3	竖向	Artif1	1D+1V	
C4~C6	纵向+竖向	Artif1/Artif2/Artif3	1D(1L+2/3V)	计算 E1 地震作用下结构响应,进行结构强度验算
C7~C9	横向+竖向	Artif1/Artif2/Artif3	1D+(1T+2/3V)	
C10~C14	纵向+竖向	1054/1084/1362/Atif4/Atif5	1D+(1L+2/3V)	计算 E2 地震作用下结构响应,进行结构强度验算和位移验算
C15~C19	横向+竖向	1054/1084/1362/Artif4/Atif5	1D+(1T+2/3V)	

注:D-恒载;L-纵向地震作用;T-横向地震作用;V-竖向地震作用。

5.2.3.2 抗震设计计算依据

伊朗 BR-06 桥设计依据按中国、伊朗双方关于建设伊朗德黑兰北部高速公路的相关协议,BR-06 桥按下述规范进行设计:

(1)伊朗《139 公路桥荷载规范》。

(2)《伊朗公路、铁路桥梁抗震设计标准》。

(3)《美国公路桥梁设计规范》(AASHTO,2007)。

(4)中国《公路桥涵设计通用规范》(JTG D60—2004)。

(5) 中国《公路钢筋混凝土及预应力混凝土桥涵设计规范》(JTG D62—2004)。

(6) 中国《公路桥梁抗震设计细则》(JTG/T B02-01—2008)。

(7) 中国《城市桥梁抗震设计规范》(CJJ 166—2011)。

(8) 日本《波形钢腹板 PC 箱梁桥设计、施工指南》(日本高速公路技术中心,2005 年)。

5.2.3.3　抗震设防目标与抗震计算方法

目前对基于多水平、多目标的抗震设防,中国、美国两国都简化为两阶段、两水准的结构抗震性能设计,根据《公路桥梁抗震设计细则》(JTG/T B02-01—2008)第 3.1 节规定,A 类桥梁(单跨跨径超过 150m 的特大桥)抗震设防目标为:

(1) E1 地震作用下,一般不受损坏或不需修复可继续使用;

(2) E2 地震作用下,可发生局部轻微损伤,不需修复或经简单修复可继续使用。

设计计算的过程是在反应谱及线性时程分析的基础上,先计算 E1 地震作用下的结构受力,验算桥墩的抗弯强度及支座等保护构件受到的地震力。其次对 BR-06 桥线性时程分析模型进行不同强度地震作用下的试算,以确定减隔震支座因剪力销被剪断而开始发挥减震作用,即结构进入非线性震动时相应的地震强度。以此为根据判断结构是否进入非线性状态设计抗震分析。BR-06 桥的抗震验算分为以下两个阶段:

(1) 在小震下(基本地震动加速度峰值为 $0.2g$),桥梁的主梁、桥墩、支座等各构件都处于线弹性状态,采用反应谱方法及线性时程方法进行抗震分析。在此情况下,因结构在弹性范围内工作,只需要进行结构各个构件的强度验算。

(2) 在强震下(基本地震动加速度峰值为 $0.4g$),主体结构材料尚无损伤,结构处于线弹性状态,减隔震措施发挥作用,边界进入非线性,故采用非线性时程方法进行减隔震分析。

在桥梁的抗震计算中,目前最常用的方法是反应谱法(线弹性)、动力时程分析法(弹塑性)。反应谱法用于抗震设计包括两个基本步骤:第一步是根据设计地震加速度按规范规定制定设计的地震动反应谱;第二步是将结构振动方程进行振型分解,由设计反应谱求得响应值,其最大值可通过适当的方法将各振型反应最大值组合起来得到。

反应谱法的优点在于,设计的地震动反应谱容易取得。根据统计资料可以知道,地震动的能量主要集中在 20Hz 以下的频带,激发的结构反应的振动频率较低。因此,应用反应谱法只取少数低阶振型就可以求得较为满意的结果,计算量与时程分析相比大大减少。而且,反应谱法将动力问题转化为拟静力问题,易于设计人员理解。该方法的最大缺点是只适用于线性结构体系的抗震设计,但结构在强烈地震中一般会进入非线性状态,故线弹性反应谱法不能直接使用。另外,地震反应谱没有相应的相位信息,所以叠加得到的结构反应最大值只是一个近似值,而且反应谱的各种叠加方案都有一定的局限性。

动态时程分析法主要通过将实测或人工模拟的地震加速度数据输入所要分析的结构,然后根据结构动力学方程,采用数值积分的方法求解结构的地震响应。大跨复杂桥梁的地震反应比较复杂,往往会受到地基和结构的复杂相互作用、地震时程相位差及不同地震时程多分量多点输入、结构各种复杂的非线性因素(包括几何、材料、边界条件非线性)以及分块阻尼等的影响,采用传统的反应谱分析无法反映这些影响,而采用动态时程分析法可以精确地考虑这些因素的影响。因此采用动态时程分析法进行地震反应分析,也可以使桥梁工程师更清楚结构地震动力破坏的机理,从而找到提高桥梁抗震能力的正确途径。

采用动态时程分析法直接输入地震动记录,对动力方程进行求解。

解动力方程的关键是求解自由振动的频率和振型,通常有两种解法:一是振型叠加法,二是积分法。振型叠加法:利用振型矩阵作坐标变换,将原动力方程化为一组互不耦合的微分方程,逐个求解后得到原方程的解(即结构模态分析)。

地震反应计算常用的逐步积分法的特点是根据动力方程式引进某些假设,建立由 t 时刻结构状态向量 u_t、$\dot{u}_t$、$\ddot{u}_t$ 和 $t+\Delta t$ 时刻状态向量 $u_{t+\Delta t}$、$\dot{u}_{t+\Delta t}$、$\ddot{u}_{t+\Delta t}$ 的递推关系,从而由 $t=0$ 时刻的初始向量 u_0、$\dot{u}_0$、$\ddot{u}_0$ 出发,一步一步地求出各时刻状态向量。本文应用的有限元分析软件 ANSYS 的瞬态动力分析是采用了属于逐步积分法的 Newmark-β 时间积分法在离散的时间点上求解动力方程。

5.2.3.4 有限元计算模型的建立

1)单元选择

ANSYS 软件本身带有大量的单元类型,如 BEAM、LINK、SOLID、PIPE、PLANE、SHELL、COMBIN、MASS 等。根据实桥情况从中选择合适的单元类型是有限元分析的关键和基础。BR-06 桥抗震分析单元选择如下:

(1)箱梁顶底板、桥墩。采用 SOLID65 单元模拟结构钢筋混凝土的部分,包括箱梁的顶底板、横隔板以及桥墩。SOLID65 单元适于三维实体结构模型,单元由 8 个节点结合而成,每个节点有三个方向的自由度。该单元具有塑性,蠕变,膨胀,应力强化,大变形和大应变的特征。

(2)波形钢腹板。采用 SHELL181 单元模拟,1600 型波形钢腹板厚度为 12mm、16mm、20mm、22mm、24mm。SHELL181 单元既具有弯曲能力,又具有薄膜力,可以承受平面内荷载和法向荷载,适用于分析线性的,大转动变形和非线性的大形变问题。该单元有 4 个节点,每个节点具有 U_x、U_y、U_z 三个平动自由度和 R_x、R_y、R_z 三个转动自由度,应力刚化和大变形能力已经考虑在其中。

(3)预应力筋。顶底板体内预应力筋及箱内体外预应力筋用 LINK180 单元模拟。LINK180 单元是具有广泛的工程应用的三维有限应变杆单元,可受杆轴向拉压,不承受弯矩。每个节点具有 U_x、U_y、U_z 三个平动自由度。该单元不承受弯矩,具有塑性、蠕变、膨胀、应力刚化、大变形、大应变等功能。

（4）**双曲面摩擦摆隔震支座**。桥墩及桥台支座水平向刚度在支座固定销剪断前可用COMBIN14单元模拟，在固定销剪断后采用COMBIN40单元模拟。COMBIN40单元是相互平行的弹簧滑动器和阻尼器的联合单元，并且串联一个间隙控制器。质量可以用一个节点或者两个节点来连接。每一个节点有一个自由度，其自由度可以是一个节点的横向位移、转角、压力或者温度。质量、弹簧、阻尼器和间隙可以从单元中除去，该单元可以运用于任何分析。COMBIN40单元的简化图示见图5.2-7。

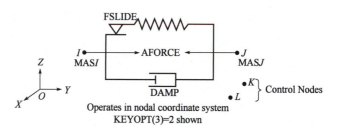

图5.2-7　COMBIN40单元的简化图示

（5）**黏滞流体阻尼器**用COMBIN37单元模拟黏滞阻尼器。COMBIN37单元是一种单向单元，该单元在分析中具有打开和关闭的功能。该单元可以表现出非线性行为：RVMOD = RVAL + C1|CPAR|^{C2} + C3|CPAR|^{C4}。该单元每个节点只有一个自由度，可以是沿节点坐标方向的平移，绕节点坐标轴的旋转，压力或温度。COMBIN37单元的简化图示见图5.2-8。

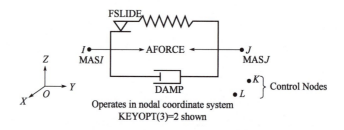

图5.2-8　COMBIN37单元的简化图示

（6）**桩基础**。群桩采用BEAM188单元模拟，BEAM188单元适合于分析从细长到中等粗短的梁结构，该单元基于铁木辛哥梁结构理论，并考虑了剪切变形的影响。该单元有2个节点，每个节点具有U_x、U_y、U_z三个平动自由度和R_x、R_y、R_z三个转动自由度。适合分析线性、大角度转动和非线性大应变问题。

（7）**土弹簧**。土弹簧及支座竖向刚度采用COMBIN14单元模拟。COMBIN14单元具有一维，二维或三维的轴向拉伸或扭转的性能。本模型中采用轴向的弹簧-阻尼器，为一维的拉伸或压缩单元。它的每个节点具有三个平动自由度，它不能考虑弯曲或扭转。COMBIN14单元的简化图示见图5.2-9。

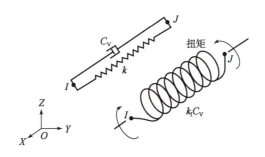

2D elements must lie in a z=constant plane

图 5.2-9 COMBIN14 单元的简化图示

2) 参数设置

(1) 伊朗 BR-06 桥主体结构采用了<u>三种强度等级</u>的<u>混凝土</u>,其主梁顶底板及横隔板采用 C50 混凝土,两薄壁墩采用 C40 混凝土,桥墩的墩座、承台及桩基础采用 C30 混凝土。混凝土基本力学性能指标见表 5.2-2。

混凝土基本力学性能指标　　　　　　　　　　　　　表 5.2-2

混凝土强度等级	结构构件	弹性模量（MPa）	剪切模量（MPa）	密度（kg/m³）	泊松比	热膨胀系数(0~100℃)（1/℃）
C30	墩座、承台	30000	12000	2400	0.2	0.00001
C40	桥墩	32500	13000	2400	0.2	0.00001
C50	主梁顶底板	34500	13800	2400	0.2	0.00001

钢筋混凝土中混凝土的压缩变形性质与它受到的侧向约束程度有关,随着侧向约束程度的增加,混凝土的压缩强度和变形性能得到显著提高,见图 5.2-10,在 ANSYS 非线性分析中可采用多线性等向强化模型(MISO)来模拟。

(2) <u>波形钢腹板</u>:波形钢腹板采用符合《低合金高强度结构钢》(GB/T 1591—2008)中的 Q345D 钢。其弹性模量取 2×10^5 MPa,屈服后刚度按经验取弹性模量的百分之一,泊松比取 0.3,密度取 7.85×10^3 kg/m³。用双折线近似描述 Q345 钢的受力性能,在 ANSYS 中采用双线性等向强化模型(BISO)来模拟,其应力-应变关系见图 5.2-11。

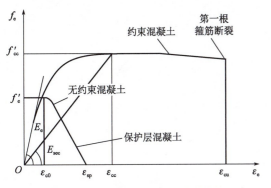

图 5.2-10　约束混凝土的应力-应变曲线

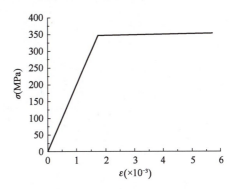

图 5.2-11　Q345 钢的应力-应变曲线

(3) 预应力钢材：体内束及体外束用钢绞线，符合《预应力混凝土用钢绞线》(GB/T 5224—2003)中的Ⅱ级松弛(低松弛)钢绞线，$f_{pk}=1860\text{MPa}$，公称直径 $\phi^s=15.2\text{mm}$，弹性模量取 $1.95\times10^5\text{MPa}$，泊松比取 0.3，密度取 $7.85\times10^3\text{kg/m}^3$，热膨胀系数取 1.2×10^{-5}。

由于实际工程中情况复杂，材料力学性能受到多种因素影响，与标准值必然存在误差。因此，上述材料参数的取值仅提供计算基础，其最终修正值由环境振动测试和试验模态识别的结果决定。

3) 边界条件模拟

(1) 支座：由于桥位处于Ⅸ度地震区，根据抗震需要设计采用双曲面摩擦摆隔震支座，以减小结构的地震反应，确保结构安全。每幅桥在 P2 号墩(高墩)设置 2 个固定支座，在 P1 号墩(低墩)设置 2 个单向活动支座，在桥台上设置 2 个单向活动支座。根据施工图纸，摩擦摆隔震支座的具体参数见表 5.2-3。

摩擦摆隔震支座参数　　　　　　　　表 5.2-3

支座类型	固定支座 （高墩）	单向活动支座 （低墩）	单向活动支座 （桥台，里海）	单向活动支座 （桥台，德黑兰）
最大竖向荷载标准值(kN)	35000	35000	4000	4000
屈曲后纵向刚度选用值(kN/m)	7000	$\mu=0.02\sim0.03$	$\mu=0.02\sim0.03$	$\mu=0.02\sim0.03$
屈曲后横向刚度选用值(kN/m)	7000	7000	1000	1000
支座固定销的横向剪断值(kN)	2300	2100	400	300
支座固定销的纵向剪断值(kN)	2000	—	—	—

带固定销的摩擦摆支座恢复力模型见图 5.2-12。在固定销剪断前，支座受力为线弹性；在固定销剪断后，双曲面摩擦摆隔震支座的恢复力模型可近似为双线性模型。COMBIN40 单元可以很好地模拟该支座性能。

(2) 阻尼器：根据抗震分析桥台设置黏滞流体阻尼器装置可以控制梁端位移，减小桥墩在地震作用下的纵桥向弯矩。单幅桥每个桥台处需安装 4 个阻尼器，即全桥共计采用 $4\times4=16$ 个阻尼器。黏滞流体阻尼器采用阻尼系数 $C=2250$，速度指数 $\alpha=0.3$，每个阻尼器的设计最大阻尼力按 $\pm2000\text{kN}$ 设计，当用 COMBIN37 单元模拟黏滞流体阻尼器时，C_1 取阻尼系数，C_2 取速度指数减 1，其余参数取零。由此得到黏滞流体阻尼器的恢复力模型见图 5.2-13。

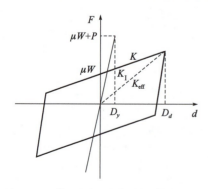
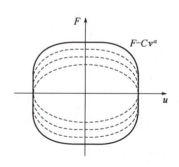

图 5.2-12　带固定销的摩擦摆支座恢复力模型　　图 5.2-13　黏滞流体阻尼器恢复力模型

(3) 桥墩及基础:桥墩墩身采用空心薄壁墩,P1 号桥墩处设置扩大基础,在有限元建模中简化为墩底固结。P2 号桥墩采用灌注桩基础,群桩按嵌岩桩设计,对于桥梁基桩需要考虑桩土共同作用。因此采用 Winkler 地基梁理论,假定梁身任一点的土抗力和该点的位移成正比,用弹簧来模拟桩周土对桩的作用。具体计算根据我国《公路桥涵地基与基础设计规范》(JTG D63—2007)推荐的"m 法"。

约束条件参数的最终修正值由环境振动测试和试验模态识别的结果决定。至此,伊朗 BR-06 桥的初始有限元模型建立完成,全桥模型共 150030 个节点、112367 个单元,模型的立面图和局部剖面图见图 5.2-14。

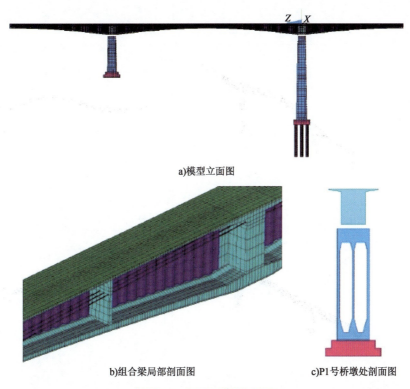

图 5.2-14　BR-06 桥有限元模型

4) 计算模态分析及抗震性能复核

ANSYS 软件提供了若干种模态提取方法,如子空间迭代法(Subspace)、分块求解法(Block Lanczos)、缩减法(Reduced)、阻尼法(Damped)等。子空间法通常用于大型结构分析,它采用完整的刚度、质量矩阵,计算精度高,但需要较大的硬盘空间和较长的时间。而 Block Lanczos 法采用一组特性向量事前实现 Lanczos 迭代计算,其内部自动采用稀疏矩阵直接求解器,精度与子空间方法相同,但收敛速度更快。该方法经常应用在具有实体或壳单元的模型中,对于中大型模型也很有效。因此本工程采用 Block Lanczos 法进行模态提取,提取有限元模型的前 15 阶模态,如表 5.2-4 所示。

计算模态 表5.2-4

序号	描述	振型
1	横向1阶 0.6026Hz	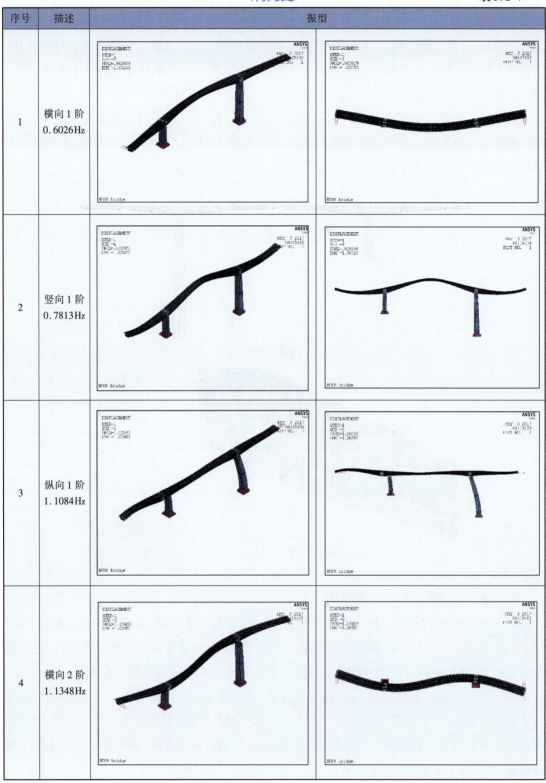
2	竖向1阶 0.7813Hz	
3	纵向1阶 1.1084Hz	
4	横向2阶 1.1348Hz	

续上表

序号	描述	振型
5	P2号墩横向1阶 1.6419Hz	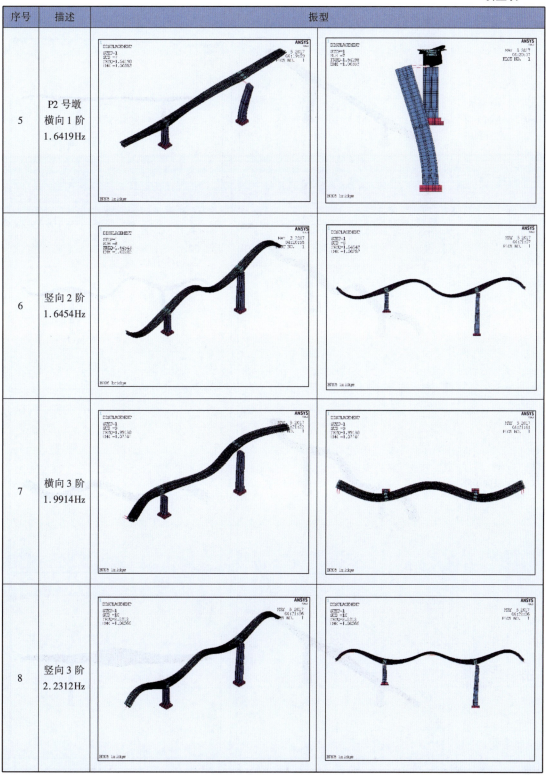
6	竖向2阶 1.6454Hz	
7	横向3阶 1.9914Hz	
8	竖向3阶 2.2312Hz	

续上表

序号	描述	振型
9	P2 号墩 纵向 1 阶 2.3129Hz	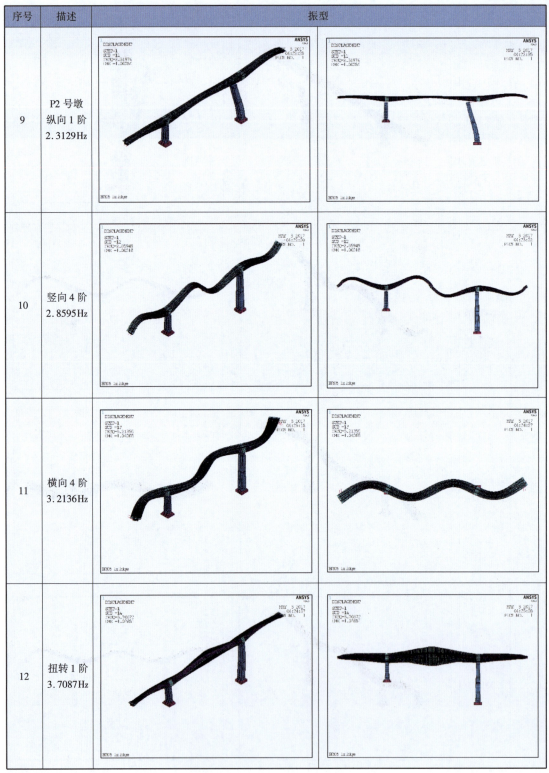
10	竖向 4 阶 2.8595Hz	
11	横向 4 阶 3.2136Hz	
12	扭转 1 阶 3.7087Hz	

续上表

序号	描述	振型
13	竖向5阶 4.3760Hz	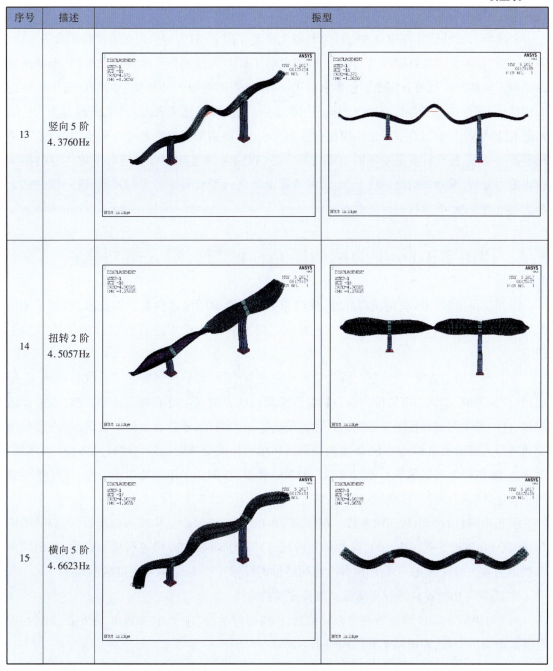
14	扭转2阶 4.5057Hz	
15	横向5阶 4.6623Hz	

至此,基于有限元模型完成伊朗 BR-06 桥的计算模态分析,通过对有限元软件计算的结构模态振型、频率与工程经验比较,认为较为符合,总体计算合理。设计据此做了较细致的桥梁结构抗震分析。

分析结果表明,伊朗 BR-06 桥采用减隔震措施后,可以满足标准要求的 E1、E2 两个阶段抗震设计要求,然而这一分析结果是建立在上述模型及模型参数主观选择基础上的,理论上可行,亦符合标准要求,至此可以说完成桥梁抗震一般设计计算。

上述所有设计计算都建立在有计算有限元模型基础上,最大的问题在于没有实践的佐证。对此,我们做的一项较新颖而又实际的工作:对竣工后对大桥进行了结构模态检测,根据实测结果对大桥的理论抗震分析模型做参数修正,使修正后的有限元计算模型的分析结果更贴近实测结果,即修正后的参数模型更加符合工程实际;我们视经过实测修正参数的模型为大桥结构基准结构模型,根据对基准结构模型的模态分析,所得结构模态为基准结构模态;以基准结构模态为基准,按设计规范规定的抗震计算方法,我们对伊朗 BR-06 桥进行了更详尽的桥梁抗震能力分析、减隔震措施效应分析,即对抗震设计进行了较科学务实的复核,进一步评估大桥实际抗震性能,下节我们详述此点。

5.3　伊朗 BR-06 桥的结构模态检测与有限元模型修正

为评估伊朗 BR-06 桥的抗震性能,我们利用了环境激励模态参数识别技术,取得了该桥的竣工时结构模态(基准结构模态),进而据之对实际结构模态进行抗震分析与抗震性能研究。

在工程结构动力模态测试中,首先要对结构进行激励,然后通过传感器拾取结构响应,最后用模态识别技术识别出结构的动力特性。桥梁的动力测试主要有如下三种方法:强迫振动测试、自由振动测试和环境振动测试。无论是强迫振动测试,还是自由振动测试,都需要封闭交通进行人工激励。相比之下,环境振动测试利用结构或结构附近的自然环境激励(自然风、地脉动、随机行人和车辆等),不需要专门的激励装置,在测试中不需要中断交通,可使桥梁保持正常运营,是一种较好的模态测试方法。

模态检测目的为识别结构参数。在伊朗 BR-06 桥环境激励结构模态检测后,我们采用峰值法(PP)和随机子空间法(SSI)从频域和时域分别对伊朗 BR-06 桥进行模态识别,采用两种参数识别方法的目的,在于利用两种方法的结果进行相互校核,以取得更准确结果。

1)对伊朗 BR-06 桥进行环境振动检测主要目的

(1)对伊朗 BR-06 桥主桥环境振动检测,获得桥跨结构实际的自振频率、阻尼比及固有振型等基本动力参数,即桥梁实际结构模态。

(2)基于实测桥跨结构模态对桥跨结构的计算有限元模型并进行模型修正,修正内容为调整结构模型物理参数,使修正后的有限元结构模型所得结构模态与实测结构模态更吻合,修正后的结构模态即为基准结构模态。

(3)以修正后的基准结构模态为基准,对伊朗 BR-06 桥再进行抗震(减隔震)分析,以复核设计抗震分析结果。

2) 检测方案及过程

环境振动检测主要测量桥梁结构的自振频率、振型和阻尼比。在随机的车辆、行人、自然风和地脉动的情况下,通过高灵敏度传感器拾取各测点的振动信号,再通过系统参数识别软件进行时频域分析。本桥环境振动检测主要测试项目为主梁三向(竖向、横向、纵向)的自振频率和固有振型。

环境振动检测测点数量及位置的布置原则,以能准确测得桥梁结构的竖向、横向、纵向自振频率、振型及阻尼比为准。依据以上原则,本桥环境振动结构模态检测共选取 19 个测点,其中 1 个为参考点,每个测点布置三向加速度传感器。环境振动试验测点布置平面图如图 5.3-1 所示。试验按照测站组号依次进行,由桥梁南(德黑兰方向)向北(里海方向)依次进行,分别测量主梁竖向、横向、纵向的加速度时程,每个测站的采样时间不少于 10min。

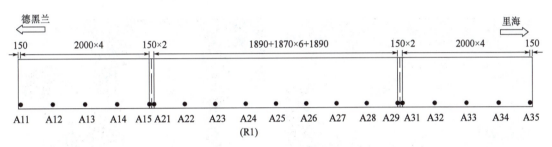

图 5.3-1　环境振动试验测点布置平面图(尺寸单位:cm)

动载测试仪器采用精准物联(ACCURATE IOT)生产的 AIOT-Xpress 智能式多功能传感器,该传感器可实现三向加速度信号同时采集,采样频率为 100Hz。该类型传感器需配合 MCH305D 直流稳压电源、网线、电源线、路由器及 Xpress 监测软件使用,传感器及监测软件界面见图 5.3-2。

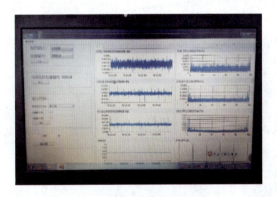

a)AIOT-Xpress 智能式多功能传感器　　　　b)Xpress 监测软件

图 5.3-2　试验仪器设备

由于该桥尚未通车,环境激励较弱,故在现场检测过程中安排工程车模拟交通,并采用人工锤击的方式进行辅助激振(图 5.3-3),传感器的安装、采集器调试等现场试验情况见图 5.3-4。

a) 车辆激振　　　　　　　　　　　　　b) 人工激振

图 5.3-3　环境振动试验的激励

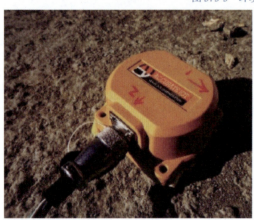 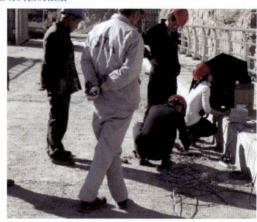

a) 传感器安装　　　　　　　　　　　　b) 采集器调试

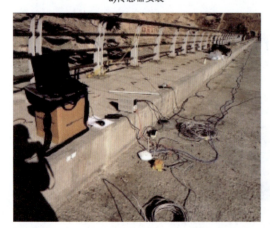 

c) 边跨测点　　　　　　　　　　　　　d) 跨中测点

图 5.3-4　现场试验

3）实测模态分析

本次工程采用基于 MTLAB 平台的 MACEC（Modal Analysis on Civil Engineering Construction）

系统识别软件进行模态识别。利用 MACEC 系统进行参数识别时,以 SSI 方法做重采样和滤波分析,本工程的重采样频率为 10Hz。由于进行环境振动试验时左幅桥完工情况较好,采集的数据较为完整,故优先分析了左幅桥的实测结果,列出了由峰值法得到的左幅桥 x、y、z 三向加速度数据的平均正则化功率谱密度(图 5.3-5),图 5.3-6 列出了典型测点(A9)的稳定图。

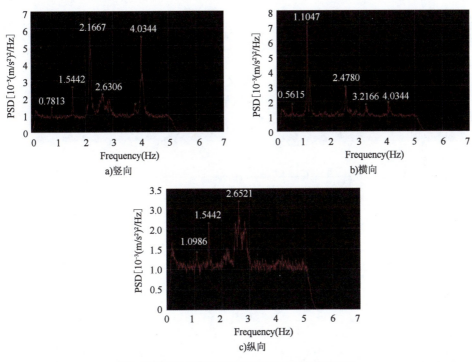

图 5.3-5　平均正则化功率谱密度(PP 法)(程序截图)

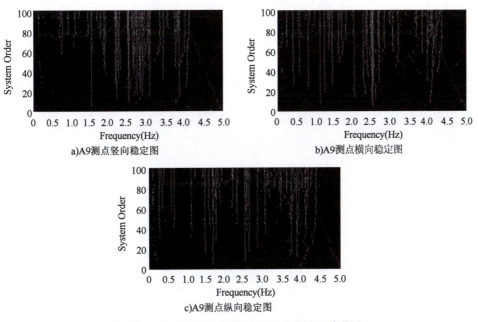

图 5.3-6　SSI 法得到的典型测点(A9)稳定图(程序截图)

分析全桥 19 个测点数据后发现，PP 法和 SSI 法的分析结果大部分能吻合，可以相互验证，且识别的频率大小符合工程经验，证明两种分析方法和分析程序可靠。在此基础上，依次选定可明显识别的主要频率，定义各测点的坐标后可生成模态文件，由此识别的伊朗 BR-06 桥左幅的实测振型和频率，如表 5.3-1 所示，其中竖向 5 阶、横向 3 阶、纵向 1 阶、扭转 1 阶。

左幅实测振型与频率　　　　　　　　　　　　　　　表 5.3-1

振动方向	模态阶次	实测振型	实测频率(Hz)
竖向	1 阶		0.7813
	2 阶		1.5442
	3 阶		2.1667
	4 阶		2.6306
	5 阶		4.0344

续上表

振动方向	模态阶次	实测振型	实测频率(Hz)
横向	1阶	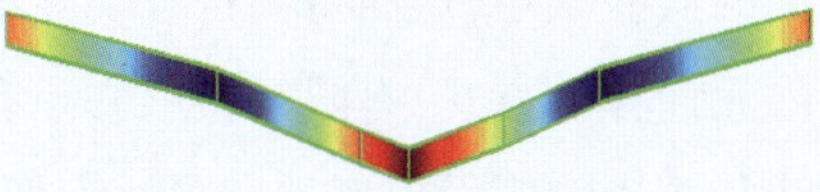	0.5615
横向	2阶	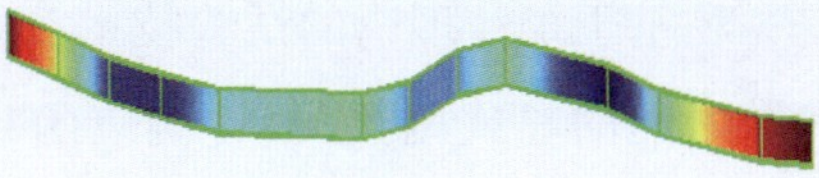	1.1047
横向	3阶	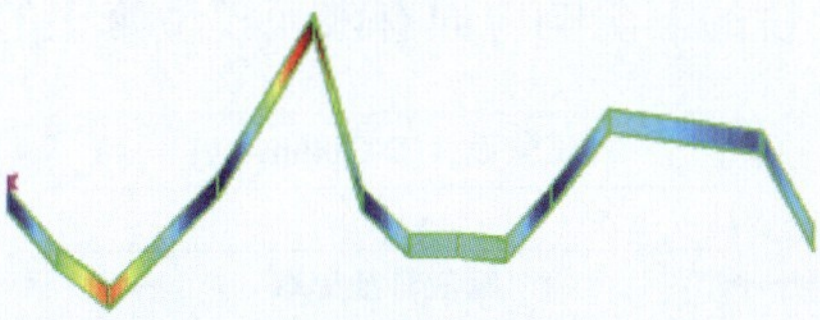	3.2166
纵向1阶			1.0986
扭转1阶		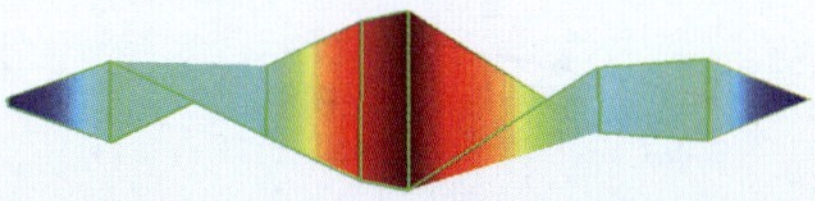	3.8025

根据结构模态检测所得实测结构模态,经与前述理论结构模态结果对照,并结合同类型桥梁的工程经验,可知除了横向第三阶的模态与实际偏差较大,其余模态测试结果均具有一定的可靠性,故而通过环境振动结构模态检测和实测模态分析取得的数据可用于后续伊朗 BR-06 桥的有限元模型修正和验证。

4)基于响应面方法的桥梁结构模态修正及模型确认

为减少伊朗 BR-06 桥计算有限元模型与实际结构之间的差异,以实测结构模态为基准,采用三阶响应面方法对计算初始有限元模型进行修正和验证,从而建立伊朗 BR-06 桥基准有限元模型,为后续的抗震分析和参数分析提供计算基准。

结构模型修正是在 20 世纪 90 年代从机械、航天航空等领域发展起来,逐渐在土木工程领域得到应用和发展。由于桥梁结构的重要性和桥梁自身的结构特点，桥梁有限元模型修正是有限元模型修正在土木工程领域的主要应用和研究热点。有限元模型修正的过程可描述为：以实测结构模态为基准，通过调整和修改结构初始计算有限元模型的参数，使得根据有限元模型计算的响应与实测响应之间的误差最小，从而得到符合实际结构状况的有限元模型。

根据修正过程中应用有限元计算的方式，有限元模型修正有多种算法，应用最多的为直接基于结构有限元模型的修正法和基于响应面模型的有限元模型修正法两种方法。若直接基于结构有限元模型的修正法进行参数调整，寻找使初次计算响应与实测响应之间残差最小的参数组，需要进行大量的代入计算，耗时长、效率低，不适用于实际工程。因此采用基于响应面模型的有限元模型修正法，它是一项基于统计理论的试验技术，通过合理设计试验，压缩试验次数，并拟合得到结构响应和参数之间的显式函数关系（响应函数或响应面模型），得到响应面模型后，就可以用数学优化算法计算得到优化参数。这种方法克服了基于结构有限元模型进行修正的不足，避免了结构灵敏度分析，提高了计算效率，尤其对受多个变量影响的问题，有明显的优越性。对伊朗BR-06桥的三阶响应面有限元模型修正的具体步骤如图5.3-7所示。

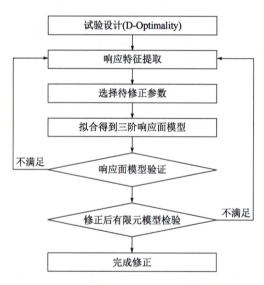

图5.3-7　基于三阶响应面有限元模型修正步骤

响应面函数形式即响应面模型的选择是响应面方法应用的重要环节，响应面函数应满足两个要求：①响应面函数表达式在基本能够描述系统输入参数和输出响应的关系的前提下应尽可能简单；②响应面函数表达式中待定系数的个数尽可能少，以减小系统试验次数或计算次数。

常见的响应面模型有完全和不完全多项式模型、克里格（Kriging）模型、BP神经网络模型、径向基函数（RBF）和多元适应性回归样条函数（MARSF）。响应面模型采用多项式响应面模型。

假设系统的响应特征量 y 为因变量，$x_i(i=1,2,\cdots,k)$ 为方差分析筛选出的 k 个设计参数，则多项式响应面模型的形式如下：

$$\hat{y} = \beta_0 + \sum_{i=1}^{k}\beta_i x_i + \sum_{i=1}^{k}\beta_i x_i^2 + \sum_{i=1}^{k}\beta_{ii} x_i^3 + \sum_i \sum_j \beta_{ij} x_i x_j + \sum_i \sum_j \beta_{ij}(x_i)^2 x_j + \sum_i \sum_j \sum_k \beta_{ijk} x_i x_j x_k \tag{5.3-1}$$

多项式响应面模型中，应用较多的为一阶多项式模型和二阶多项式模型。简单问题可以采用一阶线性响应面函数形式：

$$y = \beta_0 + \sum_{i=1}^{k}\beta_i x_i \tag{5.3-2}$$

响应面函数二阶多项式形式：

$$y = \beta_0 + \sum_{i=1}^{k}\beta_i x_i + \sum_i \sum_j \beta_{ij} x_i x_j + \sum_{i=1}^{k}\beta_{ii} x_i^2 \quad (i \neq j) \tag{5.3-3}$$

式中：x_i'、x_i^u——设计参数 x_i 取值范围的上边界和下边界，$x_i \in [x_i', x_i^u], i \in (1,k)$；

β_0、β_i、β_{ii}、β_{ij}——各待定系数。典型的含有 3 个变量的二阶多项式形式，含有 10 个待定系数 $\beta_0, \beta_1, \cdots, \beta_9$，如下式所示：

$$y = \beta_0 + \beta_1 x_1 + \beta_2 x_2 + \beta_3 x_3 + \beta_4 x_1 x_2 + \beta_5 x_1 x_3 + \beta_6 x_{21} x_3 + \beta_7 (x_1)^2 + \beta_8 (x_2)^2 + \beta_9 (x_3)^2 \tag{5.3-4}$$

三阶多项式响应面模型为：

$$\hat{y} = \beta_0 + \sum_{i=1}^{k}\beta_i x_i + \sum_{i=1}^{k}\beta_{ii} x_i^2 + \sum_{i=1}^{k}\beta_{iii} x_i^3 + \sum_i \sum_{(i<j)}^{j} \beta_{ij} x_i x_j + \sum_i \sum_{(i\neq j)}^{j} \beta_{iij}(x_i)^2 x_j + \sum_i \sum_{(i<jk)}^{j} \sum_k \beta_{ijk} x_i x_j x_k \tag{5.3-5}$$

其中，多项式响应面模型的函数表达式，可以是完整的高阶多项式，也可以仅包含其中的特定项。例如，当系统的参数对响应不相互交叉影响时，可不包含交叉项。1~3 阶响应面函数参数个数及待定系数个数之间的关系如表 5.3-2 所示。

表 5.3-2　1~3 阶多项式响应面函数参数个数及待定系数个数之间的关系

参数个数	1 阶多项式响应面函数待定系数个数	2 阶多项式响应面函数待定系数个数	3 阶多项式响应面函数待定系数个数
2	3	6	10
3	4	10	20
4	5	15	35
5	6	21	56
6	7	28	84
7	8	36	120
8	9	45	165
9	10	55	220
10	11	66	286
……	……	……	……

响应面函数的拟合即求解响应面函数中待定系数的过程。最小二乘法是求解待定系数的基本方法,其步骤如下:

(1)确定参数及参数取值范围,由试验设计确定样本点(计算点)。

(2)通过有限元分析计算样本点响应值 y_1, y_2, y_N,获得样本数据。

(3)将样本数据代入上式,然后采用回归分析方法拟合多项式待定系数 $\beta_0, \beta_i, \beta_{ii}, \beta_{iii}, \beta_{ij}, \beta_{iij}, \beta_{ijk}$。

(4)进行响应面模型验证,响应面模型精度符合要求,则可以用此响应面模型进行模型修正,若响应面模型精度不符合要求,则回到步骤(1),重新进行试验设计,直到精度满足要求。

目前,用于桥梁工程的响应面模型通常采用二阶多项式响应面模型,由于计算方面的原因,高阶多项式较少应用。但伊朗 BR-06 桥建模精度要求较高且组合结构较为复杂,需要建立高阶响应面模型,因此采用三阶响应面模型。

有限元模型修正的主要途径是对确认的实测结构模态和仿真有限元模型分析所得结构模态进行比较,用于比较的物理量称为响应特征,有限元模型修正即为根据确认的响应特征值,借助参数变更修正初始计算的响应特征值的过程,故对模型修正而言,选择合适的响应特征值十分关键。

根据在伊朗 BR-06 桥开展的环境振动试验所得的分析结果,并考虑响应面模型和待修正参数,本桥结构模型修正选取竖向五阶、横向三阶、纵向一阶和扭转一阶,共十阶结构自振频率作为响应特征。

模型参数包含几何参数、材料参数、荷载参数和边界条件参数等,模型修正中选择合理模型参数和范围进行修正是得到精确模型的基础。

在对伊朗 BR-06 桥进行有限元模型修正时,选取有限元模型中桥墩和桥台的纵横向刚度、箱梁 C50 混凝土的弹性模量和密度、波形钢腹板的弹性模量等作为待修正参数,并根据设计的有关资料、试验及工程经验给出各参数的范围,详见表 5.3-3。

修正计算选择材料及支座刚度参数表 表 5.3-3

待修正参数	参数描述	参数单位	初始值	参数修正范围
K_1	2 号墩纵向刚度	10^7N/m	8.50	7.00~10.0
K_2	1 号墩、桥台纵向刚度	10^7N/m	4.00	3.00~5.00
K_3	1 号墩、2 号墩横向刚度	10^6N/m	8.50	7.00~10.0
K_4	桥台横向刚度	10^6N/m	4.00	3.00~5.00
E_1	C50 混凝土弹性模量	10^{10}Pa	3.45	3.11~3.80
P_1	C50 混凝土密度	10^3kg/m^3	2.40	2.16~2.64
E_2	波形钢腹板弹性模量	10^{11}Pa	2.00	1.90~2.10

在初步选择待修正参数后,还要具体分析参数对各响应的影响显著程度,筛选对响应影响显著的参数,忽略对响应影响很小的参数,从而有效地减小响应面函数的拟合系数,减少计算量,提高响应面模型精度。

基于响应面方法的有限元模型修正的参数筛选主要采用方差分析方法。方差分析方法是利用试验设计方法在参数的设计空间内确定样本点,然后在样本点上进行有限元分析计算获得样本数据,再对样本数据进行方差分析。

应用该方法的过程中,决定变量取舍时遵循的标准是:在回归模型中增加一个或一个以上的自变量之后所得到的误差平方和(SSE)的减少量是否显著增加。如果 SSE 减少量显著增加,则应该增加这个或者这些变量。在实际应用中,通常构造一个 F 统计量进行 F 检验,来确定这一减少的数量是否显著。此方法即应用数理统计的检验法(ANOVA)分析。F 值检验法(ANOVA)分析基本思想是将样本数据的总偏差平方和(SST)分解为回归平方和(SSR)以及误差平方和(SSE),即 SST = SSE + SSR ,然后求出 F 值,应用 F 值检验法进行假设检验,找出显著性参数。F 值是 SSE 的减少量除以增加到原模型上的自变量个数。

$$F_m = \frac{\text{SSE}(x_1, x_2, x_3, \cdots, x_{m-1}) - \text{SSE}(x_1, x_2, x_3, \cdots, x_{m-1}, x_m)}{\text{SSE}(x_1, x_2, x_3, \cdots, x_{m-1}, x_m)/(n - m - 1)} \tag{5.3-6}$$

本试验中,取显著水平 $\partial = 0.05$,计算 $P\{F_f \geq F_{1-\theta}(1, n-m-1)\}$,则检验法则为:若 $P \leq 0.05$,认为变量对响应的影响显著;若 $P > 0.05$,认为变量对响应的影响不显著。

根据所选参数及其变化范围,可以计算许多动力振动模态,以此作为影响函数样本,但这样计算样本太多,工作量太大,故应采用某种试验方法,以减少样本计算工作量。

模型修正选择试验设计方法时,理想的参数试验设计应满足以下几点:

(1)确定必要的系统参数(试验因素);

(2)恰当地确定系统参数水平,避免系统参数太多水平;

(3)参数设计取值合理,并且计算简单;

(4)在整个系统参数变量的可能范围内能够提供试验点的合理分布;

(5)不需要大量的系统实际试验。

试验设计方法的选择与系统响应特性及其响应面函数形式密切相关,不同的试验设计方法适应于不同的系统及其响应面函数形式。响应面方法常用的试验设计方法有全因子设计、中心复合设计、D-最优设计(D-optimality)、Box-Behnken 试验设计、正交设计和均匀设计(Uniform Design,UN)等。D-最优设计方法用于大规模模型的高阶响应面建模,精度最高。本项模型修正即采用 D-最优设计方法进行影响面建模。

从统计的观点来看,D-最优设计使得响应面模型的参数估计的方差最小,它的特点有:

(1)是一种模型依赖的设计方法,不同的模型会形成不同的样本集,因此,在确定样本点之前,必须给定响应函数模型。

(2)各个因子的试验水平可以不相同,同一因子各水平间距可以不相同。

(3)在先前的试验点设计中可以并入新的参数试验点。

(4)不能实现的边界点可以从试验表中去除。

该方法的优化策略旨在选择试验信息使信息矩阵的行列式达到极大,使试验样本点大大减少。

本次模型修正中采用D-最优设计(D-Optimality)方法确定设计的三阶响应面模型试验次数为130次,经D-最优设计得到的响应面函数样本,将与样本函数对应的各组数据一起代入初始有限元模型,计算得到响应值。

经以上计算得到响应面样本函数集后,运用最优化方法确定用于建立有限元模型的最优解。本次模型修正以实测的各阶频率即为响应面模型的优化迭代目标。本次优化目标的响应总共10个,即有10个目标函数,目标函数个数大于待修正参数个数,属于有约束非线性规划的多目标最优化问题,基于MATLAB采用目标达到法,在参数的取值范围内对响应面模型进行优化,得到修正后的参数值。修正前后参数值比较如表5.3-4所示。

修正前后参数值比较　　　　　　　　　　表5.3-4

修正参数	参数描述	参数单位	修正前	修正后	变化幅度(%)
K_1	2号墩纵向刚度	$10^7 N/m$	8.5	7.11	16.4
K_2	1号墩、桥台纵向刚度	$10^7 N/m$	5.0	4.34	13.2
K_3	1号墩、2号墩横向刚度	$10^6 N/m$	1.5	1.03	31.3
K_4	桥台横向刚度	$10^6 N/m$	3.5	3.01	14.0
E_1	C50混凝土弹性模量	$10^{10} Pa$	3.45	3.13	9.3
P_1	C50混凝土密度	$10^3 kg/m^3$	2.4	2.39	0.4
E_2	波形钢腹板弹性模量	$10^{11} Pa$	2.0	1.92	4.0

在有限元模型修正后,要进行模型的验证(确认)。有限元模型修正后,必须进行计算模态和试验模态的相关性分析,首先要选择合适的响应面确认准则作为相关性评估的标准;其次计算优化后的结构参数进行有限元计算得到的响应特征值;最后将优化迭代后的响应特征计算值与实测值进行比较。

常用的响应特征确认准则有相对误差准则、重合度准则、R^2判定系数、主分量准则、冲击响应谱(SRS)准则、频率响应函数(FRF)准则、时域响应的均方差准则、系统特征实现(ERA)准则、基于ARMA(时间序列分析)的确认准则和模态保证准则等。当响应特征为标量(如频率、加速度峰值)时,可以采用相对误差准则和重合度准则;当响应特征为连续变化量(如振型、时域响应、频域响应等)时,可以采用R^2判定系数、主分量准则、冲击响应谱(SRS)准则、频率响应函数(FRF)准则、时域响应的均方差准则、系统特征实现(ERA)准则和基于ARMA的

第5章 波形钢腹板预应力混凝土桥优良的抗震性能分析

确认准则;而模态振型的确认准则可采用模态保证准则。

本次结构模态检测中的模态修正采用的响应特征确认准则为模态保证准则(Modal Assurance Criterion,MAC),其定义如下:

$$\mathrm{MAC}(\phi_a,\phi_e) = \frac{|\phi_a^T\phi_e|^2}{(\phi_a^T\phi_a)(\phi_e^T\phi_e)} \tag{5.3-7}$$

从计算结果可知,修正后有限元模型的频率值与实测值更为接近,选取的10阶振动模态的MAC值基本都在80%以上,其中有7阶在90%以上,计算模态与试验模态相关性较好,结构模态的测试效果和有限元模型的修正效果都比较理想。修正后有限元计算与环境振动试验实测的动力特性比较见表5.3-5,计算振型与实测振型比较见图5.3-8。

修正后有限元计算与环境振动试验实测的动力特性比较　　表5.3-5

振动方向	阶数	频率(Hz) 实测值(SSI法)(Hz)	频率(Hz) 计算值(Hz)	频率(Hz) 误差(%)	阻尼比(%)	MAC(%)
竖向	1	0.7813	0.7949	1.7	4.8	93.63
	2	1.5442	1.5794	2.3	2.4	96.05
	3	2.1667	2.1443	1.0	1.4	93.04
	4	2.6306	2.7576	4.8	1.5	84.37
	5	4.0344	4.2236	4.7	3.1	73.91
横向	1	0.5615	0.5467	2.6	8.5	93.14
	2	1.1047	1.0722	2.9	2.0	90.58
	3	2.4780	1.8873	23.8	1.1	25.04
	4	3.2166	3.0702	4.6	1.1	81.67
纵向	1	1.0986	1.0620	3.3	1.8	96.26
扭转	1	3.8025	3.6568	3.8	0.8	99.50

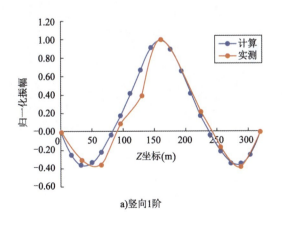
a)竖向1阶

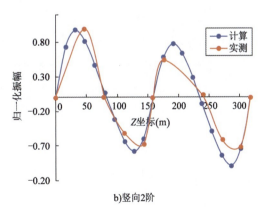
b)竖向2阶

图 5.3-8

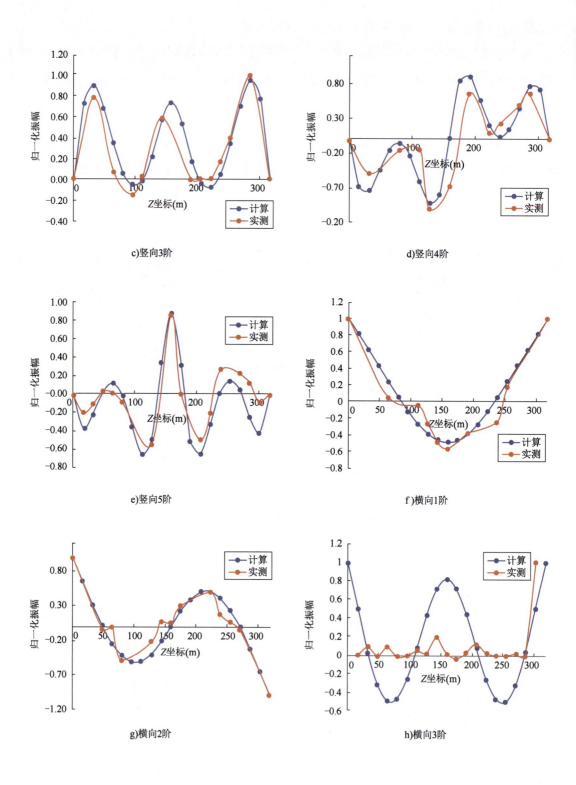

图 5.3-8

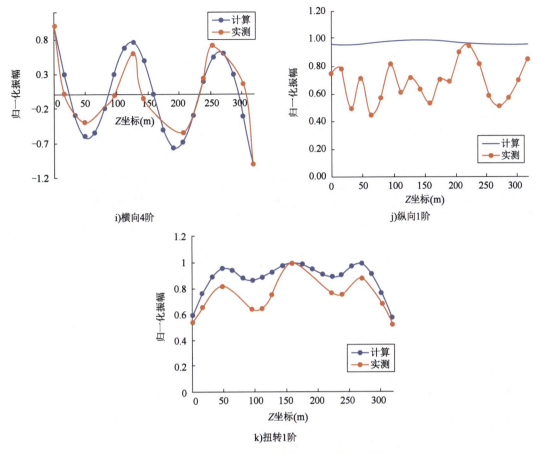

图 5.3-8　修正后有限元计算振型与实测振型比较

5.4　伊朗 BR-06 实桥抗震性复核分析(实桥抗震性能评估)

根据实测结构模态对初始计算结构模型的修正所得修正的结构模型,可视为实际结构模型,对之可做结构重分析,以复核设计分析。其对结构的抗震分析,亦可视为对设计抗震分析的复核与完善,以之为基准即可对伊朗 BR-06 桥做实桥抗震性能评估。

下述为基于基准结构模态,对实桥的抗震复核分析。复核分析首先分析了各种地震波对各结构部位的影响,据此对伊朗 BR-06 桥 E1、E2 两阶段地震受力做了详细分析与计算,然后基于基准结构模型较详细地分析了本设计采用的减隔震支座、黏滞阻尼器的相关参数对地震效应的影响。

5.4.1　E1 地震作用下结构响应与抗震性能分析

地震具有很强的随机性,地震发生时,不仅其大小是随机的,方向也是随机的,在地震反应分析时,需要选择最不利的方向进行地震输入,包括水平向和竖向。根据抗震规范要求抗震设防烈度为Ⅷ度和Ⅸ度的大跨径结构以及竖向作用引起的地震效应很重要时,应考虑竖向地震的作用,一般考虑两种方式:纵桥向+竖向、横桥向+竖向,竖向地震动加速度值取水平向的2/3。E1 地震下的荷载组合见表5.4-1。

E1 地震下的荷载组合　　　　　　　　　表5.4-1

荷载工况	反应谱/地震动时程	组合
C1	设计反应谱	1D + (1L + 2/3V)
C2	设计反应谱	1D + (1T + 2/3V)
C3	Artif1	1D + (1L + 2/3V)
C4	Artif2	1D + (1L + 2/3V)
C5	Artif3	1D + (1L + 2/3V)
C6	Artif1	1D + (1T + 2/3V)
C7	Artif2	1D + (1T + 2/3V)
C8	Artif3	1D + (1T + 2/3V)

注:D—恒载作用;L—纵桥向地震作用;T—横桥向地震作用;V—竖向地震作用。

1)波形钢腹板组合梁响应

在 E1 地震作用下,计算得到主梁的应力,混凝土最大压应力出现在边跨跨中底板,为 -18.6 MPa,波形钢腹板最大应力出现在边跨,为 94.3MPa,见图5.4-1。由于建模时忽略了组合梁内混凝土衬砌,故计算结果偏保守,下同。

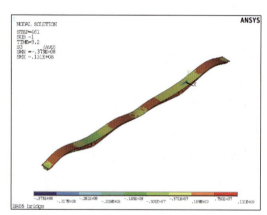 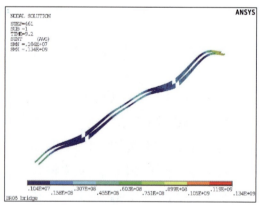

a)顶底板混凝土应力云图　　　　　　　　b)波形钢腹板应力云图

图 5.4-1　纵竖向地震输入下主梁应力(单位:Pa)

表5.4-2 中列出了主梁典型截面的弯矩响应峰值,并计算了各截面的正负弯矩校验系数,截面位置见图5.4-2。结果表明,主梁受力基本对称,各截面满足承载力要求,较为危险的截面为主跨的 1/4 截面、3/4 截面,即 S4 和 S4′,其校验系数达到了 0.53。

第5章 波形钢腹板预应力混凝土桥优良的抗震性能分析

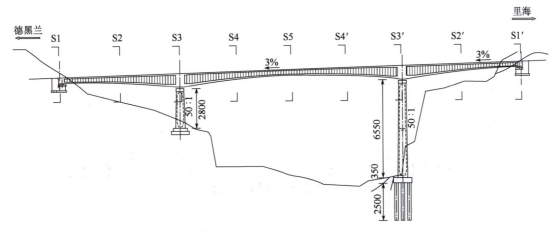

图 5.4-2 主梁截面示意图(尺寸单位:mm)

C4 ~ C6 工况下主梁截面弯矩　　　　　　　　表 5.4-2

截面	最大正弯矩 M_{max}(kN·m)	正弯矩设计值 M_{rmax}(kN·m)	校验系数	最大负弯矩 M_{min}(kN·m)	负弯矩设计值 M_{rmin}(kN·m)	校验系数
S1	−28110.37	114576	0.00	−28271.01	−84576	0.33
S2	38046.06	135770	0.28	−105750.28	−570716	0.19
S3	−55667.985	370260	0.00	−292732.805	−1524911	0.19
S4	88304.765	167660	0.53	−8449.525	−417171	0.02
S5	59892.445	242899	0.25	−16154.755	−86167	0.19
S4′	71423.425	167660	0.43	2913.775	−417171	0.00
S3′	−20794.655	370260	0.00	−340213.815	−1524911	0.22
S2′	22186.245	135770	0.16	−83945.62	−570716	0.15
S1′	−28109.75	114576	0.00	−28264.34	−84576	0.33

在三条人工地震波输入下，主梁的弯矩包络图如图 5.4-3 所示，三个工况下主梁受力基本相同。在纵向地震动输入下，最大正弯矩发生在主跨 1/4 截面及 3/4 截面，M_{max} = 88305 kN·m，最大负弯矩发生在 P2 号桥墩支座支承截面，M_{min} = −340214 kN·m。

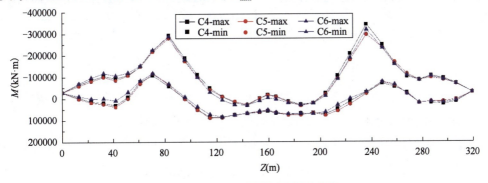

图 5.4-3 C4 ~ C6 工况下主梁弯矩包络图

比较工况 C1 与工况 C4 下主梁的响应,同时输入竖向地震动使得主梁最大负弯矩增加了38%,使最大正弯矩增加了100%,见图5.4-4。对于大跨径波形钢腹板组合桥,竖向地震动的作用不容忽视。

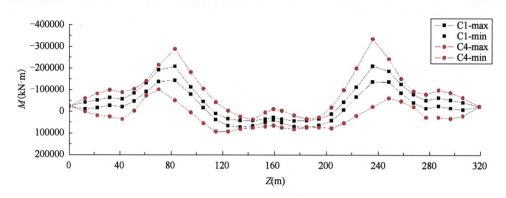

图 5.4-4　C1 与 C4 工况下主梁弯矩包络图对比

2)空心薄壁墩响应

在 E1 纵竖向地震作用下,桥墩的应力见图 5.4-5。P1 号墩最大压应力出现在距离地面 1/4 墩高处,为 -6.7MPa,最大拉应力出现在墩底,为 0.4MPa。P2 号墩最大压应力出现在距离地面 1/10 墩高处,为 -7.5MPa,最大拉应力为 0.6MPa,两桥墩混凝土均未开裂。

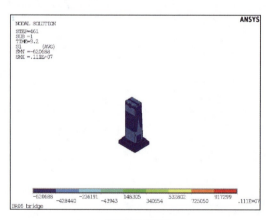

a)P1号墩应力图

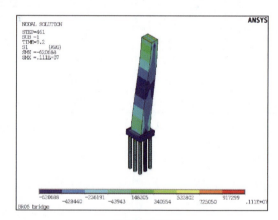

b)P2号墩应力图

图 5.4-5　E1 纵竖向地震作用下桥墩应力(单位:Pa)

图 5.4-6 为在不同地震动激励下,两桥墩的墩底剪力时程曲线和墩底弯矩时程曲线,两桥墩内力变化一致,剪力分配较为均匀,P2 号墩墩底弯矩大于 P1 号墩。

在 E1 横竖向地震作用下桥墩的应力见图 5.4-7。P1 号墩最大压应力出现在距离地面 1/4 墩高处,为 -7.2MPa,最大拉应力出现在墩底,为 1.9MPa。P2 号墩最大压应力出现在距离地面 1/10 墩高处,为 -10.9MPa,最大拉应力出现在墩底,为 1.5MPa。

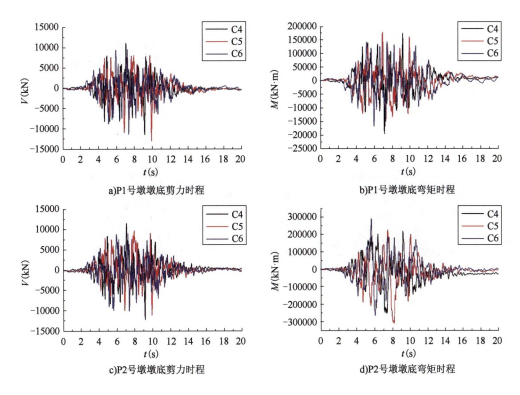

a)P1号墩墩底剪力时程

b)P1号墩墩底弯矩时程

c)P2号墩墩底剪力时程

d)P2号墩墩底弯矩时程

图5.4-6　C4~C6工况下桥墩响应

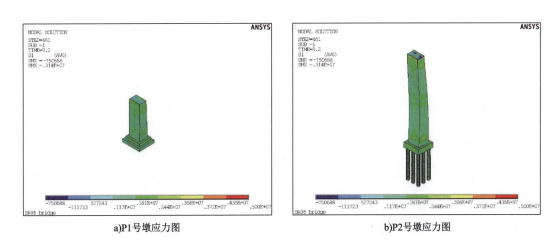

a)P1号墩应力图

b)P2号墩应力图

图5.4-7　E1横竖向地震作用下桥墩应力(单位:Pa)

图5.4-8为C7~C9工况横竖向地震作用下,两桥墩的墩顶横向位移时程和墩底弯矩时程曲线。与纵竖向地震作用下的情况类似,两桥墩剪力分配较均匀,P2号墩墩底弯矩大于P1号墩。

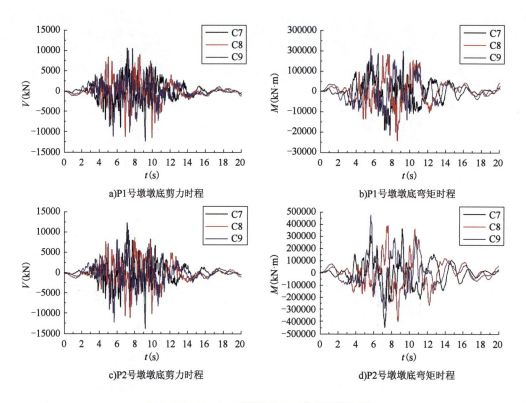

图 5.4-8　C7～C9 工况横竖向地震作用下桥墩响应

计算出桥墩的地震响应后,与设计值进行校核,并计算校验系数,列于表5.4-3。根据有限元计算结果可以得出:P2号墩所承受的纵向弯矩约为P1号墩的1.6倍,所承受的横向弯矩约为P1号墩的2倍。在对应的轴向力下,承载力满足要求。

C4～C9 工况下桥墩承载力校核　　　　表5.4-3

受力方向	桥墩	最大正弯矩 M_{max}(kN·m)	正弯矩设计值 M_{rmax}(kN·m)	校验系数	最大正弯矩 M_{max}(kN·m)	正弯矩设计值 M_{rmax}(kN·m)	校验系数
纵向	P1	179023	497620	0.36	-195824	-497620	0.39
	P2	292553	742170	0.39	-310408	-742170	0.42
横向	P1	211629	568054	0.37	-244022	-568054	0.43
	P2	471313	773669	0.61	-450698	-773669	0.58

现考查竖向地震动分量对桥墩受力的影响,比较 C1 与 C4 工况下墩底受力,以及 C2 与 C7 工况下的墩底受力,见图 5.4-9、图 5.4-10。对于结构的纵向地震响应,增加竖向地震动输入后,P1 墩底纵向弯矩增大了 23%,P2 墩底纵向弯矩反而有所降低,约为 4%;而竖向地震动对横向地震响应的影响较小,两墩柱的受力基本不变,内力差异在 5% 之内。可见竖向地震动对桥墩纵向受力影响较大,对桥墩横向受力的影响可忽略。

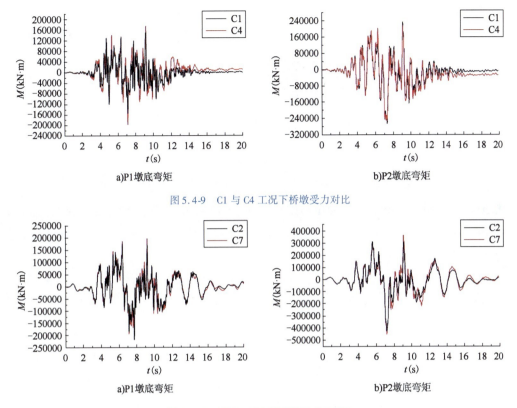

图 5.4-9　C1 与 C4 工况下桥墩受力对比

图 5.4-10　C2 与 C7 工况下桥墩受力对比

3）摩擦摆隔震支座响应

以工况 C4 为例，双曲面摩擦摆支座的纵向变形时程曲线与纵向受力时程曲线见图 5.4-11a）、b）。从图 5.4-11a）、b）中可以看出，由于 B3 是固定支座（支座编号从德黑兰方向开始依次记作 B1、B2、B3、B4，每处有两个摩擦摆支座，其中 B3 是固定支座，其余是单向滑动支座），其变形最小且其变形方向与其余支座不同。桥墩上支座 B2 与 B3 的承载力较大，在时程曲线图中也体现出其承载力差异。此外，可以进一步绘制出在地震荷载下双曲面摩擦摆支座的滞回曲线（图 5.4-11c）。

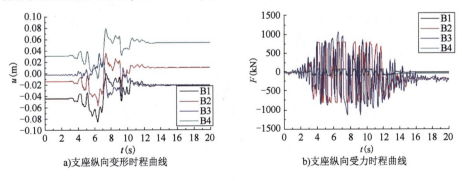

图　5.4-11

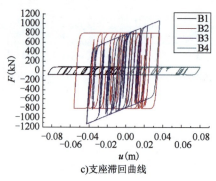

c)支座滞回曲线

图 5.4-11 C4 工况下支座响应

根据设计说明中摩擦摆支座的位移限制条件,进行支座响应的校核,列于表 5.4-4。在纵竖向地震动作用下,中支座受力较大,变形小;边支座受力小,但变形较大,B1~B4 支座皆满足承载力要求。

C4~C6 工况下支座承载力校核   表 5.4-4

支座	F_{max}(kN)	F_{min}(kN)	D_{max}(mm)	D_{min}(mm)	D_{lim}(mm)	校验系数
B1	80	−80	0	−85	±300	0.28
B2	800	−800	36	−57	±350	0.19
B3	1067.	−1126	36	−43	±450	0.14
B4	80	−80	80	−9	±300	0.27

在横向地震动激励下,B1~B4 支座的变形方向相同,变形从 B1~B4 递增,这是由于 P2 号墩横向刚度较 P1 号墩小,对主梁横向位移的约束作用相对较小。此外,B2 和 B3 受力明显大于 B1 和 B4。以工况 C7 为例,双曲面摩擦摆支座的横向变形时程曲线与横向受力时程曲线见图 5.4-12a)、b)。

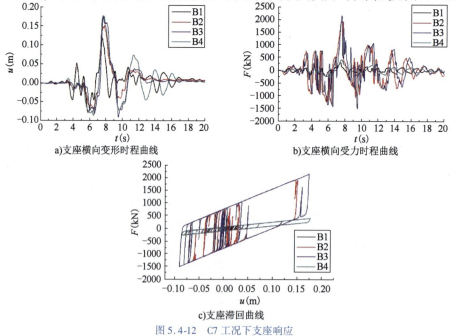

a)支座横向变形时程曲线

b)支座横向受力时程曲线

c)支座滞回曲线

图 5.4-12 C7 工况下支座响应

第5章 波形钢腹板预应力混凝土桥优良的抗震性能分析

与C4~C6工况类似,在横竖向地震动作用下,中支座受力较大,变形小;边支座受力小,但变形较大。它们均未超过位移限值,见表5.4-5。

C7~C9 工况下支座承载力校核　　　　表5.4-5

支座	F_{max}(kN)	F_{min}(kN)	D_{max}(mm)	D_{min}(mm)	D_{lim}(mm)	校验系数
B1	317	-230	121	-78	670	0.18
B2	1951	-1342	153	-71	670	0.23
B3	2188	-1496	176	-90	670	0.26
B4	433	-247	179	-86	670	0.27

4) 黏滞流体阻尼器响应

伊朗BR-06桥采用的黏滞流体阻尼器的阻尼力与速度相关,其速度指数为0.3。主梁两端的阻尼器分别用D1(德黑兰方向)和D2(里海方向)表示,每端有4个阻尼器,同侧阻尼器的地震响应基本一致。以C4工况以例,阻尼器轴向变形时程曲线和轴向内力时程曲线见图5.4-13a)、b),进一步可以得到阻尼器的滞回曲线(图5.4-13c)。

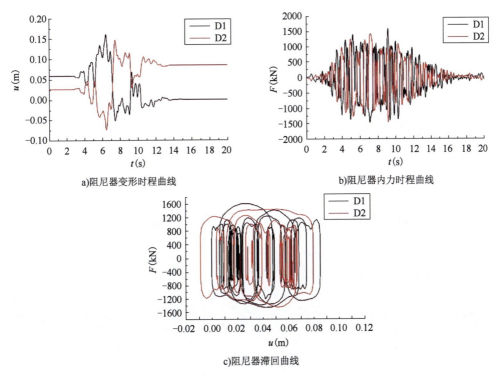

a) 阻尼器变形时程曲线

b) 阻尼器内力时程曲线

c) 阻尼器滞回曲线

图5.4-13　C4工况下黏滞流体阻尼器响应

黏滞流体阻尼器的设计最大阻尼力按±2000kN设计,即阻尼力$F = 2250kN \times 0.3 < 2000kN$。C4~C6工况下黏滞流体阻尼器的承载力校核见表5.4-6,主梁两端黏滞流体阻尼器均满足承载力要求,证明其设计合理。

C4～C6 工况下黏滞流体阻尼器承载力校核   表 5.4-6

阻尼器	D_{max}(m)	D_{min}(m)	F_{max}(kN)	F_{min}(kN)	F_{lim}(kN)	校验系数
D1	0.085	-0.001	1600	-1474	2000	0.80
D2	0.080	-0.009	1444	-1461	2000	0.73

综合考虑计算结果,在 E1 地震作用下,主梁和桥墩混凝土基本保持弹性,减隔震系统有效控制了纵向振动和横向振动,支座和黏滞流体阻尼器承载力均未超限,结构不受损。

5.4.2 E2 地震作用下结构响应与抗震性能分析

5.4.2.1 波形钢腹板组合梁响应

在 E2 纵竖向地震作用下,计算得到主梁的应力,混凝土最大压应力出现在边跨跨中底板,为 -24.6MPa,最大拉应力出现在边跨跨中顶板,为 3.0MPa。波形钢腹板最大应力为 128.1MPa,见图 5.4-14。

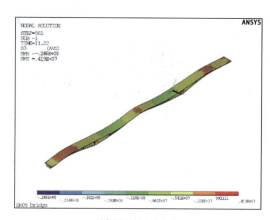 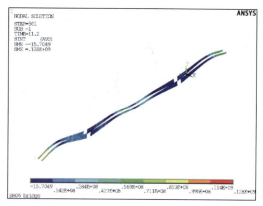

a)顶底板混凝土应力云图　　　　　　b)波形钢腹板应力云图

图 5.4-14　纵竖向地震输入下主梁应力(单位:Pa)

强震作用(E2)下荷载组合见表 5.4-7。

强震作用(E2)下荷载组合   表 5.4-7

荷载工况	地震动时程	荷载组合
C9	1054	1D + (1L + 2/3V)
C10	1084	1D + (1L + 2/3V)
C11	1362	1D + (1L + 2/3V)
C12	Artif4	1D + (1L + 2/3V)
C13	Artif5	1D + (L + 2/3V)

续上表

荷载工况	地震动时程	荷载组合
C14	1054	1D + (1T + 2/3V)
C15	1084	1D + (1T + 2/3V)
C16	1362	1D + (1T + 2/3V)
C17	Artif4	1D + (1T + 2/3V)
C18	Artif5	1D + (1T + 2/3V)

注:D-恒载;L-纵桥向地震作用;T-横桥向地震作用;V-竖向地震作用。

表 5.4-8 中列出了 C10~C14 工况下主梁典型截面的弯矩峰值,并计算了各截面的正负弯矩校验系数。结果表明,主梁受力基本对称,各截面满足承载力要求,较为危险的截面为主跨的 1/4 截面,即 S4 和 S4′,其校验系数达到了 0.8。

C10~C14 工况下主梁截面弯矩　　　　　　　　表 5.4-8

截面	最大正弯矩 M_{max}(kN·m)	正弯矩设计值 M_{rmax}(kN·m)	校验系数	最大负弯矩 M_{min}(kN·m)	负弯矩设计值 M_{rmin}(kN·m)	校验系数
S1	28025	114576	0.24	-28278	-84576	0.33
S2	73308	135770	0.54	-155093	-570716	0.27
S3	126331	370260	0.34	-382317	-1524911	0.25
S4	133541	167660	0.80	-92968	-417171	0.22
S5	98562	242899	0.41	-32720	-86167	0.38
S4′	128797	167660	0.77	-58054	417171	0.14
S3′	164564	370260	0.44	-422530	-1524911	0.28
S2′	64550	135770	0.48	-137393	-570716	0.24
S1′	28010	114576	0.24	-28272	-84576	0.33

在三条强震记录和两条人工地震波输入、C10~C14 工况下,主梁的弯矩包络图如图 5.4-15 所示。不同地震动输入对边跨和桥墩支座处截面产生的响应差异较大,对主跨跨中影响不大。对于大部分截面,当输入的地震动时程为 1084 时,弯矩响应最大。

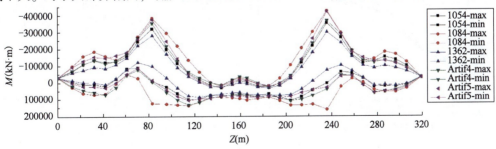

图 5.4-15　C10~C14 工况下主梁弯矩包络图

图 5.4-16 给出了 C10~C14 工况下主梁跨中截面的竖向位移时程曲线和弯矩时程曲线，两者变化趋势一致，且符合相应的地震动加速度输入。在纵向地震动和竖向地震动激励下，跨中竖向振幅达到了约 10cm。

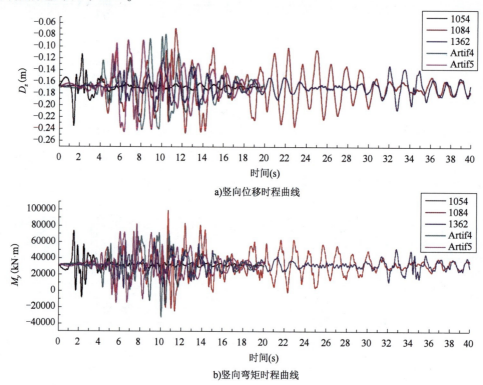

图 5.4-16 C10~C14 工况下主梁跨中响应

在 E2 横竖向地震作用下，计算得到主梁的应力，混凝土最大应力出现在主跨跨中，最大压应力为 -29.2MPa，最大拉应力为 3.7MPa。波形钢腹板最大应力 114.5MPa，见图 5.4-17。

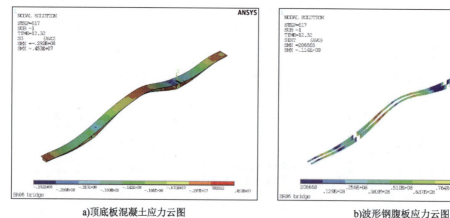

a) 顶底板混凝土应力云图　　　　　　　　b) 波形钢腹板应力云图

图 5.4-17 横竖向地震作用下主梁应力（单位：Pa）

在横向地震动和竖向地震动激励下,C15~C19 工况下主梁截面承受较大的横向弯矩,列于表 5.4-9。由于桥墩高度不同,P1 号墩提供的抗侧刚度较大,P1 号墩支承的主梁截面横向弯矩较 P2 号墩支承处大 30%。

C15~C19 工况下主梁截面弯矩 表 5.4-9

截面	最大正弯矩 M_{max}(kN·m)	最大负弯矩 M_{mim}(kN·m)
S1	154	-178
S2	29960	-42135
S3	133436	-187208
S4	30728	-34865
S5	80544	-77302
S4'	43596	-43781
S3'	114524	-143764
S2'	30580	-22358
S1'	147	-152

C15~C19 工况下主梁的横向弯矩包络图如图 5.4-18 所示。在工况 C15~C19 中,不同地震动输入对桥墩支座处和主跨跨中截面产生的响应差异较大。当输入的地震动时程为 1084 时,主梁弯矩响应最大,在支座处达到了 187208kN·m。

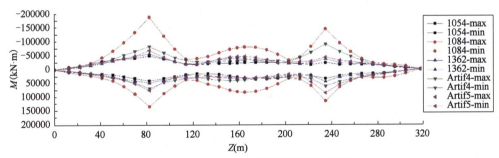

图 5.4-18　C15~C19 工况下主梁弯矩包络图

图 5.4-19 给出了 C15~C19 工况下主跨跨中截面的横向位移时程曲线和弯矩时程曲线。相比于纵向地震激励,横向地震激励下的响应更为明显,在地震动时程为 1084 激励下,跨中横向位移达到了 0.8m,横向弯矩达到了 80540kN·m。

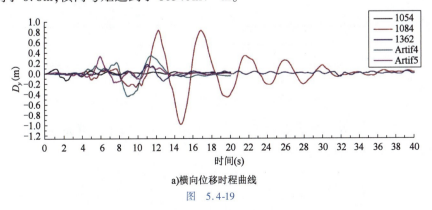

a)横向位移时程曲线

图 5.4-19

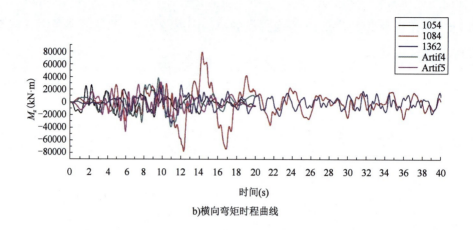

b)横向弯矩时程曲线

图 5.4-19 C15～C19 工况下主梁跨中响应

5.4.2.2 空心薄壁墩响应

在 E2 纵竖向地震作用下桥墩应力见图 5.4-20。P1 号墩最大压应力出现在距离地面 1/4 墩高处,为 -7.8MPa,最大拉应力出现在墩底,为 2.1MPa;P2 号墩最大压应力出现在距离地面 1/10 墩高处,为 -17.0MPa,最大拉应力为 3.6MPa。两桥墩底部混凝土开裂,钢筋混凝土桥墩底部带裂缝工作。

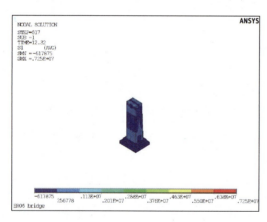

a)1号墩应力图

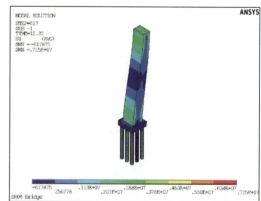

b)2号墩应力图

图 5.4-20 E2 纵竖向地震作用下桥墩应力(单位:Pa)

在时程分析中采用应力积分的方法可以得到 C10～C14 工况下墩底截面的最大内力,包括截面承受的轴力、剪力和弯矩,列于表 5.4-10。

第5章 波形钢腹板预应力混凝土桥优良的抗震性能分析

C10～C14 工况下桥墩墩底内力   表 5.4-10

桥墩	内力		1054	1084	1362	Artif4	Artif5	峰值
P1	$N(\text{kN})$	最大值	-66232	-57416	-73442	-60849	-66245	-57416
		最小值	-111008	-115603	-107534	-114371	-111468	-115603
	$V(\text{kN})$	最大值	12936	18877	13902	15196	18411	18877
		最小值	-15564	-20657	-12575	-21265	-20341	-21265
	$M(\text{kN}\cdot\text{m})$	最大值	224200	339178	193892	272070	295792	339178
		最小值	-186072	-257488	-235859	-198174	-260346	-260346
P2	$N(\text{kN})$	最大值	-81916	-71657	-90705	-74709	-79901	-71657
		最小值	-143366	-145528	-137644	-142821	-142629	-145528
	$V(\text{kN})$	最大值	18075	22130	13666	17356	17778	22130
		最小值	-14518	-23475	-12103	-18433	-16332	-23475
	$M(\text{kN}\cdot\text{m})$	最大值	286658	699395	222178	363403	417564	699395
		最小值	-393223	-722702	-302110	-521478	-441403	-722702

在纵竖向地震动作用下,两桥墩的墩顶纵向位移时程和墩底弯矩时程曲线见图 5.4-21。当输入的地震动时程为 1084 时,桥墩响应最大。P1 号墩墩顶位移达到了 0.016m,墩底弯矩达到了 339178kN·m;P2 号墩墩顶位移达到了 0.110m,墩底弯矩达到了 722702kN·m。P2 号墩纵向位移响应约为 P1 号墩的 7 倍,P2 号墩所承受的纵向弯矩约为 P1 号墩的 2 倍。

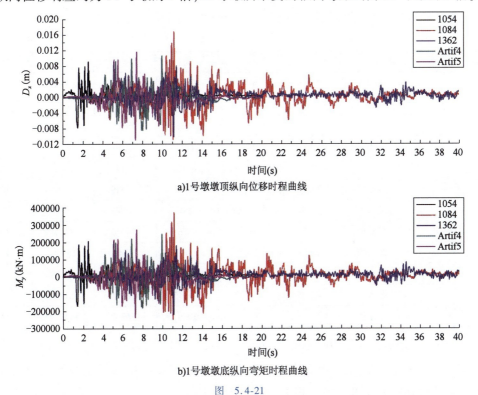

a) 1号墩墩顶纵向位移时程曲线

b) 1号墩墩底纵向弯矩时程曲线

图 5.4-21

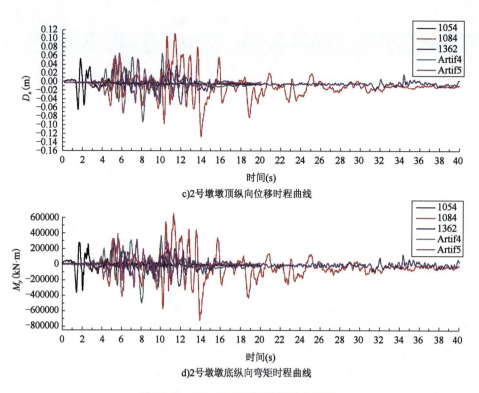

c) 2号墩墩顶纵向位移时程曲线

d) 2号墩墩底纵向弯矩时程曲线

图 5.4-21 C10~C14 工况下桥墩响应时程

在工况 C15~C19 下,桥墩墩底的轴力、剪力和弯矩列于表 5.4-11。

C15~C19 工况下桥墩墩底内力   表 5.4-11

桥墩	内力		1054	1084	1362	Artif4	Artif5	峰值
P1	$N(kN)$	最大值	-67146	-58192	-74019	-61091	-66555	-58192
		最小值	-110439	-115331	-107122	-113625	-111895	-115331
	$V(kN)$	最大值	16732	20577	10883	16821	19491	20577
		最小值	-14610	-24472	-11750	-20565	-17653	-24472
	$M(kN \cdot m)$	最大值	149783	512546	214056	265176	314147	512546
		最小值	-297154	-569727	-209257	-353190	-318191	-569727
P1	$N(kN)$	最大值	-80983	-72367	-90625	-71990	-80756	-71990
		最小值	-141283	-148285	-137654	-143136	-141757	-148285
	$V(kN)$	最大值	16892	28030	11469	18141	18939	28030
		最小值	-12919	-25852	-13263	-16941	-17187	-25852
	$M(kN \cdot m)$	最大值	243325	738480	376911	466501	631242	738480
		最小值	-350333	-771950	-306915	-563979	-449245	-774950

在 E2 横竖向地震作用下,桥墩的应力见图 5.4-22。P1 号墩最大压应力出现在距离地面 1/4 墩高处,为 -14.2MPa,最大拉应力出现在墩底,为 3.6MPa;P2 号墩最大压应力出现在距离地面 1/10 墩高处,为 -28.9MPa,最大拉应力为 6.1MPa。

第5章 波形钢腹板预应力混凝土桥优良的抗震性能分析

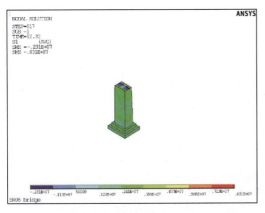

a)P1号墩应力图

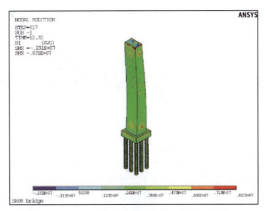

b)P2号墩应力图

图 5.4-22 E2 横竖向地震作用下桥墩应力(单位:Pa)

在横竖向地震动作用下,C15~C19 工况下两桥墩的墩顶横向位移时程和墩底弯矩时程曲线见图 5.4-23。当输入的地震动时程为 1084 时,桥墩响应最大。P1 号墩墩顶位移达到了 0.025m,墩底弯矩达到了 569727kN·m;P2 号墩墩顶位移达到了 0.201m,墩底弯矩达到了 738480kN·m。P2 号墩横向位移响应约为 P1 号墩的 8 倍,P2 号墩所承受的横向弯矩约为 P1 号墩的 1.5 倍。

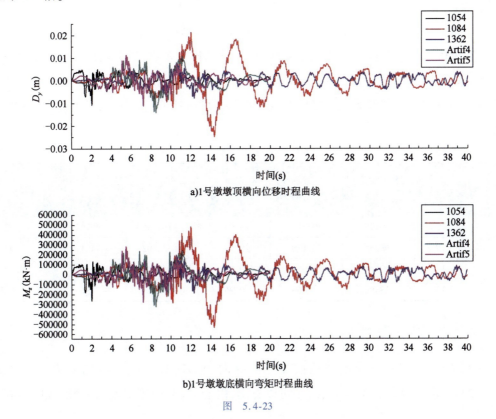

a)1号墩墩顶横向位移时程曲线

b)1号墩墩底横向弯矩时程曲线

图 5.4-23

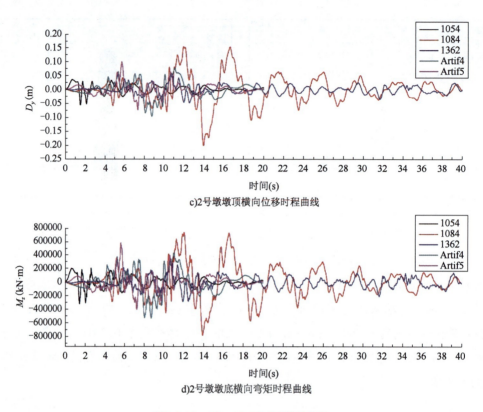

c) 2号墩墩顶横向位移时程曲线

d) 2号墩墩底横向弯矩时程曲线

图 5.4-23　C15～C19 工况下桥墩响应

计算出桥墩的地震响应后,与设计值校核,并计算校验系数,列于表 5.4-12。在对应的轴向力下,承载力满足要求。除了 P1 号墩纵向承载力有较大的冗余度,P1 号墩横向承载力及 P2 号墩双向承载力的校验系数都接近 1,证明材料强度得到了有效利用,其下部结构设计经济合理。

C10～C19 工况下桥墩承载力校核　　　　表 5.4-12

受力方向	桥墩	最大正弯矩 $M_{max}(kN\cdot m)$	正弯矩设计值 $M_{rmax}(kN\cdot m)$	校验系数	最大正弯矩 $M_{max}(kN\cdot m)$	正弯矩设计值 $M_{rmax}(kN\cdot m)$	校验系数
纵向	P1	339178	497620	0.68	-260346	-497620	0.52
	P2	699395	742170	0.94	-722702	-742170	0.97
横向	P1	512546	568054	0.90	-559727	-568054	0.99
	P2	738480	773669	0.95	-772950	-773669	1.00

5.4.2.3　摩擦摆隔震支座响应

以工况 C11 为例,双曲面摩擦摆支座的纵向变形时程曲线与纵向受力时程曲线见图 5.4-24a)、b)。从图 5.4-24a)、b)中可以看出,由于 B3 是固定支座,其变形方向与其余支座不同。桥墩上支座 B2 与 B3 的承载力较大,在图 5.4-24 中也体现出其承载力差异。进一步可以绘制出在地震荷载下摩擦摆支座的滞回曲线(图 5.4-24c)。地震过程中摩擦摆隔震支座滞回曲线形状较规则、饱满度较好、包络面积较大,表明减隔震效果良好。

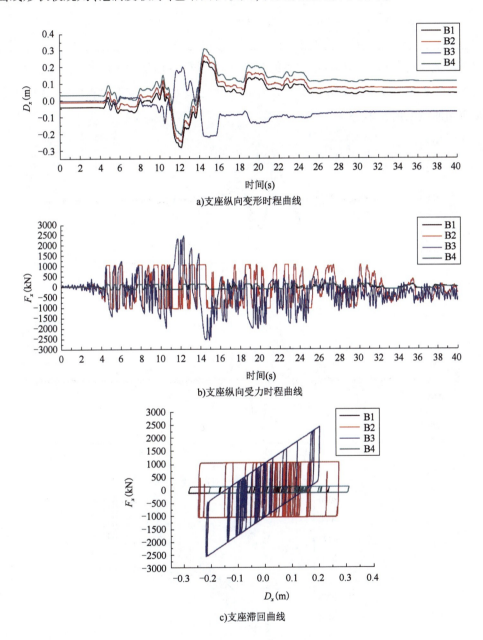

图 5.4-24 C11 工况下支座响应

根据设计说明中摩擦摆支座的位移限制条件,进行支座承载力的校核,列于表 5.4-13。中支座受力较大,变形小,边支座受力小,但变形较大。B1~B4 支座皆满足承载力要求。

C11工况下支座承载力校核 表5.4-13

支座	F_{max}(kN)	F_{min}(kN)	D_{max}(mm)	D_{min}(mm)	D_{lim}(mm)	校验系数
B1	120.93	-121.12	236.4	-283.1	±300	0.944
B2	1059.44	-1058.45	272.4	-248.4	±350	0.778
B3	2439.54	-2564.38	201.1	-221.2	±450	0.492
B4	121.22	-120.82	288.8	-208.8	±300	0.962

在横向地震动激励下,B1~B4支座的变形方向相同,变形量由B1~B4递增,B2和B3受力远大于B1和B4。以工况C16为例,双曲面摩擦摆支座的横向变形时程曲线、横向受力时程曲线及滞回曲线见图5.4-25。

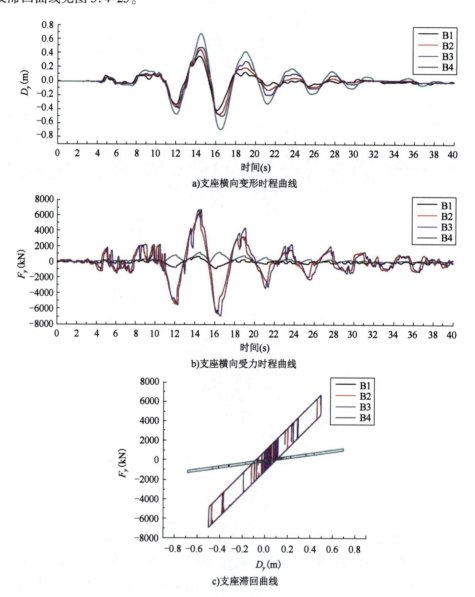

图5.4-25 C16工况下支座响应

根据设计说明中摩擦摆支座的位移限制条件,进行支座承载力校核,列于表5.4-14。与上述情况类似,中支座受力较大,变形小,边支座受力小,但变形较大。B1~B3支座满足位移要求,但B4支座超出了限值23mm左右,该桥台支座可能出现损伤。对墩高不对称连续梁桥,建议在高墩一侧的桥台处布置承载能力较大的支座。

C16工况下支座承载力校核 表5.4-14

支座	F_{max}(kN)	F_{min}(kN)	D_{max}(mm)	D_{min}(mm)	D_{lim}(mm)	校验系数
B1	718.4	-805.5	361	-415	670	0.619
B2	6366	-6576	643	-476	670	0.960
B3	6768	-6873	492	-501	670	0.747
B4	1271	-1267	693	-690	670	1.034

5.4.2.4 黏滞流体阻尼器响应

以C11工况以例,在纵竖向地震作用下,主梁两端黏滞流体阻尼器的轴向变形时程曲线、轴向内力时程曲线及滞回曲线,见图5.4-26。两端的阻尼器变形方向相反,变形量基本一致,力与位移的时程曲线均对称。

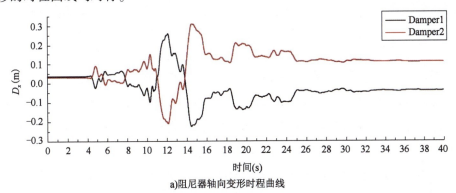

a)阻尼器轴向变形时程曲线

b)阻尼器轴向内力时程曲线

图 5.4-26

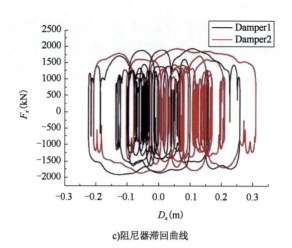

c) 阻尼器滞回曲线

图 5.4-26　C11 工况下黏滞流体阻尼器响应

黏滞流体阻尼器的设计最大阻尼力按 ±2000kN 设计,即阻尼力公式为 $F = 2250\text{kN} \times 0.3 <$ 2000kN。黏滞流体阻尼器的承载力校核见表 5.4-15,主梁两端黏滞流体阻尼器均满足承载力要求,校验系数接近 1,证明黏滞流体阻尼器的选择经济合理。

C11 工况下黏滞流体阻尼器承载力校核　　表 5.4-15

阻尼器	D_{max}(m)	D_{min}(m)	F_{max}(kN)	F_{min}(kN)	F_{lim}(kN)	校验系数
D1	0.2830	−0.2365	1948	−1906	2000	0.974
D2	0.3086	−0.2089	1939	−1857	2000	0.970

综合考虑以上计算结果,在水平地震动峰值加速度为 $0.4g$ 的强震中,伊朗 BR-06 桥的双曲面摩擦摆隔震支座的固定销剪断,减隔震系统发挥作用。在 E2 地震作用下,墩底钢筋混凝土带裂缝工作,支座纵向变形满足要求,B4 支座横向变形超出限值 23mm,结构可能在支座处有轻微损伤,黏滞流体阻尼器在承载能力范围内得到高效利用。由此可见,伊朗 BR-06 桥的结构抗震设计基本满足"中震不坏,大震可修"的性能要求。

5.4.3　BR-06 桥减隔震系统参数分析

为满足高烈度地震区的抗震设防要求,伊朗 BR-06 桥的上部结构采用了自重较轻的波纹钢腹板 PC 箱梁,并配以中国自主研发分离式双曲面摩擦摆隔震支座与黏滞流体阻尼器进行了减隔震设计。为验证其设计的合理性,并探究适用于大跨径波形钢腹板组合连续梁桥的减隔震体系,本节基于修正后的有限元模型,考虑支座类型、摩擦摆隔震支座及阻尼器参数,进行减隔震系统的参数影响分析,为工程设计提供参考。

伊朗 BR-06 桥的减隔震系统由我国自主研发的分离式双曲面摩擦摆隔震支座和黏滞流体阻尼器构成。摩擦摆隔震支座在桥台、桥墩处各布置 2 个,单幅桥共布置 8 个,黏滞流体阻尼器在主梁两端各布置 4 个,单幅桥共布置 8 个,见图 5.4-27。

a) 双曲面摩擦摆隔震支座

b) 黏滞流体阻尼器

图 5.4-27　BR-06 桥减隔震系统

5.4.3.1　摩擦摆隔震支座

摩擦摆支座隔震消能原理是利用滑动面的设计延长结构的振动周期,以大幅度减小结构因地震作用而引起的放大效应,通过支座的滑动面与滑块之间的滑动来达到消耗地震能量,见图 5.4-28。此外,其特有的圆弧滑动面具有自动复位功能,可以有效地限制隔震支座的位移,使其震后恢复原位。摩擦摆支座造价低、施工简单、承载能力高,除了具有一般平面滑动隔震系统的特点外,还具有良好的稳定性、复位功能和抗平扭能力。

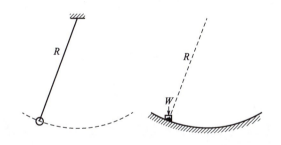

图 5.4-28　单摆工作原理

摩擦摆支座主要包括抗剪螺栓、球面不锈钢滑板、涂有 Teflon 材料的滑块以及用来与上部结构相连的盖板(上座板),其构造如图 5.4-29 所示。摩擦摆支座通过球形滑动表面的运动使上部结构发生单摆运动,隔震系统的周期和刚度通过选取合适的滑动表面曲率半径来控制,阻尼由动摩擦系数来控制。限滑动螺栓剪断前,摩擦摆隔震支座不发生滑动,梁体随下滑面摆动,隔震桥梁支座与普通桥梁铰支座的功能相同;当地震将限滑动螺栓剪断,摩擦摆隔震支座沿上滑动面发生位移,以应对地震效应。地震中摩擦摆支座的恢复力模型可简化成图 5.4-30 所示的双线性滞回模型。

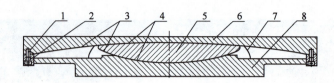

图 5.4-29　摩擦摆隔震支座构造

1-抗剪螺栓；2-限位装置；3-球面不锈钢滑板；4-聚四氟乙烯滑板；5-中座板；6-上座板；7-防尘密封装置；8-下座板

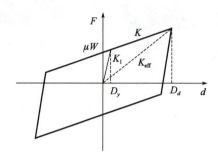

图 5.4-30　摩擦摆隔震支座恢复力模型

摩擦摆隔震支座的恢复力由下式计算：

$$F = \frac{W}{R}D + \mu W \tag{5.4-1}$$

式中：W——支座承受的竖向荷载；

R——滑动面曲率半径；

D——设计位移；

μ——动摩擦系数。

根据其单摆原理，可知摩擦摆支座的隔震周期为：

$$T = 2\pi\sqrt{\frac{R}{g}} \tag{5.4-2}$$

可见，隔震周期主要和滑动面的曲率半径有关，通过增大曲率半径，可以有效地延长隔震周期。通过设计，使结构第一振动周期处于反应谱的下降段，从而达到减隔震效果。

摩擦摆隔震支座的屈服后刚度为：

$$K = \frac{W}{R} \tag{5.4-3}$$

摩擦摆隔震支座的等效刚度为：

$$K_{\text{eff}} = \frac{W}{R} + \mu\frac{W}{D} \tag{5.4-4}$$

根据试验数据，其初始刚度 K_1 可取 2.5mm 位移时的等效刚度。

摩擦摆隔震支座的等效阻尼比为：

$$\beta_{\text{eff}} = \frac{4\mu WD}{2\pi D\left(\dfrac{W}{R}D + \mu W\right)} = \frac{2}{\pi\dfrac{\mu}{R} + \mu} \tag{5.4-5}$$

由上式可知:对于相同的设计位移,等效阻尼比随着曲率半径 R 和动摩擦系数 μ 的增大而增大;对于 R 和 μ 都已经确定的双曲面摩擦摆隔震支座,等效阻尼比随着位移量的增大而减小。

由上述推导可知,双曲面摩擦摆隔震支座具有结构紧凑、物理模型简单、抗震机理可靠的优点。影响摩擦摆隔震支座性能的两个关键因素是滑动面曲率半径 R 和滑动材料的动摩擦系数 μ。只要合理选取支座的曲率半径和动摩擦系数,就能满足不同的减隔震设计要求。

因此,在本工程抗震分析中比较了摩擦摆隔震支座和其他支座形式对桥梁结构地震响应的影响,以伊朗 BR-06 桥为研究背景,证明其隔震性能的优越性。在此基础上,进行摩擦摆隔震支座滑动面曲率半径和动摩擦系数的参数分析,讨论这两个关键参数对支座及整个桥梁结构地震响应的影响,并选取最优的支座参数。

5.4.3.2 黏滞流体阻尼器

黏滞流体阻尼器是一种液压装置,主要是由活塞杆、活塞、节流孔、缸体、阻尼介质、连接件、导杆、阻尼孔等组成,见图 5.4-31。活塞在缸筒内做往复运动,活塞上开有适量小孔作为阻尼孔,缸筒内装满流体阻尼材料。当活塞与缸筒之间发生相对运动时,由于活塞前后的压力差使流体阻尼材料从阻尼孔中通过,从而产生阻尼力。流体阻尼器对结构进行振动控制的机理是将结构的部分振动能量通过阻尼器中黏滞流体阻尼材料的黏滞耗能耗散掉,达到减小结构振动(地震或风振)反应的目的。

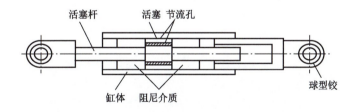

图 5.4-31 黏滞流体阻尼器构造

它是一种速度相关型阻尼器,对速度反应比较敏感,能够吸收、衰减振动和冲击的能量,从而减小结构的地震反应,达到消能减震的作用。黏滞流体阻尼器的阻尼力-位移滞回曲线是一个饱满的椭圆形,具有稳定的动力性能和很强的耗能能力。黏滞流体阻尼器作为一种消能减振装置,在不改变结构刚度的前提下,只对结构提供附加阻尼。试验表明,黏滞流体阻尼器的输出阻尼力 F 与活塞运动速度 V 的某个次方成正比,即:

$$F = Cv^{\alpha} \tag{5.4-6}$$

式中：C——阻尼常数；

α——速度指数，其值与活塞头上小孔的设计有关，用于结构地震保护的阻尼器，通常取 $0.3\sim1.0$。α 越小，阻尼器的耗能能力越强；反之则 α 增大，其耗能能力会降低。当 $\alpha=1$ 时，为线性黏滞阻尼器，当 $\alpha=0$ 时，为纯摩擦阻尼器。

在简谐位移激励 $u=u_0\sin\omega t$ 作用下，黏滞流体阻尼器在一个周期循环内所耗散的能量可表示为：

$$E_D = \oint f_d du = \int_0^{2\pi/\omega} fv dt = \int_0^{2\pi/\omega} fv^{1+\alpha} dt = \pi\lambda c^\alpha \omega^\alpha u_0^{1+\alpha} \quad (5.4\text{-}7)$$

其中：

$$\lambda = \frac{2^{2+\alpha}\Gamma(1+\alpha/2)}{\pi\Gamma(2+\alpha)} \quad (5.4\text{-}8)$$

对于线性黏滞阻尼器（$\alpha=1$），$\lambda=1$，式(5.4-7)简化为 $E_D=\pi\lambda c\omega u_0^2$，此时阻尼器的滞回曲线为椭圆形，如图 5.4-32a)所示，力-位移关系可表示为：

$$\left(\frac{F}{c\omega u_0}\right)^2 + \left(\frac{u}{u_0}\right)^2 = 1 \quad (5.4\text{-}9)$$

对于纯摩擦阻尼器（$\alpha=0$），$\lambda=4/\pi$，式(5.4-7)简化为 $E_D=4cu_0$，此时阻尼器的滞回曲线为矩形，如图 5.4-32b)所示，力-位移关系可表示为：

$$F = c\cdot\text{sgn}(\dot{u}) = c\cdot\text{sgn}\left[u\left(t+\frac{\pi}{2\omega}\right)\right] \quad (5.4\text{-}10)$$

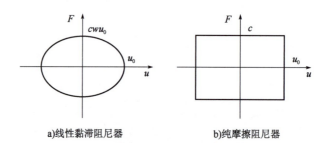

图 5.4-32　两种特殊黏滞阻尼器的滞回曲线

黏滞流体阻尼器的阻尼常数与速度指数决定了其受力性能，故在本章中将计算并分析这两个因素对结构地震响应的影响，取得最优的参数，并检验 BR-06 桥选用的阻尼器型号是否合理。

5.4.3.3　影响参数设置

为研究双曲面摩擦摆隔震支座和黏滞流体阻尼器的减隔震效果，分别以支座形式、支座参数和阻尼器参数为变量，计算结构在不同约束体系下的地震响应，控制变量见表 5.4-16。

控制变量   表5.4-16

分组	变量	变化范围	荷载工况	控制目标
I	支座类型	固定支座(刚构体系)	C11	主梁竖向弯矩与纵向位移 桥墩纵向弯矩与纵向剪力
		普通盆式支座 双曲面摩擦摆隔震支座	C16	主梁横向弯矩与横向位移 桥墩横向弯矩与横向剪力
II	摩擦摆隔震支座的曲率半径	$R_z = 1 \sim 10\mathrm{m}, \mu = 0.02$	C11	主梁纵向位移、桥墩纵向剪力
		$R_x = 1 \sim 10\mathrm{m}, \mu = 0.02$	C16	主梁横向位移、桥墩横向剪力
III	摩擦摆隔震支座的摩擦系数	$R_x = R_z = 5\mathrm{m}, \mu = 0.01 \sim 0.1$	C11	主梁纵向位移、桥墩纵向剪力
			C16	主梁横向位移、桥墩横向剪力
IV	黏滞流体阻尼器的阻尼常数	$C = 0 \sim 10000, \alpha = 0.3$	C11	主梁纵向位移、桥墩纵向剪力
V	黏滞流体阻尼器的速度指数	$C = 2250, \alpha = 0.2 \sim 1.0$	C11	主梁纵向位移、桥墩纵向剪力

在第 I ~ III 组中研究支座形式和支座参数对减隔震效果的影响时,为了排除干扰因素,使结构地震响应在不同情况下的区别更加明显,梁端不设置阻尼器。第IV、V组中,统一采用双曲面摩擦摆隔震支座。根据上述计算结果,在地震动加速度时程为1084的E2地震作用下,结构的地震响应最大,故在此章在对比分析中采用1084作为地震激励,荷载组合同工况C11和工况C16,采用双向地震动输入。

5.4.3.4 支座类型对比分析

1) 结构内力响应

基于三种支座形式分别建立桥梁有限元模型,输入相同的地震动时程,计算得到桥梁结构的地震响应。首先考虑纵向地震动和竖向地震动输入。图5.4-33所示为纵竖向地震作用下主梁弯矩包络图,其中 FB(Fixed Bearing)代表固定支座,PB(Pot Bearing)代表普通盆式支座,FPB(Friction Pendulum Bearing)代表双曲面摩擦摆隔震支座,下同。固定支座约束了平动和转动6个自由度,此时连续梁桥相当于刚构桥。当采用普通盆式支座和双曲面摩擦摆隔震支座时,P2号墩的支座B3设置为固定支座,其余支座均为单向活动支座,释放纵向位移。

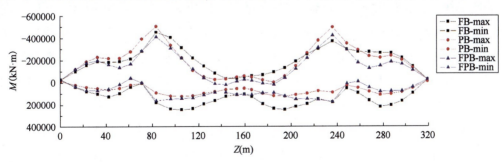

图5.4-33 纵竖向地震作用下主梁弯矩包络图

从图 5.4-33 中可以看出,当采用固定支座时,主跨跨中和北边跨跨中的弯矩响应最大;当采用普通盆式支座时,主跨截面的正负弯矩都较小,但桥墩支承处负弯矩最大;当采用摩擦摆隔震支座时,边跨截面受力最小,主跨截面受力也处于较低的水平。

表 5.4-17 中列出了在纵向和竖向地震作用下桥墩的内力,包括墩底轴力、剪力和弯矩。计算结果表明,相比于固定支座,若采用普通盆式支座,对 P1 号墩受力影响不大,但 P2 号墩受力几乎增大了一倍。采用摩擦摆隔震支座有效减小了 P1 号墩的剪力,使两个墩柱的剪力接近。探究其原因,当主梁与墩柱的连接刚度较大时,主梁的惯性力沿较短的路径(P1 号墩)传至基础,P1 号墩承受很大的剪力;隔震装置使两个墩柱剪力分配更均匀,P1 号墩墩底弯矩大幅度减小,P2 号墩墩底弯矩增大。

纵竖向地震作用下桥墩内力　　　　表 5.4-17

桥墩	内力		FB	PB	FPB
P1	$N(\mathrm{kN})$	最大值	-57271	-55990	-57412
		最小值	-113894	-118795	-114582
	$V(\mathrm{kN})$	最大值	74181	75074	19414
		最小值	-67890	-70326	-24925
	$M(\mathrm{kN \cdot m})$	最大值	2047129	2043684	472069
		最小值	-2108084	-2224969	-265658
P2	$N(\mathrm{kN})$	最大值	-73101	-73201	-71522
		最小值	-144298	-150088	-146778
	$V(\mathrm{kN})$	最大值	20851	36717	23292
		最小值	-29585	-39495	-29293
	$M(\mathrm{kN \cdot m})$	最大值	608444	1397095	1245750
		最小值	-771685	-1599869	-1175642

总结主梁和桥墩的纵向受力情况,采用摩擦摆隔震支座的方案优于刚构方案,刚构方案优于普通盆式支座方案。可见,普通盆式支座虽在大跨桥梁结构中应用广泛,但并不适用于墩高不同的大跨径连续梁桥。

当考虑横向和竖向双向地震动输入时,主梁弯矩包络图如图 5.4-34 所示。可见,当采用固定支座时,桥墩支承处梁段承受较大的横向弯矩;当采用普通盆式支座时,有效降低了 P2 号墩支座截面弯矩,但造成主跨和边跨中的截面弯矩都大大增加,且两边跨受力极度不平衡,南边跨受力约为北边跨的两倍;当采用摩擦摆隔震支座时,不论是支座还是跨中截面,主梁受弯大大减小,其具有明显的优势。

表 5.4-18 中列出了在横向和竖向地震作用下桥墩内力。计算结果表明,相比于固定支座,采用摩擦摆隔震支座同时减小了 P1 号墩和 P2 号墩的内力,有利于结构受力。可见,在地震作用下摩擦摆隔震支座对连续梁桥结构的纵横方向都能起到很好的减震效果,但是对桥梁

纵向的减震效果比横向的减震效果更显著。

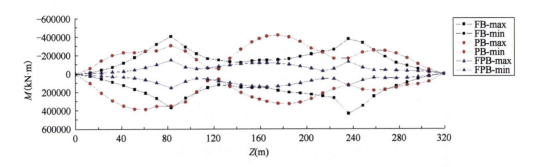

图 5.4-34 横竖向地震作用下主梁弯矩包络图

横竖向地震作用下桥墩内力　　　　表 5.4-18

桥墩	内力		FB	PB	FPB
P1	$N(kN)$	最大值	−56893	−57391	−57273
		最小值	−114448	−114307	−114340
	$V(kN)$	最大值	32158	28336	23037
		最小值	−31035	−32418	−25580
	$M(kN·m)$	最大值	1167146	1366571	548453
		最小值	−965182	−897921	−610064
P2	$N(kN)$	最大值	−71974	−71505	−71355
		最小值	−146934	−146984	−147036
	$V(kN)$	最大值	30299	27805	32307
		最小值	−33163	−32202	−26864
	$M(kN·m)$	最大值	1703342	1501810	1367408
		最小值	−1978782	−1444522	−1516152

上述计算结果表明，横竖向地震作用下，采用摩擦摆隔震支座可以有效减小主梁和墩柱的受力，使结构受力更加均匀，采用普通盆式支座效果次之，采用固定支座会造成梁墩连接处主梁、桥墩墩底内力增大，尤其不利于 P1 号墩的受力。采用摩擦摆隔震支座的方案优于普通盆式支座方案，优于刚构方案。

2）结构位移响应

在纵竖向地震动和横竖向地震动激励下，主梁的位移曲线如图 5.4-35 所示。支座刚度越大，下部结构对上部结构的约束能力越强，主梁位移越小，因此固定支座情况下位移最小。盆式支座方案的主梁纵向位移曲线与固定支座方案基本重合，其横向位移略大于固定支座方案。采用摩擦摆隔震支座时位移最大，最大纵向位移达到 1.271m，最大横向位移达到 1.040m。

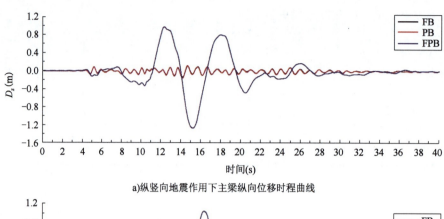

a)纵竖向地震作用下主梁纵向位移时程曲线

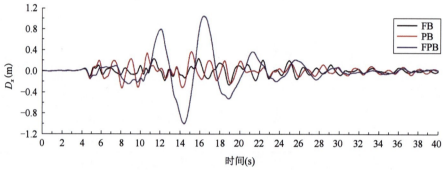

b)横竖向地震作用下主梁横向位移时程曲线

图 5.4-35　主梁的位移时程曲线

将主梁及桥墩墩顶的位移峰值列于表 5.4-19。由墩顶位移值可以看出,支座刚度减小后,上部结构传递给两桥墩的地震力重新分配,使得 P1 号墩的位移显著减小,P2 号墩的位移增大,主梁的纵向位移与 P2 号墩墩顶的位移更为一致。

结构位移峰值(单位:m)　　　　表 5.4-19

振动方向	位置	FB	PB	FPB
纵向	BEAM	0.136	0.193	1.271
	P1	0.132	0.134	0.021
	P2	0.134	0.191	0.233
横向	BEAM	0.272	0.363	1.040
	P1	0.052	0.063	0.025
	P2	0.244	0.256	0.231

大跨连续梁桥的摩擦摆支座有较大的屈服后刚度,一方面能有效减小作用于固定墩顶的有效梁体质量,另一方面能改连续梁桥固定墩单独抗震为连续梁桥各墩协同抗震。摩擦摆隔震支座的使用优化了传力路径,有效改善了墩高不规则连续梁桥的受力不平衡问题。但仅仅使用摩擦摆隔震技术会使得上部结构的位移难以控制,需要考虑其他能够抑制上部结构振幅的措施。

5.4.3.5 摩擦摆隔震支座参数分析

1）曲率半径的影响

双曲面摩擦摆隔震支座的主要设计参数为滑动摩擦系数 α 和滑动面曲率半径 R，合理的曲率半径由所需的结构隔震周期初步确定。在实际工程设计中，滑动面最小曲率半径由支座材料接触面压强以及支座体积决定。

由下式可确定聚四氟乙烯复合板的设计压应力：

$$\sigma = \frac{F}{2\pi Rh} \leqslant [\sigma] = 30\text{MPa}$$

滑动面的球冠高度 h 可近似先取为支座高度的 $1/5 \sim 1/4(0.05 \sim 0.1\text{m})$。利用容许应力法，可求得聚四氟乙烯板的最小半径：

$$R \geqslant \frac{F}{2\pi\sigma h} = \frac{40000}{2 \times \pi \times 30 \times 10^3 \times 0.1} = 1.41(\text{m})$$

而最大的滑动面曲率半径可由支座的目标允许最大位移确定。设计经验表明，对于 $50 \sim 150\text{m}$ 跨径的连续梁桥，屈服后刚度大致在 $4000 \sim 10000\text{kN/m}$ 之间。由此可确定最大半径：

$$R \leqslant \frac{W}{K} = \frac{40000}{4000} = 10(\text{m})$$

因此，在研究滑动面曲率半径对结构响应的影响时，取 $R = 1 \sim 10\text{m}$ 的区间。

当滑动面曲率半径增大时，支座的屈服后刚度增大，其受力增加，对承载力的要求提高，而变形相应减小。在 E2 地震作用下，不同曲率半径时的 B3 支座的滞回曲线见图 5.4-36。

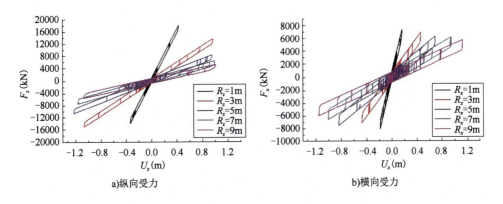

图 5.4-36　不同曲率半径时 B3 支座的滞回曲线

为明确摩擦摆隔震支座和阻尼器的减隔震效果，定义隔震率/减震率作为评价指标：

$$\text{rate} = \frac{S_0 - S}{S_0} \times 100\% \qquad (5.4\text{-}11)$$

式中：S_0——采用固定支座时的结构响应；

S——减隔震之后的结构响应。

改变 B3 支座的纵向曲率半径时,P1 号墩与 P2 号墩呈现完全不同的受力变化。随着曲率半径的增加,P1 号墩墩底剪力,先增加后减小再增加;P2 号墩墩底剪力逐渐减小,且减小的速率变缓后趋向稳定。对比两者隔震率的变化可以看出,摩擦摆隔震支座对 P1 号墩的隔震率基本维持在 66% 左右不变;当 $R_z \leq 4m$ 时,P2 号墩的隔震率为负,即摩擦摆支座的设置不利于 P2 号墩的受力,当 $R_z \geq 5m$ 时,P2 号墩的隔震率随曲率半径增大而增大。由此可见,如果选择不适当的摩擦摆支座的设计参数,甚至有可能加大结构的地震响应,见图 5.4-37。

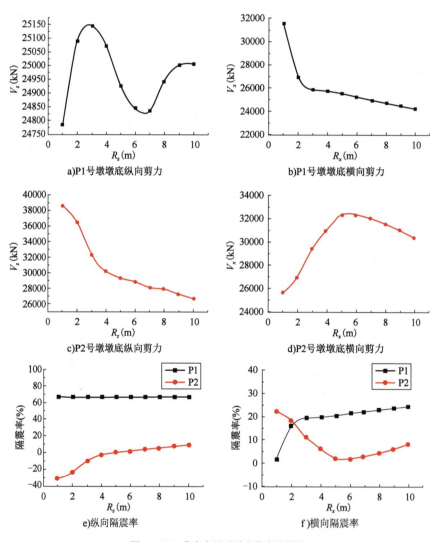

图 5.4-37　曲率半径对墩底剪力的影响

当改变 B2、B3 支座的横向曲率半径时,P1 号墩墩底横向受剪力逐渐减小,$R_x \geq 3m$ 时 P1 号墩隔震率约为 20%;P2 号墩墩底横向受剪力先增大后减小。

考察曲率半径对主梁位移的影响,其纵向位移随纵向曲率半径的增大先增大后减小,当

$R_z = 4\text{m}$ 时达到最大值 1.298m,当 $R_z = 1\text{m}$ 时最小值为 0.815m,均超过桥梁伸缩缝的纵向容许位移 560mm,极可能发生主梁与桥台的碰撞,造成严重损坏;其跨中横向位移随横向曲率半径的增大而增大,呈 S 形变化,从 0.38m 增大到 1.54m,见图 5.4-38。

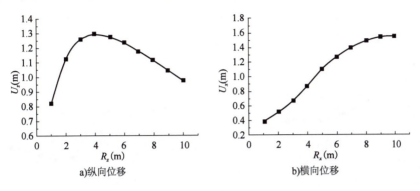

图 5.4-38 曲率半径对主梁位移的影响

摩擦摆隔震支座的双向曲率半径可独立设置。对于 B3 支座纵向曲率半径,其值较大时有利于桥墩的受力,取 $3\text{m} \leq R_z \leq 6\text{m}$ 时,有利主梁的纵向位移控制;对于 B2、B3 支座的横向曲率半径,$R_x \leq 3\text{m}$ 时对 P2 号墩的隔震效果较好,但不利于 P1 号墩和主梁的隔震,当 $R_x \geq 3\text{m}$ 时情况相反,需要权衡选择。

2)摩擦系数的影响

支座的动摩擦系数由滑动面材料的性质决定,对于目前国内常用的聚四氟乙烯板材,其动摩擦系数可控范围为 $0.02 \sim 0.10$,故参数分析时取 μ 变化范围为 $0.01 \sim 0.10$,以 0.01 为增量进行 10 个工况的结构响应计算。

支座动摩擦系数直接影响支座的屈服力和初始刚度,动摩擦系数越大,其屈服力越大,初始刚度越大。由图 5.4-39 可以看出,在地震作用下,随着动摩擦系数的增大,支座纵向受力峰值基本保持不变,横向受力峰值略有降低。在合理的范围内,增加动摩擦系数不仅可以降低对支座承载力的需求,同时可以达到减小支座变形的目的。

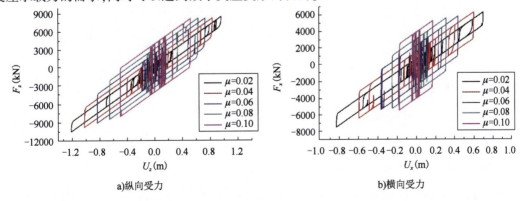

图 5.4-39 摩擦系数不同时支座的滞回曲线

桥墩墩底剪力随动摩擦系数的变化见图5.4-40。P1号墩墩底纵向剪力大体呈S形递减，横向剪力先减小后增大，当$\mu=0.05$时取得极小值；P2号墩墩底双向剪力在$\mu \leqslant 0.04$时递减，随后相对稳定，在一定范围内振荡。摩擦系数对P1号墩墩底纵向剪力的隔震率影响较小，P1号墩墩底横向剪力及P2号墩墩底剪力的隔震率随摩擦系数增大而增大，但存在极限值。综合考虑桥墩双向受力情况，$\mu=0.4\sim0.6$时较为理想。

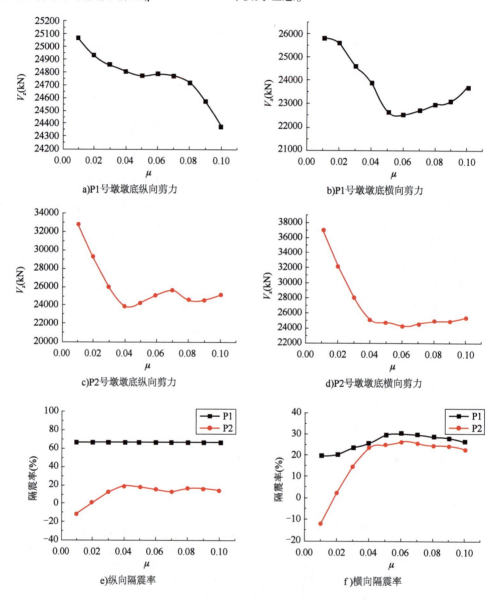

图5.4-40　摩擦系数对墩底剪力的影响

滑动面动摩擦系数对主梁位移的影响基本呈线性，见图5.4-41。当动摩擦系数从0.01增大到0.1，主梁纵向位移可以减少53%，横向位移可以减少74%，横向隔震效果更明显。值得注意的是,即使取 $\mu = 0.1$,主梁纵向位移仍有 $0.636\mathrm{m}$,超过纵向容许位移 $560\mathrm{mm}$。

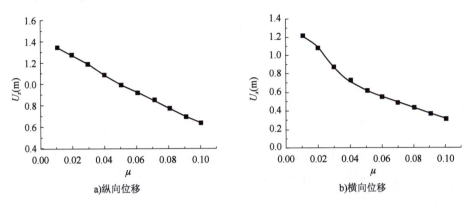

图 5.4-41　动摩擦系数对主梁位移的影响

选取摩擦摆隔震支座滑动面的动摩擦系数要同时考虑结构两个方向的力和位移响应,对于桥墩受力控制,宜取动摩擦系数 $\mu = 0.04 \sim 0.06$,对于主梁位移控制,μ 越大越好。此外,在实际工程中,应尽可能降低对支座承载力的要求,以便于支座的连接设计,兼顾受力性能、可施工性和经济性。

5.4.3.6　参数优化选择

衡量支座参数取值优劣涉及多个指标(桥墩内力、主梁位移等)。指标之间往往是互相矛盾的,难以找到使每一个指标都最佳的参数取值。因此,在这种情况下,只能着眼于寻找一个综合考虑各指标的最优解。但是各指标之间通常具有矛盾性和不可比性,需要建立一个综合评价的准则。从不同的角度提出不同的准则,就产生了各种多指标分析的办法。常用的多指标分析方法有综合评分法、综合指数法、秩和比评价方法、功效系数法、灰色关联度评价法和模糊综合评价等。

功效系数法是根据多目标规划原理提出来的,其基本思想是通过功效函数将不同量纲的各指标实际值转化为无量纲的功效系数,再根据各指标的权重关系得到综合评价值,以综合评价值作为综合评价的依据。这种方法能够根据评价对象的复杂性,从不同侧面对待优化参数进行计算评分。因此,采用功效系数法进行支座参数和阻尼器参数的优化。

对于一个有 m 个指标的问题,$f_i(x)$,$i = 1, 2, \cdots, m$,对于每次试验的各指标值分别给以相应的功效系数 d_i,$i = 1, 2, \cdots, m$,$0 \leqslant d_i \leqslant 1$。如果有 n 个指标,就有 n 个功效系数 d_i,然后用这些系数的几何求积得到一个总的功效系数:

$$D = \sqrt[n]{d_1 \times d_2 \times \cdots \times d_n} \tag{5.4-12}$$

系数 D 表示 n 个指标的总的优劣情况。因此,每次计算后,只要比较系数 D 越大,方案就被认为越好。

在本研究中内力指标和位移指标都是越小越好。对于某一指标，$S_{\min}$、$S_{\max}$ 分别为所有支座参数方案中响应最小值和最大值，则 d_i 可依据下式计算：

$$d_i = a \cdot \frac{S_i - S_{\max}}{S_{\min} - S_{\max}} + b_1 \tag{5.4-13}$$

其中系数 a 和 b 代表权重关系，并且满足 $a+b=1$。a 较大时，对应的该指标较重要。对于大跨径的隔震桥梁，首先减小桥墩内力，其次减小主梁位移。因此，在计算内力的功效系数时，a 取 0.6，计算位移的功效系数时，a 取 0.4。由此，计算出综合考虑多指标的，不同支座曲率半径对应的功效系数，如图 5.4-42 所示，图中 d_1、d_2、d_3 分别表示 P1 号墩墩底剪力、P2 号墩墩底剪力及主梁位移的功效系数，D 为总功效系数。

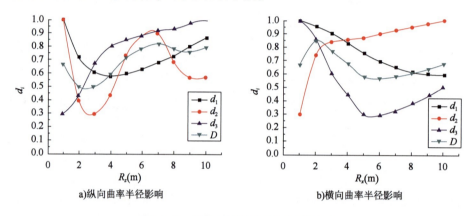

a) 纵向曲率半径影响　　　　b) 横向曲率半径影响

图 5.4-42　功效系数随支座曲率半径的变化

由曲线 D 可得出，双曲面摩擦摆隔震支座纵向曲率半径取 $R_z = 7\mathrm{m}$ 时，功效系数最大，综合指标最优，在 $5\mathrm{m} \leqslant R_z \leqslant 10\mathrm{m}$ 范围内，桥墩纵向内力和主梁纵向位移都能得到较好控制；横向曲率取 $R_x = 2\mathrm{m}$ 时，综合指标最优；当 $R_x \leqslant 4\mathrm{m}$ 时桥墩横向内力和主梁横向位移总体较小。

同理可以计算出不同摩擦系数对应的功效系数，如图 5.4-43 所示。d_1、d_2、d_3 表示两桥墩墩底纵向力及主梁纵向位移的功效系数，d_4、d_5、d_6 表示两桥墩墩底横向剪力及主梁横向位移的功效系数。

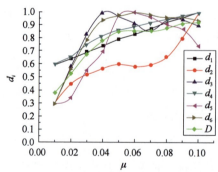

图 5.4-43　功效系数随支座摩擦系数的变化

改变支座滑动面的摩擦系数时,功效系数总体随其增大而增大,$\mu \geqslant 0.05$ 后基本稳定。同时考虑桥墩的双向受力和主梁的水平双向位移,$\mu = 0.05 \sim 0.1$ 时,对桥墩和主梁的综合隔震效果较好,当 $\mu = 0.10$ 时,支座发挥的隔震作用最好。

当综合考虑曲率半径和摩擦系数的选取时,还应关注摩擦摆支座的自回复性能。在地震作用下正常摆动过程中,摩擦摆支座依靠其自重产生的水平力来复位,回复力要克服摩擦力来使之下滑,则有:

$$\frac{WD}{R\cos\theta} \geqslant \frac{f}{\cos\theta} \tag{5.4-14}$$

$$WD \geqslant fR = \mu N \mathrm{sgn}(\theta) = \mu RW\cos\theta \mathrm{sgn}(\theta) \tag{5.4-15}$$

当 θ 很小时,上式可以简化为:

$$WD \geqslant \mu RW \tag{5.4-16}$$

$$D \geqslant \mu R \tag{5.4-17}$$

由上式可以看出当 $D > \mu R$ 时,摩擦支座可以受到竖向荷载作用而自动回复;当 $D = \mu R$ 时支座处于临界状态,力处于平衡状态,支座不再往平衡位置回,此时产生支座残余位移。由此可见,为保证支座自身的工作性能,要根据设计的变形量和曲率半径控制摩擦系数的大小,不宜取值过大。因此,**应综合考虑减隔震效果和自复位能力要求,从而选取合适的支座参数**。

由上述结果可以看出,根据桥梁自身的受力特点来选择合适参数的摩擦摆隔震支座是十分重要的。特别是对于广泛应用于跨越江河和山区的大跨径连续梁桥,由于支座本身特殊的力学性能,如果摩擦摆隔震支座设计参数选择不当,有可能加大结构的地震响应,降低其抗震性能。

5.4.3.7 黏滞流体阻尼器参数分析

1) 阻尼常数的影响

在大跨径连续梁桥上设置纵向黏滞流体阻尼器,可以大大减小纵向地震作用下固定桥墩的内力和主梁位移。在消能减震设计中,对于已有的结构,根据结构的特性确定减震装置的布置体系后,还可通过调整黏滞阻尼器的阻尼系数 C 和速度指数 α,使结构达到更好的减震效果。随着阻尼系数 C 的增大,阻尼器承受的阻尼力增大,相同作用力下变形相应减小,其滞回曲线见图 5.4-44。

考察阻尼系数对墩底剪力的影响(图 5.4-45),对于 P1 号墩,墩底剪力随阻尼系数的增大单调递减,逐渐趋于平缓,减震率稳定在 18% 左右;对于 P2 号墩,墩底剪力迅速减小后逐渐上升,在 $C = 1000 \sim 2000$ 范围内取得极小值,减震率为 25% 左右。

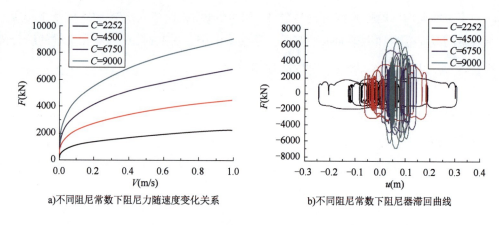

图 5.4-44　阻尼常数对阻尼器受力的影响

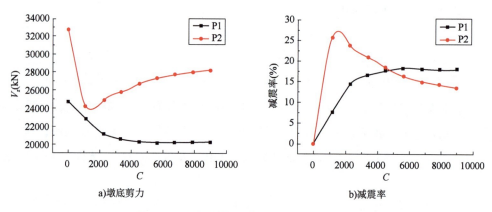

图 5.4-45　阻尼系数对墩底剪力及减震率的影响

黏滞流体阻尼器的阻尼系数对主梁位移也有明显的影响（图5.4-46），主梁纵向位移随阻尼系数的增大单调递减，逐渐趋于平缓，减震率稳定在93%左右。当 C 增加到1125时，主梁的位移值降低65%，位移为510mm≤560mm，避免了与桥台碰撞的问题。可见，设置少量阻尼器就能大大改善主梁纵向位移过大的问题。

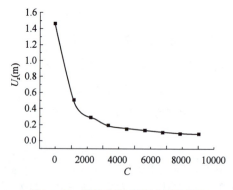

图 5.4-46　阻尼系数对主梁位移的影响

计算证明,随着阻尼系数 C 从无到有增大,结构的减震效果会越来越明显;但当阻尼系数 C 达到一定数值后其变化对减震效果的影响则变得不再明显;若阻尼系数 C 超过这一稳定范围后继续增加,结构的减震效果反而会降低;当阻尼系数 C 达到理论无穷大时,黏滞阻尼器相当于一个嵌固节点,失去减震效果。确定最终的阻尼系数时,除了应使结构的减震效果较好外,还应兼顾使黏滞阻尼器产生的阻尼力尽可能小的要求,以便于进行黏滞阻尼器节点的连接设计。

2)速度指数的影响

土木工程结构中使用黏滞流体阻尼器主要是将其作为耗能装置,通过耗能达到减振的目的。为使阻尼器能尽可能多地耗散能量,并结合现有的工艺水平,工程应用中一般取速度指数 $\alpha = 0.2 \sim 1.0$。在此范围内进行参数 α 的影响分析,不同速度指数下阻尼器的受力情况见图 5.4-47。在相同的地震波输入下,阻尼器阻尼力的峰值大小基本不变,其变形随着速度指数的增大而增大,越来越接近于线性阻尼的椭圆形滞回曲线。

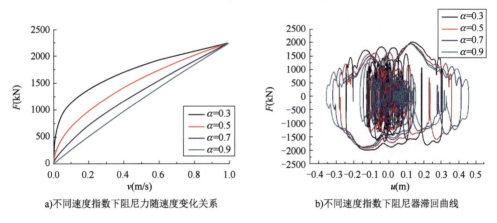

a)不同速度指数下阻尼力随速度变化关系　　b)不同速度指数下阻尼器滞回曲线

图 5.4-47　速度指数对阻尼器受力的影响

速度指数对于墩底剪力的影响见图 5.4-48。P1 号墩墩底剪力随着速度指数的增大基本呈线性递增,减震率从 15% 降低到了 6%;P2 号墩墩底剪力随着速度指数的增大先减小后增大,$\alpha = 0.9$ 时最小,减震率达到了 25%。显然,阻尼器的设置对 P2 号墩的减震效果更明显。

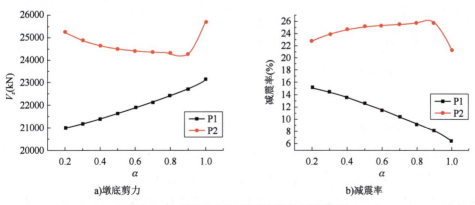

a)墩底剪力　　b)减震率

图 5.4-48　速度指数对墩底剪力及减震率的影响

主梁位移随着速度指数的增加基本呈线性递增,见图 5.4-49。可见,速度指数的增大不利于控制主梁的位移。当减振的主要目标是减小位移时,宜选用较小速度指数的黏滞阻尼器。当结构的振动速度较大时,宜选用较小速度指数的黏滞阻尼器,以降低黏滞阻尼器的阻尼力,简化连接节点的构造。

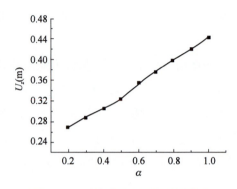

图 5.4-49　速度指数对主梁位移的影响

减震分析结果表明附加阻尼器后,结构主要的控制指标均有较大程度的降低。E2 地震作用下,设置阻尼器后使结构系统的阻尼显著增加,通过阻尼器的耗能特性有效降低了结构的振动,从而保护了主体结构。

3)参数优化选择

直观了解改变阻尼常数和速度指数对结构各响应的影响后,采用功效系数法进行参数的优化。功效系数随阻尼器阻尼常数和速度指数的变化见图 5.4-50。图中 d_1、d_2、d_3 分别表示 P1 号墩墩底剪力、P2 号墩墩底剪力及主梁位移的功效系数,D 为总功效系数。

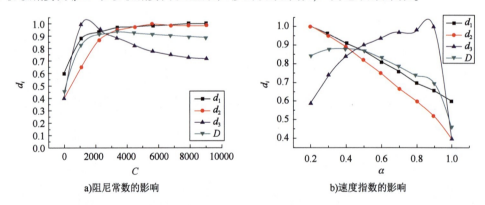

图 5.4-50　功效系数随阻尼器参数的变化

当 $C = 2000 \sim 4000$ 时减震效果最为明显,随阻尼常数继续增大功效系数缓慢减小;当速度指数 $\alpha = 0.3 \sim 0.5$ 时,功效系数出现峰值,随后迅速减小,故速度指数不宜取值过大。伊朗 BR-06 桥所采用的黏滞流体阻尼器 $C = 2250$,$\alpha = 0.3$,计算证明其设计合理,可以在强震作用下保证支座的正常使用,并与摩擦摆隔震支座协同工作,发挥显著的减隔震效果。

5.4.4 小结

根据以上分析得出如下结论：

(1) 根据不同支座类型条件下结构的地震响应的比较，相较于固定支座和普通盆式支座，摩擦摆隔震支座的使用能将固定墩单独抗震改为各墩协同抗震，大大改善了墩高不规则连续梁桥受力不均的问题。在地震作用下摩擦摆隔震支座对连续梁桥结构的纵横方向都能起到很好的减震效果，对桥梁纵向的减震效果比横向的减震效果更显著。但仅仅使用摩擦摆隔震技术会使得主梁的位移难以控制，需要采取其他能够抑制上部结构振幅的措施。

(2) 根据对摩擦摆隔震支座滑动面曲率半径和摩擦系数的参数分析，研究了其变化对结构地震响应的影响。采用功效系数法，确定了综合考虑桥墩内力指标和主梁位移指标的最优解范围：支座纵向曲率半径宜取 $5m \leqslant R_z \leqslant 10m$，横向曲率半径宜取 $1m \leqslant R_x \leqslant 4m$，摩擦系数宜取 $\mu \geqslant 0.05$。同时摩擦摆支座的自回复性能限定了曲率半径和摩擦系数的取值，因此，选取合适的支座参数还应综合考虑减隔震效果和自复位能力。

(3) 根据黏滞流体阻尼器阻尼常数和速度指数的参数变化，分析其对结构地震响应的影响。通过计算功效系数得出：当阻尼常数 $2000 \leqslant C \leqslant 5000$，速度指数 $0.3 \leqslant \alpha \leqslant 0.5$ 时，桥墩内力和主梁位移都能得到较好控制。同时，证明了伊朗 BR-06 桥选择的阻尼器型号合理有效。合理选取黏滞阻尼器可减小结构的地震位移响应，并且在强震作用下可保证支座的正常使用。通过参数优化，双曲面摩擦摆隔震支座配以纵向黏滞流体阻尼器的减隔震体系合理有效，同时可减小强震下主体结构的内力和位移，显著提高大跨径波形钢腹板组合连续梁桥的抗震性能。

5.5 本章小结

波形钢腹板预应力混凝土桥源于法国，发展于日本，一个重要原因在于其具有优良的抗震性能。本章借助伊朗 BR-06 桥应对Ⅸ度地震的减隔震设计，从应用角度阐述了波形钢腹板预应力混凝土桥优良的抗震性能，我们做了以下两方面的创新工作：

(1) 应对Ⅸ度抗震，采用了 83m + 153m + 83m 三跨波形钢腹板预应力混凝土箱形连续梁减小了地震效应，借助双曲摩擦摆支座与黏滞阻尼器成功对伊朗 BR-06 桥做了减隔震设计，并对之做了细致的计算分析。

(2) 实测了伊朗 BR-06 桥的结构模态，借助实际结构模态应用响应面模型修正法得到了大桥基准结构模态，借助基准结构模态对桥梁的实际抗震能力做了科学有据的复核性分析，对伊朗 BR-06 桥所采用的双曲摩擦摆支座、黏滞阻尼器的参数选择进行了科学论证。

本章所涉伊朗 BR-06 桥减隔震设计,摩擦摆支座、黏滞阻尼器的参数选择对于桥梁的减隔震设计是一个很具价值抗震设计计算的范例。关于环境激励、结构模态检测、基于实测模态的结构计算模型修正是我们正进行的"基于北斗的桥梁结构模型健康监控"课题应用范例之一。这方面涉及理论、算法很多,属另一专业学科范畴,故未详述,但是鉴于其实用性,本书特于附录二对其结构模态分析、参数识别、损伤识别做了简要介绍。

第6章 波形钢腹板的制造与波形钢腹板预应力混凝土桥的施工

波形钢腹板预应力混凝土桥施工涉及波形钢腹板的内容有两方面：波形钢腹板的工厂制造、波形钢腹板的安装(含波形钢腹板预应力混凝土箱梁的施工)。故本章分四节分述这两方面的内容。

6.1 波形钢腹板的制造及运输

波形钢腹板制造，与传统钢结构制造的工艺要求、检验内容基本一致，包括材料下料、波形钢腹板的冷弯成型、螺栓孔加工、焊接、涂装、厂区预拼装、质量检验等工序，现分述如下。

6.1.1 下料

钢板的下料切割方法主要有机械切割法、气割法、等离子切割法、水切割法、电子束切割法和激光切割法等。波形钢腹板用的钢板切割常采用机械切割法、气割法和等离子切割法。钢板加工常用的设备特点及适用范围见表6.1-1。

钢板的切割方法与特点 表6.1-1

类别	使用设备、方法	特点及适用范围
机械切割	剪板机、型钢冲剪机	切割速度快、切口整齐、效率高。适用于薄钢板、压型钢板、冷弯檩条的切割
	无齿锯	切割速度快，可切割不同形式、不同类别的各类型钢、钢管和钢板，切口不光洁，噪声大。适用于锯切精度要求较低的构件或下料留有余量，最后尚需精加工的构件
	砂轮锯	切口光滑，毛刺较薄易清除，噪声大，粉尘多。适用于切割薄壁型钢及小型钢管，切割材料的厚度不宜超过4mm
	锯床	切割精度高。适用于切割各类型钢及梁、柱等型钢构件
气割	自动切割	切割精度高，速度快，在数控气割时可省去放样、划线等工序而直接切割。适用于钢板切割
	手工切割	设备简单，操作方便，费用低，切割精度差。能够切割各种厚度的钢材

续上表

类别	使用设备、方法	特点及适用范围
等离子切割	等离子切割机	切割温度高,冲刷力大,切割边质量好,变形小。可以切割任何高熔点金属,特别是不锈钢、铝、铜及其合金等
激光切割	激光切割机	切割速度快,切口整齐,效率高,变形小,随着技术发展,可省略坡口加工步骤。适用于0~30mm厚度的各种材料切割

下料前应对平直度未达标的钢板进行冷矫正。切割前应将钢料面上的浮锈、污物清除干净。钢料应放平、垫稳,割缝下面应留有空隙。切割的其他技术要求可参照《铁路钢桥制造规范》(Q/CR 9211—2015)的规定。

厚度小于或等于20mm的钢板宜采用数控等离子水下切割,钢板厚度大于20mm者宜采用数控火焰切割。机械剪切仅适用于厚度小于10mm且剪切后的边缘需再加工的钢板,手工切割适用于次要零件且切割后边缘需再加工的钢板。锚固孔需采用数控等离子切割。碳素结构钢在环境温度低于-20℃、低合金结构钢在环境温度低于-15℃时,不得进行切割加工。钢板的切割主要有以下方式:

1)机械切割

机械切割主要为剪切切割,它是利用剪刀的相对运动来切断钢板的(图6.1-1)。其优点是剪切速度快、效率高,能切厚度为30mm以下的钢板;缺点是切口比较粗糙,下端有毛刺,剪切后有弯扭变形等缺陷。对钢板材进行机械剪切时,应严格控制环境温度,当碳素结构钢材在环境温度低于-20℃、低合金结构钢在环境温度低于-15℃时,不得进行机械剪切。当产生下列质量缺陷时,应进行相应处理:

(1)材料剪切后发生弯扭变形,应进行相应处理。

(2)被剪切的材料断面粗糙或带有毛刺时,应进行修磨。

(3)当剪切的材料由于受外力的影响,产生挤压及材料冷作硬化时,应用相应的方法将材料的冷作硬化表面加工清除。

图6.1-1 钢板的机械切割(泼河大桥)

2) 数控多头氧-乙炔切割

数控多头氧-乙炔切割是利用氧气与乙炔等可燃气体混合产生的预热火焰加热金属表面到燃烧温度,使金属发生剧烈氧化,放出大量热量促使下层金属也自行燃烧,同时以高压氧气射流吹除氧化物而产生一条狭小、整齐的割缝,是目前使用较为广泛的切割工艺(图6.1-2)。数控多头氧-乙炔切割是气割法的综合体现,能够切割各种厚度的板材,并能够切割带有曲线的零件。切割参数主要有氧气压力、预热火焰能率、切割速度和割嘴距工件表面距离等。表6.1-2给出了氧-乙炔切割工艺参数。

图6.1-2　数控多头氧-乙炔切割

氧-乙炔切割工艺参数　　表6.1-2

项目		参数值				
切割板厚度(mm)		<10	10~20	20~30	30~50	50~100
割嘴气孔直径(mm)	自动、半自动	0.5~1.5	0.8~1.5	1.2~1.5	1.7~2.1	2.1~2.2
	手动	0.6	0.8	1.0	1.3	1.6
割炬型号	自动、半自动					
	手动	G01~G30	G01~G30	G01~G30 G01~G100	G01~G100	G01~G100
割嘴号码	自动、半自动	1	1	2	2、3	3
	手动	1	2	3、1、2	2	3
气体压力(MPa)	氧气 自动、半自动	0.1~0.3	0.15~0.34	0.19~0.37	0.16~0.41	0.16~0.41
	氧气 手动	0.1~0.49	0.39~0.59	0.59~0.69	0.59~0.69	0.59~0.78
	乙炔 自动、半自动	0.02	0.02	0.02	0.02	0.04
	乙炔 手动	0.001~0.12				
气体流量	氧气(m³/h) 自动、半自动	0.5~3.3	1.8~4.5	3.7~4.9	5.2~7.4	5.2~10.9
	氧气(m³/h) 手动	0.8	1.4	2.2	3.5~4.3	5.5~7.3
	乙炔(L/h) 自动、半自动	0.14~0.13	0.23~0.43	0.39~0.45	0.39~0.57	0.45~0.74
	乙炔(L/h) 手动	210	240	310	460~500	500~600
切割速度(mm/min)	自动、半自动	450~800	360~600	350~480	250~380	160~350
	手动	600~600		400~500		200~400

切割后的质量应符合下列要求：

（1）钢板在切割前，应对表面弯曲、起伏呈波浪或凸凹不平处进行平直，然后号料切割。

（2）钢板的切割面或剪切面应无裂纹、夹渣、分层和大于1mm的缺棱等缺陷，并应清除切口处的毛刺、熔渣和飞溅物。

（3）气割应严格控制切割尺寸、切割面的平面度、局部缺口深度。

3）等离子弧切割

等离子弧切割是利用高温高速的等离子流，将需切割部位的金属局部熔化并随即吹除，形成狭窄的切口而完成的切割。等离子弧的温度高、能量集中、射流速度快、切缝光滑，非常适合于切割合金钢和有色金属材料。目前，在波形钢腹板的加工中常用的是等离子弧切割工艺。图6.1-3所示的是数控等离子弧切割机，图6.1-4为采用等离子弧切割方法在钢板上形成的圆孔。等离子弧切割具有以下特点：

（1）弧柱能量集中，温度高，冲击力大。

（2）可以切割绝大多数的金属材料。

（3）切割铜、铝和不锈钢等金属材料时，生产效率高，经济效果好，切口窄、光滑，不需要再加工即可装配焊接。

（4）切割薄板速度快。

图6.1-3　数控等离子弧切割机切割

图6.1-4　等离子弧切割形成的孔

等离子弧切割中用一股具有很高的温度和速度的等离子体射流聚集在所需切割的工件上，使金属熔化、蒸发，随着焰流被吹离基体，等离子弧割炬的移动形成切缝。熔化金属的热量主要来自三个方面：切口上部等离子弧柱的辐射能量、切口中间的阳极活性斑点的能量和切口下部的等离子火焰的热传导能量。其中，阳极活性斑点的能量对切口的热作用最强烈。由于等离子弧的弧柱温度远远高于金属及其氧化物的熔点，采用等离子弧切割可以切割许多氧-乙炔切割难以切割的材料。等离子弧切割材料的最小厚度可以达到0.1mm，最大可以达到

200~250mm,多用于5~80mm材料的切割。等离子弧切割使用的电源与焊接电源相似,不同之处在于它具有较高的空载电压,一般在150~400V,与焊接电源的发展趋势一样,切割电源由最初的硅整流电源向可控硅和高效节能的逆变电源方向发展。等离子弧切割的主要工艺参数与选择依据有:待切割材料的种类和厚度、电源的空载电压与工作电压、割炬的喷嘴孔径、割炬的电极内缩量、气体的种类与流量、喷嘴到工件的距离、切割电流、切割速度。

除了一般的气电等离子弧切割外,目前还发展出微束等离子弧切割、压缩空气等离子弧切割、双层气流等离子弧切割、水下等离子弧切割和水电等离子弧切割等特种等离子弧切割工艺。

4)边缘加工

切割后需焊接的边缘应进行机械焊接坡口加工,不要求焊接但属气割的边缘应进行边缘机械加工。机加工零件的边缘加工深度不得小于3mm,加工面表面粗糙度 Ra 不得低于 25μm;顶紧传力面的粗糙度不小于 Ra12.5μm;顶紧加工面与板面垂直度偏差应不小于板厚的1%,且不得大于0.3mm。边缘加工的允许偏差应符合《铁路钢桥制造规范》(Q/CR 9211—2015)的规定。使用锯割和自动等离子弧切割的部件边缘,在不要求焊接处,可不进行边缘加工。

6.1.2 波形钢腹板的冷弯成型

钢板弯制成型的加工方法有热弯加工和冷弯加工两种:热弯加工是通过加热措施对钢板加热,使钢板在减少强度、增加塑性的基础上,进行弯曲成型的方法;冷弯加工是指在常温条件下根据设计要求进行钢板弯制加工的方法,具有使用的设备比较简单、操作方便、节约材料,钢材的力学性能改变较小等优点,波形钢腹板成型一般采用冷加工。冷加工对钢材性质影响有两种情况:

第一种是作用于钢材单位面积上的外力超过材料的屈服强度而小于极限强度,其冷加工时不破坏材料的延展性,但能使其产生永久性变形。

第二种是作用于钢材单位面积上的外力超过材料的极限强度,冷加工将导致钢材产生断裂。

波形钢腹板成型一般采用第一种方式加工,凡因钢材加工而致材料应力超过屈服点而产生变形的钢材,其内部均会发生冷硬现象,从而改变钢材的力学性能,即硬度和脆性增加而伸长率相应减小。低温时进行冷加工局部变化所产生的冷硬现象会表现得更为突出,所以低温时不宜进行冷加工作业。对于普通碳素结构钢,当加工地点温度低于 -20℃时,或者低合金结构钢工作温度低于 -15℃时,均不得进行剪切和冲孔。当普通碳素结构钢加工

地点温度低于 –16℃、低合金钢加工地点温度低于 –12℃时,不得进行冷矫正和冷弯曲加工。

波形钢腹板的加工通常采用折弯法(图6.1-5)和模压法(图6.1-6、图6.1-7),加工设备分别为折弯机和液压机。

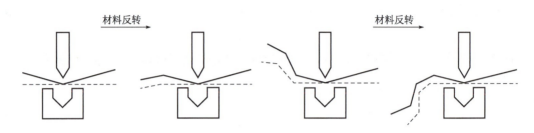

图6.1-5　折弯法示意图

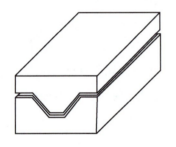

图6.1-6　普通模压法（单波）

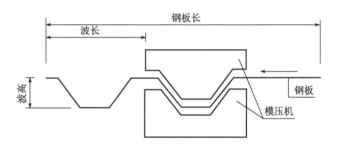

图6.1-7　普通模压法(连续)

1)折弯法

折弯法使用折弯机进行弯曲加工,其特点为:

(1)因要进行材料的多次反折,作业效率低。

(2)由于板材需多次反折移动,对于厚、重的大板制作难度较大。

(3)设备费用低。

图6.1-8～图6.1-11给出了利用折弯机加工波形钢腹板的实例。

图6.1-8　弯折法加工实景1(日本)

图6.1-9　弯折法加工实景2(日本)

第6章 波形钢腹板的制造与波形钢腹板预应力混凝土桥的施工

图 6.1-10 500t 折弯机

图 6.1-11 折弯机模具

采用折弯机成型时,由于需要进行多次反复折压,波高与波长难以控制,虽然可用压力控制,但钢板放置位置的不同,以及温度、加载角度的微小变化都导致了波形较大的变化,操作工效比较低。弯折法加工波形板时,工人的技能水平与责任心是波形板加工精度的重要影响因素。

2) 模压法

桥梁波形钢腹板一般采用模压法加工,使用液压机进行模压冷弯加工的特点为:

(1) 可以用较短时间压制一个波长。

(2) 因为可以连续压制,故可进行较长波形钢板的制作(但受运输长度的限制)。

(3) 波形钢板长度受压力机能力制约。

(4) 按波形要求制造模具需要较多的资金,但模具可以重复利用。

在冷弯加工过程中产生的冷弯裂纹或趋势性断裂是成型中可能发生的冷弯缺陷。趋势性断裂为弯曲外圆弧受拉导致局部应力邻近临界屈服点,致使钢板弯曲变形超过钢板塑性变形状态,其特征为加工钢板色泽变淡。其原因是弯曲量、弯曲半径或弯曲速度及其他工艺致使钢板变形超过钢材本身的塑性形变能力。在冷弯成型因应力过大而致弯曲变形反弹量过小或过大,也会造成波形不符要求,故应注意对冷弯半径的掌控。

图 6.1-12 显示了日本进行波形钢腹板加工的模具与液压机。2008 年在郓城黄河公路大桥的建设中采用了液压机进行波形钢腹板的模压冷弯加工,取得了很好的加工效果。由于模压冷弯加工效率高且加工精度好,现已成为加工厂常用波形钢腹板成型方法。图 6.1-13 ~ 图 6.1-15 展示了我国加工波形钢腹板的液压机和模具。

波形钢腹板加工成型时转角半径一般应大于板厚的 15 倍,但当满足表 6.1-3 所示的夏比冲击试验的要求,且化学成分中的氮含量不超过 0.006%,波形钢腹板加工成型时转角半径亦可做成板厚的 7 倍或 5 倍以上。若是在与轧制成直角方向处进行冷弯加工时,则应当采用压延直角方向的夏比冲击试验吸收能量的值。

图 6.1-12　波形钢腹板加工的模具及液压机(日本)

图 6.1-13　2000t 液压机

图 6.1-14　模具以及波形钢板的模压成型

图 6.1-15　2×3000t 液压机

冷弯加工半径与冲击韧性的吸收能量值　　　　表 6.1-3

冲击韧性-吸收能量(J)	冷弯加工半径(mm)	试验方法
>150	>7t	《金属材料　夏比摆锤冲击试验方法》(GB/T 229—2020)
>200	>5t	

注：t-板厚。

我国波形钢腹板的生产源自山东鄄城黄河公路大桥工程,厂家首创使用"两步无牵制模压成型"工艺的大吨位波形钢腹板液压机,使冷压波形钢腹板弯曲加工质量有可靠保证。该工艺结合了折弯法和模压法的各自优点,采用两步成型的方法,即第一步将钢板波谷的两个转角同步对称下压,此时钢板波峰的两肩在模腔中自由收缩,不产生牵制;第二步再将波峰两肩的两个转角同步对称下压,此时波谷的两个转角已经在内模腔中成型到位,已不会产生牵制作用。如此周而复始,进行下一个波段的压制。

随着我国桥梁工程建设的快速发展,对波形钢腹板的组合结构桥梁的跨径要求越来越大,在高跨比基本不变的情况下,由此也要求波形钢腹板的高度越来越大,个别项目接近 10m 高。波形钢腹板有高厚比要求,钢板厚度也越来越大,个别项目波形钢腹板厚度接近 40mm。因此,为了适应我国大跨径桥梁建设要求的高厚波形钢腹板的制造技术,生产厂家将成型机组的立柱移至两侧,使得超高型波形钢腹板(平面放置)超出模具既有设计长度时,可经过大范围搭接叠压的方式,使产品高度不受限制,满足设计要求。

由于成型机组的上下横梁为机组主体结构,是固定不变的,但不断增厚的产品模压要求对功率、上下横梁的刚度越来越大,为解决此矛盾,浙江中隧桥波形钢腹板有限公司、河南新昱鑫桥梁钢构有限责任公司在此基础上开发了倍力式无牵制模压成型机组(图6.1-16),即将波谷内模腔的成型后坐力与波峰外模腔后坐力共用,只保留5%左右的后坐力保持已压波谷产品的形状,由此整个上下横梁刚度按两次分别在波峰和波谷施压,效能提升了1倍。

图6.1-16　5600t不限长倍力式无牵制模压成型机组

6.1.3　螺栓孔加工

无论是高强螺栓连接还是普通螺栓连接,都是通过螺栓孔来完成的。螺栓孔应采取钻孔工艺,不得采用冲孔、气割孔。制成的孔应呈正圆柱形,孔壁表面粗糙度不大于$25\mu m$,孔缘无损伤不平,无刺屑。螺栓孔的孔径允许偏差为+0.7mm,孔壁垂直度允许偏差不大于0.3mm,有特殊要求的孔距偏差应符合设计文件的规定。钻孔应采用数控钻床或标准钻孔样板,并优先选用数控钻床钻孔。采用钻孔样板时,应采用冲钉定位,冲钉数不得少于两个,用标准钻孔样板依次钻足孔径的零件。卡料厚度应保证最底层零件栓孔质量,不得超过允许偏差。钻头直径应符合规定,磨完后的钻头,应先在废料上试钻孔,经检查合格后方可在零部件上钻孔。钻孔时,应经常用试孔器检查孔径精度。

钻孔采用钻孔机进行(图6.1-17、图6.1-18)。当孔径大于60mm时,常用切割成孔的方法。控制波形钢腹板中制孔质量是保证螺栓连接质量的关键,A、B级螺栓孔的允许偏差应符合表6.1-4的要求,C级螺栓孔的允许偏差需符合表6.1-5的要求,高强度螺栓孔的允许偏差应符合表6.1-6的要求。

图 6.1-17　钻孔机

图 6.1-18　钻孔机在波形板上钻孔

A、B 级螺栓孔的允许偏差（单位：mm）　　　　　　表 6.1-4

序号	螺栓公称直径、螺栓孔直径	螺栓公称直径允许偏差	螺栓孔直径允许偏差	检验方法
1	10~18	0.00 -0.18	+0.18 0.00	用游标卡尺或孔径量规检查
2	18~30	0.00 -0.21	+0.21 0.00	
3	30~50	0.00 -0.25	+0.25 0.00	

C 级螺栓孔的允许偏差　　　　　　表 6.1-5

序号	项目	螺栓公称直径允许偏差（mm）	检验方法
1	直径	+1.0 0.0	用游标卡尺或孔径量规检查
2	圆度	2.0	
3	垂直度	0.03t 且不大于 2.0	

注：t-板厚。

高强度螺栓孔允许偏差　　　　　　表 6.1-6

螺栓直径	基本尺寸(mm)	12	16	20	(22)	24	(27)	30
	允许偏差(mm)	±0.43		±0.52			±0.84	
螺栓半径	基本尺寸(mm)	13.5	17.5	22	(24)	26	(30)	33
	允许偏差(mm)	+0.43 0		+0.52 0			+0.84 0	

对于高强度螺栓孔的加工不仅在数量上，而且在精度上都有较高的要求。对制孔的质量进行检查，应按钢件数量抽查 10%，但不得小于 3%。螺栓孔距允许偏差应符合表 6.1-7 的规定，有特殊要求的孔距偏差应符合设计文件的规定。

第6章 波形钢腹板的制造与波形钢腹板预应力混凝土桥的施工

螺栓孔距允许偏差 表 6.1-7

定位方法	检查项目	允许偏差（mm）	说明
用钻孔样板、数控机床	两相邻孔距	±0.4	
	构件极边孔距	±1.0	
	两组孔群中心距	±1.0	
	孔群中心线与杆件中心线的横向偏移	2.0	
号钻的孔	两相邻孔距	±1.0	包括用分离式样板分别对线钻孔的孔群
	极边及对角线孔距	±1.5	
	孔中心与孔群中心线的横向偏移	2.0	

6.1.4 焊接

焊接为波形钢腹板制作中的一重要工艺。故本节对焊接方法、焊接材料、焊接工艺进行较详细的叙述。波形钢腹板制作中的焊接一般为角焊与对接焊接。焊接为钢材局部加热连接，故一般有焊接应力问题，因牵涉专题研究，不在本节中叙述。

6.1.4.1 焊接方法

按焊接要求质量分，焊缝质量等级可分为一级或二级（表 6.1-8）。按照焊接场地的不同，焊接可分为工厂焊接与工地焊接；按照焊接方法的不同，焊接可分为手工焊、埋弧自动焊、气体保护焊等。本节按焊接方法分别叙述各种焊接方法的技术要点。

焊缝等级划分 表 6.1-8

焊缝质量等级		一级	二级
内部缺陷超声波探伤	评定等级	Ⅱ	Ⅲ
	检验等级	B级	B级
	探伤比例(%)	100	20
内部缺陷射线探伤	评定等级	Ⅱ	Ⅲ
	检验等级	AB级	AB级
	探伤比例(%)	100	20

注：探伤比例的计算方法，应按以下原则确定：
①对工厂制作焊缝，应按每条焊缝计算百分比，且探伤长度应不小于200mm，当焊缝长度不足200mm时，应对整条焊缝进行探伤；
②对现场安装焊缝，应按同一类型、同一施焊条件的焊缝条数计算百分比，探伤长度应不小于200mm，并应不少于1条焊缝。

1）手工焊

对于波形钢腹板与翼缘板的焊接往往需要手工焊，波形钢腹板安装后也需要采用手工电弧焊的工艺。手工焊时焊条选用要求：

(1)符合使用要求,焊缝金属的性能符合使用要求,焊缝金属的力学性能(包括抗拉强度、塑性和冲击韧性)达到金属标准规定的性能指标的下限。

(2)尽量选用生产效率高、成本低的焊条。

(3)焊条直径主要根据焊件厚度选择,满足表 6.1-9 的要求。

(4)焊接电流的选择主要根据焊条直径来确定,应符合表 6.1-10 的规定。

(5)焊接电压主要取决于弧长。电弧长,电压高,反之电压低。

焊条直径选择　　　　　　　　　　表 6.1-9

焊件厚度(mm)	<2	2	3	4~6	6~12	>12
焊条直径(mm)	1.6	2	3.2	3.2~4	4~5	4~6

焊接电流选择　　　　　　　　　　表 6.1-10

焊条直径(mm)	1.6	2.0	2.5	3.2	4.0	5.0	5.8
焊接电流(A)	25~40	40~60	50~80	100~130	160~210	200~270	260~300

注:立仰横焊电流比平焊高 10% 左右。

2)埋弧自动焊

通常波形钢腹板是按整波长进行冷弯成型加工。为了满足桥梁建造时对波形钢腹板的节段长度的要求,减少现场拼装后的焊接工作量,常常需要在工厂内将几个波长波形钢板焊接成一个节段。工厂内的波形接长焊接常用埋弧自动焊,采用的设备为埋弧自动焊机(图 6.1-19)。埋弧焊是以电弧为热源的机械化焊接方法(图 6.1-20)。其焊接工艺为:连续送进的焊丝在一层可溶化的颗粒状焊剂覆盖下引燃电弧。当电弧热使焊丝、母材和焊剂熔化以致部分蒸发后构成了空腔,电弧就在这个空腔内稳定燃烧。空腔底部是金属熔池,顶部则是熔融焊剂形成的熔渣。电弧附近的溶池在电弧力的作用下呈高速紊流状,气泡快速溢出溶池表面,熔化金属受熔渣和焊剂蒸发的保护隔绝了空气。随着电弧向前移动,电弧力将液态金属推向后方,并逐步冷却凝固成焊缝,熔渣则凝固成渣壳覆盖在焊缝表面。

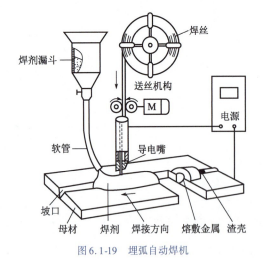

图 6.1-19　埋弧自动焊机

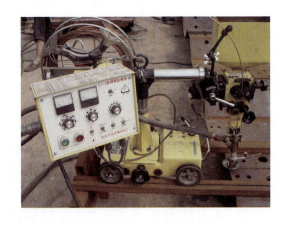

图 6.1-20　埋弧自动焊示意图

埋弧自动焊具有以下特点：

（1）**焊接热效率高**：由于焊剂和熔渣的隔热作用，电弧基本上没有热辐射损失，且焊接电流大，电弧吹力强，焊接接头的熔深大。

（2）**焊接环境较好**，实现了焊接过程的机械化；电弧在焊剂层下燃烧，没有弧光的射线危害，放出的烟尘少。

（3）**焊接质量好**：埋弧焊的热输入大，冷却速度慢，溶池存在时间长，使冶金反应充分；溶池中有熔渣和焊剂的保护，空气中的氮、氧难以侵入，提高了焊缝金属的强度和韧性，焊缝表面光洁平整。

（4）**焊接成本较低**：埋弧焊熔深较大，这样可不开或少开坡口，减少了焊缝中焊丝的填充量，也节省了因加工坡口而消耗的钢材；由于焊剂的覆盖，焊接时飞溅少，又没有焊条余头损失，因此节省了焊接材料。

（5）由于采用颗粒状焊剂进行保护，只适应于平焊、船形焊和平角焊位置的焊接。

（6）焊接电流较大，不适用于太薄焊件的焊接，比较适合钢板特别是厚钢板的对接焊。

（7）由于覆盖焊剂，焊接时不能直接观察电弧与坡口的相对位置。

埋弧自动焊工艺热输入大，刚开始引弧时工件的温度较低，温度刚刚建立起来，还没有进入稳定状态，如果在工件上直接引弧，开始焊接的焊缝质量达不到要求。在中厚板开始焊接的焊缝会有50mm长产生未焊透、未熔合和夹渣等缺陷。为避免产生这些缺陷，须采用引弧板进行引弧，把这段达不到质量要求的焊缝改到引弧板上。当工件焊接结束准备收弧时，由于焊坑较长较大，如操作不当，极易产生弧坑裂纹，并且收弧处温度较高，可能出现漏焊、火烧穿等缺陷。所以埋弧焊收弧时，必须使部分弧坑落在引出板上。

引弧板与引出板的形式如图6.1-21、图6.1-22所示。引弧板与引出板的材质应与被焊母材相同，坡口形式应与被焊工件相同。埋弧焊的引弧板与引出板宽度应大于80mm，长度应为板厚的2倍且不小于100mm，厚度不应小于10mm，材质应与被焊母材相同，坡口形式应与被焊工件相同。引弧板和引出板应采用气割的方法切除，并修磨平整，不得用锤击落。图6.1-23和图6.1-24给出了山东鄄城黄河公路大桥用波形钢腹板的引弧板与焊缝形态。

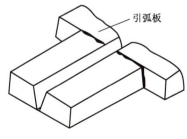

图6.1-21 引弧板

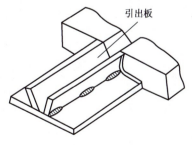

图6.1-22 引出板

图6.1-23 波形钢腹板拼接和引弧板　　图6.1-24 波形钢腹板埋弧自动焊焊缝

埋弧自动焊用焊丝和焊剂应符合现行《埋弧焊用非合金钢及细晶粒钢实心焊丝、药芯焊丝和焊丝-焊剂组合分类要求》(GB/T 5293)、《埋弧焊用热强钢实心焊丝、药芯焊丝和焊丝-焊剂组合分类要求》(GB/T 12470)的规定。在埋弧焊中,所用的焊丝、焊剂与母材的材质应相匹配焊接时,操作人员应严格遵守焊接规范。

埋弧自动焊焊缝坡口形式应符合《埋弧焊的推荐坡口》(GB/T 985.2—2008)的要求。对于厚度12mm以下的波形钢腹板的焊接,可以通过不开坡口留间隙双面焊连接起来。正面焊时电流稍大,熔深达板材厚度的65%~70%,反面焊时熔深达板材厚度的40%~55%。不开坡口留间隙双面工艺参数见表6.1-11。

不开坡口留间隙双面工艺参数　　　　表6.1-11

焊件厚度 (mm)	装配间隙 (mm)	焊接电流 (A)	焊接电压		焊接速度 (m/h)
			交流	直流反接	
10~12	2~3	750~800	34~36	32~34	32
14~16	3~4	775~825	34~36	32~34	30
18~20	4~5	800~850	36~40	34~36	25
22~24	4~5	850~900	38~42	36~38	23
26~28	5~6	900~950	38~42	36~38	20
30~32	6~7	950~1000	40~44	38~40	16

3)气体保护焊

气体保护焊为气体保护电弧焊的简称。气体保护焊使用外加气体作为电弧介质并保护电弧和焊接区。气体保护焊直接依靠从喷嘴中连贯送出的气流,在电弧周围形成局部的气体保护层,将电极端部、熔滴和熔池金属与周围空气相隔绝,以保证焊接过程的稳定性,获得质量优良的焊缝。气体保护焊的分类方法很多,通常可分为熔化极气体保护焊和非熔化极气体保护焊,其中熔化极气体保护焊在钢结构工程中应用最广泛。如果按所采用的保护气体的种类来分类,气体保护焊可分为二氧化碳气体(CO_2)保护焊、惰性气体保护焊、活性气体保护焊、药芯焊丝气体保护电弧焊、药芯焊丝自保护电弧焊、钨极氩弧焊和钨极氦弧焊等,如表6.1-12所示。

气体保护焊的分类 表6.1-12

极电极类型	分类		采用的保护气体
	按焊丝形式	按保护气体种类	
熔化极气体保护焊	实心焊丝气体保护焊	二氧化碳气体保护焊	CO_2
			$CO_2 + O_2$
		惰性气体保护焊(MIG焊)	Ar(氩) $+ CO_2$
			He(氦)
			$Ar + He$(氩+氦)
		活性气体保护焊(MAG焊)	$Ar + CO_2$(氩+二氧化碳)
			$Ar + O_2$(氩+氧)
			$Ar + CO_2 + O_2$(氩+二氧化碳+氧)
	药芯焊丝电弧焊	药芯焊丝气体保护电弧焊	CO_2(二氧化碳)
			$CO_2 + Ar$(二氧化碳+氩)
		药芯焊丝自保护电弧焊	—
非熔化极气体保护焊(TIG焊)	—	钨极氩弧焊	Ar(氩)
		钨极氦弧焊	He(氦)

二氧化碳气体保护焊(简称"CO_2气保焊")是一种先进的焊接方法,它具有如下特点:

(1)采用的电流强度大,熔敷率高,熔深大,没有熔渣,节省了清渣时间,提高了焊接效率。

(2)CO_2气体比其他气体价格便宜,降低了生产成本。

(3)可以直接观察电弧和熔池的情况,半自动CO_2气保焊还具有手工焊接的灵活性,在焊接短接焊缝和曲线焊缝时,显得特别方便,并且保护气体是喷射出来的,适宜于进行全方位焊接,不受空间位置的限制。

(4)CO_2在高温时对电弧具有较大的冷却作用,电弧加热集中,热影响区小,使得焊后变形小。

(5)CO_2气保焊飞溅较大、烟尘大、焊缝冲击韧性较低。

CO_2气体纯度不低于99.5%,含水量和含氧量不超过0.1%,CO_2气保焊的主要焊接参数有焊接直径、焊接电流、电弧电压、焊接速度和焊丝伸出长度等。焊丝成分应与母材成分相近,含碳量一般要求小于0.11%。我国常用的CO_2气保焊焊丝是$H06Mn_2SiA$,它适用于焊接低碳钢和抗拉强度为 500MPa 的低合金结构钢。H06Mn$_2$SiA 焊丝熔敷金属的机械性能详见《熔化极气体保护电弧焊用非合金钢及细晶粒钢实心焊丝》(GB/T 8110—2020),它规定了熔化极气体保护电弧焊用非合金钢及细晶粒钢实心焊丝的型号、技术要求、试验方法、复验和供货技术条件等内容。焊丝直径应根据焊件厚度、焊缝空间位置及生产率的要求来选择。当焊接薄板或进行中厚板的立焊、横焊、仰焊时,多采用直径 1.6mm 以下的焊丝。在平焊位置焊接中厚板时,可以采用 1.2mm 以上的焊丝。焊丝可按表 6.1-13 规定选用。

焊丝选用　　　　　　　　　　　　　　　　　　　　　　表 6.1-13

焊丝直径(mm)	熔滴过渡形式	焊件厚度(mm)	焊缝位置
0.5~0.8	短路过渡	1.0~2.5	全位置
	颗粒过渡	2.5~4.0	平焊
1.0~1.4	短路过渡	2.0~8.0	全位置
	颗粒过渡	2.0~12.0	平焊
1.6	短路过渡	3.0~12.0	全位置
≥1.6	颗粒过渡	>6.0	平焊

焊接电流的大小应根据焊件厚度、焊丝直径、焊接位置及熔滴过渡形式来确定。焊丝直径与焊接电流的关系可参考表 6.1-14 的规定。

焊接电流　　　　　　　　　　　　　　　　　　　　　　表 6.1-14

焊丝直径(mm)	焊接电流(A)		焊丝直径(mm)	焊接电流(A)	
	颗粒过渡	短路过渡		颗粒过渡	短路过渡
0.8	150~250	60~160	1.6	350~500	100~180
1.2	200~300	100~175	2.4	500~750	150~200

CO_2 气保焊中常用的电弧电压是:短路过渡时,电弧电压在 16~22V 范围内选择;喷射过渡时,电弧电压可在 25~38V 范围内选择。在焊丝直径、焊接电流和电弧电压一定的条件下,随着焊接速度的增大,焊缝宽度与焊缝厚度减小,焊接速度过快,不仅气体保护效果变差,还可能出现气孔和产生咬边及未熔合等缺陷;焊接速度过慢,则焊接效率低,焊接变形增大。一般情况下,半自动 CO_2 气保焊时的焊接速度为 15~40m/h。焊接时,焊丝伸出长度为焊丝直径的 10 倍,短路过渡时,伸出长度为 6~13mm,其他熔滴过渡伸出长度为 13~25mm。在细直径焊丝焊接时,CO_2 流量为 8~15L/min,在粗直径焊丝焊接时,CO_2 流量为 15~25L/min。CO_2 焊中焊件的坡口形式主要根据板厚进行选择,且应符合现行《气焊、焊条电弧焊、气体保护焊和高能束焊的推荐坡口》(GB/T 985.1)的规定。现在 CO_2 气保焊已广泛采用自动焊接工艺,以 HWAC-1000 型 CO_2 气保焊自动焊接系统(图 6.1-25)为例,给出系统的技术参数见表 6.1-15,系统中采用的 CO_2 气保焊焊接自动小车如图 6.1-26 所示。

HWAC-1000 型 CO_2 气保焊自动焊接系统参数 表 6.1-15

型号	HTW-1000
小车行走速度	140~1400mm/min
适用焊接方法	CO_2,MIG
跟踪装置	HMG-05-100
坡度感应装置	HCGS-05-1
坡度	IN 30°
焊枪调节装置	HTA-05-100
自动回程功能	有
输入电源	220V,50Hz,5A

图 6.1-25 HWAC-1000 型 CO_2 气保焊自动焊接系统

图 6.1-26 CO_2 气保焊焊接自动小车

6.1.4.2 焊接工艺要求

所有焊接均应按照批准的焊接工艺评定试验要求进行,若存在与焊接工艺要求不一致的变化,需重新进行焊接工艺评定试验。

焊工必须熟悉工艺要求,明确焊接工艺参数,施焊前由技术人员对焊工进行技术交底。

根据设计图纸和加工技术要求,编制工厂焊接的工艺文件。

应根据有关规范标准,制定严格的焊接材料的保存、领用、烘干、存放制度,以便对主要焊缝进行焊材跟踪。

施焊前连接接触面和焊缝边缘每边 30~50mm 范围内的铁锈、毛刺、污垢、冰雪等污物应清除干净,露出钢材金属光泽。

当工作件表面潮湿或有雨、雪、大风、严寒气候(环境温度低于5℃,相对湿度大于80%)时,不宜进行作业。

当在环境温度低于0℃时进行低温环境操作,并采取以下措施:

(1)焊前应清除沿焊缝两边宽 100~200mm 范围内的霜、冰、雪及其他污物,并用氧-丙烷火焰烘干。

(2)当环境温度低于-5℃时,应进行预热,预热温度为70℃左右。

手工焊接的引弧应放在焊接坡口之内进行,焊接中应尽量不断弧;如有断弧,必须将停弧处刨成1:5斜坡后,并搭接50mm再引弧施焊。返修后的焊接应打磨匀顺,并按质量要求进行复检。焊接返修次数不宜超过两次。

对需要焊接返修的缺陷要分析产生原因,提出改进措施,按评定合格的焊接工艺编制焊接返修工艺,焊缝同一部位返修次数不宜超过二次。

返修前需将缺陷清除干净,修补处预热,预热温度100℃。返修焊缝性能和质量要求应与原焊缝相同。

所有的焊接均应按照批准的焊接工艺评定试验要求进行,若存在与焊接工艺要求不一致的变化,需重新进行焊接工艺评定试验。

6.1.4.3 波形钢腹板间的焊接

1)多波长及非标准波形板纵向焊接

波形钢腹板采用多波连续模压成型,但是部分存在非标准波形及超过模压机开口宽度的波形板,此时需要采用埋弧焊对接(图6.1-27c)。沿波形板长度方向割开后分开压型,然后进行拼接焊接。当波形板高度已超出最大压型宽度,需进行横向拼接。横向焊缝根据《组合结构桥梁用波形钢腹板》(JT/T 784—2022)5.4.9.3中的"波形钢腹板构件焊缝应满足设计要求,设计无要求时,波形钢腹板接高焊缝应为一级,其他焊缝可为二级"执行。同时,相邻两块波形钢腹板横向拼接焊缝相对位置错开200mm,以保证产品焊接质量[图6.1-27a)、b)]。

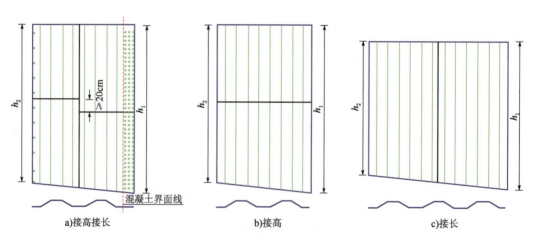

图6.1-27 波形钢腹板焊缝示意图

2)超高钢腹板竖向拼接措施

用计算机绘图软件按照深化设计图纸精准放样后编程,采用高精度数控切割机下料,下料完成后测量各零部件尺寸是否与图纸尺寸相对应,编程时需考虑焊接收缩余量;组对坡口采用等边双坡口,以减小后续焊接变形。

按照放样尺寸先组拼两条竖向焊缝,组对时预留相应反变形余量,焊接完成后校正并对进行检验,满足精度要求后,再进行横向焊缝组拼。

3)钢腹板连接焊接生产工艺流程

坡口准备→点固焊→预热(表面去潮气)→正面施焊→钢腹板翻面→焊缝清根(电弧气爆)→反面施焊→自检/专检→无损检验。

焊前准备包含坡口制备和坡口检查,一般采用冷加工磨削方法制备坡口,而且坡口应平整,不得有裂纹、分层、夹渣等缺陷,形状和尺寸应符合相应规定。

组对定位:平台水平组对,坡口间隙1.0~1.5mm,边缘与平台加紧。点固焊缝不得有裂纹,否则应清除重焊,熔入永久焊缝内的点固焊缝两端应便于接弧,否则应予以修整。

焊接:按评定后的工艺参数编制焊接工艺卡,遵循指导书进行施焊,单面焊后,翻面进行焊根清理,露出正面打底的焊缝金属。每条焊缝应尽可能一次焊完,当中断焊接时,对冷裂纹敏感的焊件应及时采取后热、缓冷措施。

焊缝返修:对需要焊接返修的缺陷要分析产生原因,提出改进措施,按评定合格的焊接工艺,编制焊接返修工艺。焊缝同一部位返修次数不宜超过2次。返修前需将缺陷清除干净,必要时可采用表面探伤检验确认。

6.1.4.4 剪力连接件的焊接

1)翼缘板的焊接

抗剪连接件在波形钢腹板预应力混凝土连续梁(刚架)组合梁中主要用来承受钢筋混凝土顶底板与钢腹板之间的纵向剪力。除上述作用外,它还能抵抗混凝土顶板与钢腹板之间的掀起作用。经过20世纪50年代与60年代的研究和应用,连接件的形式也有很大的发展;50年代初在桥梁中主要是用螺旋筋及弯筋连接件,后来就被槽钢及栓钉连接件代替;继而出现了PBL剪力连接件,现在无论在桥梁上还是房屋结构中,栓钉连接件以及PBL连接件在世界上的应用已十分普遍。

波形钢腹板通过抗剪连接件与顶底板的连接,应可以保证连接处能够抵抗桥轴方向的剪力、车轮荷载产生的与桥轴成直角方向的弯矩。同时,波形钢腹板与混凝土顶底板的连接尚应保证在运营寿命期间内的耐久性,故必须能防腐蚀且必须具有在活荷载作用下较好的耐疲劳性。为确保剪力连接件的上述性能,需要通过荷载试验等方法并考虑构造合理性、施工可行性、耐久性等因素来选择波形钢腹板与混凝土顶底板的连接构造。对于波形钢腹板预应力混凝土连续梁(刚架)组合箱梁来说,波形钢腹板与混凝土顶、底板的连接方式大致有3种,即在腹板上下端焊接翼缘板并在其上配置连接件的翼缘型抗剪连接件,在波形钢腹板上设PBL

孔,穿钢筋将波形钢腹板直接埋入到混凝土翼板中的嵌入型连接件,以及由以上两种连接件组合而成的复合型连接件。

波形钢腹板与翼缘板借助双面角焊缝作 T 形连接,宜采用熔透性焊缝,为之应设坡口,坡口焊缝区域需除锈除油除水处理。波形钢腹板与翼缘板焊接流程如图 6.1-28 所示。

图 6.1-28　波形钢腹板与翼缘板焊接流程

第6章 波形钢腹板的制造与波形钢腹板预应力混凝土桥的施工

为避免焊缝疲劳,在安装节段分缝处上翼缘板与波形钢腹板间宜设过焊孔,这种过焊孔尺寸经过疲劳试验确定,故应严格执行。

经疲劳耐久性确认的搭接接头(连续贴角焊)的构造见表6.1-16。

经疲劳耐久性确认的搭接接头(连续贴角焊)的构造(单位:mm)　　表6.1-16

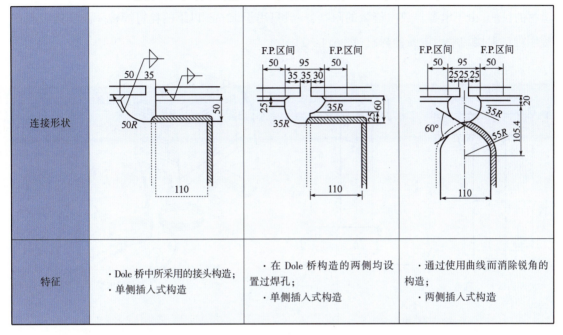

连接形状			
特征	·Dole 桥中所采用的接头构造; ·单侧插入式构造	·在 Dole 桥构造的两侧均设置过焊孔; ·单侧插入式构造	·通过使用曲线而消除锐角的构造; ·两侧插入式构造

2)开孔板及角钢与翼缘板的焊接

带翼缘板连接除有钢腹板与翼缘板的T形焊接外,其次的焊接就是翼缘钢板上焊接PBL键、角钢及其他型钢部件,这些连接件的焊接与翼缘板的焊接类同。只有翼缘板焊接为双面角焊缘,而开孔板、角钢焊接为单面角焊缝,其焊接工艺要点亦如前述翼缘板的焊接。

3)栓钉焊接

波形钢腹板与混凝土的连接常采用栓钉作为连接件用来进行波形钢腹板与顶底板的连接、波形钢腹板与混凝土横隔板以及波形钢腹板与内衬混凝土的连接等。栓钉连接件的选取原则一般要确保钢与混凝土能够有效结合,宜按照现行《电弧螺柱焊用圆柱头焊钉》(GB/T 10433)的有关规定选用,栓钉构造示意见图6.1-29。

焊钉的外观质量、力学性能及焊接瓷环尺寸应符合现行《电弧螺柱焊用圆柱头焊钉》(GB/T 10433)的规定,并应由制造厂提供焊钉性能检验及其焊接端的鉴定资料。焊钉保存时应有防潮措施;焊钉及母材焊接区如有水、氧化皮、锈、漆、油污、水泥灰渣等杂质,应清除干净方可施焊。

焊钉抗剪连接件的焊接是在焊钉与母材之间通以电流,局部加热熔化焊钉端头和局部母材,同时施加压力挤出液态金属,使焊钉整个截面与母材形成牢固结合。用于焊钉焊接的焊机有两种：电弧栓焊机和储能栓焊机。电弧栓焊机又可分为直接接触式与引弧结(帽)式：直接接触式是在通电激发电弧的同时向上提升栓钉，使电流由小到大，完成加热熔化过程；引弧结(帽)式是在栓钉端头镶嵌铝制帽，通电后不需要提升或略提升栓钉后再压入母材。储能栓焊机是利用交流电使大容量的电容器充电后，向栓钉与母材之间瞬时放电，达到熔化栓钉端头和母材的目的，由于电容器放电能量的限制，一般只用于12mm以下的栓钉焊接。波形钢腹板连接用栓钉焊接均采用电弧栓焊机(图6.1-30)。

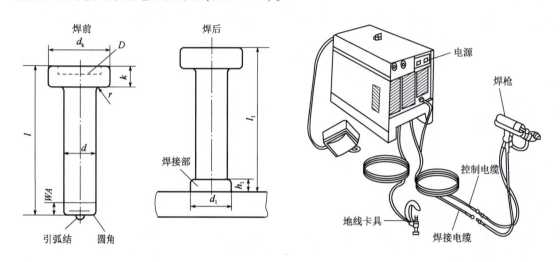

图6.1-29　栓钉构造示意图　　　　　图6.1-30　电弧栓焊设备示意图

栓钉焊接的过程是稳定的电弧燃烧过程。为了防止空气进入熔池，影响接头质量，常采用陶瓷环进行保护(图6.1-31、图6.1-32)。陶瓷环除起保护作用外，可使熔化金属成型不外溢，起到铸模的作用，并可使熔化金属与空气隔离，防止熔化金属被氧化，还可使焊接时的热量集中，有助于空间位置焊接时的焊缝形成和焊脚形状，屏蔽电弧光与飞溅物。

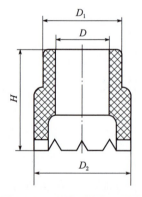
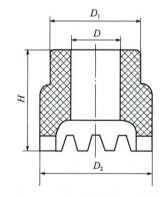

图6.1-31　普通平焊用B1型环　　　　图6.1-32　穿透平焊用B2型环

焊钉焊接前应按照焊接要求对栓钉进行定位划线，确定每个栓钉的位置。栓钉焊接程序见图6.1-33。

a)焊前准备

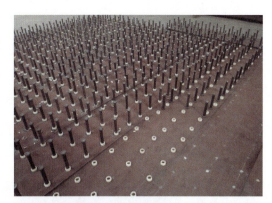
b)放线定位

c)焊接准备

d)栓钉焊接

图6.1-33 栓钉焊接程序

6.1.4.5 构件组装与焊接

波形钢腹板压弯成型、剪力连接件加工成型后,应按设计要求组装于胎架上,施焊成一体。故此节分两部分叙述。

1)组装

采用波形钢腹板专用组装平台组装波形钢腹板各零部件。波形钢腹板组装专用胎架可保证波形钢腹板组对精度,避免因误差造成现场安装对接错缝。

组装流程:定位波形钢腹板→定位上连接件→顶紧并点固焊接。

杆件整体组装允许偏差应符合表6.1-17的规定,有异议时以现行《铁路钢桥制造规范》(Q/CR 9211)为准。

杆件整体组装允许偏差　　　　　　表6.1-17

序号	简图	项目	允许偏差(mm)
1		对接高低差 Δ_1	0.5
		对接间隙 Δ_2	1.0

续上表

序号	简图	项目	允许偏差(mm)
2	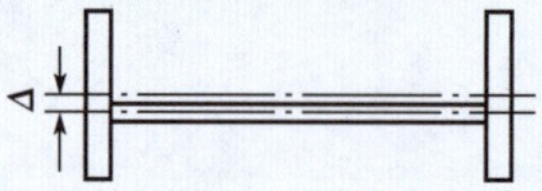	实际连接线与设计连接线偏移 Δ	1.0
3	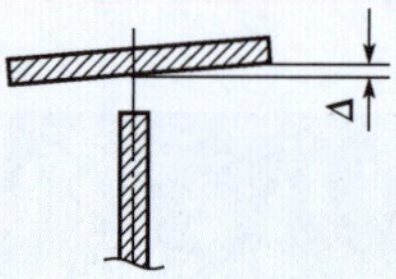	盖板倾斜 Δ	0.5
4	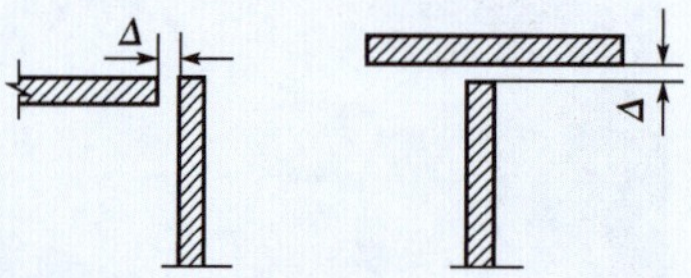	组装间隙 Δ	1.0

注:表中偏差尺寸不包含焊接收缩量。

2)焊接

所有焊接均应按照批准的焊接工艺评定试验要求进行,若存在与焊接工艺要求不一致的变化,需重新进行焊接工艺评定试验。

焊工必须熟悉工艺要求,明确焊接工艺参数,施焊前由技术人员对焊工进行技术交底。

根据设计图纸和加工技术要求,编制工厂焊接的工艺文件。

点固焊前,必须按施工图及工艺文件检查焊件坡口尺寸、根部间隙等,如不符合要求,不得进行点固焊。点固焊长度、间距及焊脚高度应符合有关规范标准的要求。

在正式焊接前,应检查点固焊缝有无裂纹,确无裂纹后才能正式焊接。

应根据有关规范标准,制定严格的焊接材料的保存、领用、烘干、存放制度,以便对主要焊缝进行焊材跟踪。

施焊前连接接触面和焊缝边缘每边 30~50mm 范围内的铁锈、毛刺、污垢、冰雪等污物应清除干净,露出钢材金属光泽。

当工作件表面潮湿或有雨、雪、大风、严寒气候(环境温度低于5℃,相对湿度大于80%)时,不宜进行焊接作业。

焊接完成后清理焊缝表面,清理质量要求见表6.1-18。

焊缝表面清理质量要求   表 6.1-18

序号	项目	焊缝种类	质量要求	
1	气孔	横向、纵向对接焊缝	不允许	
		熔透角焊缝等主要角焊缝	不允许	
		其他焊缝		
2	咬边	受拉部件对接焊缝	不允许	
		受压部件横向对接焊缝(mm)	≤0.3	
		主要角焊缝(mm)	≤0.5	
		其他焊缝(mm)	≤1.0	
3	焊角尺寸	主要角焊缝	K_0^{+2}	
		其他角焊缝	K_0^{+2}	
		手工焊全长的10%范围内	K_{-1}^{+3}	
4	焊波	角焊缝(mm)	$h≤2.0$ (任意25mm范围高低差)	
5	余高	未除余高的对接焊缝(mm)	$h≤2.0(b≤20)$ $h≤3.0(b>20)$	
		去除余高的对接焊缝(mm)	$\Delta_1≤0.5$ $\Delta_2≤0.3$	

组对定位、焊接分别见图 6.1-34、图 6.1-35。

图 6.1-34 组对定位

图 6.1-35 焊接

3)整形矫正

波形钢腹板的整形主要有冷矫正法和热矫正法两种。

(1)冷矫正法。

冷矫正法有以下三种:

①机械矫正法:利用外力使构件产生与焊接变形方向相反的塑性变形,让二者相互抵消。

②锤击法:通过锤击延展焊缝及其周围压缩塑性变形区域的金属,达到消除焊接变形的目的。

③强电磁脉冲矫正(电磁锤)法:利用强电脉冲形成的电磁场冲击力,在焊件上产生与残余焊接变形相反的变形量,达到矫正的目的。

矫正时需采用专用的标准钢平台、工装设备进行整形,以满足波形钢腹板的尺寸和整体结构要求,厚度大于或等于10mm的波形钢腹板和相关连接件,应采用机械整形矫正,不得采用锤击等人工方法。冷矫正时环境温度不得低于 -12℃,矫正后的钢材表面不应有超过标准要求的凹痕和其他损伤。钢板矫正的技术方法及允许偏差可参考《铁路钢桥制造规范》(Q/CR 9211—2015)的规定。

(2)热矫正法。

热矫正法主要采用火焰对焊接构件局部加热,在高温处材料的热膨胀受到构件本身刚性的制约,产生局部压缩塑性变形,冷却后收缩,抵消了焊接后在该部位的伸长变形,从而达到矫正的目的;热矫正温度应控制在 600~800℃,不能过烧。热矫正工序与内容见表 6.1-19,图 6.1-36 为火焰热矫正实例。热矫正后,零件温度应缓慢冷却,降至室温以前,不得锤击钢材工件或用水急冷。

热矫正工序与内容   表 6.1-19

序号	工序	内容	
1	工具准备	焰炬、辅助工具等	
2	变形测定	判断变形类别,确定矫正方案	
3	确定加热参数	了解材质	
		了解结构特征、刚性及装配关系,以便确定加热温度及矫正目标	
4	确定加热顺序	确定加热位置	
		确定是否需要机械辅助加压	
		确定矫正顺序,要领:刚性大的先矫,刚性小的后矫	
5	确定加热范围及加热方式	总要领:凸起部位就是加热区	
		具体顺序	均匀总变形(先矫)
			短段弯曲变形(其次)
			局部弯曲变形(最后)
		加热方式	均匀总变形采用纵向线状加热
			短段弯曲采用纵向线状加热
			局部弯曲采用横向线状加热
			刚性大采用三角形加热
			波浪变形采用圆点状(φ15mm 左右)加热

续上表

序号	工序	内容	
6	确定加热温度	低碳钢或 C-Mn 钢	变形小的小零件 −300~400℃
			变形较大的小零件 −400~500℃
			变形较大的大零件 −500~600℃
			大零件大变形 −600~700℃
			结构或大部件 −700~800℃
		低碳钢以外的材料	须限制加热温度,如低于回火温度
7	矫正及检查	矫正中检查与矫正后检查,不符合要求时可再次进行矫正	

a) 人工校正　　　　　　　　　b) 机械校正

图 6.1-36　焊接后校正

矫正时应注意以下要点:

①冷矫时应缓慢加力,室温不宜低于5℃,冷矫总变形率不得大于2%;

②热矫加热温度宜控制在600~800℃范围内,严禁过烧,不宜在同一部位多次重复加热;

③仅做定位焊或焊缝尚未完成的构件,不宜进行矫正;

④构件应在装焊完毕松弛约束后进行矫正;

⑤矫正后的构件表面不得有凹痕和其他损伤。

4) 内应力消除

部件焊件均会引发部件局部高温,故一般均有焊接残余应力。清除焊接残余应力是一个很复杂的问题,可用热处理法消除(减少)残余应力,亦可采用共振的方式,给波形钢腹板施加附加动应力,使工件发生微观或宏观的塑性变形,降低和均化波形钢腹板构件内部的残余应力,并使其尺寸达到稳定。图 6.1-37 ~ 图 6.1-40 示意出钢板焊接后内应力消除仪器及实施过程。

图6.1-37　全自动振动时效装置

图6.1-38　永磁电机

图6.1-39　仪器连接

图6.1-40　消除内应力

6.1.5　涂装

波形钢腹板的涂装是提高其耐腐蚀性能的重要措施。波形钢腹板的涂装工艺流程：表面清理、除油除锈→涂底漆→中间漆1～2道→面漆1～2道→堆放→包装交验。

波形钢腹板的涂装防锈体系应根据所处环境类别、经济性、施工性、美观及其他的技术要求综合判定来选定。

涂装涉及产品表面，涉及结构耐久性，故须细致进行，保证涂装质量，对每个工序都需进行检验。

6.1.5.1　波形钢腹板的表面处理标准

《涂覆涂料前钢材表面处理　表面清洁度的目视评定　第1部分：未涂覆过的钢材表面和全面清除原有涂层后的钢材表面的锈蚀等级和处理等级》（GB/T 8923.1—2011），等效于现在普遍采用的国际标准《涂装油漆和有关产品前钢材预处理　表面清洁度的目视评定》（ISO 8501-1∶1988）。在北美地区，主要采用的标准是美国防腐蚀工程师协会（NACE）/美国防护涂料协会（SSPC）标准。表面处理中影响最大的标准是瑞典标准《钢材喷涂表面的预处理》（SIS05 5900），该标准最早由瑞典腐蚀研究所、美国测试和材料协会（ASTM）和美国防护涂料协会(SSPC)联合制定。其他国家的标准,比如德国《钢构件的涂覆层和镀层防腐蚀》(DIN 55928)等都是在此基础上建立起来的。瑞典标准《钢材喷涂表面的预处理》(SIS05 5900)现在已经与国际标准《涂装油漆和有关产品前钢材预处理 表面清洁度的目视评定》(ISO 8501-01:2011)合并且由后者取代,标准中的照片和定义、描述得到了最大程度的保留。

国家标准《涂覆涂料前钢材表面处理 表面清洁度的目视评定 第1部分:未涂覆过的钢材表面和全面清除原有涂层后的钢材表面的锈蚀等级和处理等级》(GB/T 8923.1—2011)规定了一系列的钢材表面锈蚀等级和处理等级。各种等级通过文字叙述和典型样板照片共同定义,这些照片是符合文字叙述的典型实例;适用于采用喷射清理、手工和动力工具清理以及火焰清理等方法进行涂覆涂料前处理的热轧钢材表面,尽管这些方法很难获得可比较的结果。本质上,这些方法适用于热轧钢材,但是,这些方法,尤其是喷射清理方法,也适用于具有足够厚度而能够抵抗因磨料冲击或动力工具清理引起的变形的冷轧钢材。该标准使用翻译法等同采用《涂覆涂料前钢材表面处理 表面清洁度的目视评定 第1部分:未涂覆过的钢材表面和全面清除原有涂层后的钢材表面的锈蚀等级和处理等级》(ISO 8501-1:2007)。

将钢材表面的锈蚀程度分别以 A、B、C 和 D 四个锈蚀等级表示,文字描述见表6.1-20。

钢材锈蚀等级分类 表6.1-20

锈蚀等级	锈蚀程度
A	大面积覆盖着氧化皮而几乎没有铁锈的钢材表面
B	已发生锈蚀,并且氧化皮已开始剥落的钢材表面
C	氧化皮已因锈蚀而剥落,或者可以刮除,并且在正常视力观察下可见轻微点蚀的钢材表面
D	氧化皮已因锈蚀而剥落,并且在正常视力观察下可见普遍发生点蚀的钢材表面

每一处理等级用代表相应处理方法类型的字母"Sa""St"或"Fl"表示。字母后面的数字,表示清除氧化皮、铁锈和原有涂层的程度。

各除锈等级定义中"附着物"这个术语可包括焊渣、焊接飞溅物,可溶性盐类等。当氧化皮、铁锈或涂层能以金属腻子刮刀从钢材表面剥离时,均应看成附着不牢。用手工和动力工具,如用铲刀、手工或动力钢丝刷、动力砂纸盘或砂轮等工具除锈,以字母"St"表示。手工和动力工具除锈前,应铲除厚的锈层,应清除油脂和污垢,手工和动力清理后,应清除钢材表面浮灰和碎屑。

6.1.5.2 除锈工艺

波形钢腹板的除锈工艺包括物理除锈、化学除锈和火焰除锈。

1)物理除锈

通常采用物理除锈的方法对波形钢腹板进行除锈,即采用冲击、摩擦和敲打等方法去除钢板基体表面的氧化皮、铁锈、旧漆膜、焊渣等附着物。常用的物理除锈方法有手动除锈、抛丸处理、喷砂除锈、高压水除锈等。

手工和动力工具清理是人工手持钢丝刷、钢铲刀、纱布、废旧砂轮或使用各种电动工具、风动工具等打磨钢材表面,除去铁锈、氧化皮、污物和旧涂层、电焊熔渣、焊疤、焊瘤和飞溅物,最后用毛刷或压缩空气清除表面的尘土和污物。手动除锈工具还包括手持式电动直向砂轮机、电动砂轮机、电动软轴砂轮机、角向磨光机、角向风动磨光机和电动针束除锈机等。手工和动力工具清理具有操作灵活、方便的特点,但因除锈质量差,目前已逐步淘汰,仅作为喷抛射除锈的补充,常用于焊缝、死角及破旧设备的处理。采用手工和动力工具清理等级见表6.1-21。

手工和动力工具清理等级　　　　　　　　　　表6.1-21

St2 彻底的手工和动力工具清理	在不放大的情况下观察时,表面应无可见的油、脂和污物,并且没有附着不牢的氧化皮、铁锈、涂层和外来杂质
St3 非常彻底的手工和动力工具清理	同St2,但表面处理应彻底得多,表面应具有金属底材的光泽

喷射清理是指利用经过油、水分离处理的压缩空气将磨料带入并通过喷嘴以高速度连续喷向钢材表面,利用磨料喷出时的冲击摩擦力将氧化铁皮、铁锈及其他附着物清除,同时使钢材表面获得一定的粗糙度,以利于漆膜的附着。喷射压力应根据所用磨料来确定,一般应控制在5个大气压为宜,喷射距离在300mm为佳,喷射角度为75°。磨料的质量应符合质量标准和工艺要求,且符合以下规定:

(1)重度大、韧性强,有一定的粒度要求;

(2)使用时不易破裂;

(3)喷射后不应残留在构件表面;

(4)磨料不能有污染。

常用的喷射磨料的品种、粒径应符合表6.1-22的规定。喷射清理表面达到的等级见表6.1-23。

常用的喷射磨料的品种、粒径　　　　　　　　表6.1-22

磨料名称	磨料粒径 (mm)	喷射气压 (MPa)	喷射直径 (mm)	喷射角 (°)	喷距 (mm)
石英砂	3.2~0.63 0.8筛余量不小于40%	0.5~0.6	6~8	35~70	100~200
金刚砂	2.0~0.63 0.8筛余量不小于40%	0.35~0.45	4~5	35~70	100~200
钢线沙	线粒直径1.0,长度等于直径, 其偏差不大于直径的40%	0.5~0.6	4~5	35~70	100~200
河、海沙	3.2~0.63 0.8筛余量不小于40%	0.5~0.6	6~8	35~70	100~200
铝丸	1.6~0.63 0.8筛余量不小于40%	0.5~0.6	4~5	35~70	100~200

喷射清理等级 表6.1-23

Sa1	轻度的喷射清理	在不放大的情况下观察时，表面应无可见的油、脂和污物，并且没有附着不牢的氧化皮、铁锈、涂层和外来杂质
Sa2	彻底的喷射清理	在不放大的情况下观察时，表面应无可见的油、脂和污物，并且几乎没有氧化皮、铁锈、涂层和外来杂质。任何残留污染物应附着牢固
Sa2 1/2	非常彻底的喷射清理	在不放大的情况下观察时，表面应无可见的油、脂和污物，并且没有氧化皮、铁锈、涂层和外来杂质。任何污染物的残留痕迹应仅呈现为点状或条纹状的轻微色斑
Sa3	使钢材表观洁净的喷射清理	在不放大的情况下观察时，表面应无可见的油、脂和污物，并且应无氧化皮、铁锈、涂层和外来杂质。该表面应具有均匀的金属色泽

抛丸除锈是指依靠高速旋转的抛丸器叶轮，以一定角度抛出钢、铁丸，冲击、摩擦、敲打被处理的基体表面，从而达到清除氧化皮、铁锈、旧漆膜等附着物的目的。磨料在抛丸机的叶轮内，由于自重的作用，经漏斗进入分料轮，而同叶轮一起高速旋转的分料轮使丸料分散，并从定向套的口中飞出。从定向套口飞出的丸料被叶轮再次加速后，射向构件表面，以高速的冲击和摩擦除去钢构件表面的铁锈和氧化层。在实际应用中，工件在抛丸处理室经自动化、全方位处理后输出进行喷漆、烘干的抛丸流水线作业已形成规模。抛丸处理是目前波形钢腹板最常用的除锈方法，具有除锈彻底、速度快、粗糙度高、除锈成本低的特点与优势，能充分满足除锈高标准Sa2.5～Sa3的要求，克服了手动除锈和喷砂除锈效率低、劳动强度大的缺点。抛丸处理还可以提高钢材的疲劳强度、抗腐蚀应力及钢材表面硬度，是当前波形钢腹板除锈的最为理想的机械除锈方法。

仅能完成抛丸除锈功能的设备称为抛丸清理机。抛丸清理机结构简单、设备造价低，安装该设备所需场地也不太大。抛丸清理机一般由抛丸室、清扫室、弹丸循环系统、工件输送系统和电气系统组成。根据工件进出抛丸室方式不同，抛丸清理机可分辊道式、吊钩式、台车式和悬链式等。抛丸处理机规格很多，主要由抛丸室的尺寸来决定，抛丸室的尺寸决定了该处理机的处理工作范围，用户可根据需要向设备生产厂家定做。抛丸设备应符合《抛(喷)丸设备安全要求》(JB 10144—1999)规定的技术与安全要求。设备处理能力的评价指标有表面清洁度、表面粗糙度和表面覆盖率等。处理后工件表面清洁度和表面粗糙度应能达到处理工件用途的要求。表面覆盖率即弹痕占据面积与工件要求面积的比值，一般要求达到100%以上。对于锈蚀较严重的工件，需要成倍增加工件抛喷丸的时间，覆盖率达到200%以上。在实际的抛丸处理中，还需要根据所需处理工件的材料、锈蚀程度、技术要求、除锈效率要求和设备抛丸器的类型，选择合适的弹丸材质和粒度。波形钢腹板的抛丸处理见图6.1-41、图6.1-42。

图 6.1-41　抛丸清理机　　　　　　图 6.1-42　完成抛丸处理后的波形钢腹板

喷砂除锈使用压缩空气带动固体颗粒直接喷射到金属表面,用冲击力和摩擦方式来达到除锈目的;喷砂除锈是以压缩空气为动力,带动磨料通过专用的喷嘴,高速喷射于金属表面,达到清理目的。喷砂除锈具有设备简单、除锈质量好的特点,其缺点是工作效率低、沙雾污染环境、工人劳动强度大。

高压水除锈是通过专用设备产生 30~70MPa 的压力,用水或加砂水打击设备或管道内表面,对其堵塞物、结垢、铁锈、旧漆皮等进行切割、破碎、挤压、冲刷,达到清洗除锈的目的。高压水除锈需专用设备,以达到理想的清理效果,水除锈后钝化,风干处理不容易返锈。高压水除锈的特点是不产生沙尘,可以方便地清除腐蚀后产生的麻点锈,且不用担心基体表面的损坏。当高压水加入一定量的沙后(这时的水压一般不大于 10MPa),除锈能力可得到显著提高。

2)化学除锈

化学除锈主要采用无机稀酸溶液刷(喷)、浸泡锈蚀表面。对于波形钢腹板来说,化学除锈主要是用于溶解反应铁的氧化物(Fe_3O_4、Fe_2O_3、FeO),酸洗时需添加缓蚀剂,以保护钢铁基体,在酸洗后及时进行碱液中和与钝化处理,以避免出现二次锈蚀。化学除锈方法适用于波形钢腹板的除锈。化学除锈质量受到除锈剂质量、操作人员技术水平和施工条件的影响而不够稳定。化学除锈剂主要有硫酸、盐酸、硝酸、磷酸和氢氟酸。氢氟酸溶解氧化物的能力强,且能溶解硅垢,但氟离子的毒性大,对环境的污染比较大,现在用得不多,有时把氢氟酸与盐酸或硝酸配成混酸进行酸洗作业。常用酸的主要理化特性见表 6.1-24。

常用酸的主要理化特性　　　　表 6.1-24

名称	分子式	相对分子质量	密度（g/cm³）	沸点（℃）	熔点（℃）	主要化学性能
硫酸	H_2SO_4	98.07	1.84	336.6		浓度98%的硫酸340℃分解。浓度98%硫酸有极强的脱水性和氧化性,能与多种金属及氧化物和氢氧化物反应生成硫酸盐,与大多数有机物发生磺化反应;78%以下的硫酸对钢铁有强烈的腐蚀作用

续上表

名称	分子式	相对分子质量	密度（g/cm³）	沸点（℃）	熔点（℃）	主要化学性能
盐酸	HCl	36.46	1.19			强无机酸,腐蚀性很强,能溶解很多金属及化合物而生成氯化物
硝酸	HNO₃	63.01	1.502	86	-42	强氧化剂,很多非金属都能被氧化成相应的盐;很多有机物与浓硝酸接触,即能引起激烈的燃烧;除金、铂外,浓硝酸几乎可以使所有金属转变为硝酸盐,浓硝酸可使铝钝化

硫酸酸洗配方及工艺条件见表6.1-25。为防止腐蚀过度,最好用小于20%浓度的硫酸。另外可加缓蚀剂,如喹啉碱、动物蛋白或乌洛托品。实践表明,提高溶液的温度比提高溶液浓度更能提高酸洗速度,所以酸洗作业时硫酸溶液的温度一般控制在60~80℃,浓度低时可加热至90℃。

硫酸酸洗配方及工艺条件　　　　　　　　　　　　　　　　表6.1-25

被酸洗工件	水(L)	硫酸(L)（密度1.84g/cm³）	缓蚀剂(kg)	温度(℃)	处理时间(min)
生锈严重、不具抛光面	850	150	3	60~80	25~40（以氧化物去掉为准）
生锈一般、具抛光面	900	100	56	60~80	25~40（以氧化物去掉为准）

盐酸酸洗浓度以18%~20%为宜,温度高则酸雾大,环境污染严重。在实际应用中,为提高酸洗速度,常采用保持洗液浓度的方法,温度一般控制在30~40℃,不超过50℃。缓蚀剂采用乌洛托品与苯胺类的聚合物。盐酸酸洗配方和工艺条件见表6.1-26。

盐酸酸洗配方和工艺条件　　　　　　　　　　　　　　　　表6.1-26

酸洗前工件表面状态	水(L)	盐酸(L)（密度1.19g/cm³）	缓蚀剂(kg)	工艺条件	
				温度(℃)	处理时间
生锈严重、不具有抛光面	700	300	3	30~40	以氧化物去除为准
生锈严重、具有抛光面	750	250	5	30~40	以氧化物去除为准
生锈严重、具有高质量抛光面、尺寸要求不严	800	200	20	30~40	以氧化物去除为准

取5%~10%硫酸与10%~15%盐酸混合即构成混酸。以喹啉碱和乌洛托品与苯胺的缩合物作缓蚀剂,加入浓度0.1%~0.3%,即构成混酸洗液,酸洗时温度为40~50℃。波形钢腹板的混酸酸洗过程见图6.1-43、图6.1-44。

3) 火焰除锈

利用火焰产生的高温,使金属表面的油脂、旧涂膜和有机物等燃烧碳化,并利用氧化皮、铁锈等与金属基体的膨胀系数的差异,使其开裂、拱起和剥落。火焰除锈蚀用于现场除锈,对于带有污垢的锈层的处理效果更好,也常与高压水清理结合进行。在大量金属表面的除锈作业中,通常不采用火焰除锈,因为火焰除锈并不彻底,粗糙度小。

图6.1-43　波形钢腹板置于酸洗槽中

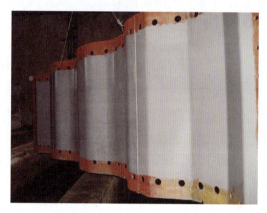

图6.1-44　酸洗后的波形钢腹板

6.1.5.3　钢材表面锈蚀等级与处理等级

1）钢材表面原始锈蚀等级

钢材表面除锈后的形貌与表面未涂装过的原始锈蚀情况有关。在表面处理时,应首先了解需要除锈表面的原始锈蚀等级。

2）处理等级

波形钢腹板基体表面状态的优劣直接影响防腐涂装的施工和保护效果。基体表面状态可以从清洁度和粗糙度两个方面描述。清洁度是指基体表面材质本体裸露程度,即基体表面清除杂物污染后的洁净程度;粗糙度反映了基体表面的粗糙度,适当地将基体表面粗糙化,可以提高涂层、衬层与基体表面的黏结强度。表面处理方法包括机械方法、化学方法和火焰法三大类。国家标准《涂覆涂料前钢材表面处理　表面清洁度的目视评定　第1部分:未涂覆过的钢材表面和全面清除原有涂层后的钢材表面的锈蚀等级和处理等级》(GB/T 8923.1—2011),简称GB/T 8923.1—2011是表面预处理的依据。钢材表面的除锈质量等级与除锈方法有关,

第6章 波形钢腹板的制造与波形钢腹板预应力混凝土桥的施工

除锈方法包括喷射清理(用 Sa 表示)、手工和动力工具清理(用 St 表示)、火焰清理(用 Fl 表示)和化学除锈等。处理等级见表6.1-21、表6.1-23、表6.1-27。

火焰清理　　　　　　　　　　　　　　　　　　　　　　表6.1-27

Fl 火焰清理	在不放大的情况下观察时,表面应无氧化皮、铁锈、涂层和外来杂质(见3.1中注1)。任何残留的痕迹应仅为表面变色(不同颜色的阴影)

GB/T 8923.1—2011 附有与钢材表面相匹配的28张典型样板照片。

GB/T 8923.1—2011 没有表示 A Sa1、A Sa2、A St2 和 A St3 的照片,因为这些处理等级是不能实现的,而且现有的照片已足以表示钢材表面锈蚀等级和处理等级。

6.1.5.4 表面防锈

经除锈后,特别是经过酸洗后,金属的金相组织显露,新表面的原子特别活泼,在空气中暴露后极易重新氧化而生锈。为了保证防腐蚀效果,延缓生锈时间,须对金属表面进行防锈处理。

1)表面防锈处理方法

防锈处理的方法主要有磷化处理和钝化处理。

(1)磷化处理就是用磷酸或锰、铁、锌、镉的磷酸盐溶液处理金属(黑色金属)表面,使金属表面形成磷酸盐覆盖层的处理过程。磷酸盐覆盖层就是磷化膜,其是厚度一般在5~10μm之间的多孔晶体结构,提高了对涂料的吸附性,增强了结合力,具有不导电性,能有效抑制金属的电化学腐蚀,通常用于螺栓、螺母的防锈处理。磷化处理可分为浸渍法、喷射法、电化学法。根据处理温度又可分为热磷化和常温磷化。磷化前应保证表面无油、无涂层。常温磷化处理配方见表6.1-28。

常温磷化处理配方　　　　　　　　　　　　　　　　表6.1-28

配方序号	磷化材料	用量(g/L)	工作条件	
			温度(℃)	时间(min)
1	马日夫盐	30	常温	30~40
	硝酸锌	60		
	硝酸钠	4~5		
	磷酸	0.5~1.0		
2	马日夫盐	60~65	20~30	30~40
	硝酸锌	60~100		
	氧化锌	6~8		
	氟化钠	3~6		
3	磷酸	24	20~30	3~5
	氟化钠	3~5		
	铬酸	4~6		
	TX-10 乳化剂	1~2		

（2）钝化处理也称为铬化处理，主要是金属与铬酸盐溶液作用，生成三价或六价的铬化层——铬酸盐转化膜。该转化膜具有一定的防腐能力，可以延缓金属和氧的作用，它与涂料的结合能力强，是理想的涂料基底。钝化处理一般作为金属氧化、磷化后的补充处理，也可以直接用于有色金属的涂装前表面处理。

2）表面处理质量要求

基体表面的处理级别应符合设计技术要求，处理质量要符合《涂覆涂料前钢材表面处理 表面清洁度的目视评定 第1部分：未涂覆过的钢材表面和全面清除原有涂层后的钢材表面的锈蚀等级和处理等级》(GB/T 8923—2011)，当设计无要求时，对防腐蚀涂层或衬里的金属表面预处理的质量，应符合6.1-29的要求，对于热喷涂表面预处理质量要求为Sa2.5级。

防腐蚀涂层或衬里的金属表面预处理的质量要求   表6.1-29

序号	防腐蚀涂层或衬里类别	表面预处理质量要求
1	油性酚醛、醇酸等底漆或防锈涂料	St2 以上
2	高氯化聚乙烯、氯化橡胶、氯磺化聚乙烯、环氧树脂、聚氨酯等底漆或防锈漆	Sa2 以上
3	无机富锌、有机硅、过氯乙烯等底漆	Sa2.5 以上
4	金属喷镀、热固化酚醛树脂涂料	Sa3 级
5	橡胶衬里、搪铅、纤维增强树脂衬里、树脂胶泥砖板衬里、化工设备内壁防腐蚀涂层、软聚氯乙烯板黏结衬里	Sa2.5 级
6	硅质胶泥砖板衬里、油基、沥青基或焦油基涂层	Sa2 级或 Sa1 级或 F1 级
7	衬铅板、软聚氯乙烯板空铺衬里或螺钉扁钢压条衬里	Sa1 级或 St2 级或 Pi 级

注：Pi级仅适用于搪铅、硅质胶泥砖板衬里或喷射处理无法进行的场合。

6.1.5.5　防腐涂料的涂装工艺

涂装方法的选择根据被涂物体的材质、形状、尺寸、表面状态和涂料的品种以及施工工具等因素确定，一般有刷涂法、滚涂法、气体喷涂法和高压无气喷涂法等，见表6.1-30。

涂料涂装方法的适用性   表6.1-30

涂装方法	醇酸树脂	丙烯酸树脂	环氧树脂	聚氨酯	无机涂料	油性涂料	氯化橡胶
刷涂法	好	好	好	—	—	很好	好
滚涂法	好	好	好	—	—	很好	好
气体喷涂法	好	很好	很好	很好	很好	很好	很好
高压无气喷涂法	好	很好	很好	很好	很好	很好	很好

常用涂装方法如下：

（1）刷涂法。

刷涂法是人工用刷子涂漆的一种方法，具有省料、工具简单和施工不受涂装场地限制的优点。刷涂施工的劳动强度大，生产效率比较低，涂装质量很大程度上取决于操作者的熟练程度

第6章 波形钢腹板的制造与波形钢腹板预应力混凝土桥的施工

和经验。

（2）滚涂法。

滚涂法施工是在空心的圆筒辊子上黏附的羊毛或合成纤维做成的多孔吸附材料,蘸漆后在被漆物表面进行来回滚动涂刷。滚涂法操作方便,施工效率高,主要用于结构安装后的垂直面的二次涂装,适用于水性漆、油性漆、酚醛漆和醇酸漆的涂装工程。

（3）浸涂法。

浸涂法是将待涂物件放入油漆槽中进行浸渍,经一定时间取出后吊起,多余的涂料滴尽后采用自然干燥或烘干的方法。这种方法在钢结构工程中也有不少应用,如对转向器内壁的涂装以及形状复杂的被涂物涂装等。浸涂工艺条件见表6.1-31。

浸涂工艺条件 表6.1-31

项目	工艺参数
一次浸涂漆膜厚度	30μm
涂料黏度	20~30s(涂-4杯,20℃)
涂料温度	20~30℃

（4）气体喷涂法。

气体喷涂法是利用压缩空气的气流将涂料由喷嘴吹散成雾化状后涂装到被涂物件的表面上,其优点是漆膜均匀一致、光滑平整、生产效率高。采用该方法时,所用的涂料应符合下列要求:涂料在低黏度时,颜料应不沉淀,涂料在油漆槽中和物件吊起后的干燥过程中,不得有结皮现象产生,涂料在油漆槽中长期储存和使用过程中不变质、不产生胶化,性能稳定。

喷涂前,先用压缩空气将构件表面上的灰尘和沙粒吹掉,并将空气压力、喷出量和喷雾幅度等参数调整到适当程度,以保证喷涂质量。喷涂施工时,喷枪距工件的距离应根据喷涂压力和喷嘴大小来确定,一般使用大口径喷枪的喷涂距离为200~300mm,使用小口径喷枪时,喷涂的距离为150~250mm。喷枪的运行速度应控制在300~600mm/s,并应匀速运行。喷枪垂直于被涂物表面,如果喷枪产生倾斜,漆膜产生条纹和斑痕。喷幅的搭接一般应为有效喷雾幅度的1/3并保持一致。如果喷涂两层时,第二层喷枪运行的路线应垂直于第一层运行的路线。

（5）高压无气喷涂法。

高压无气喷涂法是利用特殊形式的气动、电动或其他动力驱动的液压泵,将涂料增至高压,当涂料经管路通过喷枪的喷嘴喷出时,其速度可达到100m/s,随着冲击空气和高压的急速下降,使喷出的涂料体积骤然膨胀而雾化,高速分散在被涂物件的表面上形成漆膜。高压无气喷漆不需要借助空气雾化涂料,直接给涂料施加高压,使涂料喷出雾化。高压无气喷漆工艺喷涂速度快、效益高,涂装效率比刷漆高10倍以上,比空气喷涂高3倍以上,可达到400~1000m²/h。

波形钢腹板的涂装常用工艺有以下几种:

(1) 高压无气喷漆工艺。

波形钢腹板常采用高压无气喷漆工艺。高压无气喷漆不需要借助空气雾化涂料,直接给涂料施加高压,使涂料喷出雾化。高压无漆喷涂设备由动力、高压泵、蓄压过滤器、输漆管和喷枪组成。高压无气喷漆工艺具有喷涂速度快、效益高的特点。无气喷涂避免了压缩空气中的水分、油滴和灰尘对漆膜造成的不利影响,确保了漆膜的质量。由于漆雾中未混有压缩空气,漆雾飞散少,且涂料喷涂黏度较高,稀释剂用量降低,减少了对环境的污染。表 6.1-32 给出了高压无气喷涂与空气喷涂的技术性能比较。

高压无气喷涂与空气喷涂的技术性能比较   表 6.1-32

技术性能	喷涂方法	
	高压无气喷涂	空气喷涂
雾化方式	高压使液体涂料从小喷孔急速流出,减压后雾化	高压空气射流将液体涂料击碎
喷雾形状的控制	喷孔形状和大小影响喷雾形状	控制液压和气压,可对喷雾图形实现全面控制
耗气量	是空气雾化方式的 1/4~1/2(689kPa 时)	0.113~0.566m³/min
对气压的要求	需要 689kPa 高气压	中压至低压,最好在 345~517kPa
对液压的要求	4.14~27.6MPa	低液压,在喷嘴处不超过 124kPa
涂料流量	大到中等流量,涂装速度快,适用于大面积涂装	中等到小流量,一般不超过 946mL/min,生产效率较低,受制约因素较多

高压无气喷涂适用于各种涂料施工。除选择合适的高压无气喷涂设备外,根据涂料的品种、黏度等合理选择喷嘴口径和喷涂压力等工艺条件是十分重要的。喷涂漆膜厚度较薄时,应选用口径小的喷嘴;喷涂漆膜厚度较厚时,应选用口径较大的喷嘴,选用条件见表 6.1-33。常用涂料高压无气喷涂工艺条件见表 6.1-34。

喷嘴口径及其应用   表 6.1-33

喷嘴口径(mm)	涂料流动性	适用涂料	喷嘴口径(mm)	涂料流动性	适用涂料
0.17~0.25	非常稀	溶剂、水	0.37~0.77	黏	各类中间漆
0.27~0.33	稀	硝基漆	0.65~1.80	非常黏	厚浆型漆
0.33~0.45	中等黏度	底漆、油性漆			

常用涂料高压无气喷涂工艺条件   表 6.1-34

涂料品种	喷嘴等效口径(mm)	涂料喷出量(L/min)	喷雾图形幅宽(mm)	涂料黏度(福特杯-4)(s)	涂料压力(MPa)
磷化底漆	0.28~0.38	0.42~0.80	200~360	10~20	8~12
油性红丹底漆	0.33~0.43	0.61~1.02	200~360	30~90	11 以上
胺固化环氧树脂富锌底漆	0.43~0.48	1.02~1.29	250~410	12~15	10~14
烷基硅酸盐富锌底漆	0.43~0.48	1.02~1.29	250~410	10~12	10~14
烷基硅酸盐厚膜富锌底漆	0.43~0.48	1.02~1.29	250~410	12~15	10~14

续上表

涂料品种	喷嘴等效口径(mm)	涂料喷出量(L/min)	喷雾图形幅宽(mm)	涂料黏度(福特杯-4)(s)	涂料压力(MPa)
云母氧化铁酚醛树脂漆	0.43~0.48	1.02~1.29	250~410	30~70	10~14
丙烯酸改性醇酸树脂	0.33~0.38	0.61~0.80	200~310	30~80	10~14
长油醇酸树脂面漆	0.33~0.38	0.61~0.80	200~310	30~80	12~14
厚膜乙烯树脂漆	0.38~0.48	0.80~1.29	250~360		12~15
聚氨酯树脂面漆	0.33~0.38	0.61~0.80	250~310	30~50	11~15
氯化橡胶底漆	0.33~0.38	0.61~0.80	250~360	30~70	12~15
氯化橡胶面漆	0.33~0.38	0.61~0.80	250~360	30~70	12~15
聚酰胺固化环氧树脂底漆	0.38~0.43	0.80~1.02	250~360	50~90	12~15
聚酰胺固化环氧树脂面漆	0.33~0.38	0.61~0.80	250~360	30~50	12~15
胺固化煤焦油沥青环氧树脂漆	0.48~0.64	1.29~2.27	310~360		12~18
异氰酸固化煤焦油沥青环氧树脂	0.48~0.64	1.29~2.27	310~360		12~18

高压无气喷涂的操作步骤可分为启动、喷涂和停机三步。在喷涂时,应采用正确的喷枪操作方式,枪身应与喷涂表面保持垂直,喷嘴与物件表面的喷射角应为30°~80°,喷枪与施涂工件表面的距离一般在25~40cm,且整个喷涂过程应保持距离不变。每一次的喷涂行程,喷枪都应保持一个合理的移动速度(300~100mm/s),保持合适的涂料流量,以保持涂层厚度均匀。在高压无气喷涂时,每次喷涂行程喷枪的喷涂位置有一定的搭接,搭接宽度应为喷幅的1/5左右,形成均匀的涂层。图6.1-45显示了波形钢腹板的高压无气喷漆施工实例。

图6.1-45 波形钢腹板的高压无气喷漆施工

富锌涂料高压无气喷涂时,由于涂料沉淀速度快,易结块,容易堵塞喷涂系统,且由于锌粉在涂料中含量高,很容易损伤高压泵等压送机构,所以需要使用专用的富锌涂料高压无气喷涂设备。这种设备中配有专用的搅拌装置,可有效减少涂料沉淀和结块,同时提高高压泵等送压机构的耐磨性;配备专用的喷枪、喷嘴和高压软管,增大压缩空气进气管和涂料输送管的口径;将高压泵的加压活塞系统与高压柱塞系统设计成分体式,以便于清洗、保养和更换易损件。在喷涂施工中,驱动空气压力≥0.4MPa,涂料输送管道长度≤50m。喷涂过程中,应不断搅拌涂料,防止沉淀结块。对于厚浆型无机富锌涂料,应在连续喷涂作业一段时间后进行停机清理。

(2)金属热喷涂工艺。

在我国的波形钢腹板 PC 组合箱梁桥中,均采用了热喷涂工艺进行波形钢腹板的防腐涂装。热喷涂层的形成原理是用喷枪及压缩空气将熔融的金属喷涂到经过喷砂处理的钢材表面形成喷涂金属薄膜。通常根据热源的不同可将热喷涂工艺进行分类,见表6.1-35。

热喷涂工艺分类　　　　　　　　　　　　　　　表6.1-35

热喷涂	电弧类	电弧喷涂	直流电弧喷涂
			交流电弧喷涂
		等离子喷涂	常压喷涂
			低压喷涂
			水下喷涂
	火焰类	火焰喷涂	粉末火焰喷涂
			丝材火焰喷涂
			棒材喷涂
		爆炸喷涂	
		超音速喷涂	
	激光类		

热喷锌/铝底层作为一项非常成熟可靠的技术,已用于桥梁钢结构件长效防腐蚀涂装体系中,世界各国都有很多成功应用经验和实例,并已被标准化,对涂层使用环境、设计、材料、施工、检查和验收都做了详细规定。金属的耐腐蚀热喷涂底层所选择的材料一般按如下原则:

①涂层及其腐蚀产物膜应致密无孔,韧性好且附着牢固;

②涂层应进行封闭处理,能确保基材与腐蚀介质的有效隔离;

③在电化学腐蚀条件下,采用阳极保护层。

热喷涂层均匀腐蚀的评价等级见表6.1-36。

热喷涂层均匀腐蚀的评价等级　　　　　　　　　　表6.1-36

等级	腐蚀率(mm/a)	金属型涂层评价
1	<0.05	耐蚀性优良
2	0.05~0.5	耐蚀性良好
3	0.5~1.5	可用,但腐蚀较严重
4	>1.5	不适用,腐蚀严重

用于防腐蚀目的的热喷涂涂层材料主要有金属及合金(Zn 及 Zn 合金、Al 及 Al 合金、Ni 及 Ni 合金、不锈钢等)、陶瓷、塑料(聚乙烯树脂、尼龙、EVA 树脂、环氧树脂等)。由于热喷涂金属表面凹凸不平,有利于涂料的附着,故采用金属喷涂作为涂装的底层是较好的。用作波形

钢腹板表面热喷涂的金属有锌、铝、锌铝合金等。所用锌丝材料的化学成分应在《锌锭》(GB/T 470—2008)中 Zn-99.99 的要求以上(表6.1-37),否则会造成涂层电极电位变化或涂层本身存在电偶,使其腐蚀速率增大,涂层耐蚀寿命降低。热喷涂铝丝材料应符合《变形铝及铝合金化学成分》(GB/T 3190—2020)中的成分规定,见表6.1-38。

锌化学成分　　　　　　　　　　　　　　表6.1-37

牌号	化学成分(质量分数)(%)							
	Zn 不小于	杂质(不大于)						
		Pb	Fe	Cd	Cu	Sn	Al	总和
Zn 99.99	99.99	0.005	0.003	0.003	0.002	0.001	0.002	0.01

铝化学成分　　　　　　　　　　　　　　表6.1-38

牌号	化学成分(质量分数)(%)								
	Al	Si	Fe	Cu	Mn	Zn	V	Ti	Mg	其他(单个)
1060	≥99.60	0.25	0.35	0.05	0.03	0.05	0.05	0.03	0.03	0.03

常用于热喷涂的锌铝合金为 85%Zn~15%Al,另外 87%Zn~13%Al 和 65%Zn~35Al 合金也有少量应用,铝镁合金常用 95%Al~5%Mg 合金,它们主要用于少数海洋环境要求较高的钢铁基材的防护。

(3)**电弧喷涂工艺**。

电弧喷涂是利用 2 根形成涂层材料的消耗性电极之间产生的电弧为热源,将消耗性电极顶端热熔化,经一束压缩气体射流将其雾化,并喷射到经过预处理的基体表面形成涂层的热喷涂工艺方法。

电弧喷涂技术特点是:

①涂层质量及其与基体结合强度高。电弧温度高达 5000℃,为获得高质量涂层提供了良好的条件。

②生产效率高。在通常条件下,电弧喷涂的生产效率约为火焰喷涂效率的 4~6 倍,十分适用于像波形钢腹板这样的大面积长效防腐工程。

表 6.1-39 给出了在 100A 喷涂电流时各种材料的电弧生产率。

各种材料的电弧生产率　　　　　　　　　　　　　　表6.1-39

喷涂材料	100A 喷涂电流时的生产率 (kg/h)	喷涂材料	100A 喷涂电流时的生产率 (kg/h)
锌	10	锡青铜	5
铝	2.7	铜	4.7~5.1
巴氏合金	20~28	80/20NiCr	5.4
铝青铜	4	钼	3

③使用成本较低,能源利用率高。电弧喷涂直接利用电能转化为热能加热熔化金属,能源利用率一般为60%~70%,最高可达90%,是所有热喷涂方法中最高的,其施工成本也是最低的(表6.1-40)。

④设备投资较少,操作简单,安全性好,易于维护使用。

热喷涂方法的能源利用率比较 表6.1-40

热喷涂方法	能源利用率(%)
电弧喷涂	60~70
等离子喷涂	12
火焰喷涂	5~15

电弧喷涂也存在一些局限性,具体如下:

①喷涂材料必须是能导电的线材,因而对喷涂加工性不良或导电性差的材料有限制。

②电弧喷涂与等离子弧喷涂相比,温度较低,不适于高熔点材料的喷涂。

③喷涂过程中,元素蒸发和氧化烧损较大,使得在相同材料喷涂时,电弧喷涂层中合金元素含量比火焰喷涂层低。

电弧喷涂工艺流程包括工件表面预处理、喷涂和喷后处理等几个主要工序。工件表面的清洁度和粗糙度对涂层质量和结合力有重要的影响,所以电弧喷涂与其他喷涂方法一样,必须进行工件表面的预处理,然后根据工件的服役条件和设计要求,针对预期的性能选择材质。考虑到电弧喷涂使用的是能导电的丝材,一般应采用合乎喷涂条件的规格产品。波形钢腹板所用的丝材通常是铝、锌等以及锌铝和铝镁合金。

在进行电弧喷涂施工时,需要根据喷涂材料和喷枪的特性选择喷涂工艺参数,并考虑各工艺参数对电弧稳定性和涂层性能的影响。电弧热喷涂的主要工艺参数有电弧电压、电弧电流、雾化气体压力和喷涂距离等。其中电弧电压、电弧电流、雾化气体压力是设备参数,喷涂距离是操作参数。表6.1-41给出了一些材料的喷涂工作电压。

部分材料的喷涂工作电压(单位:V) 表6.1-41

材料	工作电压	材料	工作电压
锌	26~28	碳钢及不锈钢	30~32
铝	30~32	锡合金	23~25
锌铝合金	28~30	镍合金	30~33
铝镁合金	30~32	铜合金	29~32
稀土铝合金	30~32	铝青铜(黏结层)	34~38
锌铝伪合金	28~30	镍铝合金(黏结层)	34~38

电弧喷涂可以在相当宽的工作电流范围内顺利进行,但如果电流过小,电弧也不能稳定燃烧。在一定条件下,工作电流决定电弧喷涂的生产率,提高工作电流不仅可以获得高的喷涂效率,而且可以提高喷涂层的结合力,降低孔隙率和氧化物的夹杂含量,改善涂层质量。电弧喷

涂所用的雾化气体是压缩空气,因为它经济便宜、使用方便,在波形钢腹板的大面积电弧喷涂施工中,一般都以压缩空气作为雾化气源电弧喷涂。常用的雾化气体压力一般在0.3~0.55MPa,工作层选用0.45~0.55MPa,黏结底层可用0.3~0.4MPa。常用的电弧喷涂距离范围是100~200mm。对于大面积钢结构的防腐施工,适当增加喷涂距离可改善喷涂沉积的均匀程度,但也不能距离过大。在波形钢腹板的喷锌/铝涂层时,常用的喷涂距离是150~250mm。表6.1-42给出了常用丝材(ϕ3mm)电弧喷涂的工艺参数,图6.1-46显示了电弧喷涂实例。

常用丝材(ϕ3mm)电弧喷涂的工艺参数　　　　表6.1-42

线材名称	线材直径（mm）	电弧电压（V）	工作电流（A）	压缩空气压力（MPa）	喷涂速度(kg/h)		
					100A	200A	400A
铝	3	34	150	>0.55	3.2	5.0	10.0
锌		28	120	>0.5	8.2	15.9	40.9
铝青铜		35	200	>0.5	3.6	7.3	15.0
碳钢				>0.5	3.9	7.7	18.2

图6.1-46　电弧喷涂实例

电弧喷涂的涂层一般都不可避免地有一定的孔隙率(一般在2%~10%),它的存在破坏了涂层的完整性,并且腐蚀性的介质可以由孔隙渗入,甚至会通过连通孔隙直接延伸到涂层与基体的界面,从而使涂层和基体表面发生腐蚀破坏而导致部件失效。所以,电弧喷涂后应根据涂层的要求进行后处理,以提高其防腐性能和使用寿命。常用的热喷涂层后处理方式有封闭处理、面漆涂装和恢复尺寸等。波形钢腹板的电弧喷涂后处理主要是封闭(孔)处理。封闭(孔)处理在热喷涂后应尽快进行,通常采用毛刷涂抹,操作要点是应当保证封闭剂能充分渗入涂层的孔隙中。一般封闭剂都需要稀释,以降低黏度。

(4)**热浸镀锌工艺**。

波形钢腹板的热浸镀锌工艺流程为:装挂波形钢腹板→脱脂(除油)→水洗→酸洗除锈→水洗→助镀→烘干→热浸镀锌→冷却→钝化→卸挂具→整修→检验。

①**热浸镀锌的前处理工艺**。

钢铁制件在镀锌前表面通常都有一层覆盖物。它可分为物理覆盖物(尘埃、油污、固体颗粒物、水垢、油垢等)、化学覆盖物(氧化铁、铁锈)、生物覆盖物(藻类、菌类等生物垢)和混合覆盖物(物理、化学和生物共同形成)。常见的钢铁制件状态见表6.1-43。为保证浸镀过程的正常进行和得到高质量的镀层,必须具备一个洁净的活化的基体表面,所以在热浸镀锌之前,需进行脱脂、酸洗和溶剂处理。脱脂和酸洗是完成清洁金属表面覆盖物的任务,溶剂处理是为了活化金属表面。脱脂处理的主要方法见表6.1-44。

钢铁制件状态 表6.1-43

序号	形成原因	去除物名称	去除方法
1	金属的氧化和腐蚀产物	氧化铁皮和铁锈	酸洗和喷砂
2	涂覆的油脂膜层及分解物	油膜、油污、碳渣	脱脂
3	热加工残存物	氧化铁皮、焊皮、砂皮	机械清理、喷砂(丸)
4	冷热加工的特定清除物	毛口、毛边、毛刷、瘤状残留物及飞溅物、油漆标志	机械维修、滚筒抛光、喷砂(丸)
5	陈旧涂漆层(返修、重镀件)	不完整的涂层或镀层、锈蚀物、尘土、油污	热碱脱漆(或用脱漆剂)、脱脂、酸洗等

脱脂处理的主要方法 表6.1-44

序号	工艺方法	所用化工原料	作用	应用范围
1	燃烧法(400~500℃)	—	高温氧化、分解	连续热浸镀
2	电解清洗法	碱、无机盐、表面活性剂	皂化、乳化、气泡剥离、分解	连续热浸镀
3	热碱脱脂法(常温、中温)	碱、无机盐、表面活性剂	皂化、乳化分解	普通热浸镀(常用方法)
4	有机溶剂清洗法	石油溶剂、苯类、醇类	溶解、剥离	小型特种零件(很少用)
5	乳化液清洗法	有机溶剂、表面活性剂、水	溶解、乳化分解	用于重油垢的去除
6	生物除油法	水基除油剂	细菌分解油脂、彻底、连续、均匀	普通热浸镀(新技术)
7	常温酸性脱脂法	磷酸、表面活化剂	乳化、磷化	普通热浸镀

注:大面积的除旧漆可用序号1、3、4、方法,局部去除可用机械磨除和脱漆剂。

酸洗是将钢铁制件浸到酸溶液中,依靠界面化学反应来去除钢铁表面氧化物(氧化物及锈皮)的过程。常用的酸是盐酸和硫酸,酸洗特性指标见表6.1-45,从该表可知,与硫酸酸洗相比,盐酸酸洗的优点是:在常温下对氧化铁皮和铁锈具有较强的溶解能力,酸洗速度快,对钢铁基体的溶解量较少,钢铁表面上的酸洗反应物容易清洗干净,从而保证了酸洗质量。在钢铁制件热浸镀工艺中,多采用盐酸酸洗。

第6章 波形钢腹板的制造与波形钢腹板预应力混凝土桥的施工

盐酸酸洗与硫酸酸洗特性指标比较   表6.1-45

特性指标	盐酸	硫酸
常温下使用的酸洗速度	能有效去除氧化皮及铁锈	较大(在高温下使用时)
高温下使用的酸洗速度	去除效果提高,但挥发严重,易过腐蚀	温度50℃以上效果良好
槽液中亚铁离子影响	允许较高溶解度,Fe^{2+}可达110g/L(相当于$FeCl_2$浓度为250g/L)	$FeSO_4$使用的浓度范围为80~160g/L
对过腐蚀和氢脆的影响	较小(在常温下使用时)	较大(在高温下使用时)
可清洗性	$FeCl_2$溶解性好,容易水洗。酸液表面状态好,呈浅灰色,采用冷水清洗	$FeSO_4$溶解性差,易在钢基体表面形成沉淀物,使清洗后表面状态不良。应先用热水清洗为宜
对厚氧化皮的剥离作用	作用弱,仅占氧化皮总量33%	作用强,可占氧化皮总量78%
酸液的可除油性	差	较强
使用危险性	低	高
酸液成本	高	低
废酸回收	较难	较易
酸液加热措施	难以实现	容易实现

钢铁制件在酸洗后,表面残存有一定量的酸和铁盐等物质,残存数量的多少与酸液的种类、浓度、铁盐含量密切相关。如不将其清洗干净,就会带入下道工序中的助镀剂溶液中,从而增大助镀剂含酸量和亚铁离子含量,最终进入锌锅,大量造渣,增加锌耗,降低锌层质量,所以在酸洗后必须进行彻底清洗。

钢铁制件在脱脂、酸洗后,虽然获得比较洁净的活性表面,但停留在空气中,即使很短时间表面也会氧化,这些氧化物的残存的铁盐会妨碍热浸镀的正常进行,明显降低锌层质量,并增加锌耗。所以必须紧接着进入浸助镀剂工序中,即将脱脂和酸洗后的钢铁制件浸入由氯化铵和氯化锌按一定比例组成的水溶液中,浸渍后应进行烘干处理。

②热浸镀锌温度与时间。

工件的热浸镀锌温度在445~460℃。浸镀温度越高,工件达到锌液温度的时间越短,工件表面上的助镀剂和锌液反应能较快完成,浸镀时间可缩短。工件的厚度变大后,浸镀时间较长。如对于厚10mm的钢板需要5~6min的浸镀锌时间,对于厚20mm的钢板则需约10min。一般来说,把工件放入锌锅中,直到锌液面的"沸腾"现象停止,锌灰充分返出液面,即应打灰,取出工件。在正常浸镀后,镀层厚度未达到国家标准的最低要求时,应适当增加浸镀时间。工件浸入前,应检查脱脂酸洗是否彻底,是否还有局部的锈迹或其他覆盖物,如发现个别部位存在问题,应予以排除后才能浸镀。在工件浸入前,还应将锌液面的浮渣和锌灰打净,在工件浸没后应反复提动工件,以促进工件上的助镀剂与锌液充分接触,使反应物尽快浮出。工件的最佳浸入位置是沉入液面以下100mm左右。由于锌液的密度与钢铁相近,所以锌液对工件的浮力较大。挂件时,应使工件处于所受浮力最小的方位进入锌液。在取出工件时,使锌液能够顺利地从工件表面流回锌锅,尽量减少锌液在工件表面上的滞留时间。吊挂部位应有利于工件浸镀时减少热应力变形,吊挂应牢固可靠。浸入速度要适中,过慢或发生中途停顿可能造成助镀剂膜层局部烧损失败,出现漏镀现象。浸入速度过慢还会使工件因受热时间的差异产生翘曲现象。工件浸入速度过快时,如果工件干燥不彻底,浸镀时会加重锌液飞溅或爆炸现象,危害人身安全,也会破坏锌锅内壁的合金保护层,降低锌锅的使用寿命。

工件从锌液中取出的速度对浸镀的外观质量和镀锌层厚度会产生重要的影响,在常规镀锌温度下(445～465℃)可采用2.5～4.0m/min的取出速度。在取出前,需要清除锌液面上的锌灰,呈现明亮锌液表面时方可将工件取出。在工件全部离开锌液时,应将工件最底部的余锌刮除干净,并进行适当的敲击振动,使余锌落入锌锅。图6.1-47、图6.1-48显示了锌锅和热浸镀锌完成后的波形钢腹板。

图6.1-47 锌锅

图6.1-48 热浸镀锌完成后的波形钢腹板

(5)电泳涂装。

电泳涂装又称为电沉积涂装,它是将具有导电性的被涂物浸渍在装满水稀释的、固体分比较低的电泳涂料工作液的电泳槽中,被涂物作为阳极(或阴极),在电泳槽中另设置与其相对应的阴极(阳极),在两极间通直流电,在被涂物表面上析出均一、不溶于水的涂膜的一种涂装方法。根据被涂物在电泳槽中的极性和电泳涂料的种类,可将电泳涂装分为阳极电泳涂装和阴极电泳涂装两类。阳极电泳涂装方法中,被涂物在电槽阳极,所采用的电泳涂料为阴离子型(带负电荷),工作液为碱性。阴极电泳涂装方法中,被涂物在电槽阴极,所采用的电泳涂料为阳离子型(带正电荷),工作液为酸性。阴极电泳涂料具有高质量、节能、环保等优点,因而在汽车工业中得到了广泛的应用。波形钢腹板也采用阴极电泳涂装工艺。阴极电泳涂料组成及功能见表6.1-46。

阴极电泳涂料组成及功能　　　　　表6.1-46

原漆组成		槽液的组成	功能	电泳后湿涂膜组成	烘干后干膜组成
色浆	乳液				
树脂	树脂	树脂	是涂膜形成物,用它保护颜料,并使涂料带正电荷,电泳涂着在被涂物上	树脂	树脂
颜料	—	颜料	是涂膜形成物,提高涂膜的防锈、着色和物理性能	颜料	颜料
固化剂	固化剂	固化剂	与树脂粒子结合,促进固化,提高涂膜物理性能	固化剂	烘干时排出体系外呈油烟状(即为加热减量)
溶剂	溶剂	溶剂	使树脂水溶性化,控制烘干固化时的涂膜流动性	溶剂	
中和剂	中和剂	中和剂	将树脂制成水溶性化所用的中和酸(醋酸水溶液)	中和剂(少量)	
添加剂	添加剂	添加剂	改善涂料性能,以提高涂装性、涂膜性能		
去离子水	去离子水	去离子水(75%)	使涂料溶液化、分散,防止杂质离子混入	水(少量)	
固体分(NV)50%~60%	固体分(NV)35%~40%	固体分(NV)18%~20%			

波形钢腹板的阴极电泳涂装的工艺流程：预清理→上线→脱脂→水洗→除锈→水洗→中和→水洗→磷化→水洗→钝化→电泳涂装→槽上清洗→超滤水洗→烘干→下线。波形钢腹板的电泳涂装的工艺过程包括漆前表面处理、电泳涂装、电泳后水洗和烘干堆放四种主要工艺。电泳涂装流程实景如图6.1-49所示。钢铁路桥和郭守敬桥的波形钢腹板涂装中,除了热喷锌外,增加了一道电泳涂装工艺,以进一步提高波形钢腹板的耐腐蚀性能。电泳涂装的优点见表6.1-47。

a) 槽中清洗

b) 电泳

图 6.1-49

c)电泳完毕

d)电泳后水洗

e)烘干

f)堆放

图 6.1-49　电泳涂装流程实景

电泳涂装的优点　　　　　　　　　　　　　　　表 6.1-47

优点	内容
涂底漆工艺可实现完全自动化、无人化	从漆前处理到电泳底漆烘干有可能实现生产线化,适用于大量流水连续生产
可得到均一的膜厚	依靠调整电量容易得到均一目标的膜厚。通过选择电泳漆的品种和调整泳涂工艺参数,膜厚可控制在 $10\sim35\mu m$ 范围内,工件间和不同日期所沉积的漆膜(膜厚及性能)能重现。与浸法不同,在烘干时缝隙间的涂膜不产生"溶落"现象
泳透(力)性好,提高工件内腔的防腐性,尤其是阴极电泳涂膜的耐腐蚀性好	在喷涂、浸涂等涂装法涂装不到的部位和涂料难进入的部位也能上漆,且缝隙间的涂膜在烘干时不会被蒸汽洗掉,使工件的内腔、焊缝、边缘等处的耐腐蚀性显著提高。阴极电泳漆膜的耐盐雾性在 500h 以上,高的达 1000 多小时
涂料的利用率高	与喷涂法等相比,涂料的有效利用率可高达 95%。槽内涂料是低固体分的水稀释液,黏度小,带出槽外的少,泳涂的湿漆膜是水不溶性的,电泳后可采用超过滤液封闭水洗回收带出槽的漆液
安全性比较高,是低公害涂装(涂料),无火灾危险性	与其他水溶性涂料相比,溶剂含量少且低浓度,所以无火灾危险。涂料回收好,溶剂含量低,对水质和大气污染少。电泳涂料属低公害涂料。采用超过滤和反渗透装置,实现电泳后的全封闭水洗,可大大减少废水处理量
电泳涂膜的外观好,烘干时有较好的展平性	电泳涂装所得涂膜的含水量少,溶剂含量也少,在烘干过程中,不会像其他涂料那样产生流痕、溶落、积漆等缺陷。电泳水洗后的涂膜是干的,甚至手摸也不黏手。晾干时间短,可直接进入高温烘干

电泳涂装工艺中须注意的事项:

①预前处理对电泳涂膜有很大的影响。钢铁表面采用除油和除锈处理,对表面要求过高时,进行磷化和钝化表面处理。黑色金属工件在阳极电泳前必须进行磷化处理,否则漆膜的耐腐蚀性能较差。磷化处理时,一般选用锌盐磷化膜,厚度 1~2μm,要求磷化膜结晶细而均匀。

②在过滤系统中,一般采用一级过滤,过滤器为网袋式结构,孔径为 25~75μm。电泳涂料通过立式泵输送到过滤器进行过滤。从更换周期和漆膜质量等因素综合考虑,孔径 50μm 的过滤袋最佳,它不但能满足漆膜的质量要求,而且解决了过滤袋的堵塞问题。

③电泳涂装的循环系统循环量的大小,直接影响槽液的稳定性和漆膜的质量。加大循环量,槽液的沉淀和气泡减少,但槽液老化加快,能源消耗增加,槽液的稳定性变差。将槽液的循环次数控制 6~8 次/h 较为理想,不但保证漆膜质量,而且确保槽液的稳定运行。随着生产时间的推移,阳极隔膜的阻抗会增加,有效工作电压下降。因此,生产中应根据电压的损失情况,逐步调高电源的工作电压,以补偿阳极隔膜的电压降。

④超滤系统控制工件带入的杂质离子的浓度,保证涂装质量。在此系统运行过程中应注意,系统一经运行后应连续运行,严禁间断运行,以防超滤膜干枯。干枯后的树脂和颜料附着在超滤膜上,无法彻底清洗,将严重影响超滤膜的透水率和使用寿命。超滤膜的出水率随运行时间推移而呈下降趋势,连续工作 30~40d 应清洗一次,以保证超滤浸洗和冲洗所需的超滤水。

⑤电泳涂装法适用于大量流水线的生产工艺。电泳槽液的更新周期应在 3 个月以内。对槽液的科学管理极为重要,定期检测槽液的各种参数,并根据检测结果对槽液进行调整和更换。一般按如下频率测量槽液的参数:电泳液、超滤液及超滤清洗液、阴(阳)极液、循环洗液、去离子清洗液的 pH 值、固体含量和电导率每天一次;颜基比、有机溶剂含量、试验室小槽试验每周 2 次。

⑥漆膜质量的管理:应经常检查涂膜的均一性和膜厚,外观不应有针孔、流挂、橘皮、皱纹等现象,定期检查涂膜的附着力、耐腐蚀性能等物理化学指标;检验周期按生产厂家的检验标准,一般每个批次都需检测。

阴极电泳涂装工序控制应符合《阴极电泳涂装通用技术规范》(JB/T 10242—2013)的要求。

(6)富锌底漆的涂装施工。

①环氧富锌底漆的施工。

环氧富锌底漆的干膜中锌粉含量≥80%[《色漆和清漆 防护涂料系统对钢结构的腐蚀防护 第 5 部分:防护涂料系统》(ISO 12944-5)]。由于环氧富锌底漆需要大量的锌粉,要求有一定的机械搅拌器充分搅拌,倒入固化剂后再搅拌均匀。环氧富锌漆的干燥时间很快,25℃时只需要3~4h既可涂下道涂层。为了达到良好的防腐效果,建议最小的涂膜厚度为60μm[《色漆和清漆 防护涂料系统对钢结构的腐蚀防护 第5部分:防护涂料系统》(ISO 12944-5)]。在重涂前应注意去除涂层表面的锌盐。如果温度低于5℃,可使用固化剂,但要注意在冰点以下时表面可能会结冰。环氧富锌底漆可与除醇酸外的大多数涂料配套使用。

②无机富锌底漆的施工。

采用无机硅酸富锌底漆的底材,固化后的涂膜与钢材的附着力强,与高性能涂料相配合,涂层寿命可达15年以上。在涂装前,应对焊缝进行打磨光顺、咬边气孔的补焊打磨、飞溅的铲除打磨和锐边的倒角处理等。为保证锌粉与钢材的充分接触,保持良好的导电性,钢材的表面处理达到Sa2.5。无机富锌涂料的固化依靠相对湿度和温度,在20℃和相对湿度65%~75%时,固化约需要3d时间。在低温和低湿度环境下,涂膜的固化时间会延长。相对湿度最好保持在65%以上,最低温度可以低至-10℃。波形钢腹板无机富锌底漆的涂膜厚度通常在80μm以上,水溶性无机富锌漆涂料的涂膜设计在100μm以上。过厚的干膜厚度会导致涂膜的开裂,通常应不大于150μm。在波形钢腹板与上下翼缘板的连接拐角处,过厚的干膜很容易造成龟裂。涂装施工时,如发现涂膜过厚有流挂现象时,应立即用刷子刷平。

各工序质量检验要求见表6-1-48。

各工序质量检验要求 表6.1-48

工序	检测项目	检测手段	检验要求	检测数量	标准
除油	油污、杂质	目测	清除可见油污、杂质	全面	GB/T 8923.2—2008
喷丸	清洁度	图谱对照	Sa2.5	全面	GB/T 8923.1—2011
	粗糙度	表面粗糙度比较样板或粗糙度测量仪	$Rz = 40 \sim 80 \mu m$	全面	GB/T 13288.5—2009
涂层	漆膜厚度	用磁性测厚仪	达到规定漆膜厚度	每一构件为一测量单元,大构件以10m²为一测量单元,每个测量单元至少选取3处基准表面,每个基准表面按5点法进行测量	GB/T 4956—2003
	附着力	划格法	1级以上	每交验批成品杆件抽测一处	GB/T 9286—2021
	外观	目测	漆膜颜色与色卡一致,漆膜无流挂、针孔、气泡、裂纹等缺陷	在每种涂层指干后全面检查	JT/T 722—2023

测厚仪一般采用磁性原理进行测试,仪器见图6.1-50。每一构件为一测量单元,大构件以10m²为一测量单元,每个测量单元至少选取3处基准表面,每个基准表面按5点法进行测量。边腹板外侧所有测点的值必须有90%达到或超过规定漆膜厚度值,未达到规定膜厚的测点值

不得低于规定膜厚要求的 90%；边腹板内侧及中腹板两侧所有测点的值必须有 85% 达到或超过规定漆膜厚度值，未达到规定膜厚的测点值不得低于规定膜厚要求的 85%。若不满足上述要求，则须补喷。

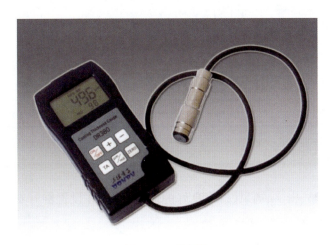

图 6.1-50　测厚仪

6.1.5.6　涂层缺陷及修复

在涂装施工过程中，涂料涂层出现缺陷时应及时返工或修复，返工或修复经检验合格后方可转入下道工序。涂层常见缺陷和修复方法见表 6.1-49。

涂层常见缺陷和修复方法　　　　表 6.1-49

名称	现象	原因	修复处理方法
流挂	涂层表面出现流淌的现象	(1)涂层太厚； (2)喷枪距涂覆表面太近	涂层未干时用刷子刷掉流挂的涂料；如涂料已干，则用砂纸将其磨掉再喷
干喷	涂料在到达涂覆表面前已胶干，涂覆表面形成一个像砂纸一样粗糙的膜	(1)喷枪距涂覆表面太远； (2)雾化气量太大； (3)风速太高	除掉干喷层，重新喷涂，同时调整好操作参数并注意环境条件
桔皮	涂覆表面形成类似桔皮的漆膜	(1)涂料黏度太大； (2)喷枪距涂覆表面太近； (3)溶剂挥发太快； (4)喷枪气压太低	涂层未干时用刷子刷掉桔皮状的漆膜；如涂层已干，则用砂纸磨掉桔皮状的漆膜，重喷
龟裂	涂层表面上形成网状裂纹，形状类似干裂的泥地(多发生于快干型涂料)	(1)涂层太厚； (2)涂料过分雾化； (3)涂覆表面温度过高	除掉龟裂的涂层，调整好操作参数，重喷
皱折	涂层表面出现类似皱纹一样的漆膜	(1)涂层太厚； (2)涂覆表面气温过高	铲除皱折层重新喷涂

续上表

名称	现象	原因	修复处理方法
针孔	漆膜上出现小而深的肉眼可见的小孔,通常一簇一簇地出现	(1)雾化压力高且枪距太近; (2)涂料压力高而雾化压力低; (3)涂料配方有误或被涂表面条件不合适	采用多次喷涂将针孔封闭,或采用刷子用机械法进行修补
脱层	两层漆间或涂层与底材间出现分离	(1)涂覆下道涂层前上道涂层表面被污染; (2)两层涂层之间间隔时间长	去掉分离层,重新进行处理和喷涂

6.1.6 厂区预拼装

(1)试装应在平整、密实、通风、排水良好的地方进行,并设置临时支撑台座,按照桥梁设计图纸各板块的安装顺序进行试装。

(2)所有节段构件应逐个检查且均合格后方可进行试装。

(3)试装应在构件涂装前进行。

(4)试装应在平面上进行,构件应处于自由状态,且不少于5个节段(拼五出一)。

(5)各节段试装的接口应在自由状态下对准,并进行误差矫正,反复检查精度,最后才可精确安装相应节段的附属匹配件。

(6)试装时,应进行平直和几何尺寸检查。每拼完一个节段,应检查或调整几何尺寸,然后继续试装。

(7)试装时必须使板层密贴,螺栓不宜少于螺栓孔总数的50%。

(8)试装过程中应检查拼接处有无相互抵触的情况,有无不宜施拧螺栓处。试装时,必须使用试孔器检查所有螺栓孔。波形钢腹板的螺栓孔应100%自由通过较设计孔径小2mm的试孔器,方可认为合格。

(9)严禁用捶打、搬扭等强制方法使各阶段接口、零部件、匹配件勉强就位。

(10)工厂试装的检查重点:波形钢腹板的上下翼缘板是否对接平齐,波形钢腹板的中心线与桥梁中心线是否偏离。

(11)制造厂应对应组装好的零件进行编号、登记,为现场安装提供方便。

允许偏差见表6.1-50。

允许偏差　　　　　　　　　　　表6.1-50

序号	项目	允许偏差(mm)	说明
1	梁高	2	试装段两端
2	相邻两腹板上下翼缘板错边量	0.5	

续上表

序号	项目	允许偏差(mm)	说明
3	相邻两腹板错边量	1	
4	跨径	8	试装时的支座中心距
5	全长	10	试装总长
6	腹板中心距	5	试装段两端最外侧腹板中心距
7	腹板轴线偏位	2	桥梁中心线与两端腹板中心线的偏差
8	旁弯	全长/5000	桥梁中心线与其试装全长两端中心所连接直线的偏差
9	拱度	−3 ~ +10	
10	节段扭曲	每米小于1、每预拼段小于4	试装段3个支座处于水平时，另一支座翘起高度
11	横断面对角线差	4	试装节段两端断面对角线差

6.1.7 质量检验

波形钢腹板质量控制流程如图 6.1-51 所示。

图 6.1-51

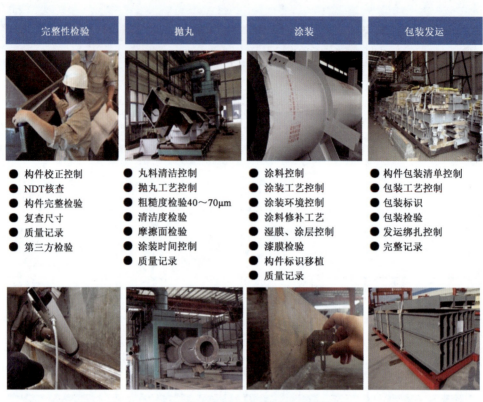

图 6.1-51　波形钢腹板质量控制流程图

波形钢腹板加工制作过程检验要求见表 6.1-51。

波形钢腹板加工制作过程检验要求　　　　　　表 6.1-51

序号	工序名称	检验项目	检验设备	通用要求
1	钢板入库	原材料检验	超声波探伤仪及检尺工具	探伤、规格尺寸及化学物理性能检测
2	钢板下料	各部件翻样尺寸误差	检尺工具	±2mm
3	钢板磨边	毛刺	检尺工具	≤1mm
4	坡口加工	坡口角度尺寸	检尺工具	±5°
5	节段内焊接	裂纹	超声波探伤仪	不允许
		未熔合	超声波探伤仪	
		夹渣	超声波探伤仪	
		气孔	超声波探伤仪	
		未填满弧坑	目测、触觉和样块	
		焊瘤	目测、触觉和样块	
		咬边	目测、触觉和样块	
		气孔	目测、触觉和样块	不允许
		余高	检尺工具	≤2mm

续上表

序号	工序名称	检验项目	检验设备	通用要求
6	栓钉及螺栓孔	栓钉焊接	抗拉检测	拉伸2‰;每批不少于10个
			抗弯检测	弯曲2‰;每批不少于1个
		安装孔中心距	检尺工具	≤1mm
		螺栓孔径	检尺工具	±0.2mm
7	抛丸及喷砂	表面除锈等级	标准样板	Sa2.5~Sa3
		表面粗糙度	粗糙度检测仪	50~150μm

波形钢腹板PC箱梁桥焊接工程质量检验按《钢结构焊接规范》(GB 50661—2011)有关规定执行。一级焊缝不得存在未焊满、根部收缩、咬边和接头不良等缺陷,一级焊缝和二级焊缝不得存在表面气孔、夹渣、裂纹和电弧擦伤等缺陷。

1) 焊缝外观质量

焊缝外观质量要求见表6.1-52。

焊缝外观质量要求　　　　　　　　　　表6.1-52

焊接质量等级	二级
未焊满	≤0.2+0.02t 且≤1mm,每100mm长度焊接缝内未焊满累积长度≤25mm
根部收缩	≤0.2+0.02t 且≤1mm,长度不限
咬边	≤0.05t 且≤0.5mm,连接长度≤100mm,且焊缝两侧咬边总长≤10%焊缝全长
裂纹	不允许

注:t-钢板厚度。

2) 焊缝尺寸要求

焊缝尺寸要求见表6.1-53。

焊缝尺寸要求　　　　　　　　　　表6.1-53

序号	项目	示意图	允许偏差(mm)
1	一般全焊透的角接与对接组合焊缝		h_k≤t/4 且不大于10mm 允许偏差为0~4mm
2	需经疲劳验算的全焊透角接与对接组合焊缝		

续上表

序号	项目	示意图	允许偏差(mm)
3	角焊缝与部分焊透角接与对接组合焊缝		$h_f \leq 6$ 时,0~1.5 ； $h_f > 6$ 时,0~3.0
4	对接焊缝余高		$B < 20$ 时,C 为 0~3；$B \geq 20$ 时,C 为 0~4
5	对接焊缝错边		$\Delta < 0.1t$ 且 ≤ 2.0
6	角焊缝余高		$h_f \leq 6$ 时,C 为 0~1.5；$h_f > 6$ 时,C 为 0~3.0

3）焊缝无损检测质量控制

焊缝无损检测质量要求见表6.1-54。

焊缝无损检测质量要求　　　　　　表6.1-54

项目		波形钢腹板对接焊缝/熔透	连接件角焊缝
焊缝质量等级		一级	二级
内部缺陷超声波探伤	评定等级	Ⅱ	Ⅲ
	检验等级	B级	B级
	探伤比例	100%	20%

注：探伤比例的计算方法，按以下原则确定：①对工厂制作焊缝，应按每条焊缝计算百分比，且探伤长度应不小于200mm，当焊缝长度不足200mm时，应对整条焊缝进行探伤；②对现场安装焊缝，应按同一类型、同一施焊条件的焊缝条数计算百分比，探伤长度应不小于200mm，并应不少于1条焊缝。

4) 成品尺寸控制

波形钢腹板制作精度见表 6.1-55。

波形钢腹板制作精度　　　　　表 6.1-55

序号	项目	记号	测定位置	精度
1	翼缘宽	b(m)		±2mm
2	腹板高	h(m)		$h \leq 2.0$m：±2mm $h > 2.0$m：±$(1+h/2)$(mm)
3	构件长（节段）	L		±2mm
4	翼缘板的平整度	Δ(mm)		±$w/250$(mm)
5	腹板高方向平整度	T(mm)		±$h/500$(mm)
6	波高	d(mm)		±3mm
7	波长	l(mm)		±4mm

续上表

序号	项目	记号	测定位置	精度
8	平面挠曲量	a(mm)	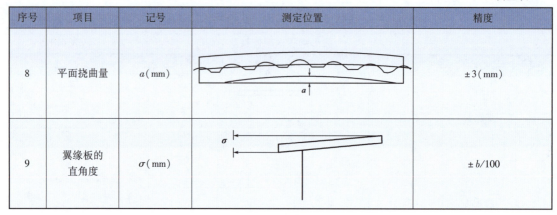	±3(mm)
9	翼缘板的直角度	σ(mm)		±b/100

5）涂装质量控制

（1）波形钢腹板防护涂装实测项目（表6.1-56）。

波形钢腹板防护涂装实测项目　　　　表6.1-56

序号	检查项目		规定值或允许偏差	检查方法和频率
1	除锈清洁度		符合设计规定，设计未规定时，Sa2.5(St3)	比照板目测：100%
2	粗糙度(μm)	外表面	70~100	按设计规定检查，设计未规定时，用粗糙度仪检查，每段检查6点，取平均值
		内表面	40~80	
3	总干膜厚度(μm)		符合设计要求	漆膜测厚仪检查

（2）波形钢腹板的涂装质量检验。

涂层表面完整光洁，均匀一致，无破损、气泡、裂纹、针孔、凹陷、麻点、流挂和皱皮等缺陷。涂后漆膜颜色一致。

除要满足上述规定外，还必须根据涂装质量检测程序（图6.1-52）完成作业管理记录。涂装完成后，必须接受所完成的涂膜外观以及色调的确认检查。

a) 焊脚尺寸检验

b) 焊缝无损探伤

图 6.1-52

c) 抛丸粗糙度检验　　　　　d) 涂装前清洁度检验

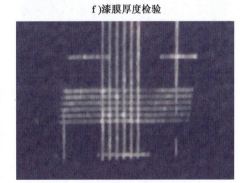

e) 漆膜厚度检验　　　　　f) 漆膜厚度检验

g) 漆膜附着力检验　　　　　h) 漆膜附着力检验

图 6.1-52　涂装质量检测程序实景

6.1.8　波形钢腹板运输

(1) 波形钢腹板运输、储存过程中可采用多层叠放的形式,叠放不宜超过 5 层,每层钢板之间应支垫,避免波形钢腹板发生整体变形。

(2) 为妥善保护防腐涂装层,在钢板表面涂装完全干透后方可进行搬运,且宜覆粘一层保护膜。

(3) 波形钢腹板运输计划,应包括运输方式、运输路径、运输工期、运输单位、质量管理、安全管理以及紧急时刻的联络机制。

(4) 波形钢腹板从加工厂运往工地后,应集中按编号叠放。

6.2 波形钢腹板预应力混凝土桥的施工要点

波形钢腹板桥梁与传统预应力混凝土桥施工总体一致，混凝土桥梁所适用的施工方法在波形钢腹板桥梁施工中都能得到应用，区别仅在于波形钢腹板预应力混凝土桥属于钢混组合结构，其最大特点为波形钢腹板的安装与施工以及体外预应力施工。

波形钢腹板预应力混凝土连续（刚构）箱梁桥的施工类同于预应力混凝土连续箱梁（刚构）桥，唯波形钢腹板的制作、安装以及波形钢腹板与混凝土顶、底板的连接不同于预应力混凝土连续（刚构）箱梁桥。

波形钢腹板预应力混凝土连续箱梁（刚构）总体施工方案可采用支架现浇、整孔预制安装、悬臂浇注、悬臂拼装、顶推施工等施工方案。由于波形钢腹板与上、下翼缘板共同组成的工字形梁具有一定的抗弯曲承载力，故在工程建设中常利用波形钢腹板工字梁作施工承重构造，借此在波形钢腹板预应力混凝土施工中发展、创新了多种利用波形钢腹板承重的施工方法。例如中小跨径桥梁的少支架施工方法、利用波形钢腹板做导梁的顶推施工方法，以及大跨径桥梁悬臂浇筑施工中利用波形钢腹板承重的多节段同步施工法。

6.2.1 波形钢腹板吊装及安装

波形钢腹板一般在墩台施工基本结束后根据施工进度分批次出厂运至工地临时储存，于墩台完成后开始波形钢腹板的场内运输与吊装。波形钢腹板的场地运输用小型平板车，为减小起吊时变形，波腹板宜竖直安放于平车上，拉好缆风绳，防止倾倒。

吊装前应视吊装设备、吊装方法选择吊点，缆风绳和固定钢腹板用临时横撑，以保证吊件的整体性，并做好相应的验算，于正式吊装前应进行试吊装。试吊装中做好连接的检查工作，对吊点是否平衡进行复核，并检查吊点是否可靠，不满足要求应更换吊点，确保吊装时波形钢腹板组件不发生组件分散或吊装件倾覆。应准备缆风绳，用于调整由风向以及局部不平衡导致的落位不准确，并在待安放波形钢腹板节段处做好位置标记，提前将高程位置确定，做好临时支撑设施，以利于吊装落位时一次落位成功。

悬浇施工时，陆地墩位墩顶现浇段、边跨现浇段的钢腹板一般用汽车起重机或履带式起重机吊装；水中墩一般利用主墩旁或两幅桥主墩之间墩旁塔式起重机垂直起吊，墩顶现浇段钢腹板可利用墩旁塔式起重机直接安装就位（图6.2-1）。对于水中悬浇节段无水中运输条件或V形山谷中，桥梁一般利用主墩旁塔式起重机垂直起吊至桥面，然后用桥面运输车运送至悬浇段，利用挂篮安装就位；对于水中有运输条件亦可用船只将波形钢腹板运送至悬浇段正下方，利用挂篮自带小型提升设备提升并安装就位。

第6章 波形钢腹板的制造与波形钢腹板预应力混凝土桥的施工

图 6.2-1 水中墩钢腹板吊装

1) 吊装前准备工作

（1）吊装前应对吊装设备及吊装机具进行全面检查，避免发生因机械问题而造成的事故。

（2）吊装前对塔式起重机司机以及指挥员进行安全技术交底，应告知钢腹板的重量、吊距，严禁超重吊装。指挥员与塔式起重机司机采用对讲机进行指挥。

（3）安装前应对安装位置进行检查，排除危险源，保证作业面安全。

（4）吊装时严禁塔臂下面站人，吊装过程中不定时查看。

2) 波形钢腹板吊装及安装

波形钢腹板塔式起重机或挂篮吊装时可利用波形钢腹板 PBL 键孔作为吊点，采用两点吊装方式，使用卡环与钢丝绳组合吊装，两钢丝绳间夹角不大于60°。采用塔式起重机或汽车起重机吊起，人工配合作业的方法吊装，如图 6.2-2、图 6.2-3 所示，腹板两侧及翼缘板底部设置支撑，保证钢腹板的位置准确。

图 6.2-2 吊装钢腹板

图 6.2-3 波形钢腹板的安装

波形钢腹板安装、架设精度对桥梁的线形和受力性能会产生很大影响，其安装质量按表 6.2-1 控制。

波形钢腹板PC箱梁桥钢腹板安装实测项目 表6.2-1

项次	检查项目		规定值或允许偏差	检查方法和频率
1	跨度L(mm)		−20 ~ +50	全站仪或钢尺:测两支座中心线距离
2	高程(mm)		±10	水准仪或钢尺
3	腹板中心距(mm)		±20	尺量:检查两腹板中心距
4	横断面对角线差(mm)		±30	尺量:检查两端断面
5	拱度(mm)		+10,−5	拉线用尺量:检查跨中
6	扭曲(mm)		每米≤1,且每段≤10	置于平台,四角中有三角接触平台,用尺测量另一角与平台间隙
7	连接	焊缝尺寸	符合设计要求	量规:检查全部
		高强螺栓扭矩	±10%	测力扳手:检查5%,且不少于2个

对于悬浇施工的波形钢腹板就位有两种方式:前点到位和后面喂进。一般可于悬浇节段正下方起吊的为前点到位,于主墩旁利用塔式起重机起吊桥面运至悬浇节段的安装为后面喂进,这两种方式均需要对挂篮作相应改装,以适用波形钢腹板的安装。

前点到位波形钢腹板前端垂直起吊安装工艺简单,波形钢腹板运输至悬臂施工挂篮吊点正下方,电动葫芦起吊纵向移动至设计位置。前点到位安装如图6.2-4所示。

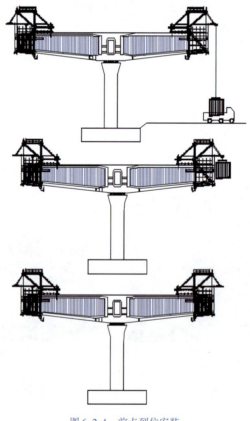

图6.2-4 前点到位安装

梁上运输、后面喂进、悬臂施工、节段吊装比较复杂,如鄄城黄河公路大桥水中墩悬臂施工异形挂篮通过增加弧形的滑梁来满足波形钢腹板从后端喂入,因此需每套挂篮需配备一台主动运输平车,并于平车上加工钢腹板置放槽,同时对称放置内外侧的两片腹板。考虑起吊安装便利,内外侧钢腹板分别放置在对应位置。考虑桥面横坡影响,在平车放置槽制作中进行相应调整,以利于钢腹板的平稳运输。后端喂进安装见图6.2-5。

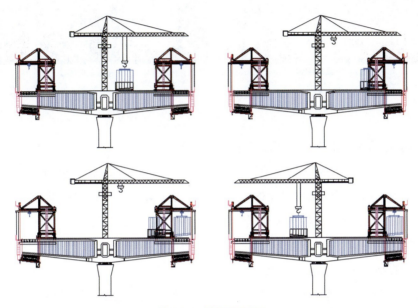

图6.2-5　后面喂进安装

大多采用在加工波形钢腹板时焊接临时固定耳板,用型钢和对拉法兰螺杆进行波形钢腹板精确定位,见图6.2-6。

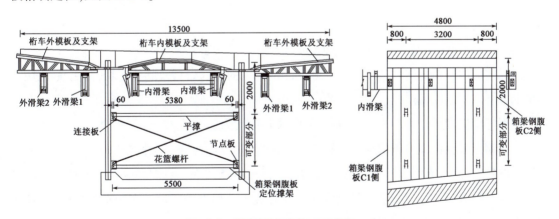

图6.2-6　波形钢腹板定位(尺寸单位:mm)

腹板初步就位后,以临时斜撑固定,并测量高程是否与设计高程相符,不符合时在横向钢支架上加垫钢筋焊接至符合设计高程,然后落位。对斜腹板,在底部高程合格后可调整波形钢腹板顶(上)面临时斜撑,如图6.2-7所示,借以调整钢腹板角度,至符合设计要求。

a) 边腹板临时固定　　　　　　b) 中腹板临时固定

图 6.2-7　钢腹板临时固定

落位完毕后,应进行钢腹板固定,可为此在底部加设 H 型钢支架,并将部分钢筋与底板连接件焊接,以避免因混凝土浇筑的扰动造成钢腹板变位。

吊装腹板准确就位,在边腹板与中腹板之间设置临时支撑,以保证钢腹板的定位准确。

波形钢腹板纵向施工连接可采用螺栓连接。为保证焊缝准确,波形钢腹板准确定位后立即穿入冲钉,以固定波形钢腹板连接位置。如果定位不准,可进行微调,随即安装波形钢板纵向连接。准确定位后应将冲钉连接改为 4～6 根螺栓并进行紧固,然后进行工地焊接。

3) 波形钢腹板工地焊接工艺要点

(1) 施焊前应将接触面和焊缝边缘每边 3～5cm 范围内的铁锈、毛刺、污垢等清除干净,露出钢材金属光泽。

(2) 为防止风雨影响焊接质量,应在施焊周围设立挡风防雨围挡。

(3) 当工作件表面潮湿或有雨、雪、大风、严寒气候(环境温度低于 5℃,相对湿度大于 80%)时,不宜进行环境作业。

(4) 当在环境温度低于 5℃ 时进行低温环境操作,采取如下措施:

①焊前应清除沿焊缝两边宽 100～200mm 范围内的霜、冰、雪及其他污物,并用氧-乙炔火焰烘干。

②当环境温度低于 -5℃ 时,应进行预热,预热温度为 70℃ 左右。

波形钢腹板纵向连接施焊前应进行点焊固定焊位,点固焊前必须按施工图及工艺文件检查焊件坡口尺寸、根部间隙等,如不符合要求,不得进行点固焊。点固焊应与正式焊缝的质量要求相同,点固焊长度、间距及焊脚高度应符合有关规范标准的要求。在正式焊接前,应检查点固焊缝有无裂纹,确认无裂纹后才能正式焊接。

现场焊接一般为手工立焊,立焊应由下向上焊接,焊接的引弧应放在焊接坡口之内进行。

焊接中应尽量不断弧,如有断弧,必须将停弧处刨成 1∶5 斜坡后,再引弧施焊。

多层焊接宜连续施焊,应注意控制层间温度,每一层焊缝焊完后及时清理检查,清除药皮、熔渣、溢流和其他缺陷后,再焊下一层。禁止在波形钢腹板焊接连接部位任意焊接其他部件或临时支撑。过焊孔焊缝端部进行磨平处理,以提高焊缝端部疲劳强度。一般受力部件焊缝端部亦应磨平,以避免应力集中。

焊后须对焊缝进行清除飞溅、焊渣并去除毛刺,局部超限须进行修磨处理。

关于焊缝质量,设计文件规定时,按照设计文件执行,设计文件未规定时,按照二级焊缝质量要求。二级焊缝内部探伤按照同一施焊条件的焊缝条数计算百分比,探伤长度应不小于200mm,并应不少于1条焊缝。一级焊缝质量要求按照100%比例进行焊缝超声波(或射线)探伤。

6.2.2 混凝土工程

6.2.2.1 混凝土总体施工要点

波形钢腹板预应力混凝土桥的混凝土应当根据现场条件选用能够保证混凝土强度、耐久性、水密性、填充性、抗裂性等的混凝土配比与施工方法进行混凝土施工。

波形钢腹板预应力混凝土桥使用的混凝土应当抑制其初期收缩裂缝的产生,所以原则上应当控制混凝土收缩或使用膨胀剂。为补偿混凝土初期收缩损失,膨胀剂的使用量应当控制在 20~30kg/m³,必要时可掺入纤维,以提高其抗裂性。

混凝土顶、底板内有与波形钢腹板连接的剪力连接键,应当根据设计要求及混凝土整体性考虑结构构造、混凝土凝固性及流动性,确定混凝土的浇筑顺序以及混凝土密实方法;应当抽检混凝土浇筑施工所需止水防漏措施;应当在混凝土顶底板与波形钢腹板的连接处、底钢板与支承梁的边界处进行密封胶处理,并及时修补缝隙部位;还应当设置排水孔止水栓,以防止混凝土浆泄漏。

波形钢腹板热传递效应较木质模具更显著,冬季施工或保养过程中热量更容易散失,混凝土更容易冻结,故在带底钢板的波形钢混凝预应力混凝土桥进行混凝土施工时,应在底钢板外侧设塑料垫,以达到保温效果,也可使用热炭或暖气加热底钢板。

6.2.2.2 钢混结合段内衬混凝土的施工

内衬混凝土施工应注意以下要点:

(1)钢混结合部的混凝土浇筑前,应清除波形钢腹板及连接件上的污垢,保持表面清洁。

(2)对含直立栓钉,宜采用平板式振捣器;对含侧立栓钉混凝土,宜选用较小直径的插入式振捣棒,以避免因混凝土的浇筑、振捣触碰栓钉造成损坏。

(3)浇筑内衬混凝土时,可采用自密实混凝土及附着式振捣器振捣,保证混凝土的密实性。

(4)混凝土强度达到90%设计强度前,应严格控制外荷载作用于钢混结合部。

(5)内衬混凝土在底板混凝土浇筑后进行,也可以在底板混凝土浇筑后延后两个节段,通过顶板预留孔浇筑,梁高较高时,内衬混凝土可采用分次浇筑。

内衬混凝土施工如图 6.2-8、图 6.2-9 所示。

图 6.2-8　支架浇筑内衬混凝土施工

图 6.2-9　某桥悬浇梁内衬混凝土施工

6.2.3　预应力工程

波形钢腹板预应力混凝土桥一般采用体内、体外复合预应力体系,体内束的施工工艺已较为常见且成熟,本书不再赘述,下文主要讲述体外预应力束的施工。

箱梁纵向体外预应力钢束采用专用锚具,应能够方便有效地进行体外束的安装、张拉、检查及更换,同时锚具要具备调整索力的功能,性能应满足国际结构混凝土协会(FIB)《后张预应力体系验收建议》以及我国标准《预应力筋用锚具、夹具和连接器》(GB/T 14370—2015)的规定。体外束的转向处一般采用无缝钢管作转向器,应符合《结构用无缝钢管》(GB/T 8162—2018)的规定。转向器分为丝式和集束式两种类型。

锚具成品外表面不应有划痕,外表面镀锌层不得有损伤。封锚用密封油脂应根据桥位处的气候条件进行调配,保证油脂具有良好的流动性和渗透性。

体外预应力体系构造、体外预应力实景见图6.2-10、图6.2-11。

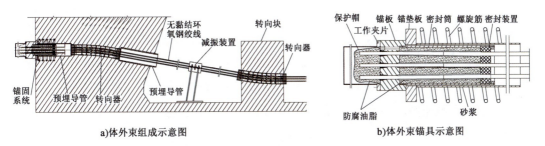

a) 体外束组成示意图　　　　　　　　　b) 体外束锚具示意图

图6.2-10　体外预应力体系构造示意图

图6.2-11　体外预应力实景(整束式)

体外索安装施工工艺流程见图6.2-12,体外索的牵引见图6.2-13。

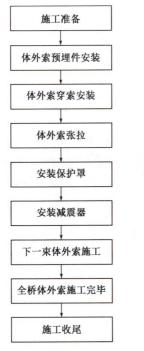

图6.2-12　体外索安装施工工艺流程图　　　图6.2-13　体外索的牵引

体外索若采用分丝式,单根穿索前,应在桥面设置钢绞线放线架、导向轮和切割工作平台,牵引过程中不得产生弯折,转向时应通过导向轮实现;若采用整束式,穿束时成品束的端头均应设有牵引装置,并设置放线架固定索盘,可利用卷扬机牵引成品索缓慢解盘放索并穿过对应的预留索孔。牵引过程中,应采取保护措施,防止索体护套受到损伤。在体外索进入锚固端的预埋管之前,应剥除两端聚乙烯(PE)层,满足张拉后 PE 层进入密封筒 200~400mm。

体外预应力预埋件包括锚垫板、螺旋钢筋、预埋导向管、转向器等,预埋件的安装位置按设计要求确定,其安装误差应在设计允许范围内。

1) 转向器安装

在转向器定位安装前清理转向器与外套管之间的杂物,清洁处理完毕后,制作适宜的橡胶条,并用橡胶条把转向器与外套管之间的两端空隙塞满,在橡胶条的空隙间安装透明塑料胶管,用于注入填充物,同时调节转向器位置,确保其与设计曲线位置相符。转向器如图 6.2-14、图 6.2-15 所示,转向器安装时应严格根据设计位置定位,空间位置偏差控制在 10mm 以内。

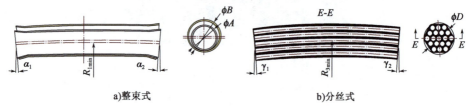

图 6.2-14 转向器构造示意图

2) 体外索下料

下料采用砂轮机断料,断好料后按计算工作长度剥皮,下料时应注意发现 PE 护套有破损之处,应立即用 PE 焊枪修补好,若损坏严重难以修补,则应弃用此段钢绞线。剥皮时应注意刀具或锯片一定不能伤及钢绞线体。钢绞线端剥 PE 见图 6.2-16。

图 6.2-15 转向器及锚具安装实景　　　图 6.2-16 钢绞线端剥 PE 示意图

3) 体外索穿索

(1) 孔道清理。

因在浇筑转向块混凝土时,部分转向器管内有水泥浆或其他杂物进入,须先用无黏结钢绞线逐孔清理干净,确保每个孔道都通畅。

(2)体外索穿束。

采用专用穿索机穿索,在锚固点外3~4m位置放置单根穿索机,用手拉葫芦固定穿索机,为防止穿索机在穿索过程中移位,在箱梁内预埋管与穿索机之间设一根硬胶管,起到穿索导向作用并防止穿索过程中钢绞线滑出。

(3)单根张拉预紧设备及工作锚具的准备。

将单根张拉预紧设备准备好并试机,确保运转正常,同时将体外索两端工作锚具准备到位。

穿索整体示意图如图6.2-17所示。

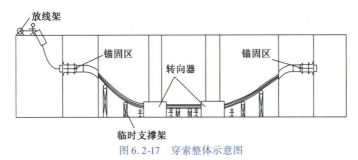

图6.2-17　穿索整体示意图

穿单根束时为防止钢绞线打绞,在穿束前对各转向器位置进行穿束顺序编号;将下好料的钢绞线料盘安放在放线架上,从中抽出钢绞线头;牵引过穿索机、硬胶管,从锚垫板穿入,依次通过锚具预埋钢管、密封板,经过中间数个转向器(或过横隔预埋钢管),最后进入另一端锚固区内预埋管;由端锚垫板穿出;留够两端无黏结筋外露长度,满足整体张拉时所需的工作长度,安装好工作锚具;然后用千斤顶进行单根预紧,预紧力为$10\%\delta_{con}$。重复以上工序,直至该束索穿束完成。

体外索穿索机穿索如图6.2-18所示,体外索单根预紧如图6.2-19所示。

图6.2-18　体外索穿索机穿索示意图

图6.2-19　体外索单根预紧图

4) 体外索的张拉

体外索张拉应符合以下顺序要求：

（1）采用千斤顶进行整体张拉时，应在整体两端对称同步张拉，可按 10MPa/min 的速度均匀加载，并量测每一级的伸长值。

（2）在进行单根张拉时，体外索钢绞线宜采用先单根安装和初应力张拉，再进行分级、对称和同步整体张拉。

（3）多跨连续梁桥中，相邻两跨体外索钢绞线张拉力的差值应符合设计文件的要求。

体外索的张拉控制应力及伸长量控制标准要符合相关施工规范的要求，当施工中体外索需要超张拉或计入锚圈口预应力损失时，可提高 3%～5%，不得超过设计规定。

体外索张拉时，初应力设为 10%～25%σ_{con}，伸长值从初应力时开始量测，索的实际伸长值应累计初应力计算的伸长值。

在体外索中，单束张拉后各钢绞线索力的离散误差不宜超过 ±2%；整体张拉完成后，各钢绞线索力的离散误差不宜超过 ±1%。

张拉体外索时，应对平行钢丝拉索每张拉完一根拉索，或对钢绞线拉索每张拉完一根钢绞线，均应对索鞍两侧的管口进行封堵，保证雨水与杂物不进入管内。

体外索采用千斤顶（或手拉葫芦）单根穿索预紧，后用千斤顶及时进行两端对称张拉。因体外索非弹性变形较长，在单根预紧时一个行程不能张拉到位，需多次张拉。为防止反复张拉损伤工作夹片，单根预紧时采用"悬浮"式张拉。在千斤顶上增加一套工具锚及撑脚，在千斤顶与工作锚板间设悬浮限位装置。在每次张拉时工作夹片处于放松状态，在完成一个行程回油时工作夹片锁紧钢绞线，多次张拉回程，直至绷紧钢绞线。在预紧到位后，再压紧工作夹片，随后千斤顶卸压回油，使工作夹片锚固钢绞线。

索的张拉如图 6.2-20 所示。

a）单根张拉

b）整束张拉

图 6.2-20 索的张拉

5) 体外索的封锚

张拉完毕后应在 24h 内封锚，封锚时应保证锚头内注满油脂，灌注油脂过程注意做好防护措施,保护好现场环境不受污染。封锚前把灌浆设备、灌浆管连接好并与工作锚板上的注浆口连接,然后启动灌浆设备,通过灌浆管把防腐油脂灌进锚头内。当防腐油脂从工作锚板上另一个出浆口冒出,表明锚头内已基本灌满防腐油脂,封闭出浆孔,让灌浆泵保压2min即可停机转换至下一个工作点。

6)保护罩的安装

用手提砂轮机平整地切除锚头两端多余钢绞线,禁止采用电弧切割。用油脂对锚头进行防腐处理,然后安装保护罩,在保护罩内补注专用油脂。

体外索张拉锚固、保护罩安装分别见图6.2-21、图6.2-22。

图6.2-21 体外索张拉锚固

图6.2-22 保护罩安装

7)减震器的安装

按照设计要求安装索夹,并与梁体预埋件连接,起到减震限位作用。索夹安装时要注意对体外索PE的保护,螺栓要拧紧,焊接连接件时注意隔热处理,防止烧伤PE护套。

减震器的安装见图6.2-23。

图6.2-23 减震器安装

6.2.4 连接部涂装修复

涂装前先对焊缝表面及焊缝两边进行处理,清除表面的锈迹、焊渣、氧化皮、油脂等污物,使其表面呈现出均匀金属光泽,除锈等级不低于Sa2.5级。

在除锈施工前,应对相对湿度、钢板温度、露点温度进行检测,空气相对湿度须低于85%,金属表面温度要高于露点以上3℃才能施工。

除锈后应在4h内(或钢板表面颜色未发生变化)进行涂装,除锈后湿度较大时应缩短间隔时间。

1)涂装

涂装前进行表面处理的质量检查,合格后方可进行涂装。

第一道底漆应在表面清理合格后及时完成,各道漆的涂装间隔严格按涂装工艺执行。

现场外表面钢板涂装不得在雨、雪、大风天气进行,涂装时环境温度应在5~38℃之间,相对湿度80%以下(当与油漆说明书不符时,应执行油漆相应产品施工说明书)。涂装后4h内应保护免受雨淋。

现场涂装钢板内表面要注意通风,监测有害气体浓度,确保安全。

现场波形钢腹板连接处的涂装可用合适宽度的滚筒刷,在焊缝及焊缝两边先刷两道底漆,厚度达到设计文件要求,然后刷封闭漆和面漆,总厚度达设计要求。

涂后漆膜颜色一致。发现漏涂、流挂发白、皱纹、针孔、裂纹等缺陷,须及时进行处理。

涂装修复见图6.2-24。

图6.2-24 涂装修复

2)涂装检验

漆膜的外观要求平整、均匀,无气泡、裂纹,无严重流挂、脱落、漏涂等缺陷,面漆颜色与比色卡相一致。

涂膜厚度按图纸规定,采用《金属和其他无机覆盖层厚度测量方法评述》(GB/T 6463—2005)的磁性测厚仪进行测量。

漆膜附着力的检验采用《色漆和清漆 划格试验》(GB/T 9286—2021)进行划格评级,并达到1级以上。

6.3 常规的波形钢腹板预应力混凝土施工

常规的波形钢腹板预应力混凝土桥施工,如一般预应力混凝土桥施工,常用的施工方案有支架现浇法施工、预制装配施工、顶推施工与传统挂篮悬浇施工,下面分述之。

6.3.1 支架现浇法施工

在波形钢腹板的预应力混凝土箱梁桥的实例中,虽然跨径从 30~188m(除去斜拉桥和部分斜拉桥外),但是挂篮悬浇的跨径多为 80m 以上的梁桥,而小于此跨径的宜采用支架施工,市政桥梁宜采用无支架施工或顶推方案。

采用支架现浇施工,施工顺序依次为:

(1)支架基础的处理,支架搭设及荷载预压;
(2)安装底模、绑扎底板钢筋;
(3)波形钢腹板定位、剪力连接件的布置;
(4)浇筑底板混凝土;
(5)转向块定位、横隔板钢筋绑扎、穿束、立模、浇筑横隔板;
(6)搭设顶底板模板,绑扎钢筋,浇筑混凝土;
(7)混凝土达到强度后张拉体内及体外索。

支架现浇施工波形钢腹板预应力混凝土箱梁桥实景见图 6.3-1。

图 6.3-1 支架现浇施工波形钢腹板预应力混凝土箱梁桥实景(底模安装后)

6.3.2 预制装配施工

装配式桥梁既能加快施工的速度,也能减少现场的污染,并且是实现低碳化建设的一种非常有效的方式,在国家政策的大力引导之下,装配式桥梁在各类交通工程得到了广泛的应用。装配式波形钢腹板组合梁结构是快速发展的桥梁标准化、工厂化、预制装配化中具有先天优势的一种结构，适用于跨径范围大、结构自重轻、预应力先张、后张。

中小跨径装配式波形钢腹板组合梁分为两种：一种为波形钢腹板预应力混凝土小箱梁，其施工类似于普通混凝土小箱梁桥的装配式预制安装施工；另一种是装配式波形钢腹板预应力混凝土箱梁，其施工利用波形钢腹板作为承重构件形成钢混工字梁，进行预制安装后再行形成闭口箱梁。波形钢腹板预应力混凝土箱梁顶板亦可为钢混组合桥面板，即于波形钢腹板工字钢梁上设底钢板，再在其上浇筑混凝土面板形成大箱梁结构。

1）装配式小箱梁

其施工工艺与普通混凝土箱梁施工工艺类似，区别仅在于波形钢腹板的安装施工。预制波形钢腹板小箱梁，安装完毕后进行预制梁间湿接缝混凝土浇筑、预应力张拉、封锚，形成波形钢腹板小箱梁，其生产和安装顺序分别见图6.3-2、图6.3-3。为方便装配小箱梁技术的推广与应用，中国标准出版社出版了装配式小箱梁标准图集《装配式桥梁设计与施工——波腹板组合梁》（21MR804），供使用参考。

a) 钢腹板安装（外侧固定）   b) 钢腹板安装（内侧固定）

c) 预应力锚具安装   d) 混凝土浇筑完成

e) 预应力张拉   f) 成品小箱梁

图6.3-2 预制波形钢腹板小箱梁施工

第6章 波形钢腹板的制造与波形钢腹板预应力混凝土桥的施工

图6.3-3 波形钢腹板小箱梁安装顺序

装配式小箱梁湿接缝施工与桥面施工流程如图6.3-4所示,湿接缝模板设置如图6.3-5所示,箱梁间横隔板及湿接缝浇筑如图6.3-6所示,桥面施工如图6.3-7所示。

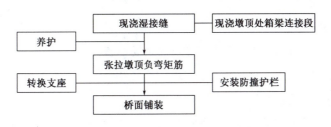

图6.3-4 装配式小箱梁湿接缝施工与桥面施工流程图

图 6.3-5　湿接缝模板设置

图 6.3-6　箱梁间横隔板及湿接缝浇筑　　　　图 6.3-7　桥面施工

2）预制工字梁

装配式小箱梁对预制场地有一定的要求,需要在总长大于 200m 以上的桥梁工程中才能显示出其经济性能。为此,河南省交通规划设计研究院提出在考虑波形钢腹板可作为承重构件设计后,可利用其承重优势进行预制场预应力工字梁预制后,吊装至桥墩,由两片工字梁进行湿接缝施工后形成闭合箱梁。此方法的优势是单幅箱梁(12m 宽)仅需两片工字梁即可形成,整体性能好,同时单片工字梁利用起重机即可实现吊装安装,不需要大型机械设备(如架桥机),预制场地要求较小,施工快速简便,施工质量可靠。

并且由于为单室箱梁结构满足桥面宽度要求,避免了小箱室操作空间小、浇筑难度大、可能影响施工质量的问题。

其主要施工步骤是:

(1)波形钢腹板在工厂预制生产并运送至预制场地;

(2)浇筑连接件附近的顶、底板混凝土形成工字梁单元;

(3)现场安装波形钢腹板组合工字梁;

(4)在上、下连接件处安装模板,现浇两条工字梁之间的混凝土,构成闭合箱梁;

(5)依次张拉体外预应力钢筋和墩顶负弯矩预应力筋,拆除临时支座,形成连续的波形钢腹板预应力混凝土连续箱梁。

波形钢腹板大箱梁主要施工步骤图示见表6.3-1。

波形钢腹板大箱梁主要施工步骤　　　　　　　表6.3-1

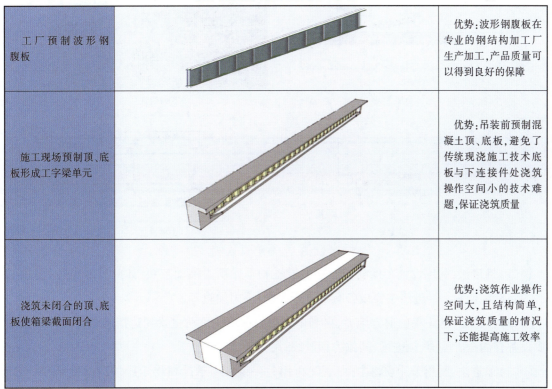

工厂预制波形钢腹板		优势:波形钢腹板在专业的钢结构加工厂生产加工,产品质量可以得到良好的保障
施工现场预制顶、底板形成工字梁单元		优势:吊装前预制混凝土顶、底板,避免了传统现施工技术底板与下连接件处浇筑操作空间小的技术难题,保证浇筑质量
浇筑未闭合的顶、底板使箱梁截面闭合		优势:浇筑作业操作空间大,且结构简单,保证浇筑质量的情况下,还能提高施工效率

此预制安装施工技术与传统施工技术相比,继承了波形钢腹板预应力混凝土箱梁的结构优点,同时克服现浇施工技术所存在的弊端,具有受力性能好、材料利用率高、施工简便快捷、经济效益显著的特点。

6.3.3　顶推施工

在遇到高墩、深谷、不可中断的桥下交通、桥下难以拆迁的建筑物等复杂地形条件限制时,使用顶推法从空中完成跨越作业,无疑是一种理想的方法。它可以在桥头固定场所设置预制台座逐段预制,然后使用千斤顶纵向顶推,使梁体通过各墩顶的临时滑动支座面最终就位,由于作业场所限定在一定范围内,减少材料的运输,降低劳动强度,施工设备相对简单。

长期以来,预应力混凝土箱梁是顶推梁结构的主流结构形式,但由于普通预应力混凝土梁存在自重大、抗剪和抗拉能力低,需要为施工专门配置临时预应力钢束等固有缺陷,预应力混凝土顶推梁的发展一直受到局限,如其跨径局限在40～60m之间,同时顶推梁的用料指标较支架现浇、移动模架高。而波形钢腹板预应力混凝土箱梁重量较轻,施工中波形钢腹板工字钢梁可用作施工导梁,故波形钢腹板预应力混凝土桥顶推施工的经济性、可施工性得到大大改善。波形钢腹板预应力混凝土箱梁顶推方法主要包括推进法、拉进法、顶进法、夹进法(图6.3-8)。

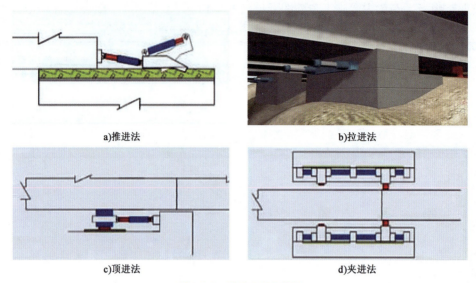

图 6.3-8 顶推方法示意图

(1)推进法:利用设置在预制场的反力导轨和千斤顶去推动节块,如此反复进行,将主梁送达到指定位置。推进法主要设备有推进千斤顶、反力导轨等。

(2)拉进法:从主梁的前方施力,再利用高拉力钢绞线拉动主梁到达指定位置。拉进法主要设备有油压千斤顶、拉进梁、高拉力钢绞线、尾梁等。

(3)顶进法:利用千斤顶将主梁顶起,再用另一组推力千斤顶将千斤顶向前推出,主梁即随之前移。顶进法主要设备有顶进千斤顶(包括顶升千斤顶和推进千斤顶)、辅助设备等。

(4)夹进法:先由一组夹持千斤顶在主梁两侧相对位置将节块两边夹住顶起,再由推进千斤顶将主梁推送出去,到达一定的冲程后立即由另一组千斤顶接住再推送出去,如此由两组千斤顶交替负责。夹进法主要设备有夹持千斤顶和推进千斤顶各两组、制动千斤顶及其他设施。

顶推施工流程见图 6.3-9。

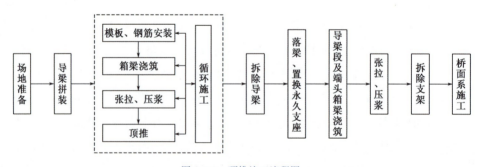

图 6.3-9 顶推施工流程图

目前在国内及法国、日本、韩国均有波形钢腹板 PC 组合箱梁顶推法施工的成功先例,尤其在日本,先后使用该技术修建了银山御幸桥、岛崎川桥、桂岛高架桥等多座桥梁。波形钢腹板桥梁中使用顶推施工、具有代表性的桥梁是法国 Maupre 高架桥。Maupre 高架桥桥型与断面见图 6.3-10。

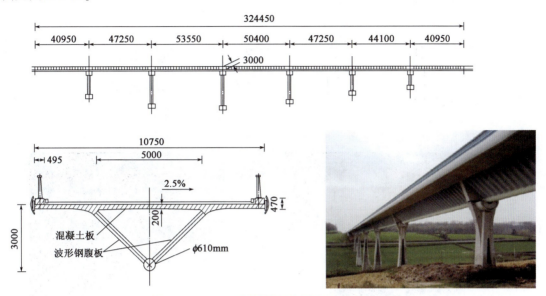

图 6.3-10 Maupre 高架桥桥型与断面(尺寸单位:mm)

该桥于 1987 年建成,采用波形钢腹板 7 跨连续梁桥,总长 325m,最大跨径 53.55m,桥面宽度 10.75m,梁高 3.0m,桥面板厚 20cm,波形钢腹板上缘设 288mm×10mm 的连续钢板,使用角钢连接件与桥面板结合。该桥与其他的波形钢腹板箱梁桥最大的不同是,使用钢管混凝土杆件来代替混凝土底板,与倾斜 45°的两块波形钢腹板及其混凝土顶板形成三角形断面,从而上部结构重量得到大幅度降低。

该桥使用顶推法施工,是世界上波形钢腹板顶推梁的开山之作,不仅技术含量很高(采用波形钢腹板及其将钢管混凝土作为梁杆件,既能受压又能受拉,正负弯矩均能适应),而且包括桥墩在内的整体造型美观,设计新颖。

如图 6.3-10 所示,Maupre 高架桥三角断面的顶推施工设计构思巧妙,其在墩顶设置了钢构架,滑道设置于支撑处,对施工设计的水平及施工质量的要求也很高。

日本银山御幸桥也是顶推施工代表桥梁(图 6.3-11),该桥全长 210m,跨径组合是 27.4m + 3×45.5m + 44.9m(冬季施工,吊索塔架辅助顶推)。

6.3.4 传统挂篮悬浇施工

悬臂施工法可分为节段悬臂浇筑与预制节段悬臂拼装两种,一般多用节段悬臂浇筑法。

按预应力混凝土连续(刚构)梁施工经验,采用悬臂法施工的常规跨径为 80~250m,预应力混凝土连续(刚构)箱梁桥悬臂施工法最大跨径达 270m(虎门大桥),而波形钢腹板预应力混凝土连续(刚构)箱梁桥常规悬臂施工最大跨径为 188m(浙江绍兴曹娥江大桥)。

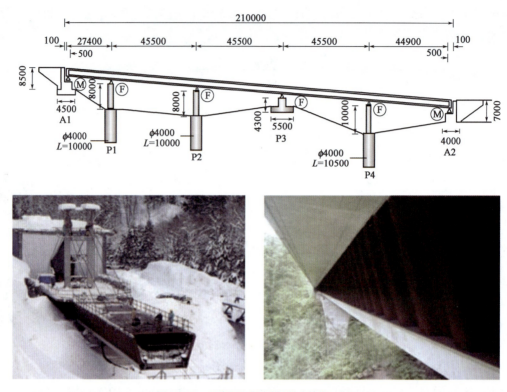

图 6.3-11　日本银山御幸桥(尺寸单位:mm)

波形钢腹板 PC 箱梁施工挂篮见图 6.3-12。

图 6.3-12　波形钢腹板 PC 箱梁施工挂篮(菱形挂篮与加高三角形挂篮)

波形钢腹板预应力混凝土连续(刚构)箱梁桥的悬臂浇注施工类同预应力混凝土连续(刚构)箱梁桥悬臂浇筑施工,同样应满足《公路桥涵施工技术规范》(JTG/T 3650—2020)要求。波形钢腹板预应力混凝土连续(刚构)箱梁桥节段悬臂浇注施工步骤为:移动挂篮—吊装波形钢腹板(梁上喂送或直接桥下吊装)—波形钢腹板就位—连接波形钢腹板—安装底、顶板钢筋—浇筑底、顶板混凝土—养护—张拉该节段体内预应力束—挂篮前移(进入下一节段循环)。

全桥施工流程如图 6.3-13 所示。

第6章 波形钢腹板的制造与波形钢腹板预应力混凝土桥的施工

a)下部施工

b)墩顶块浇筑

c)安装挂篮

d)T构悬浇

e)形成T构

f)合龙

图 6.3-13 全桥施工流程

节段悬臂施工流程如图 6.3-14 所示。

a)吊装波形钢腹板

b)波形钢腹板安装

图 6.3-14

c) 连接部处理

d) 贯穿钢筋安装

e) 混凝土浇筑

f) 预应力张拉及挂篮前移

图 6.3-14　节段悬臂浇筑施工流程

悬臂合龙施工步骤：安装合龙段工作平车或底模—悬挂合龙段波形钢腹板—锁定合龙段并释放平衡重—安装底、顶板钢筋—浇筑底、顶板混凝土—养护—张拉合龙钢束—全桥悬臂施工合龙后按设计规定次序张拉体外预应力束。

6.4　利用波形钢腹板承重的几种新型施工方法

选择翼缘型剪力连接键的波形钢腹板与上、下翼缘共同组成一较大高度的工字梁,可用作施工承重,从而在很大程度改善波形钢腹板预应力混凝土桥的可施工性,创造出一系列经济实用的工法。

6.4.1　波形钢腹板承重的少支架施工

由于波形钢腹板具备上下翼缘板时,其特性类似工字梁,可作为施工承重设施使用,国内首座利用波形钢腹板承重的少支架施工的是广州南二环快速路鱼窝头匝道桥(简称"广州鱼窝头匝道桥")。

广州鱼窝头匝道桥为国道主干线广州绕城公路南环段 S03 合同段鱼窝头立交 B 匝道桥,桥梁中心线位于 $R110m$ 的圆曲线上,超高单向横坡6%,桥梁跨径组合为 35m+50m+35m,预留净空为 5.5m,上部结构为波形钢腹板连续梁桥。

广州鱼窝头匝道桥见图 6.4-1。

图 6.4-1　广州鱼窝头匝道桥照片

本桥采用单箱单室等截面箱梁,梁高 2.65m,顶板宽 10.3m,底板宽 6.08m,两侧为翼缘板悬臂长度 2.11m,箱梁顶板厚 28cm,底板厚 25cm,波形钢腹板采用 12mm、16mm 两种。

本桥设计施工要点如下:

(1)桥下允许净空为 5.5m,实际施工操作净空仅为 50cm 左右,常规的悬臂浇筑和拼装施工方法受施工空间限制而不适用。

(2)曲率半径太小限制了顶推施工方法的应用。

(3)桥梁上跨主干道南沙大道,桥下车流量大,不能封闭桥下交通,且应尽量缩短施工工期。

(4)施工中利用波形钢腹板先行架设,架设完成后,利用抗剪刚度高的波形钢腹板,吊置箱梁底板模板,浇筑中跨底板混凝土。

(5)中跨 32m 采用预制顶板技术,利用角钢连接件连接预制顶板与波形钢腹板;本施工方法在保证波形钢腹板与混凝土底板连接的同时,加快施工进度,且不妨碍桥下交通。

(6)由于桥梁曲率半径小,按照常规的体外预应力布置需设置较多转向块,预应力损失大,且施工难度大,故本桥顶、底板均按照体内预应力进行设计,不设置体外预应力。

广州鱼窝头匝道桥施工支架见图 6.4-2。

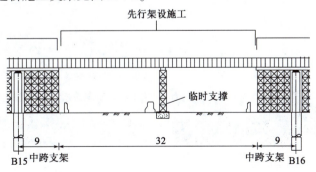

图 6.4-2　广州鱼窝头匝道桥施工支架(尺寸单位:m)

波形钢腹板预应力混凝土桥

本桥施工流程及原理：主要利用波形钢腹板作为临时承重构件，在工厂制作完成波形钢腹板，现场拼装并焊接，交通量较小时(凌晨左右)将交通要道上的波形钢腹板架设至墩顶，然后利用波形钢腹板作为承重构件，现场浇筑底板、顶板混凝土，施工中，桥下无须支架等措施，将施工对交通的影响降到最低。

广州鱼窝头匝道桥无支架施工流程见图6.4-3。

a)基础、墩身施工，于墩顶安装临时支座及永久支座，同时制作、拼装波形钢腹板钢梁

b)逐孔吊装波形钢腹板钢梁支于临时支座上，及时安装钢梁间临时横向支撑

c)波形钢腹板钢梁安装完成，钢梁临时横撑安装完成

d)浇筑成型支座附近处混凝土

e)在波形钢腹板上吊挂混凝土底板模板

f)底板钢筋绑扎

g)浇筑底板混凝土及横隔梁并养护，达到设计要求强度后，张拉底板预应力束

h)底板模板拆除

图 6.4-3

i) 预制顶板安装

j) 施工预制顶板湿接缝,张拉顶板预应力,完成桥面系施工

图 6.4-3　广州鱼窝头匝道桥无支架施工流程

6.4.2　全断面与核心断面顶推施工法

顶推施工中主梁的重量是影响整个施工的决定性因素,因此减轻主梁重量,能够提升顶推施工的速度、经济性。由于波形钢腹板箱梁属于钢混组合梁,主梁各构件可以分批次施工,如此能很大程度上减轻顶推重量。日本北海岛崎川桥及桂岛高架桥是具有代表性的核心断面顶推施工,我国常庄干渠桥则是全断面顶推施工的代表。

1) 日本北海岛崎川桥

该桥是北海道纵向线函馆名寄线段跨二级河道岛崎川桥的一座桥梁,全长554m(图6.4-4);采用11孔波形钢腹板PC组合箱梁,最大跨径56m,桥梁全宽11.3m,箱梁高度3.199~4.087m。根据该桥所跨河道及道路的交叉条件,桥墩高度又多在30m以上,经多种施工方案比较最终采用顶推法施工,其施工要点如下。

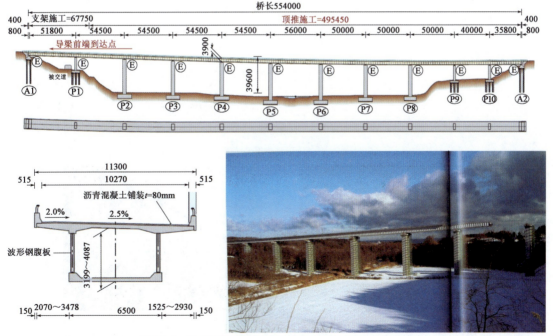

图 6.4-4　日本北海岛崎川桥桥型图与横断面(尺寸单位:mm)

（1）采用波形钢腹板、上翼板（钢）及下翼缘板（超高强度纤维加强混凝土）组合而成的工字梁结构作为顶推导梁（导梁内置）。

（2）采用永久体外预应力作为临时束使用，临时体外预应力的配置方式是直线配置，分别锚固于顶板顶缘和底板顶缘。本方法优点是便于安拆；缺点是需要预埋临时锚固件，多耗费钢材。

（3）导梁下缘底板蹄角使用超强钢纤维混凝土矩形构件，顶推后此蹄角与底板浇成一体。该材料是在高强混凝土中掺入2%的加强用钢纤维，进行蒸汽养护，材料的抗压强度可达180MPa，抗拉强度可达8MPa。

日本北海岛崎川桥相关施工图片见图6.4-5、图6.4-6。

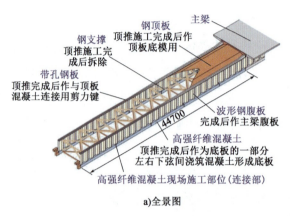

a) 全景图

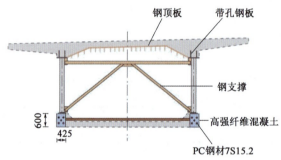

b) 断面图

图6.4-5　日本北海岛崎川桥的施工导梁（尺寸单位：mm）

a)

b)

图 6.4-6

第6章 波形钢腹板的制造与波形钢腹板预应力混凝土桥的施工

图 6.4-6 日本北海岛崎川桥施工实景

2) 中国郑州常庄干渠桥

该桥梁段线路总长将近 950m，采用两联布置，每联桥长控制在 450m 左右（图 6.4-7），是顶推梁联长设计的常规长度，另外国内已经拥有多座类似联长的顶推梁的成功的施工经验，顶推施工难度整体可控；两联梁体预制作业点分别布置在线路两端，作业点分散，具有施工时彼此独立、互不干扰的优点，顶推施工时两联分别相向顶推，最后在中间交界墩会合。

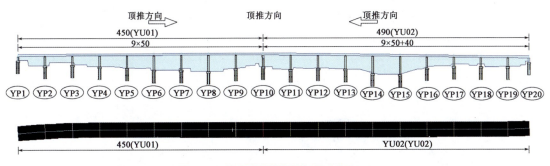

图 6.4-7 常庄干渠桥桥型图（尺寸单位：m）

东侧联由 9 孔 50m 标准跨和 1 孔 40m 组成 10 孔一联，联长 490m，西侧联跨径布置为 9 孔 50m 标准跨组成 9 孔一联，联长 450m。为满足工期要求，将标准跨径 50m 作为顶推节段长度，顶推数量较常规减少了一半，为在计划工期内完成梁体施工提供了可能。

常庄干渠桥顶推梁段划分见图 6.4-8。

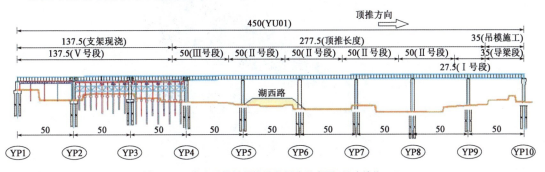

图 6.4-8 常庄干渠桥顶推梁段划分示意图（尺寸单位：m）

波形钢腹板预应力混凝土桥

预应力混凝土顶推梁一般是在混凝土梁端外接钢板梁作为导梁,顶推到位后导梁需要拆除;而顶推梁工艺在桥梁施工中并不是广泛使用的施工工艺,作为临时结构的导梁周转利用次数较少,势必会增加工程的施工成本。为了充分发挥波形钢腹板的作用,参考日本北海岛崎川桥的做法,将本桥首跨梁体的前端35m长度段作为导梁段,该段先只安装波形钢腹板,对该腹板进行适当处理后作为顶推阶段的导梁,顶推到位后再浇筑顶底板混凝土,形成波形钢腹板PC组合永久结构。使用波形钢腹板替代传统的外置临时导梁,不仅会节省导梁的材料用量,而且会免除导梁的拆除工序。

常庄干渠桥箱梁断面见图6.4-9,顶推施工见图6.4-10,实景见图6.4-11。

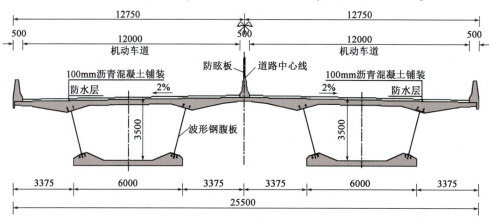

图 6.4-9 常庄干渠桥箱梁断面(尺寸单位:mm)

图 6.4-10 常庄干渠桥顶推施工

图 6.4-11 常庄干渠桥实景

3)日本桂岛高架桥

该桥是日本第二东名高速公路上的一座桥梁,是世界上第一座混凝土肋梁搭配悬臂板斜撑断面的波形钢腹板预应力 PC 组合箱梁,桥长 216m,桥宽 17.0m,梁高 3.9m。

日本桂岛高架桥桥型、断面分别见图 6.4-12、图 6.4-13。

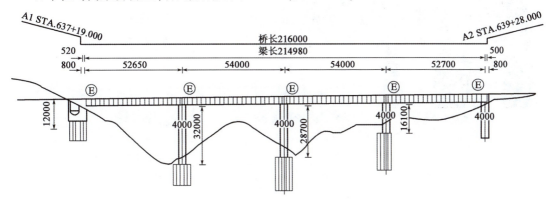

图 6.4-12　日本桂岛高架桥桥型图(尺寸单位:mm)

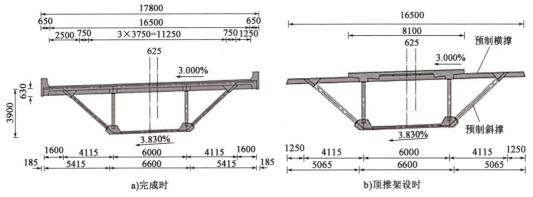

图 6.4-13　日本桂岛高架桥断面图(尺寸单位:mm)

日本桂岛高架桥施工鸟瞰与断面构成见图 6.4-14。

本桥的设计及施工均较新颖,主要技术特点如下:

(1)采用混凝土肋梁搭配悬臂斜撑形成断面:因桥宽达 17.8m,设计成单箱单室横向很难实现,单箱双室又略显浪费,故在桥面板内配置了横向肋梁并用混凝土斜撑,支撑悬臂板加劲肋,从而在满足桥宽前提下减小箱室的横向宽度及桥墩断面面积。

(2)中间箱室及斜撑、桥面板横肋先行顶推到位,悬臂桥面板后浇工艺:为减轻顶推施工中上部结构的自重,顶推时中间箱室及斜撑、桥面板横肋先行顶推到位,采用悬臂桥面板后浇工艺,如此设计较常规设计减轻了 25% 的重量,很大程度上降低了施工难度。

(3)预制混凝土桥面板与现浇混凝土桥面板叠合桥面板的应用:将预制的混凝土桥面板架设于肋梁间,当作后浇桥面板的底模,然后在上面浇筑混凝土桥面板。此施工方法可以缩短工期、节省施工人力。

波形钢腹板预应力混凝土桥

图 6.4-14　日本桂岛高架桥施工鸟瞰与断面构成

(4) 顶推施工所使用的临时预应力体外束顶推到位后转换为永久体外预应力束:箱梁在顶推施工阶段和成桥阶段的断面内力及方向有相当大的差别,一般传统做法是在施工阶段配置施工临时钢束,顶推到位后再予以拆除,此方法将浪费一定的钢束。本桥在施工阶段将体外束以直线形式分别配置于箱梁顶底侧,完工后转化为类似腹板束的弯起形状,当作永久体外预应力束使用。

(5) 主动反力控制系统:传统的顶推施工过程中,箱梁直接支撑于滑道上,施工时无法控制箱梁各临时支点的反力和箱梁应力,为解决这一弊端,本桥采用了主动控制系统,在滑道下设置了垂直千斤顶,并配合自动控制液压泵站,随时可以得到各支点的反力,并可根据梁体应力情况随时调整反力的大小。

日本桂岛高架桥主梁重量比较见表 6.4-1,成型图见图 6.4-15。

日本桂岛高架桥主梁重量比较(54m 单跨主梁重量及恒载比较)　表 6.4-1

施工阶段	常用全断面顶推架设	波形钢腹板箱梁架设	
		全断面顶推架设	核心断面顶推架设
顶推时	20000kN(1.00)	14500kN(0.72)	10500kN(0.52)
完成时	24000kN(1.00)	18000kN(0.75)	

第6章 波形钢腹板的制造与波形钢腹板预应力混凝土桥的施工

图 6.4-15　日本桂岛高架桥成型图

日本桂岛高架桥全长只有 216m,但却采用了多项新技术,其在设计和施工技术上堪称日本桥梁精细化设计、精细化施工的典范。

6.4.3　波形钢腹板自承重挂篮悬臂浇筑施工法

对于大跨径波形钢腹板预应力混凝土箱梁桥的施工,可采用与普通预应力混凝土箱梁桥相同的挂篮悬浇工法,仅是波形钢腹板预应力混凝土箱梁节段长度较普通混凝土箱梁节段长,可在一定程度上缩短施工周期,如果施工中利用波形钢腹板作施工承重结构,将其与工作平车结合,形成简化挂篮,如图 6.4-16 所示。

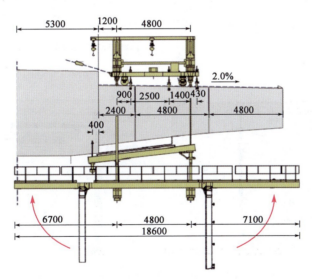

图 6.4-16　简化挂篮图(尺寸单位:mm)

新颖悬臂错位施工方法因其施工面加长还可实施三个节段错位同时施工,所以可提高工期效率,亦可减少施工对交通环境的影响。其主要施工步骤如图 6.4-17 所示。

节段施工、小车及挂篮构造分别见图 6.4-18、图 6.4-19。

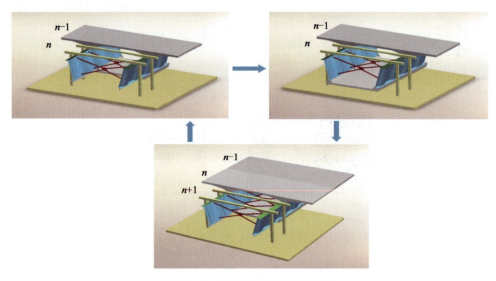

图 6.4-17　悬臂错位施工步骤示意图

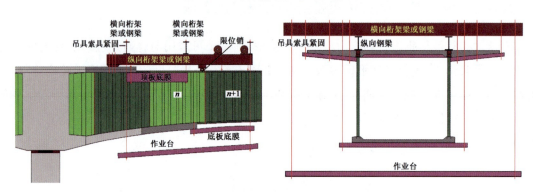

图 6.4-18　节段施工（n 节段顶板混凝土浇筑、$n+1$ 节段底板混凝土浇筑）

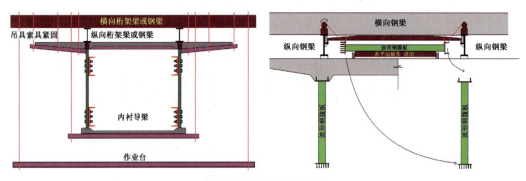

图 6.4-19　小车及挂篮构造

第 1 步：$n-1$ 段：浇筑顶板混凝土。n 段：安装钢腹板及临时横撑，前移作业车到位。

第 2 步：$n-1$ 段：张拉顶板纵向预应力束。n 段：浇筑底板混凝土。

第 3 步：$n-1$ 段：拆除临时横撑（完成施工）。n 段：浇筑顶板混凝土。$n+1$ 段：安装钢腹板及临时横撑，前移作业车到位，开始下一循环。

日本鬼怒川桥施工实景见图6.4-20。

图6.4-20　日本鬼怒川桥施工实景

根据日本实际数据统计普通挂篮与波形钢腹板承重挂篮节段工期，见表6.4-2。

普通挂篮与波形钢腹板承重挂篮节段工期对比　　　　表6.4-2

挂篮形式	普通作业车	新型简易作业车
作业循环	13d	7d
钢筋架设	5.5d	3.5d
波形钢腹板安装	1.5d	不占循环时间
混凝土浇筑、待强	5d	3.5d
挂篮移动	1d	不占循环时间

采用上述悬臂错位法施工工艺，一个作业循环（即一个节段的施工）共计7d工时，其中钢筋架设时间缩短为3.5d工时，而波形钢腹板安装不占独立的工时，可与其他工序同时完成。

采用异步错位悬浇施工后，由采用波形钢腹板自承重，从而减少了悬浇挂篮的主桁架，使挂篮较常规悬浇施工挂篮重量减轻了50%以上。以鄄城黄河公路大桥（120m主跨）菱形挂篮为例，其挂篮质量为75t，而叙古高速公路头道河大桥（72m+130m+72m）仅30t，在焦温快速路南水北调大桥上，其增设了波形钢腹板安装起吊桁架，挂篮仅重40t。

相比之下，传统工法将一个节段全部施工流程循环局限在一个节段内，包含波形钢腹板安装、立模、配筋、混凝土浇筑、预应力施工，施工作业面受限且周期长，且挂篮受力时力臂较大。若用波形钢腹板承担施工荷载的悬臂错位施工，则可将作业区扩大到三个节段，本节段进行底板施工时，前一节段进行顶板施工，同时安装下一节段的波形钢腹板，三个作业面流水施工，且这种工法施工时不仅挂篮受力时力臂较小，而且施工速度可加快。总体来说，错位法悬臂施工工艺能够有效减小挂篮荷载等施工荷载，并大幅加快施工进度(约40%左右)。

波形钢腹板悬臂浇筑施工中，由于其主要原理是采用波形钢腹板进行承载，使波形钢腹板需要提前进行安装，传统方式为利用塔式起重机进行垂直安装，如运宝黄河大桥(图6.4-21)、宁波奉化江大桥(图6.4-22)，但在复杂地形及随着跨径的增大，塔式起重机已不能满足使用条件，因此在兼具考虑波形钢腹板安装时，国内建设者对挂篮进行了多方位改进，以适用于不同的施工条件。

图6.4-21 运宝黄河大桥(塔式起重机安装)　　图6.4-22 宁波奉化江大桥(塔式起重机安装)

运宝黄河大桥由于跨径不大，其采用塔式起重机安装亦较为容易实现；宁波奉化江大桥所处地理环境优越，附近市政桥梁建筑高度较低，其可选用的设备较为丰富、费用较低，故其采用塔式起重机直接进行波形钢腹板安装。但随着跨径的增大，塔式起重机臂长有限，故而考虑塔式起重机根部垂直运输，然后通过桥面运输，改进挂篮，提前安装波形钢腹板，实现异步错位循环悬臂浇筑施工。具体案例包括地约科大桥(图6.4-23)、焦温快速路西南冷大桥(图6.4-24)。

图6.4-23 地约科大桥施工(门式起重机安装钢腹板)

第6章 波形钢腹板的制造与波形钢腹板预应力混凝土桥的施工

图 6.4-24 挂篮加装桁吊进行安装（焦温快速路西南冷大桥）

采用异步错位悬浇施工后，由于减少了主桁架，而采用波形钢腹板进行称重（日本称之为合理化施工），悬浇施工的挂篮重量较常规悬浇施工挂篮重量减轻了 50% 以上。以鄄城黄河公路大桥（120m 主跨）菱形挂篮为例，其挂篮质量为 75t，而叙古高速公路头道河大桥（72m + 130m + 72m）挂篮仅 30t，在焦温快速路南水北调大桥上，其增设了波形钢腹板安装起吊桁架，挂篮仅重 40t。由于采用异步错位施工，工作面平顺，施工周期相较于传统施工 8d，异步错位施工仅需 7d，施工效率节省 15%。

6.4.4 大节段波形钢腹板半承重悬臂浇筑施工技术

所谓大节段波形钢腹板半承重悬臂浇筑，即是在波形钢腹板承重作挂篮浇筑的基础上优化而成的一种新的施工方法，与异步错位悬浇施工的重量（含模板重及新浇混凝土湿重）全部由悬出的波形钢腹板来承载不同，大节段波形钢腹板半承重悬臂施工挂篮的前支点位于悬出的波形钢腹板上，后支点则位于已完成的节段上，这样波形钢腹板承载分摊量会更少一些，这样的挂篮在悬臂浇筑施工时可增大施工节段长度，减少施工节段数，提高施工效率。

日本安威川桥是新名神（名古屋至神户）高速公路上的一座大桥，位于大阪府茨木市的北部，上行线（即左幅）采用 8 跨预应力混凝土箱梁桥（4 孔波形钢腹板组合箱梁 + 4 孔预应力混凝土组合箱梁），下行线（即右幅）采用 5 跨波形钢腹板预应力混凝土组合箱梁桥。左幅桥梁最大跨径 179.0m（图 6.4-25），是当时世界上最大跨径的波形钢腹板预应力混凝土组合箱梁桥，其主梁最大高度为 11.5m（图 6.4-26）。针对现有设计方法能否适用于如此高的波形钢腹板组合箱梁这一问题，设计组通过非线性有限元分析法和缩尺模型试验，对波形钢腹板的抗剪承载力进行了测试，结果表明，现有设计方法仍具有一定适用性。预应力混凝土连续梁桥考虑了两种悬臂方法施工：第一种方法适用于右幅 P2 墩，将节段长度划为 6.4m，使用特殊移动挂篮；第二种方法适用于标准段，将节段设置为 4.8m，采用波形钢腹板与底板混凝土共同承载，简化挂篮构造，实行标准的异步错位施工的架设方法。

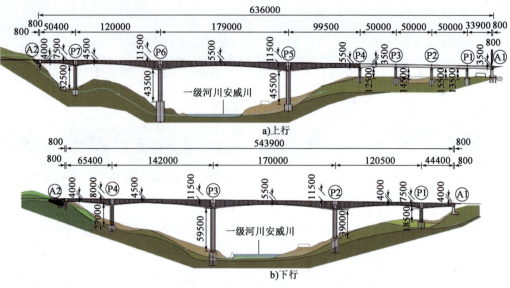

图6.4-25 日本安威川桥立面图(尺寸单位:mm)

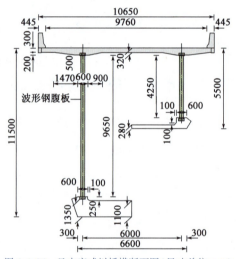

图6.4-26 日本安威川桥横断面图(尺寸单位:mm)

1)施工节段划分

在确定右幅P2墩悬臂施工方案实施前,设计组对该墩悬臂施工进行了三种施工方法的节段划分,并详细对比了各种节段划分的节段数量与施工工效的详细对比,如图6.4-27所示。若按传统的悬臂施工法,并采用3.2m等长节段悬浇施工,则节段总数为20;若按常用的异步错位悬浇施工采用4.8m等浇筑节段标准施工法,将节段数由20个降至16个,可缩短施工时间;若采用大节段异步错位施工法用6.4m等节段的改进施工法,可将右幅P2墩悬臂梁节段数从20个大幅减至12个,以进一步缩短工期。

该桥左线采用4.8m异步错位法施工,施工节段数为16节,与本书6.4.3节施工方法一致,故不做赘述。

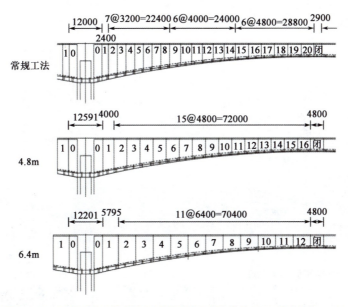

图 6.4-27 日本安威川桥右幅 P2 墩悬臂施工节段数量对比(尺寸单位:mm)

2)长节段(6.4m)快速施工方法

图 6.4-28 为日本安威川桥右幅 P2 墩悬臂施工步骤:先将挂篮移动至提前安装好的波形钢腹板上,通过挂篮安装前一节段波形钢腹板,然后在挂篮上浇筑 6.4m 长节段的顶、底板混凝土,张拉钢束后,挂篮前移,进入下一循环,利用已浇筑梁段与悬伸出的钢腹板共同承担悬臂荷载,具体见图 6.4-29。

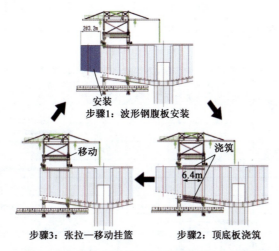

图 6.4-28 日本安威川桥右幅 P2 墩悬臂施工步骤图

3)挂篮施工效率比较

采用波形钢腹板半承重悬浇施工后,桥梁设计的悬臂浇筑节段长度相较于异步错位施工方法可由 4.8m 增大至 6.4m,节段数量少 25%,同时由于异步错位施工方法需要合龙段分两次浇筑施工,而本施工法合龙段顶底板一次浇筑,悬浇周期减少一个周期,施工效率进一步提高，而悬浇挂篮效率则几乎类同传统施工挂篮。

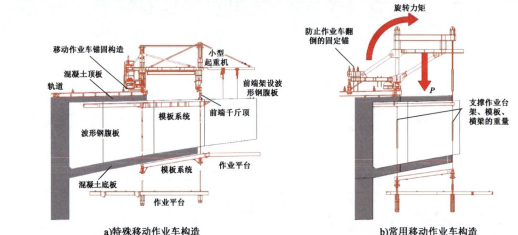

图 6.4-29　日本安威川桥挂篮设计及示例

本桥悬臂施工标准工法(4.8m BL 法)与新工法(6.4m BL 法)周期工程比较如表6.4-3所示，一个周期工日数：标准工法为10.5d，新工法为12d。P2墩下行线施工实际工期缩短25d。

周期工程比较　　　　　　　　　　表6.4-3

工艺		项目											
		1	2	3	4	5	6	7	8	9	10	11	12
新工法	桁车移动					▬							
	波形钢腹板安装							▬▬					
	底板立模										▬▬▬		
	底板钢筋							▬	▬▬				
	顶板立模						▬						
	顶板钢筋							▬▬▬▬▬▬					
	混凝土浇筑	▬▬▬		▬									
标准工法	桁车移动					▬							
	波形钢腹板安装						▬▬						
	底板立模								▬▬▬				
	底板钢筋							▬▬					
	顶板立模							▬					
	顶板钢筋					▬	▬▬						
	混凝土浇筑		▬▬▬										

第6章　波形钢腹板的制造与波形钢腹板预应力混凝土桥的施工

波形钢腹板预应力混凝土连续(刚构)桥梁在跨径 80～200m 具有其结构优势,解决了传统大跨径混凝土腹板开裂、跨中下挠的弊病,同时由于钢混组合结构的优势,特别是钢腹板具备一定的施工承载能力。在大跨径悬臂施工中,波形钢腹板可作为临时承载设施,这为大跨径波形钢腹板预应力混凝土连续(刚构)桥梁的施工提供了多样化选择,并在工程实践中证实了其施工效率的优越性,未来在大跨径桥梁建设中具有较大范围的适用性。随着国内钢结构应用推广及钢结构本身绿色环保的特性,波形钢腹板预应力混凝土桥梁的优越施工性能,其应用将更为广泛。

6.5　本章小结

波形钢腹板预应力混凝土施工包含两部分内容:波形钢腹板的工厂制造;波形钢腹板的现场安装与波形钢腹板预应力混凝土桥的成型(施工)。本章分四节叙述了这两方面内容。

第一节波形钢腹板的工厂制造。波形钢腹板的工厂制造包含下料、冷弯成型、螺栓孔加工、焊接、涂装、厂区预拼装、质量检验等。本节按上述工序分述了其工艺要点与质量保证要点。分述了相应的加工设备选择,与其相应的优缺点。波形钢腹板工厂制造的关键工艺在于压弯成型、焊接、涂装。关于波形钢腹板工厂制作中的压弯成型,我国已多采用自己开发的5000 吨级以上的模压机,按"两步无牵制模压成型"工艺压制成型,其成品质量高。

波形钢腹板制作中的焊接、涂装:为保证波形钢腹板工厂成品质量的关键工艺,一般均应按经过评审的"标准工艺"执行。本章对此做了较详细介绍。关于波形钢腹板的涂装,除习用的油漆涂装外,金属喷涂、浸镀近年来发展很快,应为涂装技术的一个发展方向。

第二节介绍波形钢腹板预应力混凝土桥的施工,波形钢腹板预应力混凝土桥的施工类同一般预应力混凝土桥的施工,仅两个不同点:体外预应力施工和波形钢腹板的安装。本节对此进行了较详细的介绍。

基于带翼缘板的波形钢腹板在施工过程中,为可承重的波形钢腹板工字钢梁。在波形钢腹板预应力混凝土桥利用波形钢腹板工字钢梁作施工承重结构,开拓了多种有效、新颖的施工方法。本书以广州鱼窝头匝道桥为例,介绍了波形钢腹板预应力混凝土连续箱梁的少支架施工;以日本北海岛崎川桥、中国常庄干渠桥、日本桂岛高架桥为例,介绍了波形钢腹板预应力混凝土箱梁以波形钢腹板工字钢梁作导梁的顶推施工,分部顶推施工;以日本安威川桥为例,介绍了利用波形钢腹板工字钢梁简化悬浇挂篮,实现现浇节段错位悬臂施工,以及长达 6.4m 的大节段悬浇施工。借助这些新颖施工工法的介绍,本章突出了波形钢腹板预应力混凝土桥的可施工性。

附录

附录1　折线配筋预应力混凝土先张梁成套技术研究

鄄城黄河公路大桥的南、北侧引桥共采用了67跨（804榀）折线配筋预应力混凝土50m跨先张T梁，这是当时乃至现今折线配筋预应力混凝土先张技术在公路工程应用规模最大的工程，为鄄城黄河公路大桥的一大技术特点，故于此特予以简明介绍，以弥补我国预应力混凝土桥梁工程的不足。

预应力混凝土按其预应力施加工艺可分为先张法与后张法。由于工程习惯所限，传统的预应力混凝土先张工艺一般均采用直线配筋，因而限制了其应用范围，使20m跨以上的铁路桥梁、30m跨以上的公路桥梁一般均采用后张法施工。

尽管后张法施工技术应用广泛，但是后张法施工中经常出现的预应力管道堵孔、压浆不实等影响结构耐久性的质量问题始终不能避免，许多预应力混凝土连续梁桥因预应力锈蚀导致预应力损失发生混凝土裂缝持续开展、跨中持续下挠现象，造成安全隐患。英国YNYS-GMAS桥建于1958年，于1985年倒塌，倒塌原因是压浆工艺不善和潮湿空气侵蚀导致预应力钢材的锈蚀，英国为此曾一度禁止后张工艺在本国应用。

东南大学交通学院曾利用沪宁高速公路拓宽改建的契机，对其中实施拆除的三座后张法预应力混凝土桥梁进行了实桥管道压浆饱满率的调查，其结果如下：A桥压浆饱满率为73.3%，B桥压浆饱满率为66.6%，C桥压浆饱满率为77.7%。三座桥的压浆情况都不是太好，存在较为严重的质量缺陷（附图1-1），其他省（自治区、直辖市）类似调查情况亦如此。2002年，根据我国高速公路建设质量检查情况，交通部将后张预应力管道压浆不实列为高速公路工程建设质量的八大病害之一。

为在中小跨桥梁工程中根治这一病害，并减小我国、河南省中小跨桥梁工程投资与养护维修费用，河南高速公路发展有限责任公司2005年曾以"预应力先张法后张法混合体系研究"（项目编号：2005P338）为题于河南省交通厅立项开展课题研究，2006年，根据工程项目开展情况，河南高速公路发展有限责任公司决定以泌阳至桐柏、分水岭至南阳高速公路工程为依托重新开展这一课题研究,并委托河南海威工程咨询有限公司以"折线配筋预应力混凝土先张梁的应用研究"为课题进行深入研究,以泌阳至桐柏高速公路桐柏淮河大桥、分水岭至南阳高速公路南召黄鸭河大桥、岳阳至常德高速公路洞庭湖滩区高架二桥等工程为课题依托工程,全面开展此课题研究。

附图1-1　后张管道压浆不实

课题研究共分为四个子课题:①折线配筋预应力混凝土先张梁受力性能研究;②折线配筋预应力混凝土先张梁设计与荷载试验研究;③折线配筋预应力混凝土先张梁施工工艺研究;④先、后张梁有效预应力对比研究。

研究内容主要包括以下几个方面:先、后张梁受力性能对比、受弯性能、耐疲劳性能、终极徐变;先张梁钢绞线预应力传递长度、弯起器的摩擦损失、弯折极限强度、自锚段局部应力研究、抗疲劳性研究、35m跨小箱梁、50m跨T梁设计与设计荷载试验;拉板式弯起器的研发、长、短线张拉台座的研制及投入生产、折线先张梁的张拉及放张工艺的研究,以及25m跨折线配筋预应力混凝土先张小箱梁与25m跨后张小箱梁有效预应力对比。

1.1　先张、后张预应力混凝土梁受力性能研究

关于子课题①,折线配筋预应力混凝土先张梁的基本力学性能及后张预应力混凝土梁受弯变性能对比课题组采用7榀7.5m跨先、后张预应力混凝土梁弯曲试验完成课题研究。各试验梁主要参数见附表1-1,试验梁加载试验见附图1-2。

7.5m跨试验梁主要参数 　　　　　　　　　　　　　　　　　　　　　附表1-1

梁编号	梁长 l(mm)	梁宽 b(mm)	梁高 h(mm)	计算跨径 l_0(mm)	混凝土强度等级	预应力筋线形	普通配筋
XPB-1	7500	200	400	7200	C40	折线先张	$1\phi16+2\phi12$
XPB-2	7500	200	400	7200	C50	折线先张	$1\phi16+2\phi12$
XPB-3	7500	200	400	7200	C50	折线先张	$3\phi16$
XPB-4	7500	200	400	7200	C60	折线先张	$1\phi16+2\phi12$
HPB-1	7500	200	400	7200	C40	抛物线形后张	$1\phi16+2\phi12$
HPB-2	7500	200	400	7200	C50	抛物线形后张	$1\phi16+2\phi12$
HPB-3	7500	200	400	7200	C50	直线形后张	$1\phi16+2\phi12$

附图1-2　7.5m跨试验梁弯曲加载试验实景

本试验结论为：

(1)折线配筋预应力混凝土先张梁和预应力混凝土后张梁一样,预应力效果均较好,试验梁在正常使用荷载作用下的抗裂性能及竖向挠度均能满足要求。

(2)折线配筋预应力混凝土先张梁临近破坏时弯起器钢板与混凝土接触面以及弯起器上面的混凝土并未出现裂缝,说明弯起器能够很好地与混凝土共同工作,不会造成弯起器处混凝土的提早开裂。

(3)折线配筋预应力混凝土先张梁有足够的承载力安全储备,在达到设计破坏荷载的130%以上时(最低132.5%,最高138.0%,平均134.7%)才发生破坏;而曲线配筋预应力混凝土后张梁承载力的安全储备较折线配筋预应力混凝土先张梁要低,在达到设计破坏荷载的117%时(最低116.9%,最高117.6%,平均117.3%)即发生破坏。

(4)折线配筋预应力混凝土先张梁的受弯承载力仍可采用《公路钢筋混凝土及预应力混凝土桥涵设计规范》(JTG D62—2004)或《混凝土结构设计规范》(GB 50010—2002)建议的公式计算,计算值与试验结果相符合。

(5)折线配筋预应力混凝土先张梁弯起器处的摩擦损失可按课题组建议公式计算,计算值与试验结果符合良好,且有一定的保证率。其余各项预应力损失可按《公路钢筋混凝土及预应力混凝土桥涵设计规范》(JTG D62—2004)或《混凝土结构设计规范》(GB 50010—2002)建议的公式计算。

(6)折线配筋预应力混凝土先张梁和后张预应力混凝土梁的开裂弯矩、裂缝宽度和挠度均可按《公路钢筋混凝土及预应力混凝土桥涵设计规范》(JTG D62—2004)或《混凝土结构设计规范》(GB 50010—2002)建议的公式计算,且实测值略偏小。

1.2　先张梁预应力弯起器的摩擦损失及极限强度折减研究

为了确定折线先张工艺钢绞线转向装置引起的预应力损失,结合7.5m跨折线配筋试验梁的制作进行了张拉过程中弯起器摩擦损失试验及折线预应力筋极限强度折减系数测定,见附图1-3。

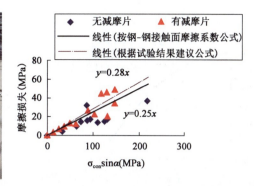

附图1-3 弯起器摩擦损失试验及试验结果

预应力损失值的大小主要影响预应力梁的抗裂性能,为保证梁的抗裂性能,根据试验结果,课题组总结归纳出在实际工程中弯起器摩擦损失可按下式的计算:

$$\sigma_{l1} = 0.30 \cdot \sigma_{con} \sin\alpha \quad (\text{附1-1})$$

式中:σ_{l1}——弯起器的摩擦损失(MPa);

σ_{con}——张拉控制应力(MPa);

α——弯起角度(°)。

折线配筋先张梁折线钢束在弯起器处进行弯折,钢绞线与弯起器之间存在摩擦,弯折点处应力复杂,导致预应力钢筋的静力破断强度有所降低。中国铁道科学研究院集团有限公司曾为青藏线24m跨折线配筋先张梁制作了4种导向辊直径和3种弯折角度的摩阻率及静力破断强度试验,研究结果表明,钢绞线破断强度折减率随着导向辊半径的增大而减小,随着折角的增大而增大。课题组对11根钢绞线进行了专门的破断试验(试验实景见附图1-4),通过试验可知:与无弯折钢绞线相比,有弯折钢绞线的极限抗拉强度有所降低,降低幅度与弯折角度成正比,折角越大,极限抗拉强度降低程度越大。试验结果如附图1-5、附图1-6所示,根据试验结果归纳的计算公式见附式(1-2)。

附图1-4 利用弯折试验测定摩擦损失

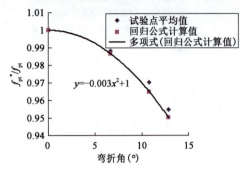

附图1-5 极限抗拉强度的平均值随弯折角度的变化

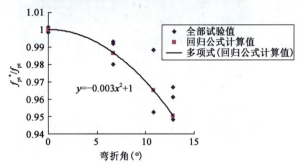

附图1-6 极限抗拉强度的试验值随弯折角度的变化

$$\zeta = 1 - 0.0003\alpha^2 \tag{附1-2}$$

式中：ζ——极限强度折减系数(MPa)；

α——弯起角度(°)。

1.3 先张梁自锚区混凝土应力及预应力传递长度研究

折线配筋预应力混凝土先张梁由于跨径较大、钢绞线的根数较多,切断钢绞线后在构件端头的钢绞线锚固区(即钢绞线预应力传递长度区)将产生较大的局部应力,当局部主拉应力超过混凝土抗拉强度时,将使钢绞线锚固区的混凝土产生裂缝。为研究先张梁钢绞线传递长度及钢绞线锚固区、弯起区混凝土应力状态,课题组依据依托工程主梁的制作及试验室小梁试验对其进行研究分析。

先张法预应力构件在切断钢绞线放张后,混凝土中的有效预压应力是依靠钢绞线和混凝土之间的黏结力逐渐建立起来的。在构件的端头,钢绞线的拉应力和混凝土的压应力均为零,随着距构件端头距离的增大,钢绞线的回弹应力通过黏结力逐渐传递给混凝土,使混凝土产生压应力、钢绞线产生拉应力;在距构件端头的距离达到一定长度时,混凝土的压应力达到有效预压应力 σ_{pc},钢绞线的拉应力达到有效预拉应力 σ_{pe}。从先张法构件切断钢绞线的端部到构件中钢绞线的拉应力达到设计规定的最大有效拉应力 σ_{pe} 的距离称为钢绞线的预应力传递长度 l_{tr},在 l_{tr} 范围内钢绞线和混凝土的应力分别从零逐渐增大到有效预拉应力 σ_{pe} 和有效预压应力 σ_{pc},在先张法预应力构件端部区段的抗裂验算中应考虑混凝土预压应力的变化。

为研究先张构件切断钢绞线的端部区域内混凝土压应变值,分析预应力传递长度 l_{tr} 范围内混凝土压应变(应力)的变化规律,验证规范规定的预应力传递长度 l_{tr} 计算方法以及所建议的在 l_{tr} 范围内钢绞线拉应力的分布是否适用于折线配筋预应力混凝土先张梁。试验小梁构件参数见附表1-2,试验结果如附图1-7、附图1-8所示。

折线先张钢绞线锚固长度试验小梁构件参数　　　　　附表1-2

梁编号	梁长 l(mm)	梁宽 b(mm)	梁高 h(mm)	混凝土强度等级	实测 f_{cu}(MPa)	钢绞线	抗拉强度标准值 f_{ptk}(MPa)	张拉控制应力 σ_{con}(MPa)
TPB-1	5000	200	100	C60	61.5	$2\phi^j 15.2$	1860	1395
TPB-2	5000	200	100	C60	61.5	$2\phi^j 15.2$	1860	1395

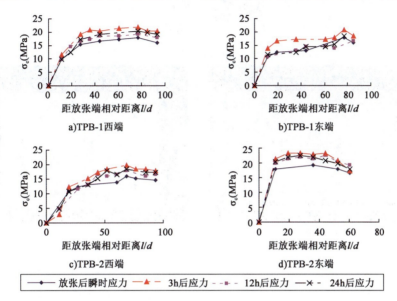

附图1-7　混凝土压应力分布

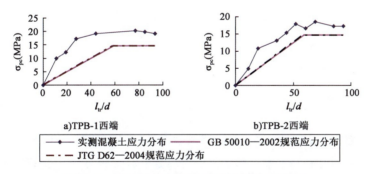

附图1-8　钢绞线预应力传递长度计算计算与实测结果

从附图1-7、附图1-8中可以看出,折线配筋预应力混凝土先张梁实测预应力传递长度小于规范值,在构件端部区段实测的混凝土压应力要大于按规范计算的压应力,说明折线配筋预应力混凝土先张梁的预应力传递长度可按《公路钢筋混凝及预应力混凝土桥涵设计规范》(JTG D62—2004)或《混凝土结构设计规范》(GB 50010—2002)的规定计算,并有一定抗裂储备。

以依托工程35m跨折线先张小箱梁为研究对象,借助有限元分析验证锚固区范围内局部应力变化,如附图1-9、附图1-10所示。

附图1-9　35m跨试验主梁初期腹板钢绞线锚固区的裂缝(未采取失效措施前)

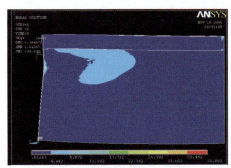 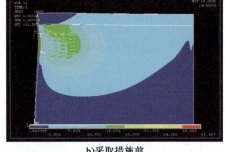

a)采取措施后　　　　　　　　　　　　　　b)采取措施前

附图1-10　实体分析先张梁锚固区混凝土应力对比(单位:MPa)

从附图1-9、附图1-10中可以看出,35m跨折线先张小箱梁在构件端部区段实测的混凝土压应力要大于按规范计算的压应力,为此在早期后张预应力混凝土梁生产过程中曾出现梁端局部应力裂缝,在实际应用中应采取措施防止应力裂缝产生,这些措施有增大锚固区腹板的厚度、设置预应力失效段以及增设钢筋网片等。所有依托工程中折线配筋先张梁中均根据各自的专题应力分析结果,采取了使部分预应力束梁端不同应力失效段长度不同的措施,以减少其梁端因集中锚固造成的局部应力过大。

1.4　先张梁耐疲劳性能及终极徐变研究

为了研究折线配筋预应力混凝土先张梁耐疲劳性,课题组共设计2根折线配筋预应力混凝土先张梁XPB-5、XPB-6与1根有黏结预应力混凝土后张梁HPB-4进行等幅疲劳荷载试验(采用PME-50A型液压脉动疲劳实验机,最大静负荷500kN,最大动负荷500kN,频率100~500次/min),试验小梁参数见附表1-3,试验实景如附图1-11~附图1-13所示。

抗疲劳试验小梁参数表　　　　　　　　　　　　　　　　　　附表1-3

梁编号	梁长l(mm)	梁宽b(mm)	梁高h(mm)	计算跨径l_0(mm)	混凝土强度等级	预应力筋线形	普通钢筋	f_y(MPa)
XPB-5	7500	200	400	7200	C60	折线先张	3ϕ16	507.4
XPB-6	7500	200	400	7200	C60	折线先张	2ϕ16	507.4
HPB-4	7500	200	400	7200	C60	抛物线后张	3ϕ16	507.4

附图 1-11 疲劳试验加载方式

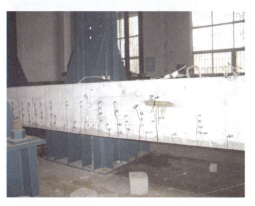

附图 1-12 先张梁 XPB-6 的裂缝　　　　　附图 1-13 后张梁 HPB-4 的裂缝

疲劳试验结论为：

(1)折线先张梁 XPB-6 和曲线后张梁 HPB-4 在规定的疲劳应力幅值($M_{min}=0.2M_d$,$M_{max}=0.6M_d$)作用下均在疲劳荷载作用 5000 次左右出现疲劳裂缝。其中，折线先张法梁 XPB-6 的疲劳裂缝仅出现在加载点下方，靠近支座的弯剪段未出现疲劳裂缝；而后张法曲线预应力筋梁 HPB-4 的疲劳裂缝分布在全跨范围内，跨中部分较多，裂缝宽度也较先张梁大。

(2)折线先张梁 XPB-6 和曲线后张梁 HPB-4 在疲劳荷载作用 250 万次后均未发生疲劳破坏，其中疲劳荷载作用 200 万次后，先张梁的疲劳裂缝只出现在跨中两个转向器之间的区域，裂缝较少(两边各出现 8 条)；而后张梁的疲劳裂缝则分布在全跨范围，裂缝较多(两边各 30 条左右)。

(3)在相同的应力幅值($M_{min}=0.2M_d$,$M_{max}=0.6M_d$)和相同循环次数条件下，折线先张法预应力梁 XPB-6 钢绞线和非预应力钢筋的应变(应力)的增量比后张法预应力梁 HPB-4 要小，挠度也比后张法预应力梁 HPB-4 小。

(4)折线先张梁 XPB-6 和曲线后张梁 HPB-4 在疲劳荷载作用 250 万次后的静载破坏试验结果表明：梁仍保留有足够的承载力安全储备，在达到按《公路钢筋混凝土及预应力混凝土桥涵设计规范》(JTG D62—2004)计算破坏荷载的约 140% 时才发生受弯破坏;破坏时钢绞线和非预应力钢筋均未发生脆性断裂,钢绞线和非预应力钢筋都达到屈服强度,受压区混凝土被压碎。破坏时跨中挠度接近 1/50,表现出较好的延性,可见未发生疲劳破坏的梁的剩余承载力未受疲劳荷载加载历史的影响,其静载极限承载力仍可按规范公式计算,而有足够的安全储备。

(5)增大了应力幅值($M_{min}=0.25M_d, M_{max}=0.9M_d$)的折线先张梁 XPB-5 在疲劳荷载作用 $N_f=38.1$ 万次时,加载点下方的 1 根非预应力钢筋发生疲劳断裂;疲劳损坏后继续施加疲劳荷载 1 万次左右,试验梁的预应力钢绞完好,仍能承受较大荷载,没有出现整根梁断裂的情况。试验梁的疲劳损坏是针对单根非预应力钢筋的疲劳断裂而言的。

为了解折线先张预应力混凝土梁的徐变性能,课题组制作了 4 根 7.5m 跨小梁供徐变试验用,小梁参数见附表 1-4。

徐变试验小梁参数 附表 1-4

梁编号	环境条件	设计混凝土等级	预应力钢绞线	张拉控制应力	非预应力钢筋	张拉方法
XPB1	室内标准	C50	$2\phi^j15.2$	$0.75f_{ptk}$	$2\phi12+\phi16$	折线先张
XPB2	室外自然	C50	$2\phi^j15.2$	$0.75f_{ptk}$	$2\phi12+\phi16$	折线先张
XPB3	室内标准	C50	$2\phi^j15.2$	$0.75f_{ptk}$	$2\phi12+\phi16$	折线先张
HPB1	室外自然	C50	$2\phi^j15.2$	$0.75f_{ptk}$	$2\phi12+\phi16$	曲线后张

根据试验结果推测的折线先张梁 XPB1、XPB2、XPB3 和曲线后张梁 HPB1 徐变应变系数值与规范计算值的比较(附图 1-14、附表 1-5),可以看出 XPB1、XPB3 和 HPB1 推测的徐变系数值与规范计算值相同,而折线先张梁 XPB2 推测的徐变系数值小于规范计算值。

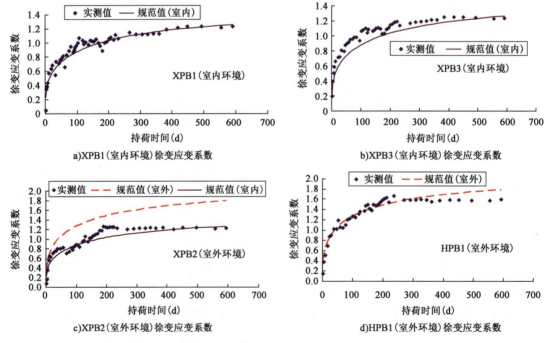

附图 1-14

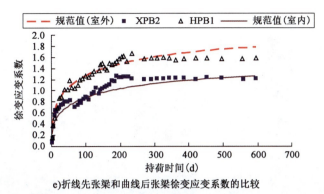

e)折线先张梁和曲线后张梁徐变应变系数的比较

附图1-14 试验梁徐变应变系数实测与规范值对比

徐变系数终极值比较　　　　　　　　　　　　　　　　　　　　　　　附表1-5

梁编号	环境条件	相对湿度(%)	推测徐变系数终极值	按桥梁规范计算系数终极值
XPB1	室内标准	80	1.51	1.51
XPB2	室外自然	55	1.51	2.17
XPB3	室内标准	80	1.51	1.51
XPB3	室外自然	55	2.13	2.13

1.5 折线先张梁弯起器研究

根据弯起器的工作机理,其设计应符合下述原则:

(1)弯起器的设计应尽量减小对预应力筋强度的折减,因此弯折半径不宜过小。

(2)应使弯起器能沿梁体纵向、横向转动,使得弯起器在工作时主要承受拉力。

(3)施加预应力后梁体将产生压缩,因此弯起器应具有放张时随着梁体纵向微量位移的功能。

(4)弯起器在梁体以下部分需重复使用,应坚固耐用、拆卸方便;而弯起器在梁体内部分因不能重复使用,则应尽可能简化结构,减少材料用量,易于加工。

根据以上原则,课题组研制出了由软钢制作的拉板式弯起器(附图1-15),这种弯起器的特点为:

(1)构造简单、各部件受力明确;

(2)材料用量少,费用较低;

(3)安装、拆卸容易;

(4)能满足弯起器做微量弯转、纵移的要求;

(5)可用于直腹板,亦可用于斜腹板。

其应力损失、强度折减试验结果如前所述。

附图 1-15　拉板式弯起器

1.6　折线配筋预应力混凝土先张梁张拉台座与预应力张拉工艺研究

折线配筋预应力混凝土先张梁张拉台座由两侧的反力梁和两端的张拉横梁两部分组成，多采用短线或长线法张拉台座，短线台座一次制作一片梁，长线法可同时制作两片梁，如附图 1-16 所示。

a) 长线台座反力梁

b) 长线台座张拉横梁

c) 短线台座反力梁

d) 短线台座张拉横梁

附图 1-16　折线先张法张拉台座

长线法台座的优点是由于采用钢筋混凝土反力梁,最大的优点为一次性投入少、造价低、浇筑速度快,而且由于整体浇筑,稳定性较好。长线法台座的缺点是只能一次性使用,不可重复利用,施工完还需要处理临时构造物;同期,预制的两片梁的预应力均相当于单端张拉,增大了两片梁之间钢绞线转向器的摩阻力,增大了折线钢绞线的预应力损失。

短线法台座优点:反力梁采用钢结构,可以工厂加工,结构精确,可以拆装以重复利用,台座摊销费用低,且受力性能较好,整体变形量较小;两端张拉时,弯起器处摩阻力减小。短线法台座缺点为一次投入大,现场安装精度要求高。

先张施工中钢绞线锚固在张拉台座两端的张拉横梁上,所以采用上下两根张拉横梁。上张拉横梁锚固弯起钢绞线,下张拉横梁锚固直线钢绞线。上、下张拉横梁通过分离式机械锁紧油压千斤顶(简称大千斤顶)将张拉应力传递到反力梁上。上、下横梁外侧设单束张拉千斤顶(简称小千斤顶)。钢绞线张拉大部分由单束张拉千斤顶完成,小部分由大千斤完成。预应力放张由张拉横梁下大千斤顶完成,为此在安排张拉工艺时应控制张拉时大千斤顶伸长量应大于梁端至横梁底面间预应力钢绞线放张时的收缩量。

1.7　12m 跨先张小箱梁极限荷载试验

为了全面了解折线配筋预应力混凝土先张梁的弯曲受力的承载能力,课题组在试验室做了一根 12m 跨小箱梁弯曲破坏试验,试验小梁为 35m 折线先张梁的缩尺小梁,试验小箱梁截面尺寸及钢绞线束布置如附图 1-17 所示,共布置 5 束 $1\times7\phi^s15.2$ 钢绞线(4 束折线形、1 束直线形)。

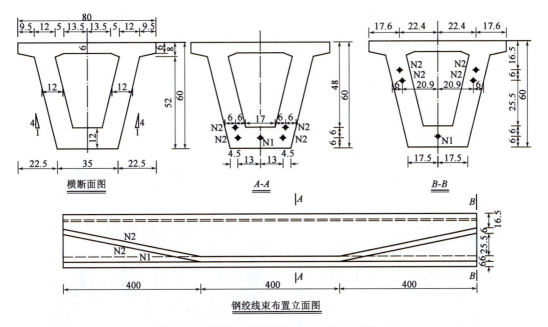

附图 1-17　箱梁截面及钢绞线束布置图(尺寸单位:cm)

12m 跨试验小箱梁极限荷载试验及结果如附图 1-18、附图 1-19 所示。其试验结论如下：

12m 跨折线配筋预应力混凝土先张小箱梁裂缝控制性能很好，实测开裂弯矩较大。实测开裂弯矩与设计极限弯矩的比值 $M_{cr}/M_{ud}=0.66$，实测开裂弯矩值与按规范计算开裂弯矩的比值为 1.697，扣除自重后的实测开裂荷载与计算开裂荷载的比值为 2.076；梁开裂后裂缝宽度很小，裂缝发展缓慢，在达到设计极限弯矩 M_{ud} 时裂缝宽度仍小于 0.2mm，且未出现斜裂缝。

附图 1-18　12m 先张小箱梁试验小梁加载

附图 1-19　12m 先张小箱梁裂缝分布图

1.8　35m 折线配筋预应力混凝土先张梁的荷载试验

为检验本课题研究成果，实证 35m 跨折线配筋预应力混凝土先张梁的设计成果，检验梁的承载力，按照课题研究计划，于南召黄鸭河大桥做了 35m 跨折线配筋预应力混凝土先张梁的设计载荷试验（附图 1-20）。因试验梁为工程实用桥梁，且按照经验 35m 跨大梁压到破坏所需载重及加载设备都较大并有一定风险，考虑到课题研究已经进行 12m 梁的破坏试验，故 35m 梁的静载荷试验不做破坏性试验，而仅按 1.2 倍设计承载力做设计荷载试验。

附图 1-20　35m 先张箱梁荷载试验现场

设计荷载试验结果如附图 1-21 所示，当弯矩值增加到设计极限弯矩时，跨中挠度很小，最大挠度仅为 -32.35mm，为计算跨径的 1/1082，无裂缝发生；当弯矩增加到 1.05 倍设计极限弯矩时，出现第一批裂缝，此后挠度增加变快，弯矩-挠度曲线出现转折，开始呈线性关系；当弯矩增加到 1.20 倍设计极限弯矩时，跨中截面最大挠度为 -55.22mm，为计算跨径的 1/634。实验结束卸载后，挠度基本恢复。

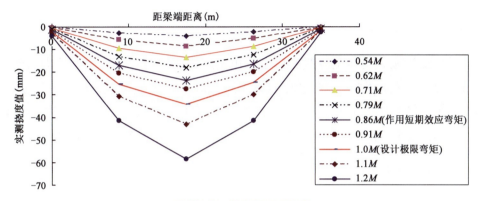

附图 1-21　设计荷载试验结果

1.9　课题研究结论

由以上研究，课题组基本上解决了在公路工程中应用折线配筋预应力混凝土先张梁的关键技术问题。试验表明，折线配筋预应力混凝土先张梁在承载力、耐疲劳性、混凝土徐变、收缩性、有效预应力精度、施工质量诸方面均略优于后张梁，并得出了以下结论：

(1) 折线配筋预应力混凝土先张梁基本受力性能略优于常用曲线配筋预应力混凝土后张梁，现行《公路钢筋混凝土及预应力混凝土桥涵设计规范》(JTG D62—2004) 可以应用于折线配筋预应力混凝土先张梁的设计。

(2) 折线配筋预应力混凝土先张梁与现在习用的曲线配筋预应力混凝土后张梁主要差别在于，预应力钢筋自锚与弯起器的应用。本课题研究表明采用局部加强与合理的应力失效设计可以较好地应对折线配筋预应力混凝土先张梁梁端局部应力问题。

(3) 本课题所做先后张小梁疲劳试验表明，先张梁自锚段无疲劳损伤问题，先张梁总体耐疲劳性略好于后张梁，自锚段耐疲劳性亦有保障；所进行的 600d 徐变观察与后张梁相比，先张梁徐变性能无实质性变化；通过疲劳、徐变试验表明了先张梁良好的耐久性。

(4) 经过 20 榀 25m 跨先后张梁施工过程应力对比检测，用实际数据表明了先张梁有效预应力较后张梁更为精确可靠。

(5) 本课题研究发明的拉板式弯起器，较现用的折线配筋预应力先张梁用夹板辊轴式弯起器结构合理、受力明确、使用方便、造价低廉。弯起器的研究开发有利于折线配筋预应力混凝土先张梁工程技术的发展与普及,实践证明了本课题研究工程应用的可行性。

(6)本课题研究提出的用小千斤顶单根张拉、大千斤顶补充张拉放张预留量的张拉工艺,以及用大千斤顶整体分次放张的放张工艺,是现有折线配筋预应力混凝土先张梁张拉放张工艺的总结与优化。这一技术成果与拉板式弯起器的发明,解决了目前我国折线配筋预应力混凝土先张梁技术难题,为我国折线配筋预应力混凝土先张梁工程技术的发展起到开拓性作用。

1.10 技术创新点

本课题主要创新点:与传统后张法不同,采用先张法施工的折线配筋预应力混凝土先张梁通过设置钢绞线的转向装置——弯起器,实现预应力钢束的转向,无须预留孔道和灌浆,不仅使预应力的张拉更为准确,而且提高结构的耐久性,延长使用寿命。折线配筋预应力混凝土先张梁技术主要应用于公路、铁路和市政桥梁工程中的中等跨径的桥梁。

1.11 社会及经济效益

推广应用折线配筋预应力混凝土先张梁的主要目的在于,预应力混凝土先张法较后张法除了工艺简单等优点外,最突出的两项优点为有效预应力可控、无须管道压浆,这两点从根本上保证了预应力混凝土工程的质量与耐久性,可以可靠应用在高原严寒、跨海越洋工程中,且可提高预应力混凝土桥梁的耐久性与运营可靠性,具有较大的社会效益,故折线配筋预应力混凝土先张法有着广泛的应用前景,应予以推广应用。

推广预应力混凝土先张梁预制安装,有利于确保工程质量,节省材料,成规模推广应用将产生巨大的经济效益。

为了说明折线先张预应力混凝土先张梁的经济特性,在等梁高、等应力的前提下,附表1-6~附表1-9分别比较了后张法、先张法混凝土、钢绞线的用量,以及锚具和波纹管的用量,通过对比来说明先张法在材料用量方面的优越性。

50m 预应力箱梁后张法与先张法比较(整体箱梁)　　　　附表 1-6

	梁的重量(kN)	活载跨中最大弯矩(kN·m)	跨中下缘最小正应力(MPa)	最大主压应力(MPa)	最大主拉应力(MPa)	单榀梁材料数量	
						混凝土(m³)	钢绞线(t)
后张法	13350	26490.4	1.2(压)	7.04	-1.76(拉)	534	13.78
先张法	11750	23021.2	1.3(压)	11.34	-1.36(拉)	470	12.97

50m 跨 T 梁先张法、后张法主材比较(中梁)　　　　附表 1-7

项目	先张法	后张法
钢绞线用量(kg)	2920.7	3147.31
节省(%)	7	0
锚具(套)	0	16
波纹管(m)	0	397.12

鄄城黄河公路大桥 50m 跨 T 梁工程数量对比表

附表 1-8

方案	单位/规格	新方案(先张法)	原方案(后张法)	新方案/原方案
C50 混凝土	m³	55540.7	65342.4	0.902
钢绞线	t	2644.144	2877.307	0.919
钢筋	t	8785.687	10949.495	0.802
钢材	t	519.708	519.708	1.000
波纹管(m)	φ90	0	79322	0.000
波纹管(m)	φ90	0	158645	0.000
波纹管(m)	φ90	0	107511	0.000
锚具(套)	15-12	0	3312	0.000
锚具(套)	15-7	0	3072	0.000
锚具(套)	15-6	0	5600	0.000
锚具(套)	BM15-5	0	4352	0.000

节约费用粗估:
(65342.4 − 55540.7)m³ × 0.3 万元/m³ + (2877.3 − 2644.1)t × 1.2 万元/t + 735 万元(锚具、波纹管、压浆等) = 3955 万元

35m 跨先、后张箱梁材料数量对比表(单幅中跨)

附表 1-9

材料		单位	先张法	后张法	先张/后张
C50	预制	m³	177.5	175.1	1.014
C50	现浇	m³	24.4	24.8	0.984
钢筋	HRB335	t	30.02	33.28	0.902
钢筋	R235	t	7.75	8.1	0.957
钢绞线	φ15.24	kg	8173	8587	0.952
锚具	BM15-5	套	56	56	1.000
锚具	OVM15-4	套	0	64	0.000
锚具	OVM15-5	套	0	16	0.000
波纹管	φ90mm × 25mm	m	344	344	1.000
波纹管	φ55mm	m	0	1381.9	0
转向器	钢板	kg	100	0	

折线配筋预应力混凝土先张梁解决了后张预应力管道压浆不实与预应力控制不准确的两大常见病害,较好地保证了预应力混凝土桥梁的耐久性。

附录2　结构模态分析与损伤识别

"基于北斗的桥梁结构模态健康监控"是我们正在进行研究的一个课题。其特点为:以桥梁结构模态为判别桥梁健康状态的目标;以结构模态分析为桥梁健康监控的理论基础;以北斗导航授时定位系统为桥梁结构健康监控的手段。伊朗 BR-06 桥环境激励桥梁结构模态检测,即凭借实测结果对伊朗 BR-06 桥有限元理论分析模型进行的修正,仅是此课题的一个初步尝试。为便于读者理解,对结构模态分析、损伤识别理论与技术做一简述,以期能较深入认识本书第 5 章所述内容。

2.1　模态分析的基本原理

对于多自由度线性振动系统,其运动微分方程为:

$$M\ddot{x} + C\dot{x} + Kx = f(t) \tag{附2-1}$$

式中:x——系统的位移向量;

$f(t)$——激励列阵;

M、C、K——系统的质量、阻尼和刚度矩阵。

这一系统的自由振动(无阻尼)微分方程为:

$$M\ddot{x} + Kx = 0 \tag{附2-2}$$

设其解为:

$$x = \varphi\,\mathrm{e}^{jwt} \tag{附2-3}$$

将附式(2-3)代入附式(2-2),得到振动系统的特征方程为:

$$|K - \omega^2 M| = 0 \tag{附2-4}$$

由此可确定 ω 的 n 个正实根 $\omega_{0i}(i=1,\cdots,n)$,通常按升序排列,则:

$$0 < \omega_{01} < \omega_{02} < \cdots < \omega_{0n} \tag{附2-5}$$

记为矩阵形式 ω,称其为频率列阵。

将每一个 $\omega_{0i}(i=1,\cdots,n)$ 代入附式(2-2),共解得 n 个线性无关的非零向量 φ_i,通常选用一定方法进行归一化形成一矩阵 Φ,称为振型矩阵。

ω 与 Φ 称为结构振动模态,简称结构模态。由上推演的 ω 与 Φ,仅由 K、M 和 C 等结构物理参数决定,故**结构模态为振动结构系统固有的物理参数**。

因振型列阵 Φ 与结构质量矩阵 M 和刚度矩阵 K 具有正交性,且任意两个向量 φ_i 和 φ_j 线性无关,即

当 $i \neq j$ 时,有:

$$\begin{cases} \boldsymbol{\varphi}_i^{\mathrm{T}} \boldsymbol{M} \boldsymbol{\varphi}_j = 0 \\ \boldsymbol{\varphi}_i^{\mathrm{T}} \boldsymbol{K} \boldsymbol{\varphi}_j = 0 \end{cases} \quad (\text{附 2-6})$$

当 $i = j$ 时,有:

$$\begin{cases} \boldsymbol{\varphi}_i^{\mathrm{T}} \boldsymbol{M} \boldsymbol{\varphi}_j = m_i \\ \boldsymbol{\varphi}_i^{\mathrm{T}} \boldsymbol{K} \boldsymbol{\varphi}_j = k_i \end{cases} \quad (\text{附 2-7})$$

式中:m_i——模态质量;
k_i——模态刚度。

据此对附式(2-2),左乘 $\boldsymbol{\Phi}^{\mathrm{T}}$ 和右乘 $\boldsymbol{\Phi}$,并利用模态向量与质量矩阵 $\boldsymbol{M}$、刚度矩阵 $\boldsymbol{K}$ 的正交性,得:

$$\mathrm{diag}[m_i]\ddot{y} + \mathrm{diag}[k_i]y = 0 \quad (\text{附 2-8})$$

即可将附式(2-2)微分方程组解耦成为 n 个独立的微分方程。这一数学解耦过程和对解耦后微分方程的求解,称之为结构动力模态分析。

上述可理解为将附式(2-2)中的物理坐标系中向量 x 转换为模态坐标系中的模态坐标为 $y_i(i=1,\cdots,n)$,即:

$$\boldsymbol{x} = \sum_{i=1}^{n} \boldsymbol{\varphi}_i y_i = \boldsymbol{\Phi} y \quad (\text{附 2-9})$$

它是以 $\boldsymbol{\Phi}$ 为变换矩阵的线性变换,反映了物理坐标系与模态坐标系的关系,也称为模态展开定理。

模态分析就是借助各阶振型与质量、刚度、阻尼矩阵的正交性,将相互耦合的结构振动微分方程组简化为不耦合的各自独立的微分方程,借之求解结构模态的计算方法称为结构模态分析,简称模态分析。从数学意义上看,模态分析为结构动力学中一种数学求解方法。鉴于模态分析这一简化微分方程的数学方法导出的结构模态质量、刚度和阻尼,均可借助动力实测得到,据之导引出结构模态试验、实测技术的发生和发展。人们将上述模态分析称为理论模态分析。将模态试验、实测技术称为试验模态分析。

2.2 参数识别

试验模态分析的目标为参数识别。为实现参数识别试验模态分析,引入了工程控制论中的频响函数和脉冲响应函数等概念。

2.2.1 参数识别的基础

工程控制论中引入频响函数和脉冲响应函数,促进了结构模态试验分析技术的发展。

(1)频响函数。

设附式(2-1)初始条件为零,即 $x(0)=0,\dot{x}(0)=0$,对附式(2-1)方程做拉普拉斯变换,可得：
$$(Ms^2 + Cs + K)X(s) = F(s) \quad (附2\text{-}10)$$

写成
$$Z(s)X(s) = F(s) \quad (附2\text{-}11)$$

或
$$Z(s) = \frac{F(s)}{X(s)} \quad (附2\text{-}12)$$

其中阻抗矩阵为：
$$Z(s) = Ms^2 + Cs + K \quad (附2\text{-}13)$$

传递函数矩阵为：
$$H(s) = \frac{X(s)}{F(s)} \quad (附2\text{-}14)$$

即
$$H(s) = Z(s)^{-1} = (Ms^2 + Cs + K)^{-1} \quad (附2\text{-}15)$$

当 $s = j\omega$，上述过程将完全是傅里叶变换过程，可得到频响函数矩阵，即：
$$H(\omega) = H(s)_{s=j\omega} = (K - \omega^2 M + j\omega C)^{-1} \quad (附2\text{-}16)$$

由上可知，频响函数为位移与作用之比，为一仅与结构自身性质有关的物理数组。

(2) 脉冲响应函数。

设附式(2-1) $f(t)$ 为单位脉冲力 $\delta(t)$，其响应为脉冲响应函数 $h(t)$。对其做拉普拉斯变换，得：
$$H(s) = L[h(t)] \quad (附2\text{-}17)$$

可见，传递函数 $H(s)$ 与脉冲响应函数 $h(t)$ 是一对拉普拉斯变换对。

当 $s = j\omega$，易证脉冲响应函数与频响函数是一对傅里叶变换对，即：
$$H(\omega) = F[h(t)] \quad (附2\text{-}18)$$

综上所述可知，脉冲响应函数与频响函数一样，是反映振动系统动态特性的量，只不过频响函数在频域内描述系统固有特性，而脉冲响应函数在时域内描述系统固有特性。因此，频响函数与脉冲响应函数都构成了系统的非参数模型，它们是进行系统识别的基础。

(3) 功率谱密度函数。

系统在随机激励作用下的响应也是随机的，它们一般不满足傅里叶变换的狄利克雷条件，故不能直接做傅里叶变换得到频响函数，而是通过功率谱密度函数定义频响函数。功率谱密度函数的表达形式详见本附录"2.3 基于环境激励下的结构模态参数识别"中的相关内容。

(4) 频响函数和脉冲响应函数的物理意义。

为了使用频响函数和脉冲响应函数去估算模态参数，下面说明它们的物理意义。

频响函数矩阵的展开形式为:

$$\boldsymbol{H}(\omega) = \begin{bmatrix} H_{11}(\omega) & H_{12}(\omega) & \cdots & H_{1n}(\omega) \\ H_{21}(\omega) & H_{22}(\omega) & \cdots & H_{2n}(\omega) \\ \vdots & \vdots & & \vdots \\ H_{n1}(\omega) & H_{n2}(\omega) & \cdots & H_{nn}(\omega) \end{bmatrix}$$

$$= \sum_{i=1}^{n} \frac{1}{k_i + \omega^2 m_i + j\omega c_i} \begin{bmatrix} \varphi_{1i}\varphi_{1i} & \varphi_{1i}\varphi_{2i} & \cdots & \varphi_{1i}\varphi_{ni} \\ \varphi_{2i}\varphi_{1i} & \varphi_{2i}\varphi_{2i} & \cdots & \varphi_{2i}\varphi_{ni} \\ \vdots & \vdots & & \vdots \\ \varphi_{ni}\varphi_{2i} & \varphi_{ni}\varphi_{2i} & \cdots & \varphi_{ni}\varphi_{2i} \end{bmatrix} \quad (\text{附 2-19})$$

可见,频响函数矩阵中任意一个元素 $\boldsymbol{H}_{ij}(\omega)$ 为作用于 i 点的力引起的 j 在频域中的响应,而 $\boldsymbol{H}_{ij}(\omega)$ 这一元素可由试验(或检测)测得。而测得的频响函数则包含着振动系统的各阶模态参数 m_i、k_i、c_i。

脉冲响应函数矩阵展开式为:

$$\boldsymbol{H}(\omega) = \begin{bmatrix} h_{11}(\omega) & h_{12}(\omega) & \cdots & h_{1n}(\omega) \\ h_{21}(\omega) & h_{22}(\omega) & \cdots & h_{2n}(\omega) \\ \vdots & \vdots & & \vdots \\ h_{n1}(\omega) & h_{n2}(\omega) & \cdots & h_{nn}(\omega) \end{bmatrix}$$

$$= \sum_{i=1}^{n} \frac{e^{-\sigma t} \sin \omega_{di} t}{m_i \omega_{di}} \begin{bmatrix} \varphi_{1i}\varphi_{1i} & \varphi_{1i}\varphi_{2i} & \cdots & \varphi_{1i}\varphi_{ni} \\ \varphi_{2i}\varphi_{1i} & \varphi_{2i}\varphi_{2i} & \cdots & \varphi_{2i}\varphi_{ni} \\ \vdots & \vdots & & \vdots \\ \varphi_{ni}\varphi_{2i} & \varphi_{ni}\varphi_{2i} & \cdots & \varphi_{ni}\varphi_{2i} \end{bmatrix} \quad (\text{附 2-20})$$

可见,脉冲响应函数矩阵的任意一个元素包含着振动系统的全部模态信息。而如前所述,模态信息又包含着振动结构的 m、k、c 等物理参数。

由上可知,通过试验(实测)可得频响函数、脉冲响应函数,而由频响函数或脉冲响应函数可确定结构的质量、刚度和阻尼等物理参数,而上述这一试验模态分析的过程,即为试验模态分析的参数识别。试验模态分析的核心内容就是参数识别。

因此,经由试验(检测)手段由作用测得振动响应,再由振动响应确定结构非模态参数(频响函数、脉冲响应函数和响应功率谱)、模态参数乃至物理参数,这就是模态分析的参数识别。

2.2.2 参数识别方法分类

经典的模态参数识别分为频域模态参数识别(即频域识别法)和时域模态参数识别(即时域识别法)。以频响函数(传递函数)为基础的参数识别称为频域模态参数识别;以时域信号

(脉冲响应函数或自由振动响应)为基础的参数识别称为时域模态参数识别。

(1) 频域识别法。

频域识别法主要是利用实测的频率响应数据或曲线,并根据频响函数的模态展开式,去求解系统的模态参数。

频域识别方法有很多,常用的方法的有分量分析法、矢量分析法、迭代法和正交多项式拟合法,这几种方法均为曲线拟合法,即借助频响函数求取与实测的频响数据拟合的模态参数。

(2) 时域识别法。

时域法主要是利用系统的脉冲响应,或仅仅利用实测的振动响应,并根据权函数或自由振动方程的特征向量与模态参数之间的关系,以及时间序列模型与权函数之间的关系,去识别系统的模态参数。

常用的时域识别方法有：

①随机减量技术。因为随机响应信号中往往包含有随机确定性振动和随机振动两种成分,利用纯随机的平均为零这个特性,可以设法把确定性信号从随机振动中分离出来。

②ITD 法。利用结构自由振动响应采样数据建立特征矩阵的数学模型,通过求解特征矩阵方程求得特征值和特征向量,再利用模态频率和模态阻尼与特征值之间的关系,求得振动系统的模态频率和模态阻尼比。

③最小二乘复指数法(LSCE 法),又称为 Prony 多项式法。该方法以脉冲响应函数的采样数据为基础,利用脉冲响应函数与留数、极点之间的关系求得留数和极点,从而求得振型、模态频率和模态阻尼。

④多参考点复指数法(PRCE 法)。它同时利用多个激励(输入)点与多个响应点(输出)之间的脉冲响应,构成脉冲响应矩阵,建立脉冲响应矩阵和振型矩阵 $\boldsymbol{\Phi}$、特征值矩阵 $\boldsymbol{\Lambda}$ 及模态参与因子矩阵 L 之间的复指数关系,然后求出振型、模态频率和模态阻尼。

⑤特征系统实现算法(ERA 法):利用一组自由响应数据或脉冲响应函数为基本模型,估计出系统的状态矩阵,然后通过求取状态矩阵的特征值和特征向量,从而求得系统的模态参数。

⑥自回归滑动平均模型(ARMA)时序分析法:利用差分方程与 Z 变换,分别建立强迫振动方程与 ARMA 模型、传递函数与 ARMA 模型的等价关系,由 ARMA 模型识别模态参数。

⑦随机子空间识别方法:设定响应的位移、速度和加速度为状态空间,基于振动状态空间识别模态参数方法,直接由振动响应求得结构模态参数和物理参数。由于它的有效性,在实质上促进了无须知道激励荷载的环境激励测振技术的发展。因环境激励测振技术的发展,促进了全球导航卫星系统(GNSS)结构模态在线实测技术的出现与发展。将 GNSS 结构模态实测技术与信息技术相结合,促使结构模态在线实时监测技术的出现,极大地丰富、充实了桥梁模态在线实时监控的内容。随机子空间识别方法包括协方差随机子空间法和数据驱动随机子空间法,是目前最有效的结构环境激励振动模态参数识别法。

时域识别法给直接从响应信号(或数据)中识别模态参数创造了条件,这样可以无须知道激励荷载就可单独从响应数据中辨识模态参数,于是促进了环境激励测振技术的产生与发展,以及结构动力检测和桥梁健康监控技术的出现与发展。

2.3 基于环境激励下的结构模态参数识别

环境激励(Ambient Excitation)下的模态分析,特点是分析过程中仅利用系统振动响应数据。对于桥梁结构,最大优点是可以在不中止正常交通条件下实测桥梁的结构工作状态,借助信息技术实现对桥梁运营的在线实时监控。

对于随机振动,已知输入、输出与频响函数的关系为:

$$|H(\omega)|^2 = \frac{S_{xx}(\omega)}{S_{ff}(\omega)} \tag{附2-21}$$

式中:$H(\omega)$——系统频响函数;

$S_{xx}(\omega)$——输出信号的自功率谱密度;

$S_{ff}(\omega)$——输入信号的自功率谱密度。

当环境输入信号为白噪声时,$S_{ff}(\omega)$等于常数S_0,即$S_{xx}(\omega)$与频响函数的幅频部分成比例,故可使用功率谱密度函数或多点平均归一化的功率谱密度函数近似地代替频响函数。

利用功率谱密度函数进行模态识别的方法包括经典的峰值拾取法、频域分解法、增强频域分解法、最小二乘复频域法、多参考点最小二乘复频域法等。时域方法根据计算过程的不同,可大致分为一步法和两步法。一步法可直接利用响应信号求取系统参数;两步法需要得到中间时域序列,如近似的相关函数、自由响应、脉冲响应等,之后利用时域经典模态识别算法进行计算。环境激励下各种模态识别算法详见附表2-1。

环境激励下各种模态识别算法 附表2-1

序号	中文名称	英文缩写
1	峰值拾取法	PP
2	频域分解法	FDD
3	增强频域分解法	EFDD
4	最小二乘复频域法	LSCF
5	多参考点最小二乘复频域法	PolyMAX/PolyLSCF
6	自然激励技术	NExT
7	多参考点自然激励技术	MNExT
8	随机减量技术	RDF
9	Ibrahim时域法	ITD
10	最小二乘复指数法/脉冲响应函数法	LSCE
11	多参考点最小二乘负指数法	Prony/PREC

续上表

序号	中文名称	英文缩写
12	特征系统实现算法	ERA
13	希尔伯特-黄变换	HHT
14	基于协方差的随机子空间法	SSI-Covariance
15	基于数据的随机子空间法	SSI-DATA
16	ARMA 时序模型	—

2.4 结构损伤识别

基于结构模态的损伤识别的基本思想是损伤的出现必将引起结构物理参数(如刚度、质量和阻尼等)的变化,进而使结构模态参数发生变化(如固有频率、振型等)。因此,可根据结构模态参数的变化可识别结构的损伤。

下面介绍几种常见的结构损伤识别方法。

2.4.1 基于监测数据的损伤识别

基于监测数据的损伤识别方法也常称为现代模式识别方法。此类方法是基于结构损伤样本实测数据特征值构造结构损伤伤痕样本集,根据实测样本与损伤样本的相关性判别结构损伤。

方法之一,为利用已获取的结构频域或时域参数建立反映结构动力学性能的基准参量,将实测的时/频域参数与基准参量进行对照,得到相应的损伤指标,为**伤痕指标损伤识别**。常用的损伤指标有频率、振型和模态曲率。

方法之二,为直接利用损伤样本结构模态参数与实测样本结构模态数据,进行数据相关性分析、识别损伤。常用数据相关性分析方法有数据相似度分析与聚类分析,为**基于损伤模式库的损伤识别**。

2.4.2 基于有限元模型修正的损伤识别

有限元模型修正方法的基本思想是以结构静动力试验数据为基础,将试验得到的信息与原始有限元模型分析结果进行综合比较。将反映损伤情况的参数(如频率、振型、模态柔度等)作为待修正参数,通过多迭代修正有限元模型中的待修正参数,使得模型计算值(通常为模态参数或时序响应)与实际测试相一致,对比修正模型与基准模型,实现对结构损伤的识别。

有限元模型修正方法一般可分为三类。

(1)矩阵型修正法。

矩阵型修正法的基本原理是对模型的刚度矩阵和质量矩阵进行直接的修正,使修正后有限元模型的计算结果与试验结果相一致,但其修正结果容易丧失原有参数矩阵的物理意义(如荷载路径、改变结构的相联性和出现负质量等)。

(2) 设计参数修正法。

设计参数修正法以理论和试验结果的误差为目标函数,通过改变有限元模型的物理参数,将问题转变为目标最小优化的问题。该方法的核心是待修正参数与目标修正对象函数关系的建立及其优化,目前常用的方法主要有灵敏度分析法、响应面法和随机类优化算法三大类。

响应面法是利用多元多项式模型或非多元多项式模型(如人工神经网络)代理有限元模型来描述结构参数与结构响应之间的复杂关系,进行参数选择,更有效地对结构模型进行修正。

常见的响应面模型有完全和不完全多项式模型、克里格模型、BP神经网络模型、径向基函数和多元适应、回归样条函数(MARSF)等。

(3) 基于频响函数模型修正法。

基于频响函数模型修正法基本原理:在一系列选定的频率点,结构位移频响函数的理论值和试验实测值具有良好的相关性,则残差 $R(p)$ 的各个分量就应该小于给定的值,或者残差的模 F 的有限元模型修正(FEMU)能够直接利用振动试验测量所得的频响函数矩阵,不需要进行模态分析,避免了模态分析引起的误差,修正结果比模态参数类方法更为精确。

2.4.3 基于现代智能算法的损伤识别

(1) 基于小波变换的损伤识别。

利用小波变换进行结构损伤识别原理:结构在发生损伤后的物理特性参数会发生改变,这反映在结构动力响应中会造成信号突变以及不同频带内的能量变化,利用小波变化对不同程度的这些局部信号进行处理,就能发现结构的损伤信息。

(2) 基于分形理论的损伤识别。

利用分形理论进行损伤识别原理:无损结构的动力参数指标因具有初始特定的分形动力学性质或空间几何性质,而具有特定的分形维属性;结构损伤后,损伤会引起原始动力参数指标的分形动力学性质或空间几何性质的改变,致使分形维发生变化。

(3) 基于小波-分形的损伤识别。

在结构损伤识别应用中,小波分析的动力"解耦"功能可以为分形创造良好的应用环境,而分形的动力学分析功能可以提取度量参数化的分形维,两者形成可形成优势互补。将两者有机结合起来也就产生了先进的基于小波-分形的结构损伤识别方法。

(4) 基于计算智能算法的损伤识别。

计算智能算法是借助自然界(生物界)规律的启示,根据其规律,设计出求解问题的算法。计算智能算法主要包括神经计算、模糊计算和进化计算三大部分。典型的计算智能算法包括神经计算中的人工神经网络算法，模糊计算中的模糊逻辑，进化计算中遗传算法、蚁群优化算法、粒子群优化算法以及改进鲸鱼算法等。

2.5　模态分析在结构工程中的应用

模态分析在结构工程中的应用可以归结为以下几个方面。

（1）在结构性能评价中的直接应用。

根据模态分析的结果，即模态频率、模态振型、模态阻尼等模态参数，对被测结构进行直接的动态性能评估。对于一般结构，要求各阶模态频率远离作用频率，或作用频率不落在某阶模态的半功率带宽内；对结构振动贡献较大的振型，应使其不影响结构正常工作为佳。

（2）在结构动态设计中的应用。

在结构设计中，通常利用模态分析所得的模态参数对有限元模型进行修改，使其符合实际，从而提高有限元分析的精度，使其更好地反映实际结构的动态特性。利用修正后的有限元模型，进行结构载荷识别、结构参数辨识和结构动力优化。

（3）在桥梁结构健康监测中的应用。

桥梁结构的动力模态反映了桥梁结构总体力学性能，可以作为桥梁健康监测的监控目标。其实质是对桥梁总体性能的控制与运营的监测，也是一项新颖、合理的结构模态分析理论与实验研究相结合的新技术。

在桥梁结构损伤诊断理论与方法研究的基础上，开发了基于频率、振型、振型曲率、应变振型等变量的损伤监测和定位技术。近年来，更多的研究者致力于采用智能算法和先进信号分析方法来发展损伤识别理论，例如神经网络法、小波变换方法和信息融合技术等。

传统的桥梁监控是以各种传感器来获取数据，进行桥梁损伤诊断。但是要实现在线实时监控需要消耗较大的人力和物力，增加了成本，且数据采集也常受天气影响。因此，大多数研究者开始基于 GNSS 系统的桥梁健康监测上的应用研究，并取得了一定的进展，我们即基于此开展了"基于北斗的桥梁结构模态健康监控"课题研究。

参考文献

[1] 中华人民共和国住房和城乡建设部.波形钢腹板组合梁桥技术标准:CJJ/T 272—2017[S].北京:中国建筑工业出版社,2017.

[2] 中华人民共和国交通运输部.公路钢结构桥梁设计规范:JTG D64—2015[S].北京:人民交通出版社股份有限公司,2015.

[3] 中华人民共和国住房和城乡建设部.钢-混凝土组合桥梁设计规范:GB 50917—2013[S].北京:中国计划出版社,2014.

[4] 中华人民共和国交通运输部.公路钢混组合桥梁设计与施工规范:JTG/T D64-01—2015[S].北京:人民交通出版社股份有限公司,2015.

[5] 中华人民共和国交通运输部.公路钢筋混凝土及预应力混凝土桥涵设计规范:JTG 3362—2018[S].北京:人民交通出版社股份有限公司,2018.

[6] 中华人民共和国交通运输部.公路桥梁抗震设计规范:JTG/T 2231-01—2020[S].北京:人民交通出版社股份有限公司,2020.

[7] 全国钢标准化技术委员会.低合金高强度结构钢:GB/T 1591—2018[S].北京:中国标准出版社,2018.

[8] 全国钢标准化技术委员会.桥梁用结构钢:GB/T 714—2015[S].北京:中国标准出版社,2016.

[9] 全国钢标准化技术委员会.耐候结构钢:GB/T 4171—2008[S].北京:中国标准出版社,2009.

[10] 中华人民共和国住房和城乡建设部.钢结构焊接规范:GB 50661—2011[S].北京:中国建筑工业出版社,2011.

[11] 中国公路学会桥梁和结构工程分会.公路桥梁钢结构防腐涂装技术条件:JT/T 722—2008[S].北京:人民交通出版社,2008.

[12] 中华人民共和国交通运输部.公路钢结构桥梁制造和安装施工规范:JTG/T 3651—2022[S].北京:人民交通出版社股份有限公司,2022.

[13] 日本道路协会.道路桥示方书(Ⅰ共同编·Ⅱ钢桥编)·同解说[S].东京:日本道路协会,1996.

[14] 瓦亚斯,利奥普洛斯.钢-混组合桥梁设计(欧洲规范)[M].冯海江,等,译.北京:科学出版社,2019.

[15] 傅志方.振动模态分析与参数辨识[M].北京:机械工业出版社,1990.

[16] 曹树谦,张文德,萧龙翔.振动结构模态分析——理论、实验与应用[M].2版.天津:天

大学出版社,2014.

[17] 余加勇.基于GNSS和RTS技术的桥梁结构动态变形监测理论与实践[M].北京:测绘出版社,2017.

[18] 冉志红,屈俊童,和飞.桥梁结构损伤诊断的模式识别理论及其工程应用[M].北京:科学出版社,2011.

[19] 伊廷华.结构健康监测教程[M].北京:高等教育出版社,2021.

[20] 郭健.大型桥梁健康监测系统及损伤识别理论[M].北京:人民交通出版社,2013.

[21] 张建,吴刚.长大跨桥梁健康监测与大数据分析——方法与应用[M].北京:中国建筑工业出版社,2019.

[22] 邵长宇.梁式组合结构桥梁[M].北京:中国建筑工业出版社,2015.

[23] 项海帆,等.高等桥梁结构理论[M].2版.北京:人民交通出版社,2013.

[24] 王应良,高宗余.欧美桥梁设计思想[M].北京:中国铁道出版社,2008.

[25] 胡聿贤.地震工程学[M].2版.北京:地震出版社,2006.

[26] 陈骥.钢结构稳定:理论与设计[M].5版.北京:科学出版社,2011.

[27] 構造工学シリーズ.鋼コンクリート複合構造の理論と設計[M].東京:日本土木学会,2009.

[28] プレストレストコンクリート技術協会.複合橋設計施工規準[M].東京:技報堂出版株式会社,2005.

[29] 陈宜言.波形钢腹板预应力混凝土桥设计与施工[M].北京:人民交通出版社,2009.

[30] 徐强,万水,等.波形钢腹板PC组合箱梁桥设计与应用[M].北京:人民交通出版社,2009.

[31] 刘玉擎.组合结构桥梁[M].北京:人民交通出版社,2005.

[32] 刘玉擎,陈艾荣.组合折腹桥梁设计模式指南[M].北京:人民交通出版社股份有限公司,2015.

[33] 范立础,王志强.桥梁减隔震设计[M].北京:人民交通出版社,2001.

[34] 庄军生.桥梁减震、隔震支座和装置[M].北京:中国铁道出版社,2012.

[35] 范立础,卓卫东.桥梁延性抗震设计[M].北京:人民交通出版社,2001.

[36] 黄侨.桥梁钢-混凝土组合结构设计原理[M].北京:人民交通出版社,2004.

[37] 李晨光,刘航,段建华,等.体外预应力结构技术与工程应用[M].北京:中国建筑工业出版社,2007.

[38] 宗周红,任伟新.桥梁有限元模型修正和模型确认[M].北京:人民交通出版社,2012.

[39] 中井博,栗田章光,上阪康雄,等.ドイツにおける最近の鋼・コンクリート合成橋梁—1997年度報告書[M].東京:森北出版株式会社,2003.

[40] 王健,孟磊.波形钢腹板预应力混凝土箱形梁连续梁桥——山东鄄城黄河公路大桥设计与施工[C]//中国铁道学会,中国钢结构协会.中国钢结构协会桥梁钢结构分会、中国铁道学会桥梁工程委员会2010年学术年会论文集.[出版者不详:出版地不详],2010:81-88.

[41] 陈水生,刘律,桂水荣.波形钢腹板PC组合箱梁桥在我国的研究进展及应用[J].公路工程,2015,40(3):57-62.

[42] 陈宝春,黄卿维.波形钢腹板PC箱梁桥应用综述[J].公路,2005(7):45-53.

[43] 陈宝春,牟廷敏,陈宜言,等.我国钢-混凝土组合结构桥梁研究进展及工程应用[J].建筑结构学报,2013,34(S1):1-10.

[44] 石锦光.波形钢腹板PC组合箱梁的动力特性分析[D].重庆:重庆交通大学,2013.

[45] 郑尚敏,马磊,万水.体外预应力对波形钢腹板箱梁自振频率的影响分析[J].东南大学学报(自然科学版),2014,44(1):40-144.

[46] 蒋雪强.装配式波形钢腹板PC组合箱梁桥的试验与有限元分析[D].南京:南京航空航天大学,2007.

[47] 周绪红,孔祥福,侯健,等.波纹钢腹板组合箱梁的抗剪受力性能[J].中国公路学报,2007(2):77-82.

[48] 王朝,陈华利,万水.某波形钢腹板PC组合箱梁高架桥的抗震分析[J].山西建筑,2009,35(29):291-292.

[49] 吴晓菊.结构有限元模型修正综述[J].特种结构,2009,26(1):39-45.

[50] 近藤,清水,大浦,等.波形鋼板ウェブを有するPC橋——新開橋[J].プレストレスコンクリー,1995,37(2):69-78.

[51] 石黒,村田,須合.松の木7号橋(銀山御幸橋)の設計と施工[J].プレストレスコンクリー,1996,38(5):24-30.

[52] 大谷,新井,田中,等.豊田アローズブリッジについて~波形鋼板ウェブを用いた个人計算机・鋼複合斜張橋[J].川田技報,2006(25):48-53.

[53] 梅田,亀田,中沢,等.北陸新幹線黒部川橋梁の設計・施工—鉄道橋として初の波形鋼板ウェブPC橋[J].プレストレスコンクリート,2003,145(2):68-75.

[54] 水口,芦塚,古田,等.本谷橋の設計と施工[J].橋梁と基礎,1998,32(9):2-10.

[55] 池田,齋藤,橋本.東海北陸自動車道 上原(上・下部工)工事の施工報告[C]//プレストレスコンクリート工学会第31回プレストレスコンクリートの発展に関するシンポジウム論文集.[出版者不詳:出版地不詳],2022:453-456.

[56] 中田,福田,小村,等.新名神高速道路 成合第一高架橋の設計[C]//プレストレスコンクリート工学会第31回プレストレスコンクリートの発展に関するシンポジ

ウム論文集.[出版者不详:出版地不详],2022:143-146.

[57] 小野里,川尻,加藤.新東名高速道路柳島高架橋の波形鋼板ウェブPC箱げた橋課題解決の取り組み[C]//プレストレストコンクリート工学会第30回プレストレストコンクリートの発展に関するシンポジウム論文集.[出版者不详:出版地不详],2021:33-36.

[58] 藤田,古村,香田,等.施工工程短縮に配慮した波形鋼板ウェブPCエクストラドーズド橋の設計報告[C]//プレストレストコンクリート工学会第26回シンポジウム論文集.[出版者不详:出版地不详],2017:675-678.

[59] CHAN C L, KHALID Y A, SAHARI B B, et al. Finite element analysis of corrugated web beams under bending[J]. Journal of Constructional Steel Research, 2002, 58(11): 1391-1406.

[60] MOON J, KO H J, SUNG L H, et al. Natural frequency of a composite girder with corrugated steel web[J]. Steel & Composite Structures: An International Journal, 2015, 18(1): 255-271.

[61] JIANG R J, GAI W M, HE X F, et al. Comparative study on seismic performance of prestressed concrete box-girder bridges with corrugated steel webs[J]. Applied Mechanics & Materials, 2012(178-181):2418-2423.

[62] KANCHANADEVI A, RAMANJANEYULU K, GANDHI P. Shear resistance of embedded connection of composite girder with corrugated steel web[J]. Journal of Constructional Steel Research,2021,187:106994.1-106994.15.

[63] WANGS H,HE J,LIU Y Q. Shear behavior of steel I-girder with stiffened corrugated web, Part Ⅰ: Experimental study[J]. Thin-Walled structures, 2019,140:248-262.

[64] SAYED-AHMED E Y. Design aspects of steel I-girders with corrugated steel webs[J]. Structural Engineering,2007(7):27-40.

[65] HE J,LIU Y Q,LIN Z F, et al. Shear behavior of partially encased composite I-girder with corrugated steel web:Numerical study[J]. Journal of Constructional Steel Research,2012, 79:166-182.

[66] ZHANG Z,ZOU P, DENG E F,et al. Experimental study on prefabricated composite box girder bridge with corrugated steel webs[J]. Journal of Constructional Steel Research, 2023, 201:1-17.